W0472016

SEGELN

Handbuch für Einsteiger
und Profis

SEGELN

Handbuch für Einsteiger
und Profis

Halsey C. Herreshoff (Hrsg.)

KÖNEMANN

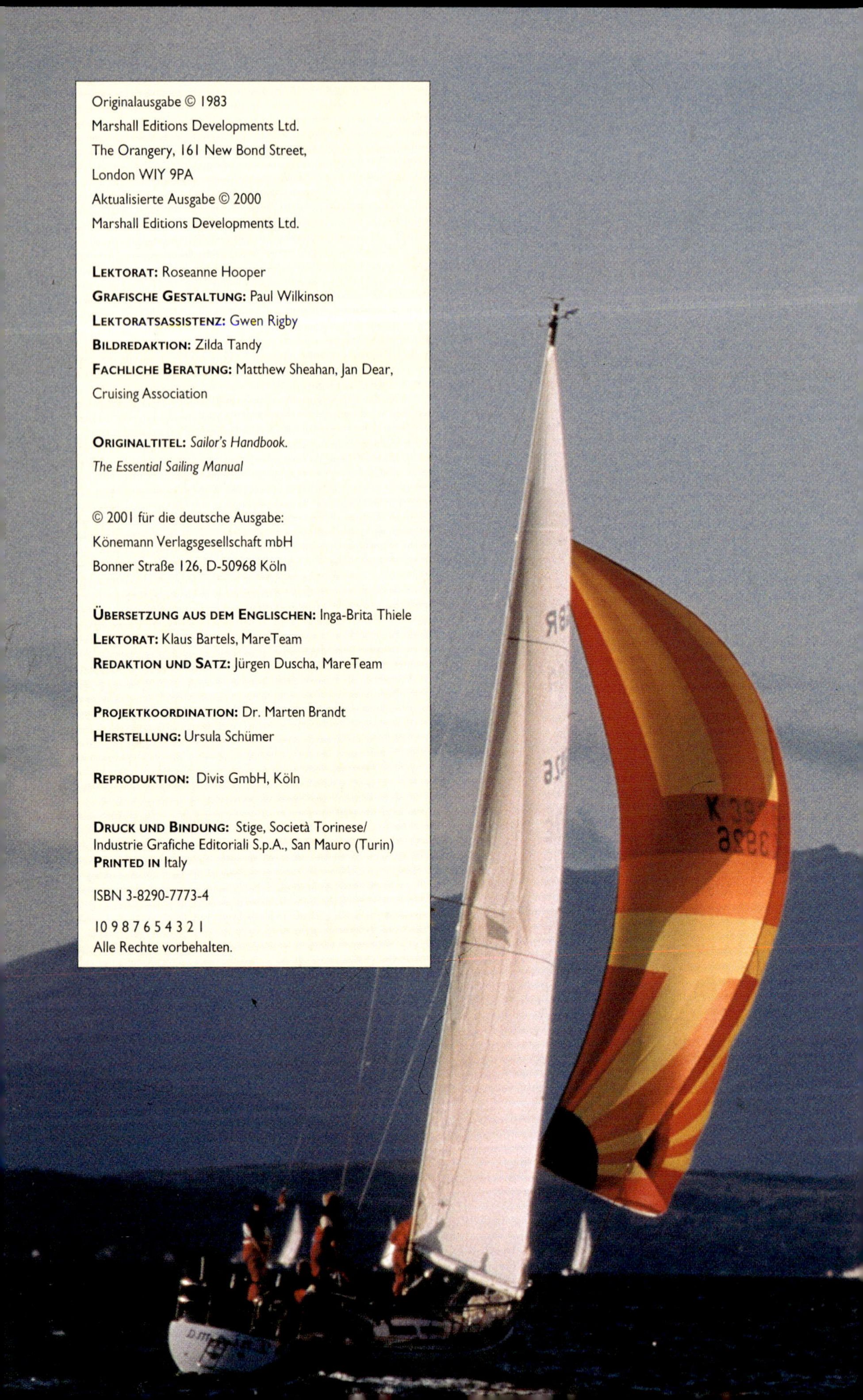

Originalausgabe © 1983
Marshall Editions Developments Ltd.
The Orangery, 161 New Bond Street,
London WIY 9PA
Aktualisierte Ausgabe © 2000
Marshall Editions Developments Ltd.

Lektorat: Roseanne Hooper
Grafische Gestaltung: Paul Wilkinson
Lektoratsassistenz: Gwen Rigby
Bildredaktion: Zilda Tandy
Fachliche Beratung: Matthew Sheahan, Jan Dear, Cruising Association

Originaltitel: *Sailor's Handbook. The Essential Sailing Manual*

© 2001 für die deutsche Ausgabe:
Könemann Verlagsgesellschaft mbH
Bonner Straße 126, D-50968 Köln

Übersetzung aus dem Englischen: Inga-Brita Thiele
Lektorat: Klaus Bartels, MareTeam
Redaktion und Satz: Jürgen Duscha, MareTeam

Projektkoordination: Dr. Marten Brandt
Herstellung: Ursula Schümer

Reproduktion: Divis GmbH, Köln

Druck und Bindung: Stige, Società Torinese/
Industrie Grafiche Editoriali S.p.A., San Mauro (Turin)
Printed in Italy

ISBN 3-8290-7773-4

10 9 8 7 6 5 4 3 2 1
Alle Rechte vorbehalten.

Die Mitwirkenden

Halsey Herreshoff, der dieses Buch als Berater und Herausgeber betreut hat, gehört zu den führenden Schiffsbauingenieuren der Welt. Als Enkel des großen amerikanischen Yachtkonstrukteurs Nat Herreshoff ist er zugleich Direktor des Herreshoff-Marinemuseums. Er hat bereits an mehreren Segelführern und Navigationshandbüchern beratend mitgewirkt, wobei er auf eigene, umfangreiche Erfahrungen im Fahrten- und Rennsegeln zurückgreifen konnte. Im America's Cup 1974 steuerte er die *Courageous* zum Sieg.

Matthew Sheahan ist technischer Redakteur der Zeitschrift *Yachting World* und hat Hunderte populärer Segelyachten getestet und über sie berichtet. Als passionierter Segler von Kindheit an studierte er in Southampton Yachtbau, bevor er Mitarbeiter bei Proctor Masts wurde und den Bestseller *Das Rigg* (Bielefeld, 92) schrieb. Er war Mitglied sowohl des Hauptkomitees des Royal Ocean Racing Club als auch des technischen und des Sonderregelkomitees.

Mike Richey war Direktor des Londoner Royal Institute of Navigation sowie Begründer und Herausgeber des von diesem veröffentlichten *Journal of Navigation*. 1979 erhielt er die Goldmedaille des Instituts für herausragende Leistungen im Dienste der Navigationskunde; 1986 wurde ihm die Seemannschaftsmedaille des Royal Cruising Club verliehen. Im Laufe der letzten 40 Jahre hat er als Steuermann an vielen großen Hochseerennen der Welt teilgenommen und war regelmäßiger Starter im Einhand-Transatlantik-Rennen – auch im Jahr 2000.

Ian Dear diente zunächst in der britischen Marine, schlug dann eine Laufbahn im Verlagswesen ein und ist seit 1979 als Autor auf dem Gebiet der Schiff-Fahrtsgeschichte unter besonderer Berücksichtigung des Yachtsegelns tätig. Er veröffentlichte u.a. die Titel *Enterprise to Endeavour: The J-Class Yachts, The Royal Yacht Squadron: 1815-1985, The Champagne Mumm Book of Ocean Racing, The Great Years of Yachting und The Royal Ocean Racing Club: The First 75 Years.*

Der 1908 gegründeten Cruising Association gehören heute weltweit über 5000 Mitglieder an. Sie hat z. Z. allein 15 Lokalgruppen an den Küsten Großbritanniens und fast 300 ehrenamtliche Vertreter in den Häfen der meisten seefahrenden Nationen. Sie haben die Aufgabe, den Mitgliedern Hilfestellung zu leisten und die Interessen der Cruising Association zu fördern, deren Ziel es ist, das Fahrtensegeln zu unterstützen und die Interessen der Yachtsegler zu wahren. In ihrer Londoner Zentrale unterhält sie eine Seefahrtsbibliothek von Weltruf, die ihren Mitgliedern bei der Planung von Törns in alle Segelreviere der Welt als wertvolle Informationsquelle dient. Die folgenden Mitglieder haben am Kapitel „Segelreviere" dieser überarbeiteten Neuauflage mitgewirkt: Mike Howe (Bibliothekar), Carolyn Au, Mike und Rosie Downey, Clive Garner, Ray Glaister, Terrance und Kaye Hennig, Tony Brett Jones, Keith Livermore, Michael Manton, Patti und James Hunt, David M. Stookey und Don Street.

Inhalt

Die Pioniere

Das Wort „Yacht" kommt vom holländischen *yaght* oder *joghte* und ist die Bezeichnung für ein schnelles, leichtes Kriegs-, Handels- oder Vergnügungsschiff. Die erste englische Yacht war ein Geschenk der Holländer an König Karl II. im Jahr 1660. Doch als Sport setzte sich das Segeln erst mit Gründung der ersten Yachtclubs durch. Der erste Yachtclub der Welt war der Water Club of Cork Harbour (heute Royal Cork Yacht Club). Die Mitglieder dieses schon 1720 aktiven Clubs veranstalteten lediglich Seemanöver. Doch die um 1775 gegründete Cumberland Sailing Society (heute Royal Thames Yacht Club) und der 1815 entstandene Yacht Club (heute Royal Yacht Squadron) organisierten bereits Segelregatten auf der Themse und im Solent. Das Wort 'Regatta' stammt aus Venedig und war bereits seit 1770 geläufig.

In Amerika wurde 1844 der New York Yacht Club gegründet; der Rennsegelsport erlebte hier einen gewaltigen Popularitätsschub, als der Präsident des Clubs mit dem Schoner *America* die britischen Yachten in ihren eigenen Gewässern herausforderte (siehe S. 162-163). In Deutschland gründeten Königsberger Bürger 1855 mit dem Segelclub Rhe den ersten Segelverein. 1888 wurde der Deutsche Segler-Verband (DSV) als Dachverband der Segelvereine aus der Taufe gehoben. Das Fahrtensegeln zur See ist noch älter als der organisierte Rennsegelsport; zu den ersten Fahrtenseglern gehörten Gründungsmitglieder des New York Yacht Clubs. Einer von ihnen segelte seine Yacht 1815 bis nach St. Petersburg; ein anderer unternahm eine Langfahrt ins Mittelmeer. Diese ersten Pioniere ermunterten andere zu immer abenteuerlicheren Fahrten. So segelte Thomas Brassey seinen Dreimaster-Schoner *Sunbeam* 1876-1877 als erste Privatyacht um die Welt. Seine Frau schrieb einen Bestseller über diese Weltumseglung. Auch andere Segler, die im Kielwasser der *Sunbeam* die Welt umrundeten, manche davon als Einhandsegler, schrieben über ihre Erfahrungen, und ihre Schilderungen spornten spätere Generationen, Männer wie Frauen, zu außergewöhnlichen Reisen und herausragenden seglerischen Leistungen an.

Richard McMullen (1830–1891) widmete sein Leben dem Küstensegeln rund um Großbritannien. Obwohl manchmal von seiner Frau begleitet, war er ein früher Vertreter des Einhandsegelns. Als Autor des Klassikers *Down Channel* gehörte er zu den Ersten, die das Können und Wissen der Seemannschaft detailliert festhielten. Er führte auch die inzwischen unter Fahrtenseglern praktizierte Gepflogenheit ein, Stürme lieber in sicherem Abstand von

Joshua Slocum (1844– ca. 1910) war ein amerikanischer Kapitän, dessen Schriften auch heute noch fachliche Bedeutung haben und jeden abenteuerlustigen Segler inspirieren. In *Voyage of the Liberdade* (1894) beschrieb er seine 8000 km lange Reise von Brasilien nach New York in einem 10,7 m langen Kanu, das er aus Wrackteilen seiner schiffbrüchig gewordenen Yacht gebaut hatte. 1898 vollendete er die erste Einhand-Weltumsegelung der Geschichte. Sein Buch *Allein um die Welt* (1900) über diese dreijährige Reise auf der 0,7 m langen *Slup Spray* ist ein

Claude Worth (1864–1936), von Beruf Augenchirurg, war ein früher Anhänger des Hochseesegelns auf kleinen Yachten. Mit seinen Büchern *Yacht Cruising* (1910) und *Yacht Navigation and Voyaging* (1927) wurde er zur führenden Autorität auf diesem Gebiet. Er trug viel dazu bei, das Segeln bei seinen Zeitgenossen populär zu machen. Einer von ihnen war der amerikanische Segeljournalist William Nutting, der 1922 den Cruising Club of America gründete.

Bill Tilman (1898–1980). Britischer Segler und Forschungsreisender, der auf seiner Kutteryacht *Mischief* in den 1950ern und 1960ern mehrere Aufsehen erregende Fahrten unternahm, u.a. in die Arktis und Antarktis. Er schrieb mehrere Bücher über seine Abenteuer, bevor er auf See verschollen blieb.

Sir Francis Chichester (1901–1972). Chichester gewann nicht nur 1960 das erste Einhand-Atlantik-Rennen (siehe S. 170-171), sondern segelte 1966 auch als Erster nonstop in nur 107 Tagen einhand von Plymouth nach Sydney. Dann segelte er, ebenfalls ohne einen Hafen anzulaufen, nach Plymouth zurück, wo er geadelt wurde. Durch seine Bücher und Artikel über diese Rekordversuche stand er Pate für eine neue Form von Transozean-Regatten.

der Küste abzureiten, statt im Schutz der Küste eine Strandung zu riskieren. McMullen starb auf seinem Lugger *Perseus* während einer Alleinfahrt im Ärmelkanal an Herzversagen.

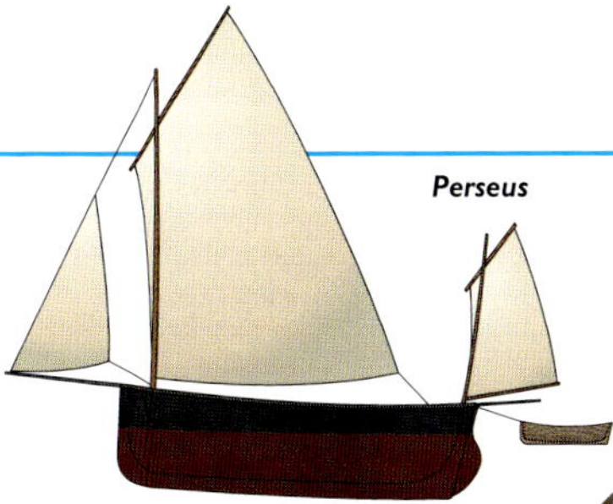

Perseus

Klassiker der Segelliteratur und heute noch erhältlich. Er blieb auf einer im November 1909 angetretenen Einhandreise auf See verschollen.

Joshua Slocum

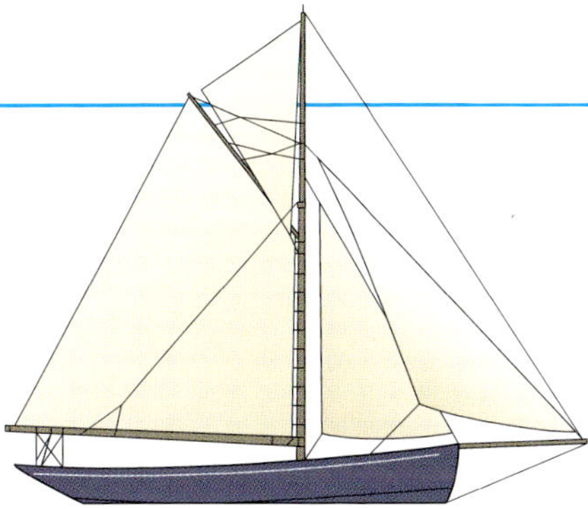

Tern II (links), die 9-m-Yawl, auf der Claude Worth 1912 die französische Westküste absegelte, setzte Maßstäbe für die weitere Entwicklung von Fahrtenyachten. Vier seiner Schiffe hießen *Tern*.

Die Entwicklung der Yachten und des Yacht

Die ersten Yachten waren ähnlich gebaut wie die großen Frachtensegler zu ihrer Zeit. Anfänglich waren es noch wenige Boote; auch 1815, als The Yacht Club gegründet wurde, beschränkte sich der Kreis der Yachteigner auf eine Hand voll Adliger. Geschwindigkeit war schon damals wichtig: Zwar begann das organisierte Blauwasser-Regattasegeln erst 1826, doch wurden oft hohe Summen auf Wettfahrten zwischen zwei Booten gesetzt. Ein Clubmitglied holte gar einen Schmuggler, der dafür bekannt war, dass seine Boote den Zollkuttern davonsegeln konnten, aus dem Gefängnis.

Doch der Yachtbau steckte noch in den Kinderschuhen: Erst als der Schoner *America* 1851 die Yachtelite des englischen Royal Yacht Squadron aus dem Rennen schlug, dachte man ernsthaft über eine Änderung der unzulänglichen Besegelung britischer Yachten und ihrer Konstruktion nach. Alle Boote hatten beispielsweise breite Buge, die ein zu tiefes Eintauchen in Wellen verhindern, aber sich nachteilig auf die Geschwindigkeit auswirken.

Einfluss auf die Bauform der Yachten nahm auch die Einführung von Vermessungsvorschriften als Methode der Handicap-Bestimmung bei Segelregatten. Diese Vermessungsregeln beherrschen den Yachtbau bis heute. Es kamen jedoch noch weitere Faktoren zum Tragen. Nicht nur der Wirkungsgrad der Takelagen wurde drastisch verbessert – die wichtigste Umstellung war die vom rechteckigen Gaffel- auf das dreieckige Bermudasegel –, sondern auch das Segeltuch und die Baumaterialien für Rumpf und Takelage erfuhren durch moderne Materialien eine nachhaltige Verbesserung. Jahrzehntelang war Holz der Hauptbaustoff; Segel wurden aus Flachs und Baumwolle gefertigt, und Winschen waren unbekannt. Heute, im Zeitalter der Raumfahrt, verwendet man im permanenten Bemühen um mehr Geschwindigkeit, Stabilität und Lebensdauer bei geringerem Gewicht immer neue Hightech-Materialien. Viele der für extreme Transozean-Regatten entwickelten Neuerungen finden ihren Weg bis in den Yachtserienbau und kommen so letztlich allen Seglern zugute.

1661 Tagebuchautor John Evelyn berichtet von Englands erstem Wettsegeln: einem Rennen zwischen der neuen Yacht König Karls II., *Catherine*, und der für den Bruder des Königs, den Herzog von York, gebauten *Anne von Greenwich* nach Gravesend und zurück.

1720 Gründung des ersten Yachtclubs: des Water Club of the Harbour of Cork.

1844 Neun Yachtsegler gründen an Bord von J.C. Stevens' Schoner *Gimcrack* den New York Yacht Club. Dann veranstalten sie auf einer gemeinschaftlichen Fahrt nach Boston „Geschwindigkeitsprüfungen" und organisieren im Folgejahr ihre erste Regatta.

1875 Bau der Yawl *Jullanar* durch E.H. Bentall. Sie verkörpert die Fortschritte der Bootsbautechnik durch Einbeziehung der beiden grundlegenden Bauprinzipien für schnelle Yachten: große Länge und möglichst geringe benetzte Oberfläche.

1876 Der Amerikaner Nat Herreshoff baut mit der *Amaryllis* den ersten Renn-Katamaran.

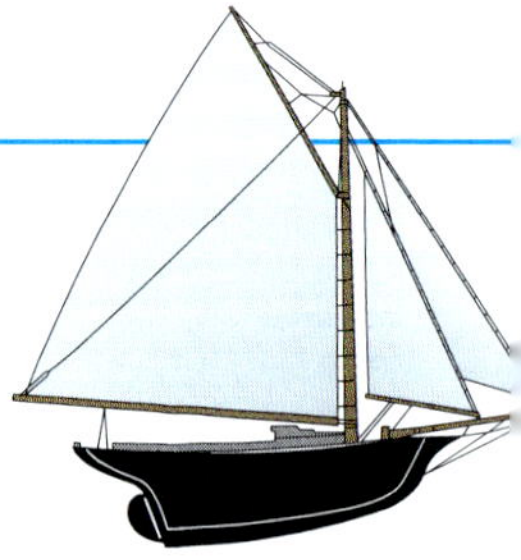

1893 Bau der *Britannica*, der berühmtesten Rennyacht aller Zeiten, für den Prince of Wales (und späteren König Eduard VII.) durch G.L. Watson nach den Längen- und Segelflächenregeln. Sie segelt von 1893-1935 in 569 Rennen, von denen sie 231 gewinnt.

1901 In Maine werden Friendship-Slups als Fischerboote gebaut, die später als Freizeitboote Verwendung finden.

1775 Gründung der Cumberland Fleet oder Sailing Society (heute Royal Thames Yacht Club), die als erster Club Segelregatten organisierte.

1815 In einer Londoner Schänke versammeln sich 42 Gentlemen, um den Yacht Club für Hochseesegler zu gründen. Dank königlicher Schirmherrschaft wird der Club 1820, als verschiedene Mitglieder bereits ausgedehnte Langfahrten unternommen haben, in The Royal Yacht Club umgetauft, 1833 dann in Royal Yacht Squadron.

1817 Die amerikanische Brigg *Cleopatra's Barge*, ein 191-Tonner, überquert als erste Privatyacht den Atlantik. Ihr Eigner, George Crowinshield jr., der 1801 die erste amerikanische Yacht in Auftrag gab, hatte sie nach dem Vorbild eines seiner Handelsschiffe bauen lassen.

1826 Der Royal Yacht Club veranstaltet die erste Blauwasser-Regatta, bei der sieben Yachten um einen mit 100 Pfund dotierten Goldpokal segeln. Sie ist ein großer Erfolg, und die Bürger von Cowes bieten zwei weitere Pokale als Preise eines zweiten Yachtrennens an, das im gleichen Jahr abgehalten wird.

1851 Der Schoner *America* gewinnt bei einem Rennen um die Isle of Wight den mit 100 Pfund dotierten Queen's Cup.

1855 Einführung der Thames Tonnage Rule (Themse-Vermessungsregeln), zur faireren Bewertung von Rennen zwischen Yachten unterschiedlicher Größe. Die ursprünglich sinnvolle Regelung führt später zu extremen Yacht-Bauformen.

1875 Gründung der Yacht Racing Association (heute Royal Yachting Association) durch Dixon Kemp und andere, um den Yachtclubs ein einheitliches Vermessungssystem und allgemein verbindliche Wettsegelbestimmungen vorzugeben.

1880 Gründung des Cruising Club (heute Royal Cruising Club), der ersten Organisation für Fahrtensegler.

1881 20 Yachten starten am 23. Juni auf der Kieler Innenförde bei bestem Segelwetter zu einer Regatta und beginnen damit eine Traditionswettfahrt, die zur Kieler Woche, der größten Segelveranstaltung der Welt, wird. Dabei waren auch erstmals Boote aus Hamburg vom 1868 gegründetem Norddeutschen Regattaverein (NRV).

1882 Der amerikanische Seawanhaka Yacht Club führt eine Version der von Dixon Kemps anstelle der Themse-Vermessungsregeln aufgestellten Längen- und Segelflächenregeln ein, die von der Yacht Racing Association jedoch erst 1886 übernommen wird.

1891 Der berühmte amerikanische Konstrukteur Nat Herreshoff baut die *Gloriana*, eine revolutionäre Kutteryacht mit überhängenden Enden und abgeschnittenem Vorfuß, der in einen sehr kleinen Kiel ausläuft. Sie behauptet sich gegen jeden Herausforderer.

1906–7 Gründung der International Yacht Racing Union (heute International Sailing Federation) und Einführung der International Rules (Internationalen Wettsegelbestimmungen) für Yachten von 5 bis 23 m. Bis Anfang der 1920er setzt sich die wirksamere Bermuda-Takelung allgemein durch.

1922 Gründung des Cruising Club of America durch den amerikanischen Journalisten Thomas Nutting nach dem Vorbild des britischen Royal Cruising Club. Er hat 36 Gründungsmitglieder, die 1923 das Bermuda-Rennen (siehe S. 164-165) wieder aufleben lassen.

1925 Sieben Fahrtenyachten beteiligen sich am ersten Fastnet-Rennen (siehe S. 168-169). Siegerin bleibt E.G. Martins ehemaliger Lotsenkutter *Jolie Brise*. Die Bootsmannschaften gründen den Ocean Racing Club (heute Royal Ocean Racing Club) und wählen Martin zum Clubpräsidenten.

1969 Robin Knox-Johnston gewinnt das erste Einhandrennen um die Welt auf der *Suhaili*. Das von Francis Chichesters Segelfahrten inspirierte Rennen wurde zum Ursprung aller heutigen Mannschafts- und Einhand-Regatten um die Welt (siehe S. 174-175).

Aufbau eines Bootes

Von allen Verkehrsmitteln, die die Menschheit je erdacht hat, ist das Boot das vielleicht faszinierendste. Vom jüngsten Hüpfer bis zum erfahrenen Blauwassersegler kann jeder die große Befriedigung erleben, die dieser Wassersport vermittelt – das Gefühl, etwas geschafft zu haben.

Jeder kann durch Übung und Lernen einen „Bootssinn" entwickeln. Der moderne 9-m-Kreuzer (gegenüber) veranschaulicht Form und Bauteile einer Yacht. Ein solches Boot erfordert eine von Bug bis Heck durchdachte Konstruktion, sorgfältige Bauausführung und gewissenhafte Wartung, um den Herausforderungen der See gewachsen zu sein.

Bugkorb und Seereling umschließen das Arbeitsdeck. Ganz vorn findet man den Ankerkasten für das Ankergeschirr, weiter achtern das erhöhte Kajütdeck mit Seitenfenstern und Handläufen, an denen sich die Besatzung bei rauem Wetter auf dem Weg zum Bug festhalten kann. Das selbstlenzende Cockpit, die Plicht, liegt über der Wasserlinie, sodass übergekommenes Wasser durch große Lenz- oder Abflussrohre schnell ablaufen kann. Auf dem Süll, der Cockpit-Umrandung, sind Schotwinschen montiert, die meist mit einer Handkurbel betätigt werden, vor allem, wenn bei der Bedienung von Genua- oder Spinnakerschot durch viel Wind ein hoher Zug lastet.

Der Mast einer Slup wird durch das „stehende Gut" gehalten: Drahtwanten, Vorstag und Achterstag. Die Unterwanten sind auf etwa zwei Drittel der Masthöhe befestigt; die Oberwanten werden über Salinge geführt, um ihnen einen größeren Zugwinkel am Mast zu geben, damit sich der Masttopp unter stärkerem Winddruck nicht nach Lee verbiegt.

Die durch den Winddruck auf die Segel bewirkte Krängung, d.h. Neigung des Boots, wird durch den Ballastkiel aufgefangen (Stehaufmännchen-Prinzip) – hier eine kurze, hydrodynamisch wirksame Kielflosse aus Stahl oder mit Bleifüllung.

Auf dem Masttopp sind unter anderem montiert: Masttopplaterne, Windrichtungsanzeiger, Windmesser und Funk-Antenne.

Der Mast besteht normalerweise aus einem Aluminiumprofil, in das Innenfallen eingezogen werden können.

Die Wanten sorgen dafür, dass der Mast seitlichen Halt hat.

Die Salinge spreizen die Oberwanten, um durch einen größeren Winkel mehr Zugkraft zu erhalten.

Ein Paar Unterwanten führt vom Mast leicht nach vorn, das andere leicht nach achtern, um eine maximale Stützwirkung zu erreichen.

Vor- und Achterstag sorgen dafür, dass der Mast nach vorn und nach achtern Halt hat.

Mit am Mast montierten Fallwinschen hisst man die Segel. Bei neueren Yachten werden die Fallen umgelenkt und ins Cockpit geführt.

Die Dirk hält den Großbaum bei niedergeholtem Großsegel.

Die Großschotblöcke sind am Baum und am Großschotwagen (Flaschenzugprinzip) befestigt, der auf einer quer zum Schiff angebrachten Schiene im Cockpit läuft.

Die aus Relingstützen und Durchzügen bestehende Seereling schützt vorm Überbordfallen.

Der Rudergänger steuert mit der Pinne, die am Ruderschaft befestigt ist.

Das Süll schützt Cockpit und Niedergang vor Gischt. Auf dem Süll sind Klampen und Winschen montiert.

Der Spiegel ist zur Sicherheit der Besatzung mit einem Heckkorb und häufig mit einer Badeleiter bestückt.

Propeller – hier ein Faltpropeller, dessen Flügel sich bei Nichtbenutzung durch die Bootsgeschwindigkeit zusammenfalten, um den Wasserwiderstand zu verringern.

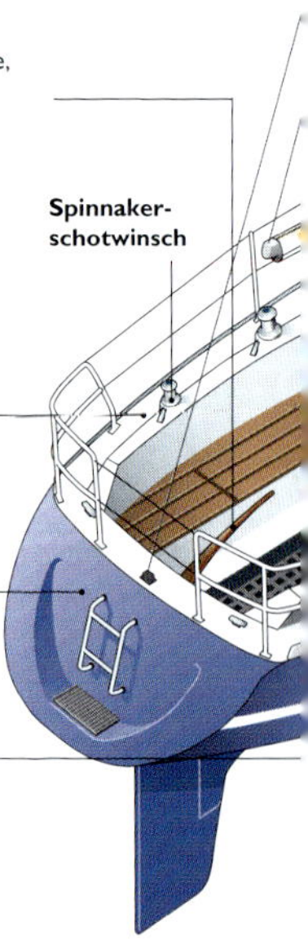

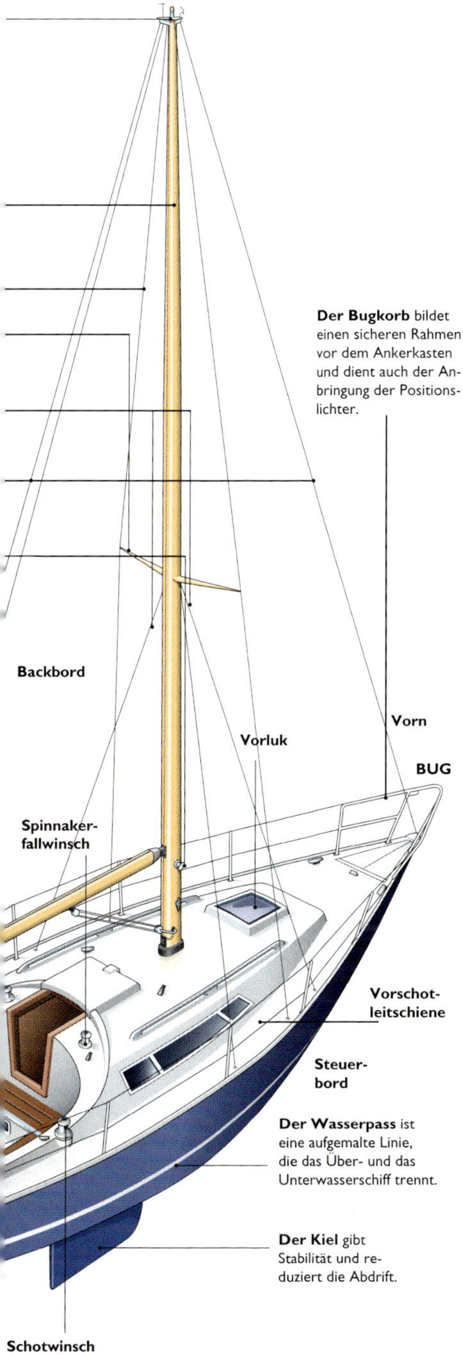

Bootsvergleich

Die Slup ist wegen ihrer guten Am-Wind-Segeleigenschaften und der einfachen Bedienbarkeit beliebt. Mehrmaster können jedoch für Transozeanfahrten größere Flexibilität bieten. Ketschen, Yawls und Schoner ermöglichen vielfältigere Segelkombinationen für verschiedenste Wind- und Seegangsverhältnisse.

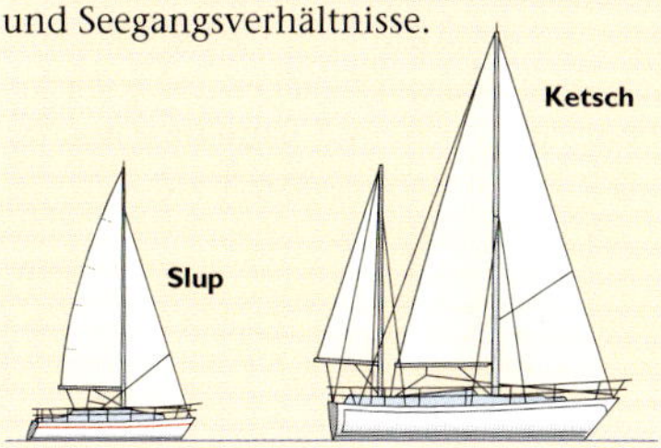

Kleine 5-8-m-Kreuzer mit einziehbarer, ballastbeschwerter Kielflosse oder leichtem Mittelschwert, trailerbar.

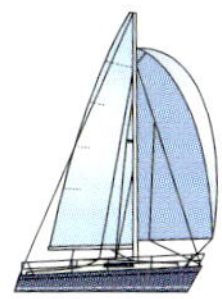

Familienkreuzer von 7-10 m Länge sind oft ebenso auf Wohnkomfort und Seetüchtigkeit ausgelegt wie auf gute Segeleigenschaften.

Der kombinierte Rennkreuzer wird sportlichen Ambitionen gerecht, ist aber zugleich eine brauchbare, wenn auch weniger komfortable Fahrtenyacht.

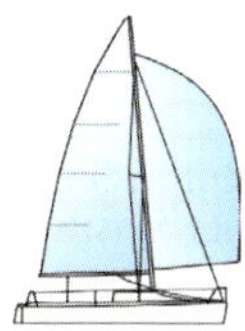

Der Motorsegler ist ein Kompromiss zwischen Segel- und Motorboot, der den Bedürfnissen vieler Fahrtensegler entgegenkommt.

Kunststoffboote

Die meisten Yachten und Boote werden heute aus glasfaserverstärktem Kunststoff (GFK) gebaut, einem robusten, elastischen Material aus Harz (das chemisch gehärtet wird) und einem Verstärkungsmaterial, meist Glasseide.

Das Harz kann Polyester, Lösungsmittel, Katalysatoren und andere Zusätze enthalten. Das Armierungsmaterial ist entweder glattes Glasseidengewebe, ein gröberes und besonders robustes Roving-Gewebe oder Glasseidenmatten aus regellos geschichteten Glasfasern.

Die Produktion beginnt mit der Herstellung einer glatten Hohlform (meist ebenfalls aus GFK-Laminat) auf einem Holzkern, einer „Patrize" der Rumpfform. Die Rumpffarbe ergibt sich aus der äußeren Gelcoat-Schicht, die als Erstes in die mit einem Trennmittel beschichtete Form gespritzt wird. Dann entsteht der Rumpf, indem Glas und Harz im Handauflegeverfahren in die Form geschichtet werden. Die Wanddicke ist von Zusammensetzung und Zahl der Schichten abhängig und richtet sich nach dem angestrebten Kompromiss zwischen Festigkeit und Leichtigkeit für den jeweiligen Rumpfabschnitt.
Das Deck entsteht auf die gleiche Weise. Die wahre Kunst liegt in der weiteren Ausrüstung, wie der Montage der Schotten (querschiffs eingebaute Rumpfversteifungswände), dem Innenausbau und der ordentlichen Verbindung aller GFK-, Holz- und Metallteile. Bei Sandwich-Bauweise wird ein Kernmaterial wie Hartschaum oder Balsaholz zwischen zwei GFK-Schichten einlaminiert. Dies ergibt eine im Verhältnis zum Gewicht größere Steifigkeit, reduziert jedoch die Stoßfestigkeit. Bei der Montage von Beschlägen auf Sandwich-Rümpfen und -Decks muss man sorgfältig darauf achten, dass kein Wasser eindringen und das Kernmaterial angreifen kann.

Inzwischen haben modernere Baustoffe, wie Epoxidharze und Grafitaramidfasern wie Kevlar®, Karbonfasern und andere neuartige Verstärkungsmaterialien Einzug in den Bootsbau gehalten, die die Festigkeit und Steifigkeit bei geringem Gewicht weiter verbessern.

Rumpf und Deck werden meist im Handauflege-Laminatverfahren in einer Form gefertigt.

Schotten und Innenelemente werden vor Montage des Decks einlaminiert.

Ein GFK-Selbstbausatz kann den Anschaffungspreis des Bootes bis zu 20 % reduzieren; das Boot hat dann aber auch einen niedrigeren Wiederverkaufswert. Ein Bausatz der Stufe **1** umfasst Rumpf, Deck, Längs- und Querverbände. Bei Stufe **2** sind die Formteile der Innenausstattung schon einlaminiert. Auf Stufe **3** sind Motor und Deckbeschläge bereits montiert und nur noch die Holzarbeiten auszuführen. Stufe **4** ist das fertige Boot.

Das Laminat besteht aus Roving-Gewebe, **1**, und Glasmatte, **2**, die in Polyesterharz eingebettet und mit Gelcoat, **3**, versiegelt werden.

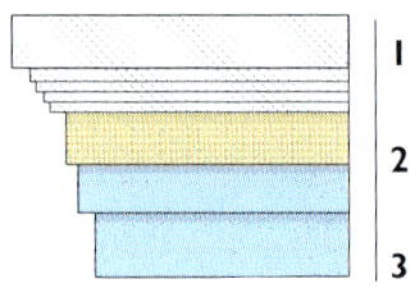

Rumpfverschraubungen und am Rumpf montierte Beschläge müssen mit Längsversteifungen ausgestattet werden, um die Belastung zu verteilen.

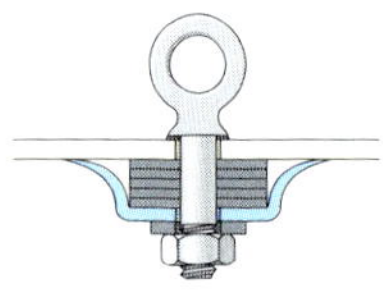

Dann werden Einzelteile wie Holztische, Kojen, Schränke, Deckbeschläge, Winschen und Relingstützen montiert.

Zu den Abschlussarbeiten gehören Streichen, Lackieren, die Überprüfung aller Systeme, Rohrleitungsmontage, Verkabelung und der Einbau der Bedienelemente für Bordtoilette und Motor sowie die sichere Befestigung aller Deckbeschläge.

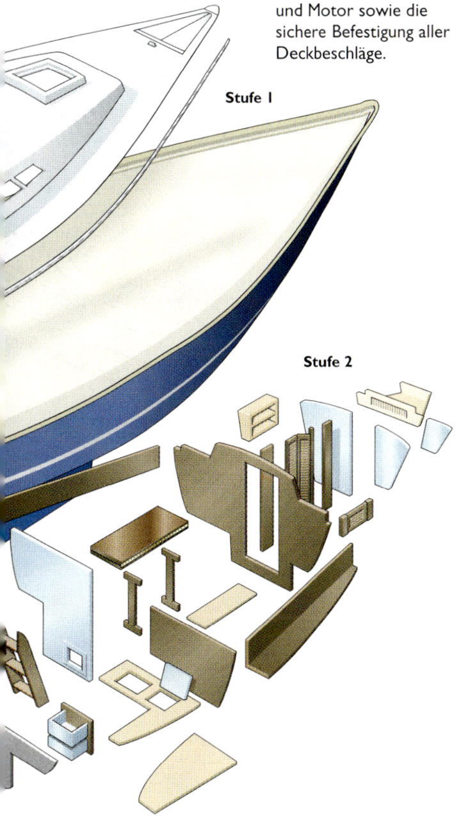

Durch Ausschäumen der Hohlräume des Rumpfs lassen sich Auftrieb, Temperatur- und Schallisolierung und die Wasserdichtigkeit verbessern.

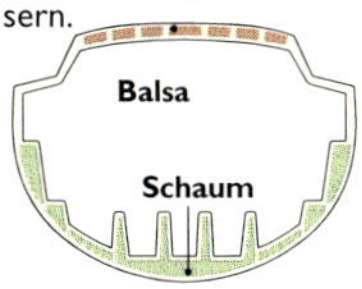

Um eine wasserdichte Deck-Rumpf-Verbindung zu erhalten, werden die beiden miteinander verklebt und dann in kurzen Abständen verschraubt.

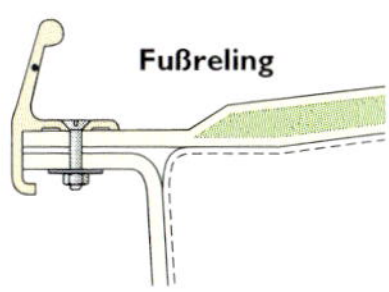

Checkliste

1 Ecken und Kanten an GFK-Rümpfen sollten gut abgerundet sein.
2 Rumpfversteifungen sollten an den Enden spitz zulaufen oder mit einem anderen Bauteil verbunden sein. Wo eine Versteifung abrupt endet, besteht die Gefahr, dass Risse, Sprünge oder Ablösungen entstehen.
3 Der Rumpf sollte glatt sein und keine Beulen oder Krater aufweisen.
4 Eine Schicht spezieller rauer Decksfarbe oder Farbe mit eingestreutem Sand macht ein GFK-Deck rutschfester.
5 Farbveränderungen wie Vergilbung oder Ausbleichen sind Zeichen von Alterung.
6 Blasen, die darauf hindeuten, dass Wasser ins Laminat eingedrungen ist, können ein Zeichen von Osmose sein.

Das Material, aus dem das Deck gebaut wird, entspricht meist dem Rumpfmaterial. Ein klassisches Holzdeck verbessert jedoch die optische Erscheinung von GFK-Booten und gehört darüber hinaus noch zu den rutschfestesten Decksbelägen. Die Stoßnähte der Planken werden genauso abgedichtet wie bei einer klassischen Karweel-Beplankung und dann per Spritzpistole ausgegossen. Handverlegte Stabdecks sind teuer; deshalb nimmt man auch Sperrholzplatten, auf die eine dünne Teakbeplankung geklebt ist. Oder man legt eine dünne Lage Teakplanken obenauf, um die Wirkung eines Stabdecks zu erzielen.

Holzboote

Holz ist das traditionelle Bootsbaumaterial. Bis ins 19. Jahrhundert wurden alle Schiffe, selbst Handels- und Kriegsschiffe, aus Holz gebaut. Durch das zunehmende Interesse an schnellen Yachten entstanden leichtere, aber stabile und sorgfältig durchdachte Holzkonstruktionen. Eine 100 Jahre alte Holzyacht kann, wenn sie richtig konstruiert, gebaut und gut gepflegt wurde, heute noch einsatzbereit sein.

Am gebräuchlichsten war von jeher die Kraweel-Bauweise. Dabei stützt in der Regel ein Gerüst aus unter Dampf gebogenen Eichenspanten die von Steven zu Steven laufenden Planken, die bei kleinen Booten aus Leichtholz, bei größeren aus härteren Hölzern wie etwa Ulme bestehen. Die Stoßnähte der Planken werden mit Dichtmasse „kalfatert", um den Rumpf wasserdicht zu machen.

Bei der so genannten Klinkerbauweise, die früher vor allem für kleinere Boote eingesetzt wurde, überlappen sich die relativ dünnen Planken an den Rändern und werden entlang derselben – meist mit Kupfernieten – verbunden, um sie gegen eindringendes Wasser zu sichern und an inneren Versteifungen (Spanten) zu befestigen.

Eine glattere Oberfläche bietet ein formverleimter Sperrholzrumpf. Der Holzbootsbau hat in den letzten Jahren eine gewisse Renaissance erlebt, da immer mehr Menschen die Vorzüge traditioneller Boote wieder entdecken. Heute werden ursprüngliche Bauweisen und klassische Takelungen durch Verwendung moderner Materialien optimiert. So garantiert etwa Epoxidharz größere Festigkeit und geringeren Pflegebedarf, ohne den optischen Eindruck zu beeinträchtigen.

Entscheidend für die Lebensdauer einer Yacht sind Qualitätsmaterialien und die dichte Verbindung aller Bauteile, damit kein Wasser eindringt und das Holz faulen lässt.

Der Kiel ist das Rückgrat des Boots, an dem Kielflosse und Ballastkiel befestigt werden. Die querschiffs verlaufenden Spanten bilden das Grundgerüst, dienen zur Befestigung der Planken und geben dem Rumpf seine Steifigkeit. Weitere Ver-

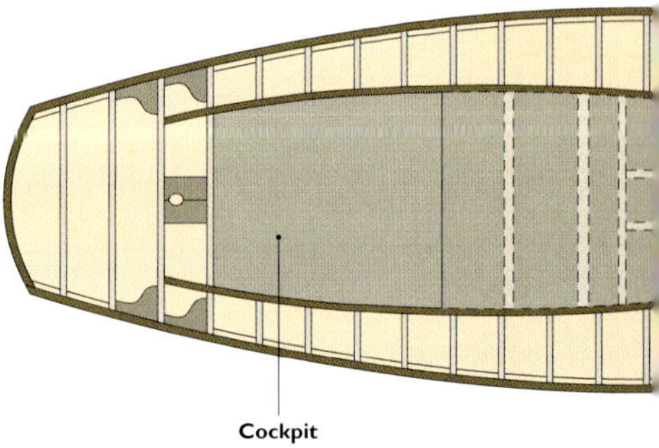

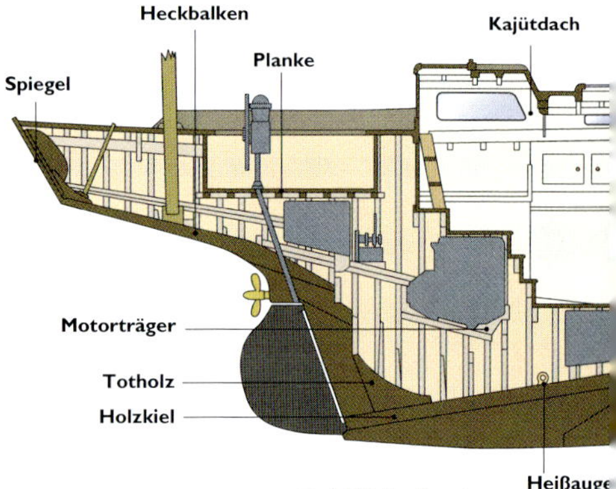

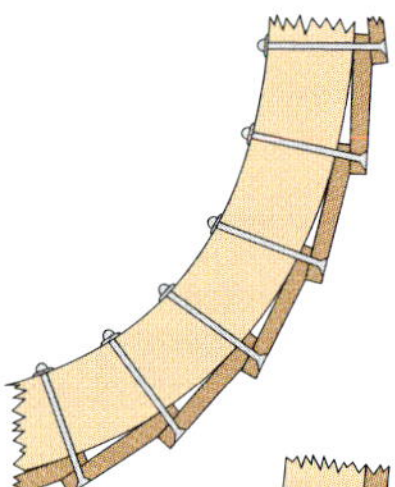

Bei Klinkerbooten werden die überlappenden Planken durch Nieten miteinander und mit den Spanten verbunden. Das Holz quillt im Wasser auf, wodurch die Stoßnähte wasserdicht werden.

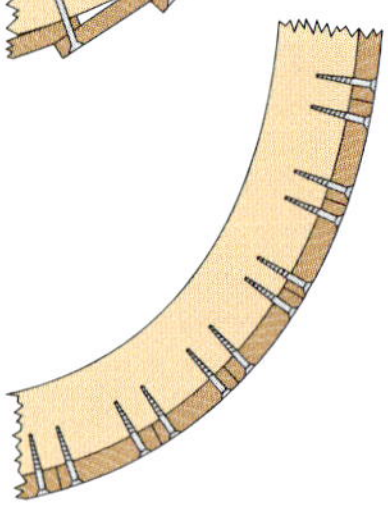

Die Kraweelbauweise ergibt eine glatte Außenhaut. Die Planken werden auf Stoß auf die gebogenen Spanten montiert. Die Stoßnähte werden mit Kalfatkitt ausgefüllt, um sie wasserdicht zu versiegeln.

steifungen sind Kimmstringer, Süll und die Kajütseiten. Die Decksbalken liegen auf den längs verlaufenden Balkwegern auf.

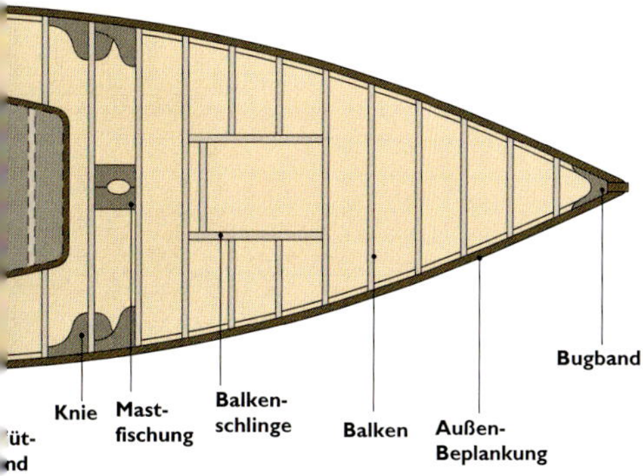

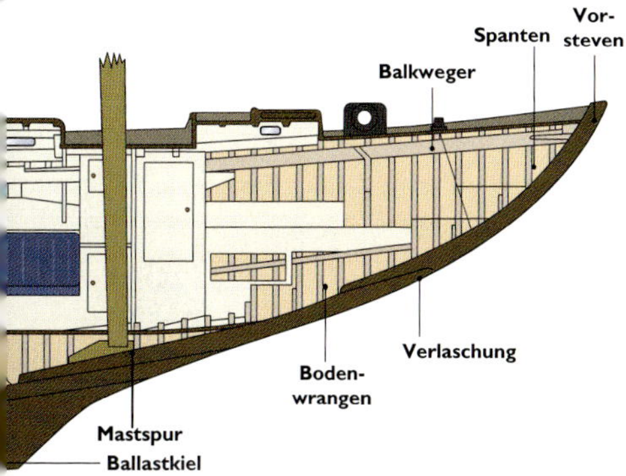

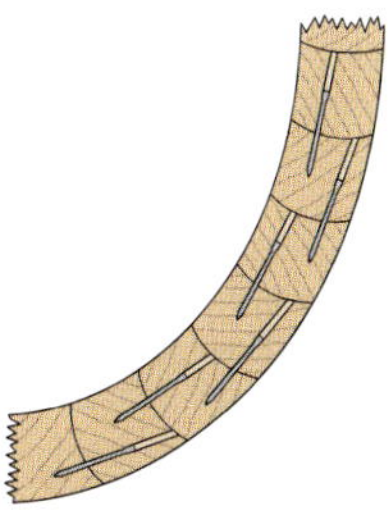

Bei der Leistenbauweise werden schmale Planken von fast quadratischem Querschnitt Kante auf Kante vernagelt. Sie werden nicht kalfatert, sondern verleimt, um einen glatten, nahtlosen Rumpf zu erhalten.

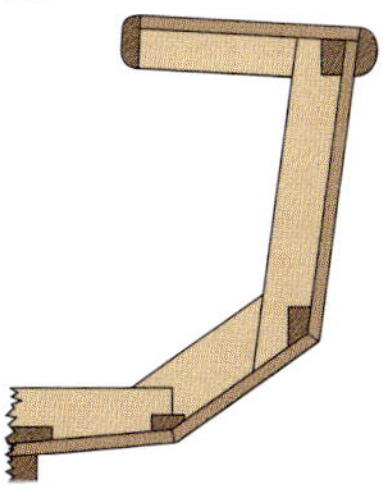

Bei der Sperrholzbauweise werden vorgeformte Sperrholzplatten meist auf einem Spantengerüst miteinander verbunden. Hierbei verwendet man Knickspanten, wodurch eine eckige Kimm (Übergang zwischen Bootsboden und Bordwand) entsteht.

Formverleimtes Sperrholz

Ein formverleimter Sperrholzrumpf entsteht aus drei oder mehr Lagen Sperrholzfurnier, die auf einem Baukern, den man später entfernt, miteinander verleimt werden. Die Furnierlagen werden diagonal versetzt übereinander geschichtet, um größere Steifigkeit und Bruchfestigkeit zu erreichen.

Formverleimte Sperrholzrümpfe, insbesondere solche mit komplexer Doppelkrümmung, können steif, haltbar und dabei sehr leicht sein. Sie sind innen und außen glatt und durch den Wegfall der Stoßnähte besonders pflegeleicht und wasserdicht. Es war die Entwicklung starker, kalt aushärtender Klebstoffe wie etwa Epoxidharzkleber, die formverleimte Sperrholzkonstruktionen möglich machte. Manchmal werden formverleimte Sperrholzrümpfe mit ein oder zwei Schichten GFK überzogen, um dem Rumpf noch mehr Festigkeit zu geben. Moderne Rumpftypen jeder Bauart erhalten oft eine Polyurethan-Spritzlackierung, die eine wesentlich glattere und haltbarere Oberfläche ergibt als herkömmliche Anstriche.

Eine Methode zum Anpressen der Furnierschichten auf dem Baukern ist die Verwendung eines Vakuumsacks, der über den Rumpf gelegt und an den Rändern dicht verklebt wird. Dann wird die Luft durch ein Ventil abgesaugt. Kordelnetzkammern sorgen dafür, dass die Luft rundum gleichmäßig abgesaugt wird.

Metallboote

Die besondere Festigkeit und Haltbarkeit von Metallrümpfen macht dieses Bootsbaumaterial vor allem für größere Yachten attraktiv. Mit Ausnahme kleinerer Boote werden Stahl- und Aluminiumrümpfe heute nicht mehr genietet, sondern geschweißt.

Zwei Arten von Spantwerk sind möglich: Querspanten in Form gebogener, geknickter oder T-förmiger Versteifungen, die im Rumpf nach dem gleichen Muster angeordnet werden wie die Spanten eines traditionellen Holzrumpfs, und Längsspanten, die ihrerseits von den Schotten gestützt werden.

Beim Schweißen werden zunächst die zugeschnittenen und vorgebogenen Rumpfplatten am Spantrahmen angeheftet und richtig zueinander positioniert. Dann werden Schweißlagen aufgebracht, um alle Stöße und Nähte auszufüllen, damit der Rumpf fest und wasserdicht wird. Weitere Verschweißungen sichern die Verbindung der Rumpfplatten mit Spantwerk und Versteifungen.

Beim Schweißen ist die Schrumpfung des Schweißguts beim Abkühlen ein entscheidender Faktor für die endgültige Form. Man muss die richtige Schweißfolge von Back- nach Steuerbord und vom Deck zum Kiel einhalten, um Abweichungen von der angestrebten Bootsgeometrie und die Entstehung innerer Spannungen zu vermeiden, die die äußere Belastbarkeit der Rumpfkonstruk-tion herabsetzen können.

Durch fachgerechte Herstellung der Linienrisse und Schablonen, präzise Formgebung des Spantwerks, richtige Anordnung und Schweißfolge erhält man eine akkurate, relativ glatte Rumpfoberfläche. Für eine Außenhaut von üblicher Yachtqualität muss jedoch über die Metallplatten noch eine Schicht Ausgleichsmasse (Spachtel) aufgetragen werden. Sie wird auf eine rosthemmende und haftungsverbessernde Grundierung mit der Kelle aufgebracht und dann mittels langer, elastischer Schleifplanken von Hand bis zur gewünschten Glätte geschliffen. Den Abschluss bildet ein Anstrich oder eine Spritzlackierung mit Polyurethanlack.

Bei Querspanten kann die gewünschte Krümmungsform aus Winkel- oder T-Profilen gebildet werden. Die Schnittlinien zum präzisen Zuschneiden der Platten werden beim Ausstraken von Hand festgelegt. Lange Platten ergeben eine bessere Oberfläche, sind aber schwieriger in der Handhabung; breitere Platten beschleunigen den Kimmbau, sind aber bei einem Rundkimmrumpf nur für die ebeneren Partien geeignet. Ein Patchwork aus Platten verschiedener Größe beschleunigt

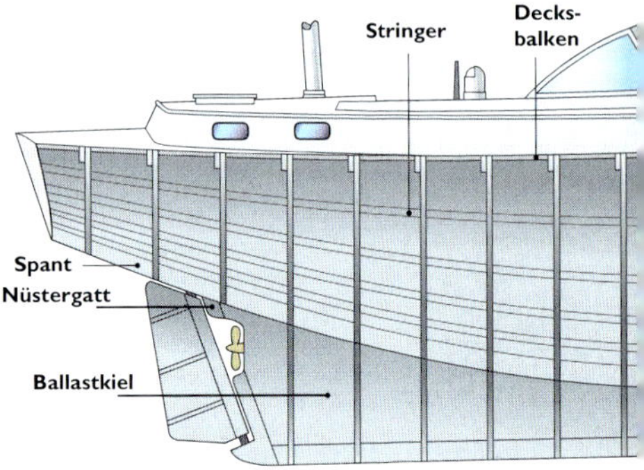

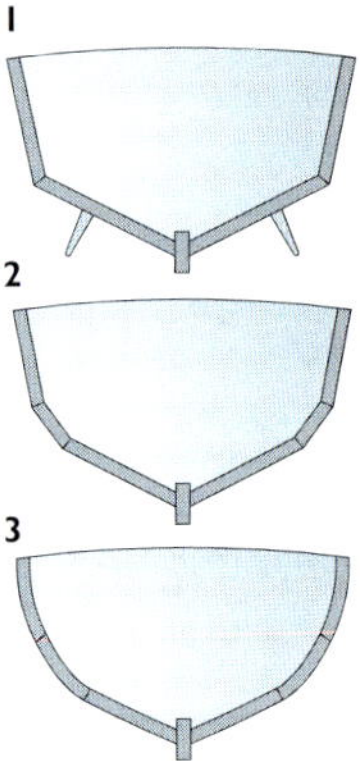

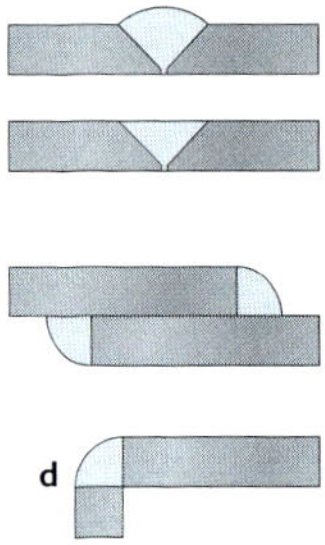

Bei der einfachen Knickspantform, 1, kann man vorwiegend flache Platten verarbeiten. Der aus kleineren Platten zusammengesetzte Doppelknickspant-Rumpf, **2**, ist fester und formschöner. Bei der Rundkimmform, **3**, werden die Kanten durch eingeschweißte Rundstangen oder Rohre abgerundet. Stumpfschweißungen, **a**, kommen im Bootsbau häufig zum Einsatz. Bei dicken Platten müssen die Kanten vorher abgeschrägt werden. Am Überwasserschiff und auf Deck werden die Schweißnähte meist glatt geschliffen, **b**. Überlappungen sind stabiler, und überlappte Doppelschweißnähte, **c**, helfen, Korrosion zwischen Platten aus Schiffsbaustahl zu verhindern. Schweißnähte an offenen Ecken, **d**, ergeben eine saubere Rundung für Kajütdachkanten.

die Arbeit. Die Platten können auf Walzen oder mit Hilfe von Schraubzwingen gebogen oder auf hydraulischen Pressen geformt werden. Sie werden miteinander und mit dem Spantwerk in Lichtbogenschweißtechnik verbunden. Die Rumpf-Deck-Verbindung, Lukensülle und Grundplatten für stark belastete Beschläge werden ebenfalls geschweißt. Kiel, Kimmstringer und andere wichtige Versteifungen werden durch mehrere Schweißlagen befestigt und gesichert.

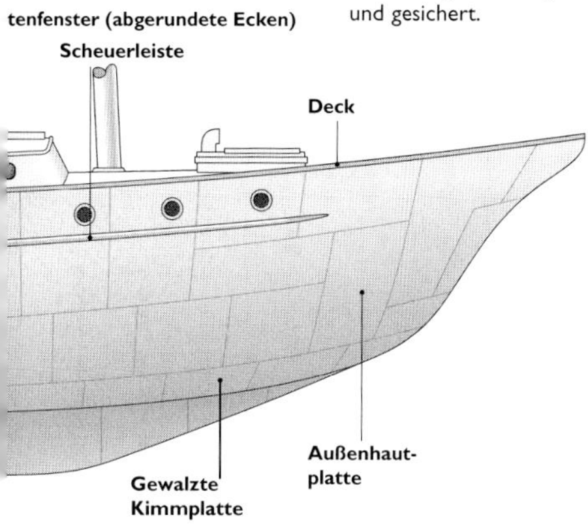

Hauptvorteil der Aluminiumbauweise ist ihr geringes Gewicht. Als man anfing, Aluminium im Bootsbau einzusetzen, war es außerordentlich teuer und anfällig für Elektrolyse. In den 1930ern wurde jedoch eine Aluminium-Magnesium-Legierung eingeführt, die das Elektrolyseproblem verminderte, und heute sind kleine, seriengefertigte Aluminiumboote vom Preis oft mit GFK-Booten vergleichbar. Aluminium ist trotz moderner Verbundwerkstoffe auch heute noch ein ideales Material für große, schnelle Yachten.

Auswahl des Baumaterials

1 GFK ist elastisch und benötigt in den ersten Jahren weniger Pflege als Holz, muss aber jährlich gereinigt und gewachst werden. Der nahtlose Rumpf sollte normalerweise wasserdicht sein, wobei sich die Rumpf-Deck-Verbindung als Problemzone erweisen kann. Bei älteren Booten kann Osmose – das Einsickern von Wasser unter die Gelcoat-Schicht – zum kostspieligen Problem werden. Der GFK-Bootsbau erfordert meist weniger Arbeitsstunden, was die Bootspreise günstiger macht. Wegen der hohen Fertigungskosten der Form sind jedoch lange Modell-Laufzeiten erforderlich.

2 Holz ist das optisch ansprechendste und das einzige Naturmaterial für Bootsrümpfe. Es ist allerdings anfällig für Fäulnis und Bewuchs. Traditionelle Holzboote können eine lange Lebensdauer haben, benötigen aber auch viel Pflege. Wegen der hohen Kosten für abgelagertes Holz und menschliche Arbeitskraft hat sich Bootssperrholz als Material für den Holzbootsbau durchgesetzt. In jüngerer Zeit können durch Einsatz von Epoxidharz pflegeleichte Boote angeboten werden.

3 Stahl ist im Verhältnis zum Gewicht fester als jedes andere Material, dabei aber anfällig für Verbeulungen. Stahl splittert nicht wie Holz und ist nicht so verschleißanfällig wie GFK. Er rechnet sich für 12-21 m lange Boote und besonders für Einzelfertigungen. Aluminium ist als Bootsbaumaterial zwar teurer, aber besser als Stahl. Die größte Gefahr bei Stahl und Aluminium ist die Korrosion; alle Beschläge aus anderen Metallen müssen daher auf Kunststoff-Unterlegscheiben montiert werden.

4 Stahlbeton ist ein sehr fester Baustoff, der sich in den ersten 10 Jahren weiter festigt. Das haltbare und praktisch wartungsfreie Material ist zugleich recht schwer und eignet sich daher am besten für Boote über 9 m. Es ist zeitaufwendig und schwierig, eine schöne, glatte Oberfläche zu erzielen.

Stehendes Gut

Die Vorrichtungen, die den Mast halten, also Vorstag, Achterstag und Wanten, nennt man stehendes Gut. Mast und stehendes Gut zusammen bezeichnet man als Rigg oder Takelung. Es gibt zwei Haupttypen: die Masttopptakelung und die 3/4- bzw. 7/8-Takelung.

Bei der Masttopptakelung verläuft das Vorstag ebenso wie Achterstag und Oberwanten bis zum Masttopp. Diese stabile, gleichmäßig belastbare Konstruktion muss nach dem Aufriggen kaum noch nachgestellt werden. Die Druckbelastung einer Masttopptakelung ist hoch, weshalb der Mastquerschnitt hier meist größer ist. Der Mast steht meistens auf dem Deck.

Die Vorsegel sind groß und überlappen das Großsegel. Ihre Größe kann die Bedienung erschweren, weil hohe Zugkräfte auf die Schoten wirken. Die Saling ist hier meist rechtwinklig zur Mittschiffslinie angebracht. Die Abbildung zeigt eine typische Anordnung mit zwei Paar Unterwanten, die schräg nach vorn und achtern geführt sind, um den unteren Teil des Mastes optimal abzustützen.

Bei der 3/4- bzw. 7/8-Takelung greift das Vorstag unterhalb des Masttopps am Mast an; dies ist das Standardrigg für Jollen und Kielboote. Der Mast wird meistens durch das Deck geführt und steht auf dem Kiel. In den letzten Jahren wird das 7/8-Rigg auch für größere Boote zunehmend beliebter, weil seine kleineren Vorsegel leichter zu bedienen sind. Doch ist es hier schwieriger, eine ausreichende Vorstagspannung zu erreichen, worunter die Am Wind-Leistung leiden kann.

Eine Lösungsmöglichkeit für dieses Problem sind nach achtern abgewinkelte Salinge. Auf Rennyachten verwendet man ein Paar losnehmbare Backstagen, die in Höhe des Vorstags seitlich am Mast angreifen und zum Heck geführt sind. Sie werden bei Kurswechseln zum Wind entsprechend gespannt bzw. losgenommen.

Die überlegene Leistungsfähigkeit der 3/4- bzw. 7/8-Takelung ergibt sich aus der Mastbiegung. Das Achterstag übt Zug auf das sich verjüngende obere Maststück aus, während Wanten und Vorstag auf 3/4 oder 7/8 der Masthöhe angebracht sind.

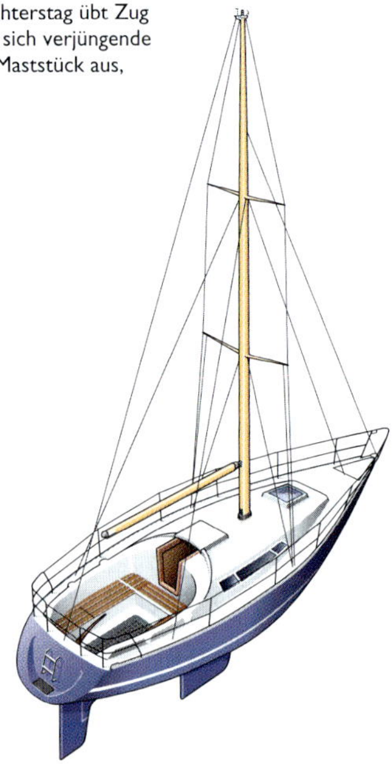

Bei einer Doppelsaling mit kürzeren Streben können die Vorsegel dichter geholt werden. Der dünnere Mast muss durch eine größere Zahl von Wanten verspannt werden.

Die meisten Fahrtenyachten aus dem Serienbau haben eine Masttopptakelung mit einfacher Saling. Der Mast ist meist auf dem Kajütdach montiert. Er wird durch Vorstag, Achterstag, Oberwanten und zwei oder besser vier unter der Saling angreifende Unterwanten gehalten.

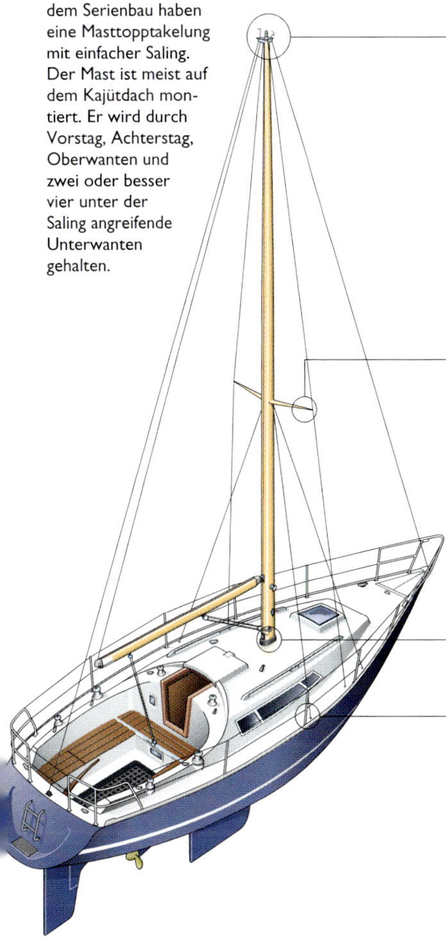

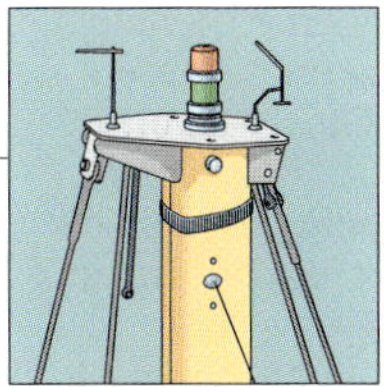

Der Masttoppbeschlag bietet ausreichend Platz zur Anbringung von Stagen, Fallscheiben u.a.

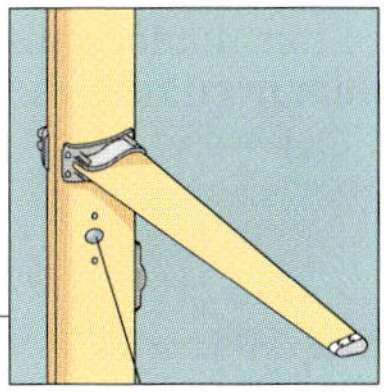

Die aerodynamisch geformten Salingprofile übertragen den Zug der Oberwanten auf den Mast. Sie sind etwas schräg nach oben am Mast befestigt, damit der Winkel zwischen Saling und Want oben und unten gleich ist.

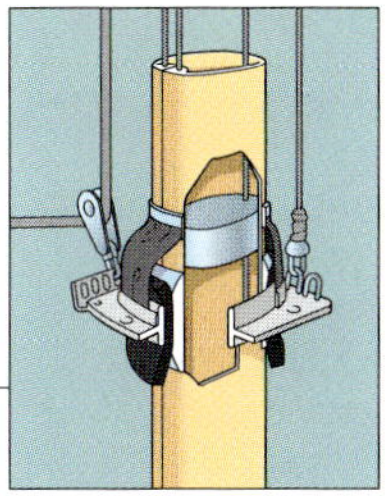

Ein auf dem Kiel stehender Steckmast, wie man ihn auf hochwertigeren Serienbooten findet, wird im Mastloch des Kajütdachs mit Mastkeilen fixiert. Dann wird das Mastloch durch einen Mastkragen wasserdicht abgeschlossen.

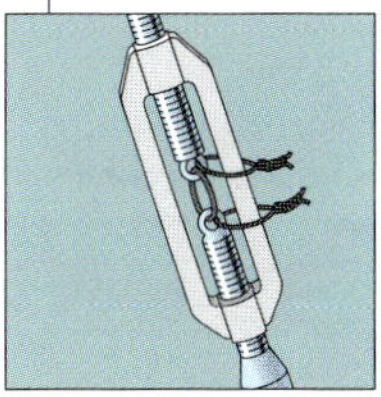

Als Wantenspanner dienen Spannschrauben, die immer mit Draht oder Ringsplinten gegen Aufdrehen gesichert und mit Klebeband umwickelt werden sollten, um Kleidung und Segel zu schützen.

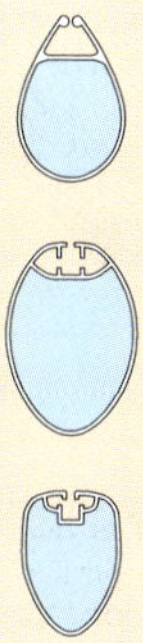

Es gibt eine Vielzahl unterschiedlicher Mastquerschnitte für verschiedene Segelboottypen. Die oben abgebildete Querschnittsform findet man vorwiegend auf Jollen, während die in der Mitte und unten gezeigten Formen für moderne Kreuzer typischer sind.

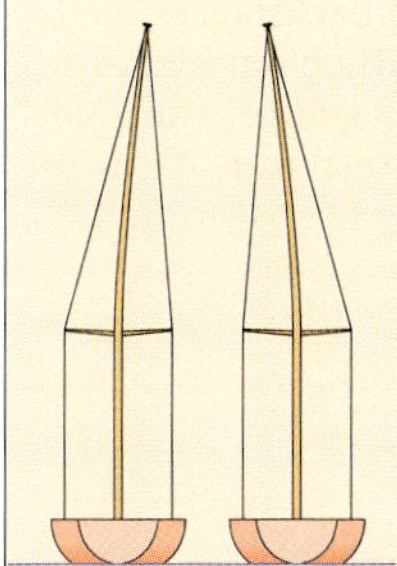

Um zu prüfen, ob der Masttopp im richtigen Winkel steht, wird ein Masttoppfall erst zu einem Oberwantpütting, dann zum anderen geführt. Die Wantenspanner müssen dann justiert werden, bis die Länge auf beiden Seiten identisch ist. Durch das Achterstag wird die Vorstagspannung eingestellt.

Laufendes Gut

Früher hieß es, das einzige Seil auf einem Schiff sei das in der Schiffsglocke. Alle anderen „Seile“ haben andere Namen – je nach ihrer Aufgabe. Man kann sie in drei Haupttypen unterteilen: Die Fallen dienen zum Segelheißen und laufen meist im Mast, aus dem sie knapp über Kopfhöhe oder über dem Deck austreten. Von hier werden sie entweder zu einer am Mast montierten Winsch geführt oder nach achtern ins Cockpit – meist durch einen Fallenstopper und dann zu einer Winsch.

Ist das Fall auf die richtige Spannung eingestellt, soll es sich nicht weiter dehnen oder recken. Deshalb verwendet man Drahttauwerk (mit einem Fasertautampen zur leichteren Bedienung) oder modernes reckarmes Fasertauwerk, etwa mit Kevlar®- oder Dyneema®-Kern.

Schoten dienen dazu, den Anstellwinkel der Segel zum Wind zu verändern. Da Schoten meist wesentlich kürzer als Fallen sind, kann hierfür herkömmliches und billigeres geflochtenes Tauwerk verwendet werden, ohne dass es für den Gesamtreck einen großen Unterschied macht.

Zu den weiteren Bedienungsleinen zur Feinregulierung gehört etwa der Baumniederhalter, der aus einer flexibel verstellbaren Talje mit dünnem, reckarmem Tauwerk bestehen kann.

Auch Spinnakerbaum-Aufholer und -Niederhalter sowie Großsegelausholer und -reffleinen finden sich – wenn man Glück hat, sogar ordentlich beschriftet – auf dem Kajütdach aufgereiht.

Tauwerk sollte regelmäßig auf Anzeichen von Verschleiß kontrolliert werden, vor allem da, wo es über Klampen oder durch Leinenstopper läuft. Dabei besonders auf die Faser-Draht-Spleißverbindungen der Fallen achten.

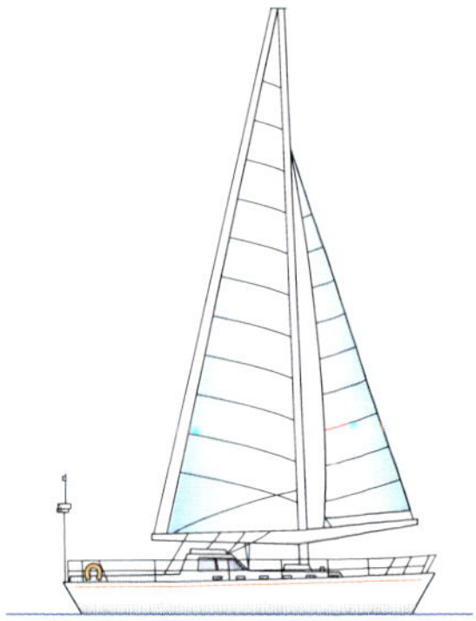

Drehbare Riggs wie das Aero-Rigg® der Firma Carbospars werden zunehmend beliebter; es umfasst Karbonfaserspieren, ein Minimum an laufendem Gut und kommt ohne Wanten und Stagen aus.

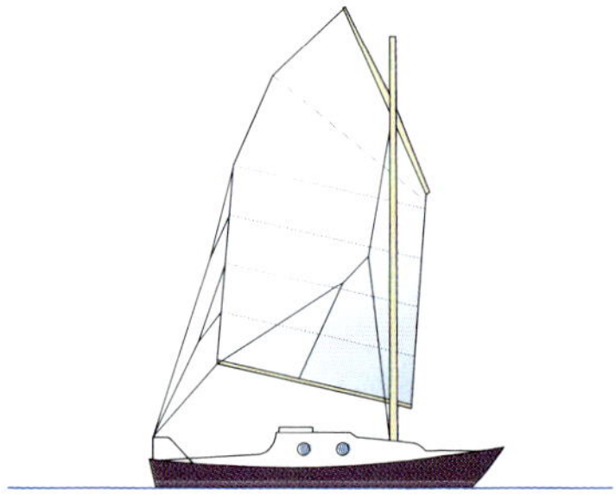

Das Dschunkenrigg konnte auf Fahrtenyachten bisher nur begrenzte Erfolge verbuchen. Das voll durchgelattete Segel wird ausschließlich mittels Schot und Fall bedient. Zum Reffen wird das Unterliek des Segels einfach mit dem Fall in die Lazy Jacks (Fangleinen) niedergelassen.

Zur großen Segelfläche des traditionellen Hollandboots gehört ein an gebogener Gaffel gefahrenes Großsegel. Bei leichter Brise wird die Segelfläche durch Wassersegel vergrößert, die an Spieren rund ums Boot gesetzt werden.

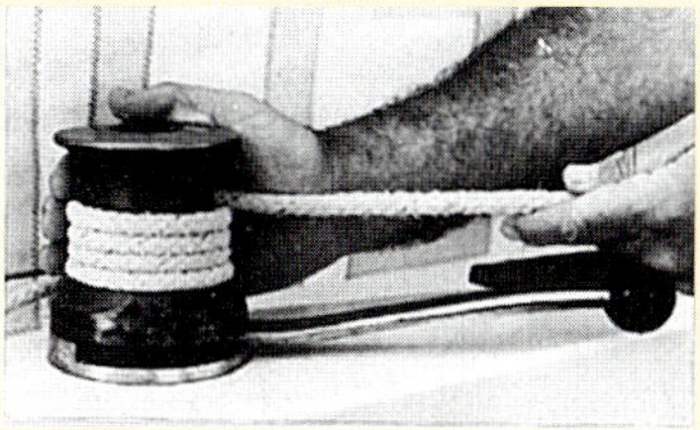

Winschen

Einfache Winschen sind allein schwer zu bedienen, weshalb man zunehmend die neueren, selbst holenden Winschen einsetzt. Die richtige Belegung der Winsch ist wichtig, damit sich die Leine auf der Winschtrommel nicht verklemmt (Überläufern).

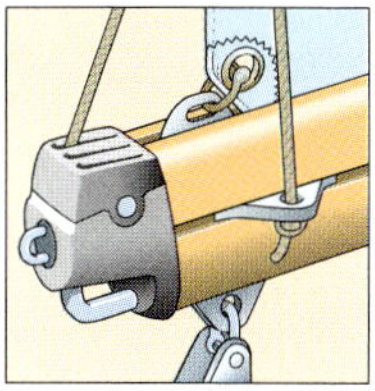

Durch den Schothorn-Ausholer wird das Unterliek des Großsegels gespannt. Er ist im Baum untergebracht und oft mit einer Talje ausgestattet.

Spinnaker und ihr laufendes Gut werden außerhalb aller anderen Segel und Takelagen gesetzt. Die 7/8-Takelung erfordert eine simplere, aber präzisere Segelbedienung; hier können Fußblöcke vor der größten Breite angebracht werden, um die richtigen Schotwinkel zu gewährleisten.

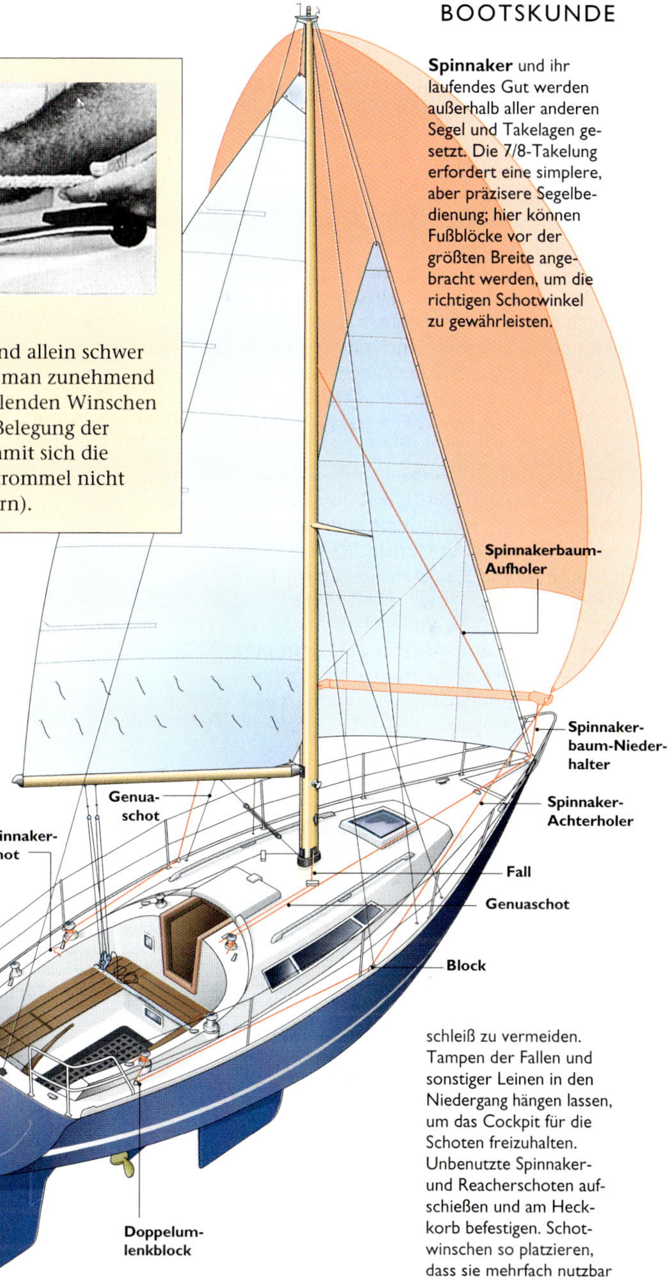

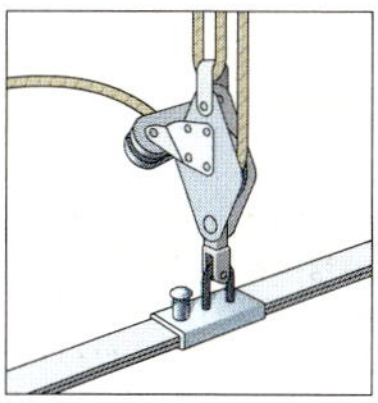

Durch den Großschotwagen oder Traveller kann der Großbaum zur Feineinstellung der Großsegelform querschiffs exakt positioniert werden.

Arbeiten Sie ein System aus, um die nach achtern zum Cockpit führenden Leinen voneinander fern zu halten und so übermäßigen Verschleiß zu vermeiden. Tampen der Fallen und sonstiger Leinen in den Niedergang hängen lassen, um das Cockpit für die Schoten freizuhalten. Unbenutzte Spinnaker- und Reacherschoten aufschießen und am Heckkorb befestigen. Schotwinschen so platzieren, dass sie mehrfach nutzbar sind: So kann man mit Schotwinschen auch den Spinnaker-Achterholer und mit Fallwinschen die Spinnaker-Schot bedienen.

Wahl der Segel

Eine herkömmliche Bermuda- oder Hochtakelung für eine durchschnittliche Fahrtenyacht erfordert mindestens ein Groß- und ein Vorsegel. Mit einer Rollreffanlage fürs Vorsegel sollte dies für den größten Teil der Saison ausreichen. Es ist aber immer sinnvoll, noch eine kleine Fock mitzuführen – so wie man einen zweiten Anker an Bord hat –, für den Fall, dass die Rollgenua reißt.

Wer auf Törn gehen und auch Regatten segeln will, braucht mehr Segel. Rollreff-Vorsegel sind zum Rennsegeln weniger geeignet, da das Segel beim Aufrollen bauchiger wird, was auf Amwindkursen nicht ideal ist. So benötigt man hier mehrere, verschieden große Vorsegel.

Mindestausstattung für Hobby-Rennsegler: Großsegel, eine Genua für mittleres Wetter, je eine Genua II und III, ein Spinnaker (siehe S. 36-37) von mittlerem Tuchgewicht. Für Hochseefahrten oder -rennen ist eine Sturmfock aus Sicherheitsgründen unentbehrlich und vorgeschrieben.

Die Tendenz geht heute zu mehr Bedienungsfreundlichkeit. Da die herkömmliche Bermuda-Takelung eine größere Besatzung und eine umfangreiche Segelgarderobe erfordert, um ihre maximale Wirksamkeit zu entfalten, sah man sich nach neuen Lösungen um.

Immer häufiger greift man zu durchgelatteten Großsegeln und im Großbaum integrierten Rollreffanlagen in Verbindung mit besser geschnittenen Rollgenuas. Diese bewähren sich auch auf Amwindkursen und lassen sich vom Cockpit aus bedienen. Möglich sind auch senkrechte Latten im Groß und eine Rolleinrichtung im Mast.

Ungewöhnlichere Takelungen sind etwa das Freedom-Rigg (mittleres Bild) mit freitragenden Masten und um diese geführten Segeln, die Achterlieks sind mit kurzen Latten bestückt, und das Dschunken-Rigg (siehe S. 22), bei dem das ebenfalls am unverstagten Mast gefahrene Großsegel vom Cockpit aus bedient und gerefft wird.

Die Gaffel-Takelung, einst das traditionelle Rigg europäischer Handelsschiffe und Fischerboote, erlebt heute eine Renaissance.

Das „Wickelsegel“ vermindert Turbulenzen um den Mast, der zur stumpfen, aber glatten Anströmkante des Vorlieks wird. Diese Doppelsegel sind nicht nur wirksamer als eine konventionelle Takelung, sondern auch leichter zu handhaben.

Amerikanische Schoner, wie sie heute weltweit für Langfahrten verchartert werden, trugen ursprünglich als Fischkutter eine große Segelfläche, um ihren Fang möglichst schnell zurück zum Hafen zu schaffen.

Hüten Sie sich beim Segelkauf vor den Anpreisungen der Hersteller. Investieren Sie in robuste, gut geschnittene Segel, die teurer sein mögen, dafür aber auch sieben bis acht Jahre halten. Für Langfahrten sollte man ein schwereres Tuch anstelle weniger reißfester Kunststofflaminate wählen.

Der Diagonal- oder Laschenschnitt, **1**, und der Vertikalschnitt, **2**, sind die beiden gebräuchlichsten Vorsegelschnitte.

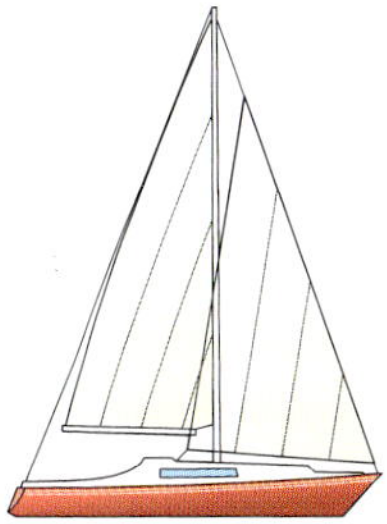

Der Vertikalschnitt, oben, hat sich über viele Jahre in Rennen der Spitzenklasse bewährt.

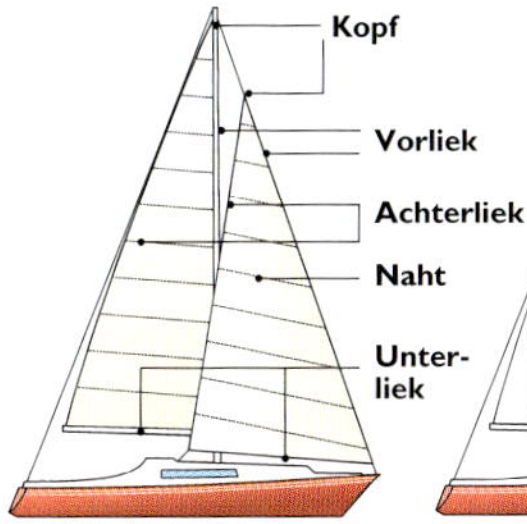

Der Horizontalschnitt, oben, ist für Großsegel am beliebtesten, da durch den günstigen Verlauf der Schussfäden am ungestützten Achterliek kein zusätzlicher Reck auftritt.

Der Blister, oben, kleiner und leichter zu handhaben als der Spinnaker, ist besonders zum Einsatz auf Familienkreuzern auf raumen und Vorwindkursen geeignet.

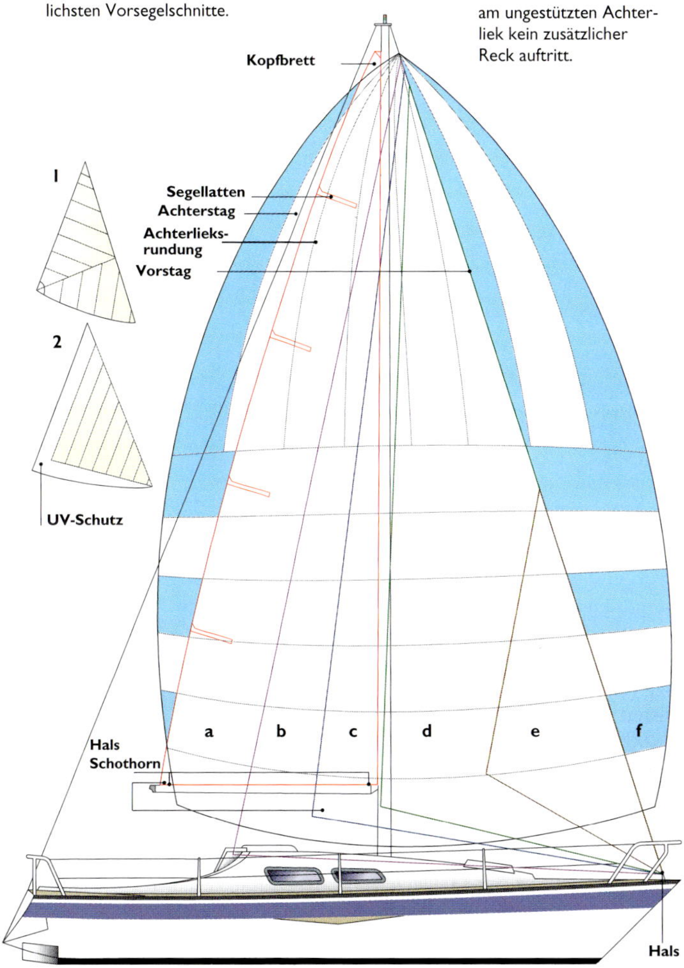

Siehe Abbildung links:

1 Das Großsegel wird mehr beansprucht als jedes andere Segel und muss daher für Starkwind geschnitten sein. Die Achterlieksrundung ist mit kurzen Latten ausgesteift.

2 Bei der Genua für mittleres Wetter muss das Unterliek hoch genug sein, um gute Sicht nach vorn und Lee zu gewährleisten.

3 Eine Genua II, die sich zu einer Genua III reffen lässt, ist bei Starkwind nützlich, stellt aber einen Kompromiss dar.

4 Alternativ ist eine Genua III zu verwenden.

5 Die Sturmfock muss aus schwerem Tuch, am besten in fluoreszierendem Orange, bestehen.

6 Der für Fahrtenyachten besonders geeignete Headradial-Spinnaker wird aus leichtem, Stöße abfederndem Tuch gefertigt. Vermeiden Sie Weiß, um die Augen nicht zu überanstrengen.

Segeldynamik

Ein Segelboot kann nicht direkt gegen den Wind ansegeln; die Segel müssen immer auf der einen oder anderen Seite gefüllt sein, damit es Vorausfahrt macht.

Die Segelstellung und die zu setzenden Segel richten sich nach dem Winkel des Boots zum Wind und der Windstärke. Der optimale Anstellwinkel für ein Segel ist von seiner Form, dem Bootstyp und dem Rigg abhängig. Die Segel sollten bei allen Bootstypen und auf jedem Kurs auf diesen optimalen Winkel getrimmt werden.

Die Windstärke diktiert die Größe der zu setzenden Segelfläche. Bei einer mäßigen Brise von 16 Knoten (Windstärke 4) übt der Wind einen konstanten Druck von 4,9 kg/m² aus. Bei stürmischem Wind von 35 Knoten (Windstärke 8) steigt dieser Druck auf fast 24,4 kg/m².

Um bei Windstärke 8 den auf das Boot wirkenden Winddruck auf dem gleichen Niveau zu halten wie bei Windstärke 4 und übermäßige Krängung zu vermeiden, muss man die Segelfläche wesentlich verkleinern.

Segel stets gleichmäßig verkleinern, damit das Boot im Gleichgewicht bleibt. Durch zu viel Großsegel bei zu wenig Fock wird das Boot luvgierig und versucht, in den Wind zu drehen, weil der Segelschwerpunkt zu weit achtern liegt. Bei zu viel Vorsegel und zu wenig Großsegel verlagert sich die Vortriebskraft zu weit nach vorn und macht das Boot leegierig.

Der Kiel bei Yachten (bei Jollen das Schwert) verhindert, dass das Segelboot seitlich wegtreibt (abdriftet). Da die Seitwärtsbewegung also unterbunden wird, treiben die resultierenden Kräfte das Boot vorwärts.

Der Krängungswinkel hat großen Einfluss auf die Geschwindigkeit des Boots. Übermäßige Krängung bremst das Boot aus (Krängungswiderstand), auch wenn der Anschein entstehen kann, dass es schneller wird. Es ist sinnvoller und komfortabler, das Boot einigermaßen aufrecht zu halten.

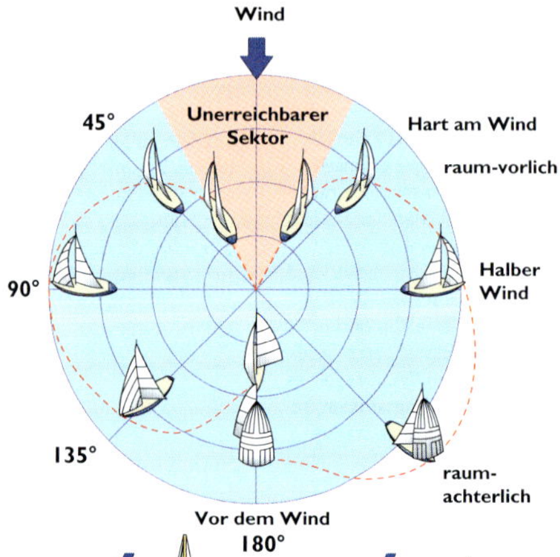

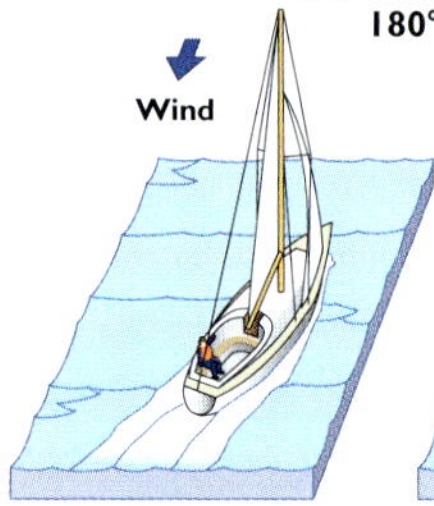

Die Segel, siehe oben, müssen so getrimmt werden, dass die Luft ungestört über sie strömen kann. Beim Abfallen vom Wind werden die Schoten so gefiert, dass der Anstellwinkel der Segel gleich bleibt, während sich das Boot dreht.

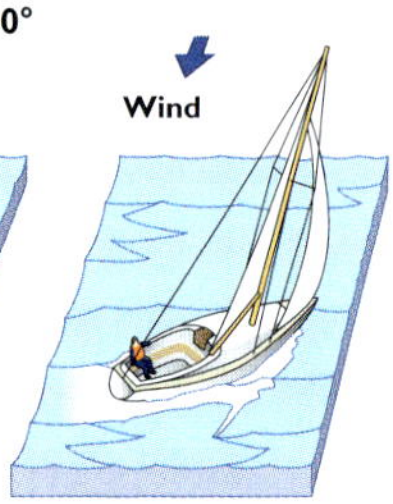

Auf Kursen am Wind oder mit raumem Wind entsteht in dem Schlitz zwischen den Segeln eine Art Düsenwirkung, siehe unten. Da der verdichtete Wind am schnellsten über den gewölbten Rücken des Großsegels strömt, ziehen die resultierenden Kräfte das Boot vorwärts.

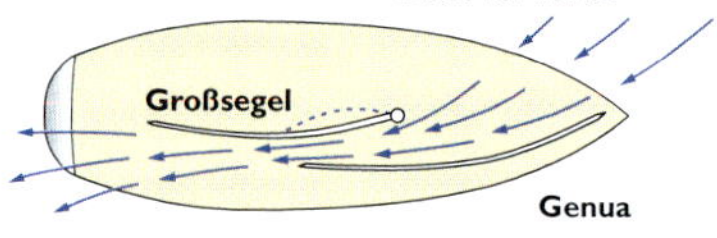

Die Kursstabilität ist gegeben, wenn der Segelschwerpunkt (SSP), d.h. der Kraftangriffspunkt der Segelfläche, im richtigen Verhältnis zum Lateralschwerpunkt (LSP) des Unterwasserschiffs liegt. Dann ist keine Ruderkorrektur erforderlich, um einen geraden Kurs zu halten, d.h. das Boot ist weder luv- noch leegierig.

Fällt man vom Hart-am-Wind-Kurs auf raumeren Kurs ab, erhöht sich die Fahrtgeschwindigkeit zunächst. Doch jenseits des raumachterlichen Kurses lässt der scheinbare Wind nach und das Boot wird langsamer, wenn man nicht einen Spinnaker oder Blister setzt. Direkt vor dem Wind segelt es sich am langsamsten, sofern kein sehr starker Wind weht.

Der Kiel bremst die Seitwärtsbewegung des Boots durchs Wasser und hält es aufrecht. Der Ballast am unteren Kielende wirkt als aufrichtender Hebel dem Winddruck auf die Segel entgegen und verhindert so, dass das Boot stark gekrängt segelt.

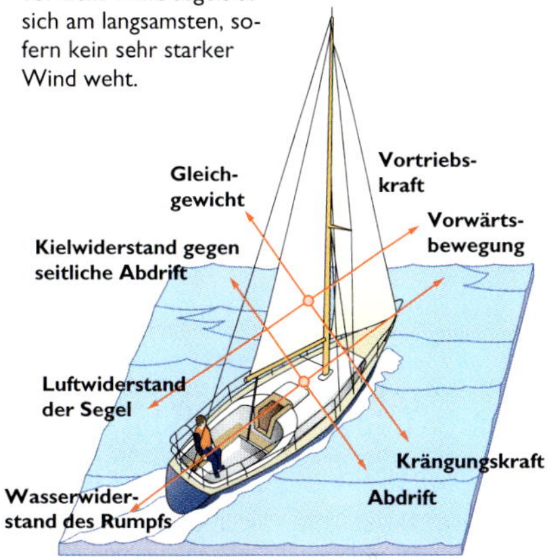

Kurs zum Wind

Die Geschwindigkeit des Segelboots ist von seinem Kurs bzw. Winkel zum Wind abhängig (siehe Diagramm S. 26).

1 Zu hoch am Wind, im unerreichbaren Sektor, beginnen die Segel zu killen.

2 Hoch am Wind, d.h. in einem Winkel von 35-50° zum wahren Wind, nimmt die Fahrt bei dicht geholten Segeln und optimalem Anstellwinkel zu.

3 Auf raum-vorlichem Kurs (70°) segelt das Boot schneller.

4 Bei halbem Wind, d.h. im rechten Winkel zum Wind, nimmt die Fahrt noch zu.

5 Raum-achterlich (135°) erreicht man mit großer Segelfläche die höchste Fahrt.

6 Platt vor dem Wind werden die Schoten ganz aufgefiert. Wenn man nicht mehr Segel (Spinnaker) setzt oder auf raum-achterlichen Kurs anluvt, verliert das Boot an Fahrt.

Der scheinbare Wind ergibt sich aus dem Zusammenwirken des wahren Windes mit dem Fahrtwind eines Boots; er wird umso stärker, je höher man am Wind segelt. Wenn man vor dem Wind segelt, erscheint dieser sehr viel schwächer, als er wirklich ist. Bei einem wahren Wind von 15 kn und einer Fahrtgeschwindigkeit von 5 kn vor dem Wind herrscht an Bord nur ein scheinbarer Wind von 10 kn.

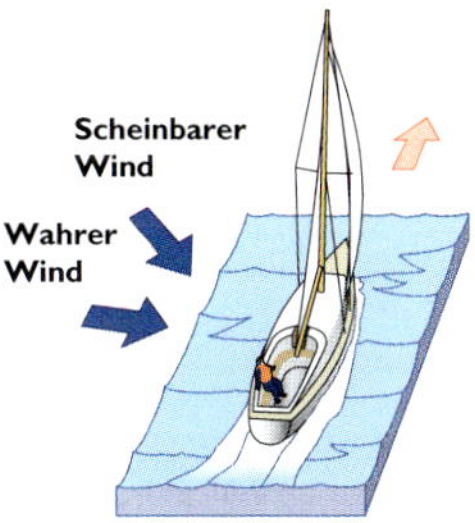

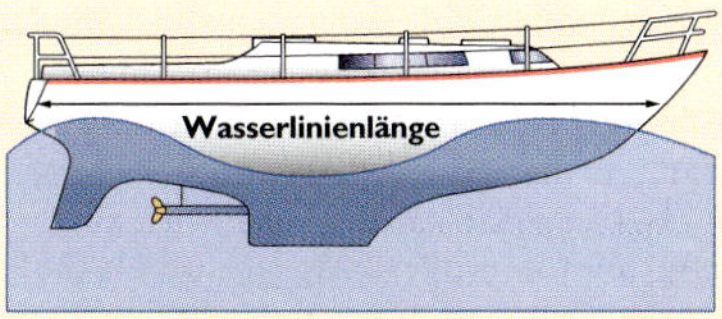

Die maximale Rumpfgeschwindigkeit in km/h beträgt theoretisch das 4,5fache der Wurzel der Wasserlinienlänge (in m) und ist erreicht, wenn der Rumpf genau zwischen Bug- und Heckwelle eingebettet liegt. Leichtere Boote können diese Geschwindigkeit überschreiten, indem sie auf der Wasseroberfläche gleiten.

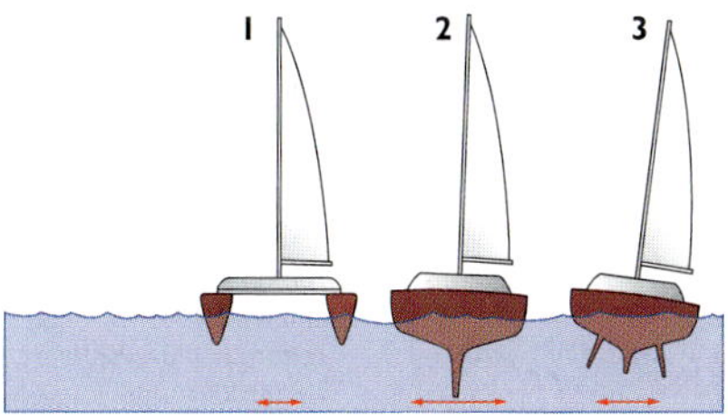

1 Der Katamaran hat durch seine Breite eine hohe Anfangsstabilität, kann aber schon bei 40° Krängung kentern.

2 Bei einer Kreuzeryacht ist die Krängungsneigung dank ihrer Rumpfform und ihres Ballastkieles gering.

3 Alternativ kann man eine Kreuzeryacht auch durch zwei mit Ballast beschwerte Kimmkiele, ggf. mit einer kurzen Mittelkielflosse, stabilisieren. So erhält man die gleiche Stabilität bei geringerem Tiefgang.

Segel setzen

Zu Beginn eines Törns sind zunächst einmal Großsegel und Vorsegel richtig anzuschlagen und zu setzen. Durch sorgfältige Arbeit in diesem Stadium vermeidet man spätere Probleme wie das Herausfallen von Latten bei flatterndem Segel.

Die erste Überlegung gilt dem Wetter, vor allem bei unterbemanntem Boot. Leichte Morgenwinde können im Laufe des Tages auffrischen und einen Vorsegelwechsel erfordern; so ist es bei knapper Besatzung ratsam, gleich das geeignetste Vorsegel für die laut Wetterbericht maximal erwartete Windstärke zu wählen.

Der Hals des Vorsegels wird mit einem Schäkel oder – zwecks besserer Sicht unter dem Segel durch – mit einem kurzen Stropp am Bugbeschlag befestigt. Das Vorliek wird mit Stagreitern aufs Vorstag gesetzt oder in die Nut eines Profilstags eingezogen, was die durch Stagreiter verursachten Turbulenzen vermeidet.

Wenn die Segel angeschlagen, Schoten und Fallen befestigt sind und das Boot in den Wind gedreht ist, setzt man in der Regel zuerst das Großsegel. Läuft jedoch ein Strom gegen den Wind, sollte man das Boot zunächst mit dem Vorsegel in Fahrt bringen.

Nach Heißen der Segel ist zu kontrollieren, ob sie straff genug sind. Auf manchen Kreuzeryachten scheint das Vorsegel nie richtig durchgesetzt zu sein. Dann bilden sich am Vorliek horizontale Falten und Taschen zwischen den Stagreitern, wodurch das Boot schlecht am Wind segelt. Das Fall steif durchsetzen, um dies zu vermeiden. Es ist einfacher, ein zu hart durchgesetztes Fall wieder zu fieren, als das Fall nachträglich durchzusetzen.
Je stärker der Wind, desto straffer sollte das Fall sein. Bei abflauendem Wind wird das Fall gefiert, bis die zum Vorstag parallel laufende Falte gerade verschwindet; bei auffrischendem Wind wird das Fall schrittweise härter durchgesetzt. Das Gleiche gilt für das Vorliek des Großsegels.

Jedes Vorsegel wird auf die gleiche Weise angeschlagen. Die Verschluss-Stifte der Stagreiter sollten an allen Vorsegeln auf der gleichen Seite sein. So vermeidet man es, Segelhals und -kopf zu verwechseln und das Segel, vor allem nachts, verkehrt herum zu setzen, und vermindert das Risiko, einen Stagreiter zu verdrehen. Vor dem Heißen kontrollieren, ob das Fall nicht ums Vorstag gewickelt ist. Bei einer Rollfock kann das Fall nach dem Segelsetzen belegt und bis auf gelegentliche Kontrollen für den Rest der Saison beiseite geräumt werden. Beim Ausrollen des Segels ist darauf zu achten, dass sich die zum Cockpit geführte Reffleine nicht verheddert und sich leichtgängig aufrollen kann. Beim Bergen des Rollsegels muß die Schot immer leicht gespannt bleiben, damit sich das Segel glatt aufrollt.

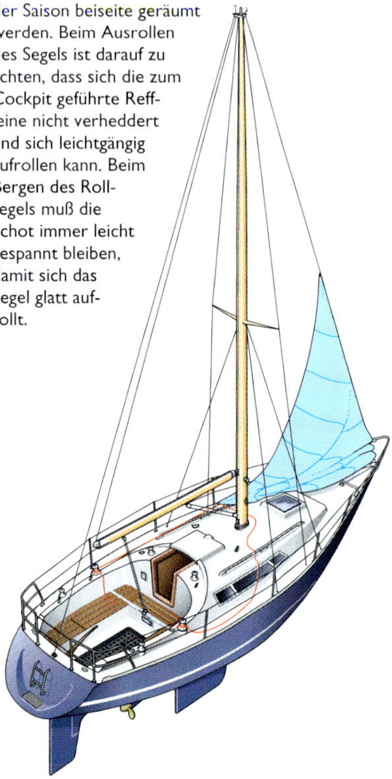

Zum Setzen des Vorsegels den Segelsack nach vorn bringen und den Segelhals am Bugbeschlag befestigen. Die Stagreiter des Segels werden am Vorstag angeschlagen: Man beginnt mit dem untersten Stagreiter und achtet darauf, dass keiner verdreht wird. Schoten sollten mit einem Palstek am Schothorn befestigt werden und nicht mit einem Schäkel. Man sollte keine Endlosschot, sondern separate Schoten verwenden. Das Fall wird am Segelkopf befestigt, die Schoten durch die Leitösen nach achtern zum Cockpit geführt und die Schotenden mit einem Achtknoten gegen Ausrauschen gesichert. Zum Heißen das Fall durchholen, bis der Segelkopf das obere Ende des Vorstags erreicht, dann das Fall belegen.

Die Segel sind der Antriebsmotor eines Segelboots. Um maximale Leistung zu erhalten, den Unterliekstrecker des Großsegels und die Fallen beider Segel so straff durchsetzen, dass die Segel faltenfrei stehen. Die Schot so weit dichtholen, dass das Vorliek des Segels gerade nicht mehr killt und die Windfäden horizontal wehen.

Um das Großsegel anzuschlagen, wird der Segelsack zum Mast gebracht und das Schothorn in die Keep des Baums eingezogen. Der Segelhals wird am Lümmelbeschlag angeschäkelt und das Unterliek mit dem Schothorn zuerst in die Nut des Großbaums gezogen. Erleichtern kann man sich diese Arbeit mit dem Unterliekstrecker. Dann das Fall am Segelkopf einschäkeln und die Mastrutscher vom Segelkopf an in die Mastschiene einziehen. Mit der Keepsperre am unteren Ende der Mastschiene wird das Segel gesichert. Spätestens dann sollten die Segellatten eingezogen werden. Es empfiehlt sich, jede Latte mit der Lattentaschennummer zu beschriften. Zum Bergen des Segels immer erst die Dirk anschlagen, bevor das Fall gefiert wird.

Segelpflege

UV-Licht ist der schlimmste Feind des Segels. Deshalb sollten unbenutzte Segel immer gut abgedeckt werden. Eine Persenning am Achterliek einer Rollfock schützt den freiliegenden Teil vor Sonneneinwirkung, Schmutz und Staub. Um Stockflecken zu vermeiden, sollte man die Segel nur trocken verstauen.

Segel sind regelmäßig auf Scheuerstellen zu kontrollieren, Berührungsstellen mit Decksbeschlägen oder Takelage sind gefährdet. Solche Stellen ggf. mit Segelreparatur-Tape verstärken.

Beim Bergen wird vom Vorliek aus das Großsegel in ca. 45 cm breiten Falten nach rechts und links auf den Baum gelegt und dann vom Achterliek aus mit ständigem Zug nach hinten zusammengelegt und mit Zeisingen gesichet.

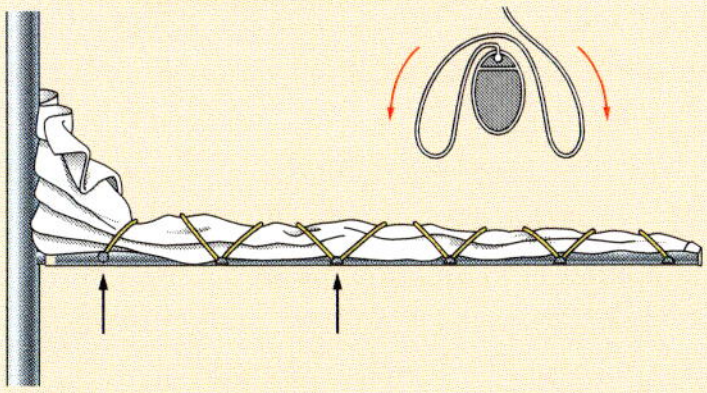

Zusammengelegte Vorsegel kann man vorübergehend entlang der Reling verstauen und an dieser befestigen. Ansonsten das Segel zusammenlegen, **1**, dann vom Vor- zum Achterliek aufrollen, **2**, Achterliek nicht knittern.

1

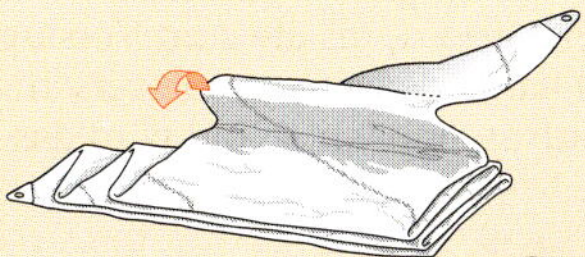

2

Am Wind

Am-Wind-Kurse sind am anspruchvollsten zu segeln; auf diesem Kurs ist es am schwierigsten, das Beste aus einem Boot herauszuholen. Da man nicht direkt gegen den Wind ansegeln kann, erreicht man ein Ziel in Luv nur durch Kreuzen, d.h. im Zickzackkurs mit wechselnden „Kreuzschlägen“.

Die Frage ist dabei immer, wie hoch man an den Wind gehen kann; dies muss man ausprobieren. Die Winkeldifferenz zwischen den Kreuzschlägen – d.h. die Differenz im Kompass-Steuerkurs von einem zum nächsten Kreuzschlag – beträgt bei einer Kreuzeryacht normalerweise etwa 80-90°.

Manche Bootstypen, vor allem Doppelkieler, kreuzen in einem 90-100°-Sektor. Hochgetakelte Rennyachten mit Flossenkiel kommen auf etwa 70-80°. Der Winkel ist nicht nur von Segelform und Bootstyp abhängig, sondern auch von Windstärke, Strömung und Wellenhöhe.

Beim Kreuzen geht es darum, den optimalen Kompromiss zwischen größtmöglicher Höhe am Wind und schnellstmöglicher Fahrt zu finden. Geht man höher an den Wind, bewegt man sich zwar direkter aufs Ziel zu, verliert aber an Fahrt. Fällt man weiter vom Wind ab, erreicht man eine höhere Fahrt, hat aber einen weiteren Weg zurückzulegen.

Kreuzt man im 90°-Sektor mit 5 kn Fahrt, bewegt sich das Boot mit 3,53 kn auf das Ziel in Luv zu. Höher am Wind – mit einem Kreuzsektor von 80° –, sinkt die Fahrt u.U. auf 4 kn und die Luvgeschwindigkeit damit auf 3,06 kn. Es lohnt sich oft, etwas geringere Höhe, aber dafür schneller zu segeln, da es viel Konzentration erfordert, hoch am Wind und dabei noch hohe Geschwindigkeit zu segeln. Da man immer damit rechnen muss, dass der Wind vor Erreichen des Ziels dreht, gibt man dem Bug Priorität, der dem gewünschten Kurs am nächsten kommt.

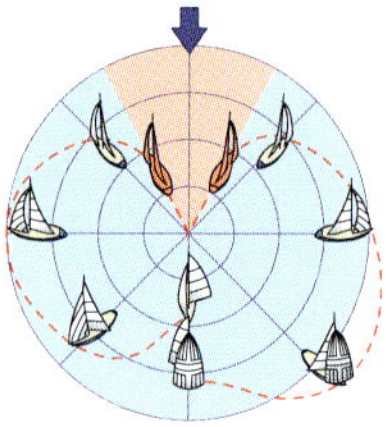

Nur wenige Segelboote können höher als 40-45° an den Wind gehen. Dabei werden die Segel so dicht wie möglich geholt. Auf diesem Kurs ist der scheinbare Wind am stärksten, und das Boot neigt zum Krängen.

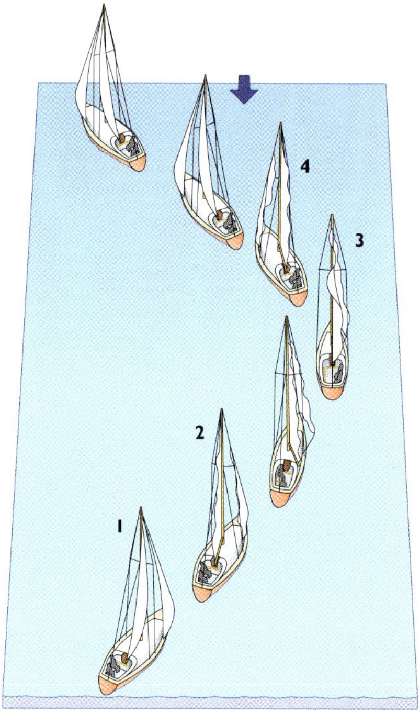

Wenden
1 Crewmitglied 1 nimmt die Vorschot von der Klampe und legt sie auf der Winsch zum Loswerfen bereit. Crewmitglied 2 hält die Luvschot auf der Winsch mit einem im Uhrzeigersinn gelegten Törn zum Dichtholen bereit. Zum endgültigen Steifholen sind drei weitere Törns erforderlich. Kontrollieren, ob die Winschkurbel richtig in der Halterung sitzt.
2 Wenn die Crew bereit ist, das Boot langsam anluven. **3** und **4**. Wenn das Vorsegel back kommt, die Leeschot loswerfen, das Ruder hart auf die andere Seite legen und während das Boot mit dem Bug durch den Wind geht, die andere Schot dichtholen.

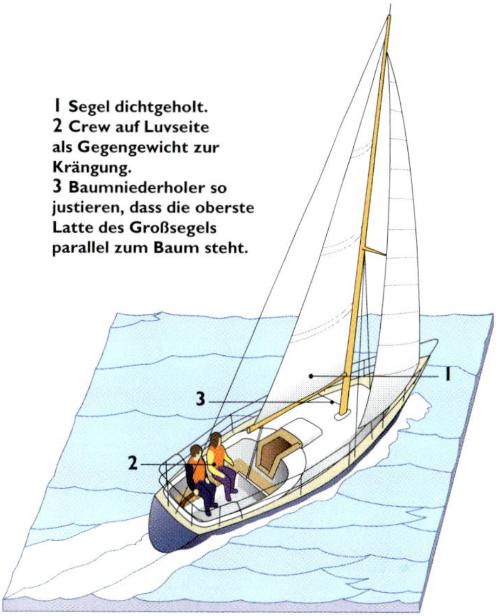

1 **Segel dichtgeholt.**
2 **Crew auf Luvseite als Gegengewicht zur Krängung.**
3 **Baumniederholer so justieren, dass die oberste Latte des Großsegels parallel zum Baum steht.**

Die optimale Wendegeschwindigkeit hängt vom Bootstyp ab und lässt sich ermitteln, indem man die Geschwindigkeit bei jeder Richtungsänderung beobachtet. Anzustreben ist, die Fahrt während des Manövers so hoch wie möglich zu halten, was bedeutet, dass man langsam wendet, weil eine zu schnelle Wende das Boot ausbremst. Es ist wichtig, die Schoten unmittelbar nach der Wende nicht zu schnell dichtzuholen, sondern sie auf den letzten Zentimetern langsam anzuholen, bis die optimale Fahrt erreicht ist.

Windfäden machen den Strömungsverlauf am Segel sichtbar. Hierzu etwa 40 cm lange Wollfäden nehmen, mit einer heißen Nadel mehrere kleine Löcher ins Segel stechen, die Wollfäden so durchziehen, dass auf jeder Seite 20 cm überstehen und jedes Ende am Loch verknoten. Die Fäden 30-40 cm hinter dem Vorliek platzieren. Die Windfäden sollten auf beiden Seiten nach achtern wehen. Flattern die luvseitigen Windfäden auf Am-Wind-Kurs, ist das Boot zu hoch am Wind; geschieht das Gleiche auf raumem Kurs, muss die Vorschot etwas dichtgeholt werden. Wenn die leeseitigen Windfäden auf Am-Wind-Kurs flattern, ist das Boot zu weit vom Wind abgefallen; auf raumen Kursen ist das Segel zu dicht geholt. Windfäden am Großsegel-Achterliek sollten horizontal wehen.

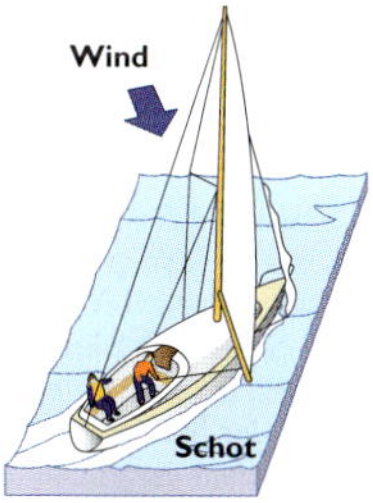

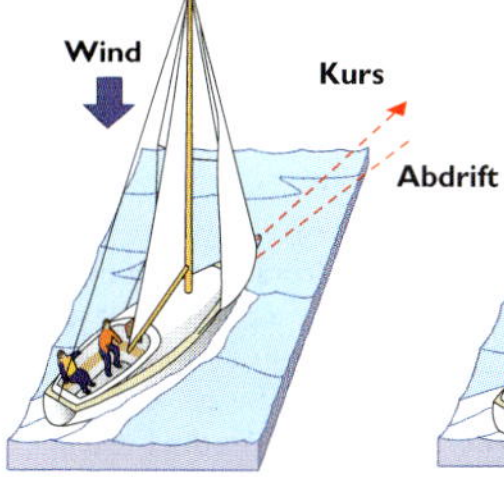

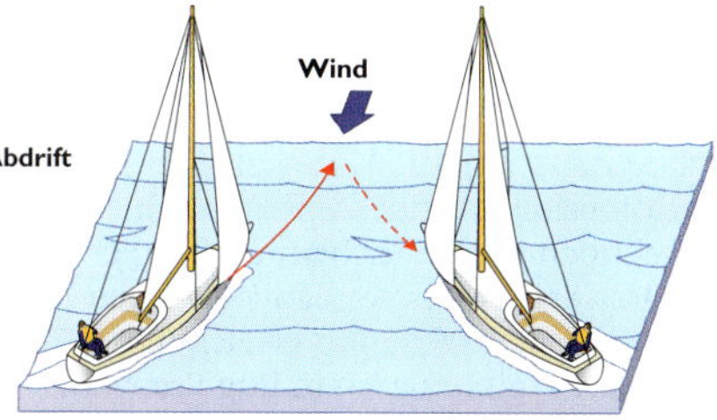

Wenn die Schoten zu steif gesetzt sind und die Krängung des Boots plötzlich zu extrem erscheint, die Schoten etwas auffieren, um den seitlichen Winddruck auf die Segel zu vermindern.

Es ist zu beachten, dass das Boot hart am Wind der stärksten Abdrift ausgesetzt ist. Bei einem modernem Kurzkieler beträgt die Abdrift vielleicht nur 2-5°, bei einem Doppelkieler kann sie bis zu 15° ausmachen.

Wenn das Boot nach der Wende plötzlich keine Fahrt mehr macht (sich „feststampft“), muss abgefallen werden. Kommt das Boot nicht durch den Wind, muß die Fock backgehalten werden, indem die gerade losgeworfene Schot wieder dichtgeholt wird. Die Großschot sollte etwas gefiert werden. Wenn der Bug 20° durch den Wind gedreht hat, die Fockschot dichtholen.

Mit raumem Wind

Auf raumen Kursen ist das Boot am schnellsten. In schwerem Wetter muss die Segelfläche reduziert werden, um übermäßige Krängung zu vermeiden und um die Luvgierigkeit zu minimieren. Bei gerefftem Großsegel mit im Verhältnis größeren Vorsegel verlagert sich der Segelschwerpunkt nach vorn. Das vermindert den Ruderdruck und den Krängungswinkel, sodass das Boot rasch maximale Fahrt erreicht. (siehe gegenüber – Luvgierigkeit)

Bei Schönwetter kann man einen Spinnaker setzen, wenn der Wind achterlich kommt. Bei sehr leichter Brise ist ein Vorsegel für leichtes Wetter günstiger, das nicht einfällt, wenn das Boot nach Lee rollt. Beim Spinnaker ist die Luvliekspannung dort, wo er vom Baum gehalten wird, entscheidend. Seine beiden Schothörner sollten sich in gleicher Höhe über dem Deck befinden; den Baum mit zunehmendem Wind anheben. Eine grobe Faustformel besagt, dass Spi-Baum und Großbaum in etwa eine Linie bilden sollten.

Der Spinnaker wird auf raumem Kurs leicht vertrimmt. Ein Rezept dagegen:

Die Schot so weit auffieren, bis die Anströmkante gerade einzufallen beginnt, dann wieder etwas anholen, damit das Segel optimal steht.

Bei Schwerwetter und raumem Wind sollte die ganze Crew achtern und oben auf der Luvseite sein. Das hilft, das Boot aufrecht und das Heck unten zu halten, um dem Ruder größere Wirksamkeit zu geben, und den Bug aus dem Wasser zu halten, was das Boot weniger luvgierig macht und dem Rudergänger mehr Kontrolle gibt.

Bei sehr leichtem Wetter sollte sich die Crew hingegen vor dem Mast auf der Leeseite aufhalten. Das drückt den Bug nach unten und hebt die flachen Rumpfpartien aus dem Wasser, wodurch sich die benetzte Fläche verringert. Die leeseitige Belastung führt zu einer leichten Krängung, sodass die Segel schon durch die Schwerkraft ihre vorgegebene Form annehmen.

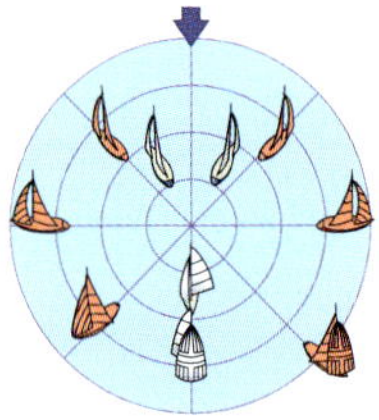

Bei halbem Wind trifft der scheinbare Wind im 90°-Winkel auf die Segel. Bei raum-vorlichem Wind reduziert sich dieser Winkel auf 70°, bei raum-achterlichem Wind nimmt er auf 135° zu.

Der richtige Segeltrimm ist entscheidend. Windfäden und Vorlieken der Segel sorgfältig beobachten. Sobald das Boot auf Kurs ist, Groß- und Fockschot etwas auffieren, bis die Segel zu killen beginnen, dann wieder so weit dichtholen, dass die Segel gerade ruhig stehen. An diesem Punkt sollten die Segel optimal ziehen.

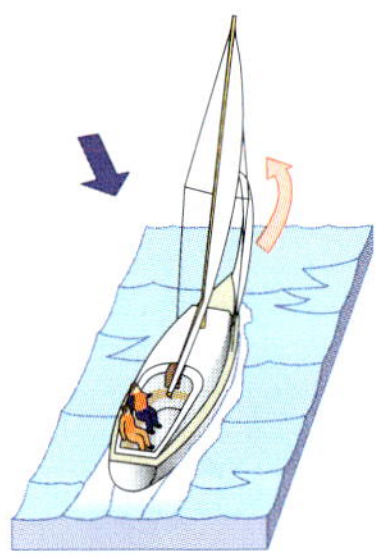

Zum Anluven die Pinne nach Lee legen und die Schoten dichtholen, bis die Windfäden flattern und die Vorlieken zu killen beginnen. Dann geringfügig wieder abfallen.

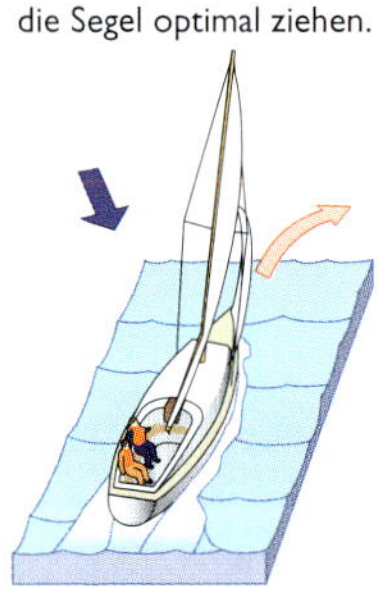

Zum Abfallen die Pinne nach Luv ziehen und die Schoten auffieren, um die Windströmung über die Segel zu verstärken und ein Abbremsen zu verhindern.

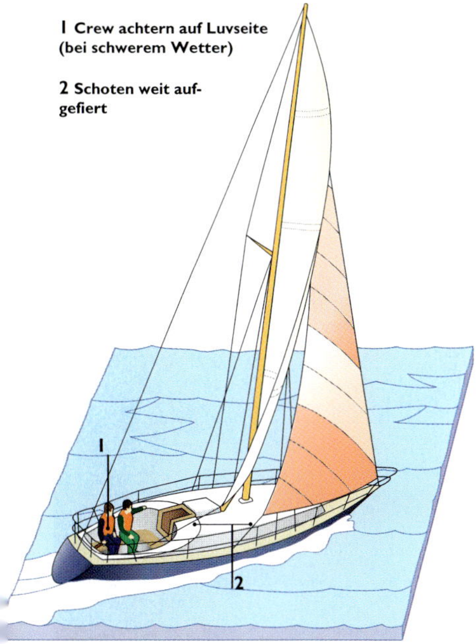

Wenn die Großschot zu weit aufgefiert wird, sodass der Wind auf die Leeseite des Großsegels trifft, geht alle Antriebskraft verloren. Als Gegenmaßnahme die Schoten dichtholen. Schoten bei schralendem (vorlicher einfallendem) Wind dichtholen, bei raumendem (achterlich drehendem) Wind auffieren. Bei raum-achterlichem Wind kann das Boot durch seinen Winkel zu den Wellen zu gieren beginnen; in dem Fall sollte der Rudergänger der Bootsbewegung besser zuvorkommen als gegen sie ankämpfen.

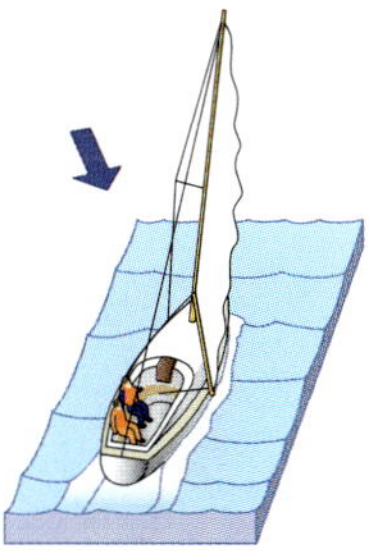

Wenn das Boot von einer Bö getroffen wird und keine Zeit bleibt, um anzuluven oder abzufallen, die Schoten loswerfen, um den Krängungswinkel zu vermindern. Die Wirkung tritt sofort ein.

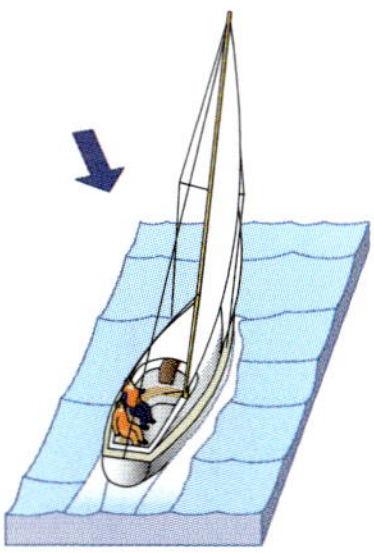

Auf raumem Kurs sollte der Großschotwagen so weit wie möglich nach Lee stehen; die Segel sollten so getrimmt sein, dass die Windfäden nach achtern wehen und flach am Segel anliegen.

Windrichtung

Vor dem Aufbruch kann die Windrichtung durch einen der folgenden Windrichtungsanzeiger ermittelt werden:
1 Durch einen am Masttopp, wo Segel und Takelage die Windrichtung nicht verzerren, montierten Stander, Windbeutel, Verklicker oder eine Rennflagge.
2 An der Segelstellung anderer in Fahrt befindlicher Boote kann man die Richtung ihres scheinbaren Windes ablesen.
3 Flaggen, Rauch und Bäume an der Küste weisen vom Wind weg.
4 Eine Windfahne oder elektronische Anzeige zeigt bei liegendem Boot den wahren, in Fahrt den scheinbaren Wind an.
5 Die Wellenrichtung auf offener See und Wolkenbewegungen können irreführen.

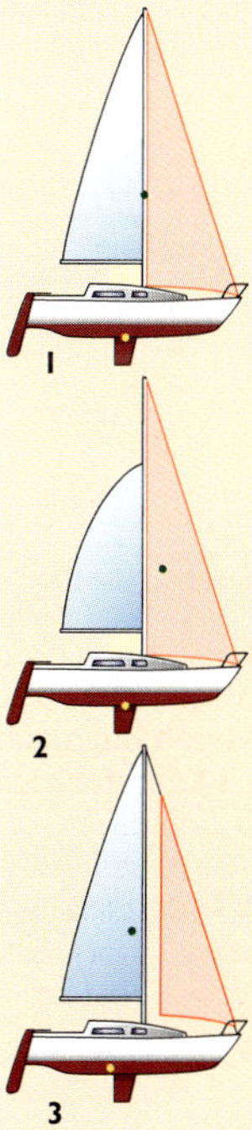

Luvgierigkeit, die Tendenz eines Boots, in den Wind zu drehen, ist ein Sicherheitsfaktor, der das Boot letztlich zum Stillstand bringt, wenn der Rudergänger das Ruder verlässt. Diese Neigung ist bei raumem Wind stärker als auf anderen Kursen und kann durch Vergrößerung der Vorsegelfläche reduziert werden. Der gegenteilige Effekt, Leegierigkeit, tritt ein, wenn der Segelschwerpunkt zu weit vor dem Lateralschwerpunkt liegt, **1**, und lässt sich beheben, indem man (bei Schwertbooten) das Schwert absenkt, **2**, oder die Vorsegelfläche reduziert, **3**.

Vor dem Wind

Auf Vorwindkurs segeln ist ein bisschen wie Passatsegeln. Es gibt keine Richtungsbeschränkungen, es ist trocken und meist deutlich wärmer, weil der scheinbare Wind schwächer ist. Das Steuern ist weniger heikel und man kann mehr Segelfläche setzen.

Der Winkel des Windes zum Boot ergibt sich aus dem nach gewünschter Richtung und Tidenströmung gewählten Kurs. Liegt er zwischen 90° und 180° und hat das Boot genug Besatzung, so kann man einen Spinnaker setzen. Dies ist der ideale Windeinfallwinkel für dieses Segel, das man zusammen mit dem Großsegel fährt, während die Genua geborgen und auf Deck gesichert wird.

Den Blister kann man bei einem Windwinkel von 70-100° bis Windstärke 3, bei einem Winkel von 100-135° bis Windstärke 4 oder 5, bei direkt achterlichem Wind bis Windstärke 6 einsetzen (siehe Beaufort-Skala, S. 212). Er kann fliegend und ohne weitere Segel außer dem Groß gesetzt werden und ist auch bei kleiner Besatzung gut zu bedienen.

Bei sehr starkem Wind kann man eine Genua oder Fock mit dem vollen oder gerefften Groß setzen – solange der Wind vorlicher als 135° einfällt. Kommt der Wind achterlicher als 160°, kann man das Vorsegel auf die Gegenseite nehmen und am besten mit dem Spinnakerbaum ausbaumen (Schmetterling), falls das Boot stark rollt. Dies ist eine gute Besegelung für Vorwindkurse bei schwerem Wetter, die man bei zunehmendem Wind beibehalten kann, indem man die Segelfläche durch Reffen des Groß und Setzen eines kleineren Vorsegels reduziert.

Bei direkt achterlichem Wind sollte sich die Besatzung in zwei Gruppen aufteilen, um das Boot auszubalancieren. Bei leichtem Wind sollten diese mittschiffs zu beiden Seiten so weit außenbords wie möglich sitzen, um das Rollen zu vermindern, bei auffrischendem Wind weiter achtern das Heck niederhalten und dabei weiterhin für ausgeglichene Gewichtsverteilung sorgen.

Platt vor dem Wind segelt es sich nicht ungefährlich, weil die Gefahr einer Patenthalse droht und der wahre Wind stets stärker ist, als es einem vorkommt.

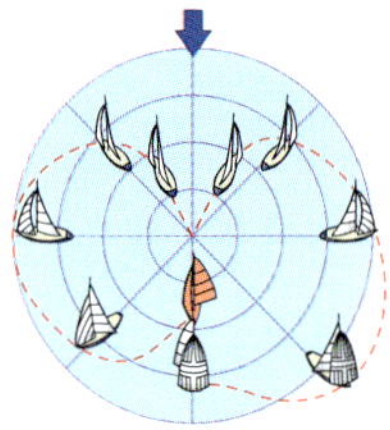

Vorwindkurse gehen von raum-achterlichem Wind bei 135° bis zu direkt achterlichem Wind bei 180°. Direkt vor dem Wind wirken die Segel nicht mehr als aerodynamische Profile, sondern als reiner Windfang.

Zum Querschlagen kann es kommen, wenn Wellen das Heck anheben und das Boot so krängen, dass die Ruderwirkung verloren geht. Um ein Querschlagen zu verhindern, die Fahrt vermindern, höher an den Wind gehen oder durch Fieren der Großschot das Großsegel oben auswehen lassen.

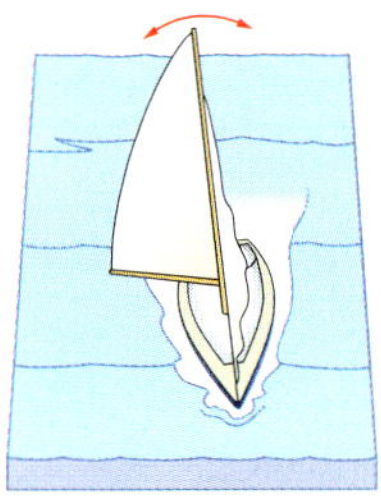

Zur Verminderung des Rollens den Baumniederholer durchsetzen, um den Bauch aus dem Groß zu ziehen und die Verwindung (Twist) am oberen Ende zu unterbinden. Eventuell die Großschot dichter holen.

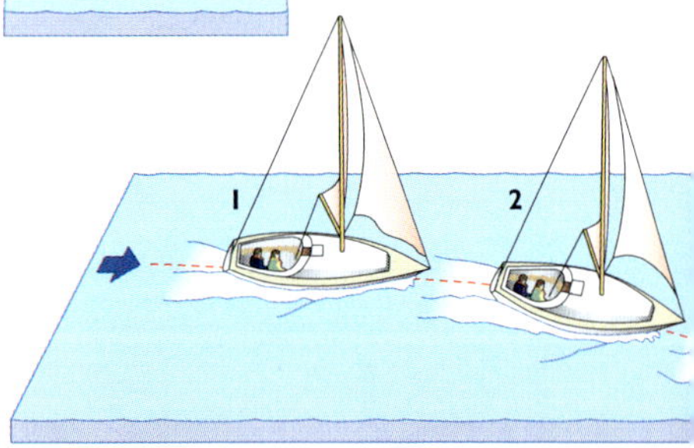

Beim Halsen schwingt der Baum um fast 180° auf die andere Bootsseite. Beim gewollten Halsen vergewissert sich der Rudergänger, dass der neue Kurs klar ist und fällt dann etwas ab, **1**, gibt das Kommando „klar zum Halsen“, während er die Pinne zu sich zieht, die Großschot dichtholt und beklemmt, **2**. Die Crew wirft die

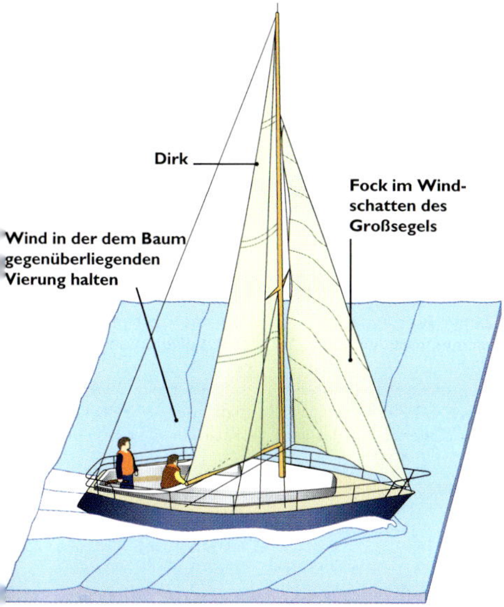

Beim Segeln vor dem Wind sollte der Rudergänger den Wind genau beobachten und sorgfältig steuern, um eine Patenthalse zu vermeiden. Bei unstetem Wind oder stark rollendem Boot kann der Wind in die Leeseite des Großsegels einfallen und es plötzlich auf die andere Seite schwingen lassen. Dabei kann das Boot beschädigt und die Crew verletzt werden. Ein zum Vorschiff geführter Bullenstander kann dies verhindern. Ein nicht ausgebaumtes Vorsegel „warnt" vor einer drohenden Patenthalse, indem es sich auf der dem Großsegel abgewandten Seite füllt. Um auf diesem Kurs mehr Vortriebskraft aus dem Vorsegel herauszuholen, sollte es zum „Schmetterling" ausgebaumt werden, *links*.

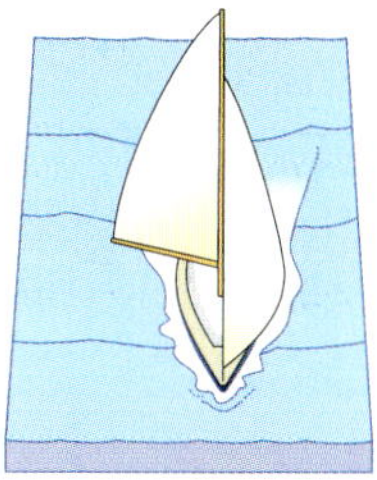

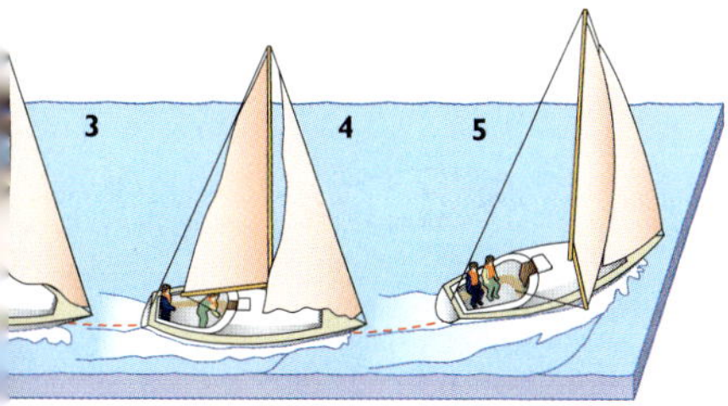

Fockschot auf der einen Seite los und holt sie auf der anderen ein, **3**. Während der Baum, durch die Großschot sicher geführt, auf die andere Seite übergeht, **4**, wechselt auch die Crew die Seite. Jetzt kann man die Großschot auffieren und die Segel für den neuen Kurs trimmen, **5**.

Checkliste

1 Bei direkt achterlichem Wind sollte das Großsegel, nicht der Baum, im rechten Winkel zum Boot stehen.
2 Den Wind um 5-8° in der dem Großsegel gegenüberliegenden Vierung halten; ggf. vor dem Wind kreuzen, um auf Kurs zu bleiben. Die höhere Fahrt macht den etwas längeren Weg mehr als wett. So ist man auch gegen eine eventuelle Patenthalse geschützt.
3 Die Crew achtern sitzen lassen – als Gegengewicht zum Winddruck, der den Bug nach unten drückt.
4 Nicht vergessen, dass der wahre Wind stärker ist als der scheinbare Wind, und die Segelfläche verkleinern, bevor man in den Wind dreht.
5 Die Dirk etwas straffer durchsetzen, damit sich das Großsegel stärker wölbt und der Baum nicht durchs Wasser schleift.
6 Wenn das Boot Backstagen hat, das leeseitige losnehmen.
7 Ein Mehrrumpfboot ist wesentlich schneller, wenn es vor dem Wind kreuzt, als wenn es platt vor dem Wind segelt.

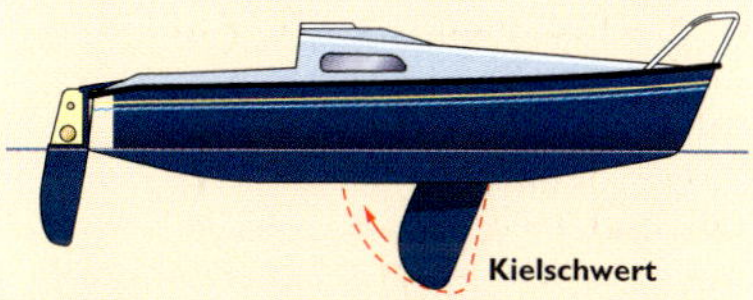

Kielschwert- oder Mittelschwertboote sind als Kreuzer ideal und auch als trailerbare Segelboote sehr beliebt. Mit aufgeholtem Schwert können sie Ankerplätze in flachen Gewässern anlaufen und liegen auch in Tidehäfen oder auf einem Trailer sicher. Bei abgesenktem Schwert haben sie genug Tiefgang, um auch am Wind sehr effizient zu segeln. Bei manchen Booten kann man den Kiel nach hinten schwenken und so auf raumen Kursen den Lateralschwerpunkt (siehe S. 26) nach hinten verlagern, wodurch sich die Luvgierigkeit und die Gefahr des Querschlagens vermindert. Mit aufgeholtem Schwert kommen manche Boote vor dem Wind in Gleitfahrt.

Spinnaker und Blister

Spinnaker
Spinnaker können selbst erfahrene Crews einschüchtern, vor Rätsel stellen und in Rage bringen und heben den Geräuschpegel im Cockpit beträchtlich. Weil sie „fliegend" gesetzt werden, d.h. kein Liek fest an einem Stag oder einer Spiere angeschlagen wird, können sie, wenn man nicht aufpasst, schwer beherrschbar werden. Das muss jedoch nicht sein.

Spinnaker setzen
Spinnakerschoten und -Achterholer zu Törnbeginn zugleich mit den anderen Segeln anschlagen. Wenn Sie ihn vom Bugkorb aus setzen wollen, die Schnappschäkel beidseits am Bugkorb befestigen, wo sie zu gegebener Zeit gut erreichbar sind.

Sicherer lässt sich der Spinnaker von der leeseitigen Reling aus setzen, wo man den Windschatten des Großsegels nutzen kann. Hierzu die beiden Schot- und Achterholerpaare zusammenclippen, sodass man sie nach Bedarf um die Vorderseite des Vorstags auf die eine oder andere Seite ziehen kann. Das Fall griffbereit machen – es kann ebenfalls mit Schoten und Achterholern zusammengeklammert werden.

Den Spinnakersack mit den aufgenähten Befestigungen an Bugkorb oder Leereling festmachen. Den Sack öffnen und die drei Segelecken herausziehen, die obenauf liegen, wenn es ordentlich gepackt wurde. Leinen am Segel anschäkeln.

Spinnakerbaum am Mast einhängen. Luvseitigen Achterholer am Beschlag des Spi-Baums befestigen. Spi-Baum mit dem Aufholer hochziehen, dann mit Niederhalter sichern. Ein Crewmitglied steht am Mast zum Holen des Falls bereit. Im Cockpit hält sich ein Crewmitglied zur Bedienung der Schot, ein anderes mit dem Achterholer bereit. Ein weiteres sollte das Fall mit holen, falls dieses nach achtern geführt wird.

Das Segel rasch hoch ziehen – nichts lässt ein Boot so leicht quer schlagen wie ein halb geheißter Spinnaker, der sich plötzlich mit Wind füllt. Dann den Spinnakerbaum richtig einstellen – am besten zunächst im rechten Winkel zum scheinbaren Wind. Die Genua bergen.

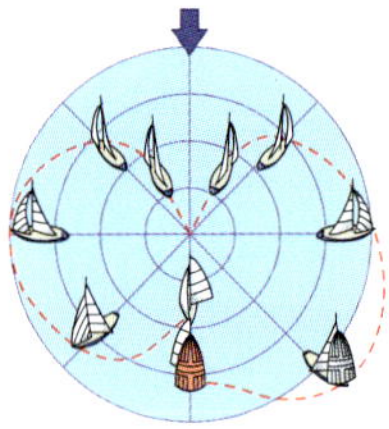

Ein Spinnaker kann dem Boot bei raum-achterlichem bis direkt achterlichem Wind mehr Fahrt verschaffen.

Ein beliebtes Hilfsmittel auf unterbemannten Kreuzern ist der Spinnaker-Schlauch – eine Art Strumpf, aus dem heraus der Spinnaker gesetzt bzw. in den er beim Bergen wieder hineingezogen wird.

Blister
Diese wurden entwickelt, um sich einen Großteil der oben beschriebenen Aufregung zu ersparen. Das Segel wird ohne Baum gefahren und ähnlich wie eine Genua mit seinem Hals unten am Vorstag angeschlagen. Es wird genauso gesetzt wie eine Genua, jedoch ohne Stagreiter-Befestigung am Vorstag. Wie der Spinnaker ist es von der Leereling aus sicherer zu setzen als vom Bugkorb.

Das Halsen ist hier viel einfacher, aber stets darauf achten, dass die neue Schot um die Vorderseite des Vorstags geführt wird. Asymmetrische Spinnaker sind in gewisser Weise eine Weiterentwicklung des Blisters für Rennyachten. Sie werden meist mit dem Hals an einer ausziehbaren Bugspiere angeschlagen, sodass mehr Segelfläche gesetzt werden kann.

Den Spinnaker vor Bergen der Genua zu heißen, kann verhindern, dass er sich füllt, bevor das Fall richtig durchgesetzt ist. Auch das Heißen der Genua vor Bergen des Spinnakers erleichtert die Arbeit.

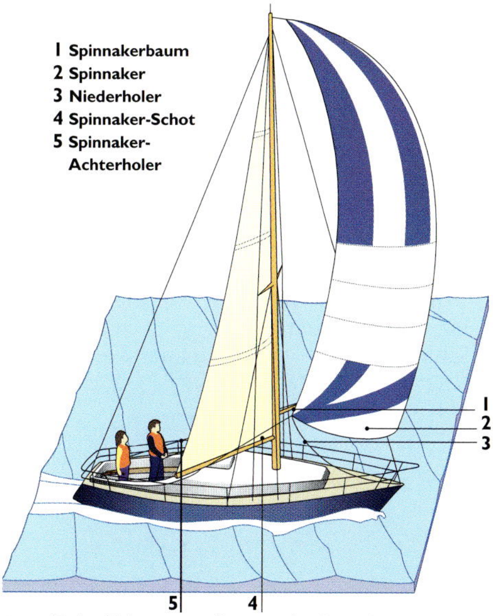

Beim Fahrtensegeln besteht die sicherste Methode zum Bergen des Spinnakers darin, das Boot genau vor den Wind zu bringen und den Spinnaker-Achterholer (Luvschot) schießen zu lassen, sodass der Spinnakerbaum gegen das Vorstag klappt. Den Spinnakerbaum-Aufholer (Toppnant) fieren, um den Baum für die Vorschiff-Crew erreichbar zu machen. In dem Augenblick, in dem ein Crewmitglied vorn den Spinnaker vom Achterholer an der Baumnock löst, die Spinnakerschot vom Leedeck hinter dem Großsegel einholen. Das Fall im gleichen Tempo fieren, in dem die Crew das Segel bergen kann.

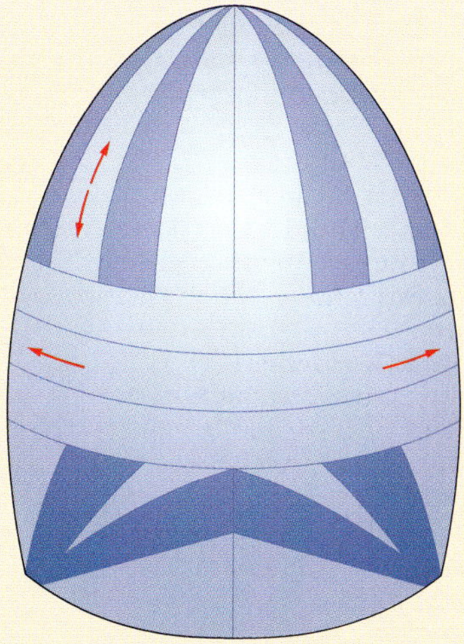

Der gebräuchlichste Spinnaker ist der Tri Radial, der eine effiziente Form mit großer Stabilität verbindet, da die Stoffbahnen in Belastungsrichtung geschnitten sind. Da Spinnakertuch wesentlich empfindlicher als normales Segeltuch ist, muss man besonders darauf achten, dass es nicht mit scharfen Kanten, vor allem Splinten oder Draht, in Berührung kommt.

Eine Spinnakerhalse sollte nur bei ausreichender Besatzung gefahren werden. Bei Starkwind und knapper Besatzung ist es u.U. besser, den Spinnaker zu bergen, dann zu halsen und ihn neu zu setzen.

Auf Booten bis etwa 9 m Länge am besten Nock für Nock schiften. So weit abfallen, bis das Boot platt vor dem Wind segelt. Spinnakerbaum quer stellen, sodass die Schot maximal gefiert ist, **1.** Beschlag des Spibaums am Mast aushängen, auf die andere Seite bringen und die neue Schot daran einpicken, **2.** Außennock (Beschlag) des Baums vom bisherigen Achterholer lösen und am Mast einhängen, **3.** Das Großsegel schiften und zugleich die bisherige Schot (jetzt neuer Achterholer) dichtholen, um den Baum quer zum Boot zu stellen, **4.** Den bisherigen Achterholer (jetzt neue Schot) fieren, **5.**

Leichtwettersegeln

Leichtwettersegeln kann sehr angenehm und befriedigend sein. Damit das Boot ausreichende Fahrt gewinnt, muss man allerdings die maximale Segelfläche setzen und das Gewicht der Segel möglichst gering halten.

Nur wenige Yachten sind mit einer kompletten „Segelgarderobe" ausgestattet; aus Vorsichtsgründen führen die meisten mehr Segel für schweres Wetter mit. Bei leichtem Wind ist das größte und leichteste Segel an Bord zu setzen, etwa ein Blister oder eine große Genua.

Bei sehr leichten Winden kann der Einsatz des Spinnakers frustrierend sein, vor allem direkt vor dem Wind oder bei rollendem Boot, sofern man den Spinnakerbaum nicht durch raum-achterlichen oder raum-seitlichen Wind ausreichend weit vorn halten kann, damit das Segel nicht einfällt.

Bei leichter Brise wird, vor allem am Wind, oft der Fehler gemacht, die Schoten zu dicht zu holen. Stattdessen sollte man sie fieren und 10° weiter abfallen als sonst, um das Boot in Fahrt zu bringen. Dabei muss man Groß- und Vorsegelfall Lose geben, um eine stärkere Segelwölbung zu erhalten. Auch kann sich das Großsegel besser füllen und mehr Vortrieb liefern, wenn man den Unterliekstrecker etwas fiert, den Großschotwagen nach Luv bringt und den Baum mindestens 50 cm von der Mittschiffslinie fixiert. Die Verwindung des Segels (Twist) mit Schot und Baumniederholer justieren, um den Windgradienten (mehr Wind im oberen Segelbereich) auszugleichen.

Eine effektive Methode, das Boot bei wenig Wind in Fahrt zu bringen: Einige Minuten raumen Kurs segeln, dann allmählich anluven, sodass der scheinbare Wind zunimmt und das Boot unter seinem selbst erzeugten Wind Fahrt macht. Es bringt etwas zusätzliche Fahrt, wenn die Crew auf der Leeseite sitzt, sodass das Boot leicht krängt und die Segel sich besser füllen können.

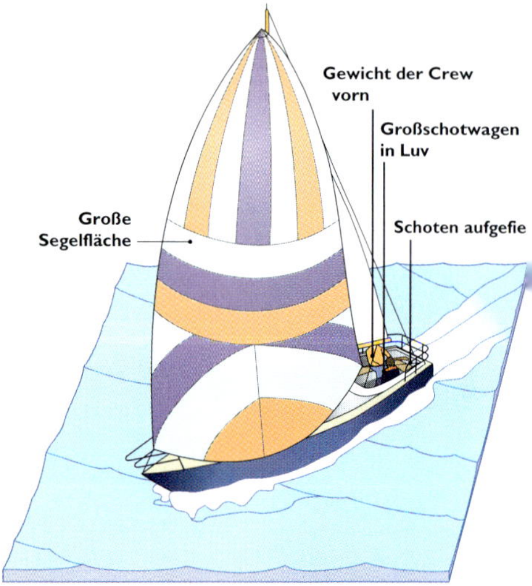

An windarmen Tagen kann man in Küstennähe mit mehr Wind rechnen: Gegen 11 Uhr beginnt in der Regel der auflandige Seewind zu wehen. Wenn frühmorgens noch ablandiger Wind herrscht, stellt sich der Seewind meist erst gegen Mittag ein. Er ist in direkter Küstenähe am stärksten und flaut rund 16 km vor der Küste ab, sodass es sich lohnen kann, dicht an der Küste entlangzusegeln, um eine Windgarantie zu haben. Am ausgeprägtesten ist dieses Phänomen vom späten Frühjahr bis zum Frühsommer, wenn die Temperaturunterschiede zwischen dem kalten Meer und dem warmen Land am größten sind. Abends schläft der Seewind ein und wird rund eine Stunde später vom in Gegenrichtung wehenden Landwind abgelöst.

Bei Küstenfahrten kann man sich die alte Weisheit zunutze machen: „Der Wind folgt immer der Sonne". Auf der Nordhalbkugel dreht der Seewind im Laufe des Tages im Uhrzeigersinn, sodass er an einer Südküste zuletzt von Südwest oder sogar West kommt, bevor er abflaut. Auf der Südhalbkugel dreht er gegen den Uhrzeigersinn.

Um eine große, stabile Segelfläche zu erhalten, die Genua I auf der Gegenseite des Großsegels ausbaumen. Ein Bullenstander, der von der Großbaumnock zum Vorschiff geführt wird, hält das Großsegel auf einer Seite und verhindert eine Patenthalse. Eine andere Alternative für direkte Vorwindkurse, wenn man zwei Spinnaker- oder Fockbäume und ein Doppelnut-Profilstag hat, ist die so genannte „Passatbesegelung“: Dabei wird zu jeder Seite eine Genua ausgebaumt. Vorsicht in beengten Gewässern: Wenn hier ein plötzlicher Kurswechsel erforderlich wird, hat man alle Hände voll zu tun.

Diese Gun-Mount-Halterung für den Spinnakerbaum erleichtert die Handhabung des Spinnakers und sorgt dafür, dass er optimal steht.

Checkliste

Grelle Sonne und Hitze sind für eine unzureichend akklimatisierte Crew gefährlich: Auf Symptome wie Kopfschmerzen, Müdigkeit, Übelkeit, Fieber achten und sofort Gegenmaßnahmen ergreifen.

1 Um einen Sonnenstich (Symptome: Übelkeit und Fieber) zu vermeiden, eine Kopfbedeckung tragen. Für Kinder empfiehlt sich ein breitkrempiger Hut mit Kinnband.

2 Zur Vorbeugung gegen Austrocknung (Lethargie) große Mengen alkoholfreier Getränke konsumieren. Außerdem braucht der Körper Salz, das man besser mit der Nahrung oder etwas Wasser zu sich nimmt als in Form von Salztabletten.

3 Die vom Wasser reflektierte Sonnenstrahlung fördert Sonnenbrände; Kinderhaut ist am empfindlichsten. Salz von der Haut abspülen und Sunblocker-Creme auftragen.

4 Günstige Segelbedingungen nutzen, um Kindern beizubringen, wie man das Ruder führt, Knoten knüpft etc.

Motorsegler

Wenn sich die Segel bei Flaute nicht füllen wollen, kann man u.U. nur noch mit Hilfsantrieb Vorausfahrt machen. Bei geheißten Segeln und vorlicherem als halbem Wind kann man auch mit niedriger Motordrehzahl Fahrt gewinnen. Der gleichzeitige Einsatz von Motor und Segeln kann auch bis zu 20% Kraftstoff sparen. Man muß dann den Motorkegel mit der Spitze nach unten setzen.

Motorsegler sind speziell für diesen kombinierten Antrieb ausgelegt, auch wenn ihre Leistung im einen oder anderen Antriebsmodus dem einer Segelyacht bzw. eines Motorboots unterlegen ist. Die Vorzüge eines modernen Motorseglers für Langfahrten bestehen in größerem Komfort und geringerem Bedienungsaufwand, schnellerem und geruhsamerem Reisen und guter Manövrierfähigkeit.

Reffen für schweres Wetter

Schweres Wetter ist eine harte Herausforderung und kann gefährlich werden, wenn man nicht richtig vorbereitet ist. Da es einen meist unvorhergesehen trifft, ist es lebenswichtig, schon vorab alle erforderlichen Vorkehrungen zu treffen und die notwendige Sicherheitsausrüstung stets an Bord zu führen.

Zunächst ist es unbedingt notwendig, die Segelfläche rechtzeitig und ausreichend zu verkleinern, damit das Boot beherrschbar bleibt. Großsegel reffen, Vorsegel gegen ein kleineres austauschen bzw. ebenfalls ausreichend reffen, um der erwarteten Windstärke standhalten zu können.

Reffen sollte man, sobald man den Eindruck hat, dass es nötig werden könnte. Wenn sich das Boot nicht mehr gut steuern lässt und/oder sehr stark krängt, sofort reffen. Wenn man zehn Minuten wartet, ob der Wind nicht wieder abflaut, nimmt er wahrscheinlich eher zu, was das Reffen nur um so schwerer macht.

Bei extremem Wetter ist ein Boot oft in tiefem Wasser mit reichlich Seeraum sicherer, sodass es klüger sein kann, einen Sturm auf See abzureiten, als dass man versucht, einen Hafen anzulaufen, wo die Wellen tückischer sein können, vor allem wenn man es noch dazu mit Klippen, Barren oder Ebbstrom zu tun bekommt. Schwerwetter mit schlechter Sicht kann auch das Navigieren erschweren.

Das größte Problem bei schwerem Wetter ist oft, dass die Crew nicht so wetterfest ist wie das Boot. Besonders wichtig sind daher die größtmögliche Bedienungsfreundlichkeit des Boots und die optimale Versorgung der Crew.

Unter solchen Bedingungen sind zuverlässige und leicht bedienbare Reffvorrichtungen äußerst wertvoll.

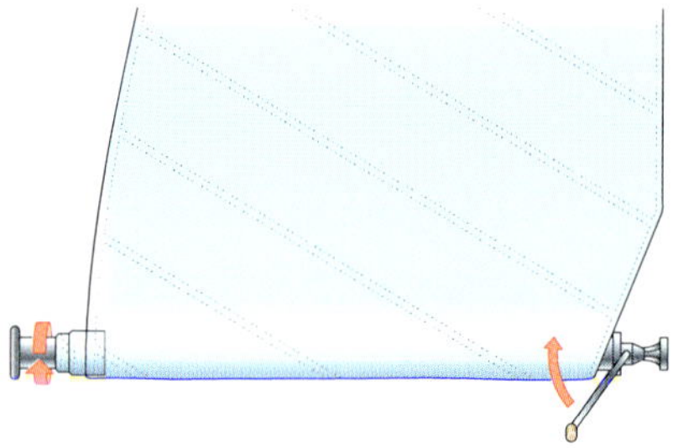

Das Rollreff, oben, erscheint schnell, sauber und handlich, doch dafür steht das Segel meist nicht so gut. Zum Reffen das Fall fieren und den Baumniederholer am Baum aushängen. Das Achterliek nach achtern ziehen, um das Unterliek faltenfrei zu halten.

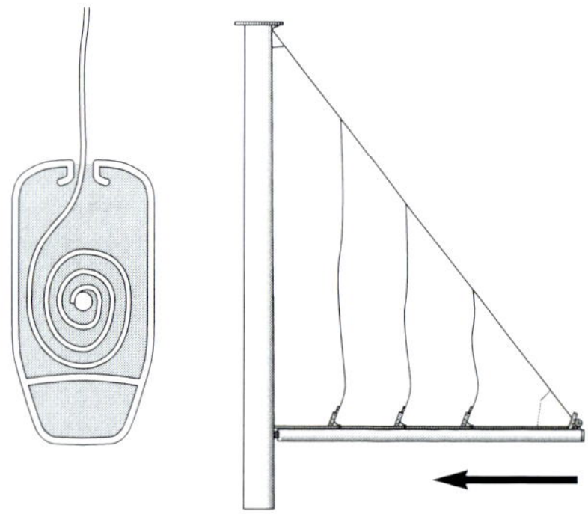

Hohlkammermasten mit Großsegel-Rollreffanlage sind auf Kreuzeryachten recht verbreitet. Dies ist eine Kompromisslösung, da das Segel nicht richtig durchgelattet werden kann. Ein Kompromiss sind senkrechte Latten oder horizontale dünne Federstahlstäbe, die sich mit aufrollen lassen.

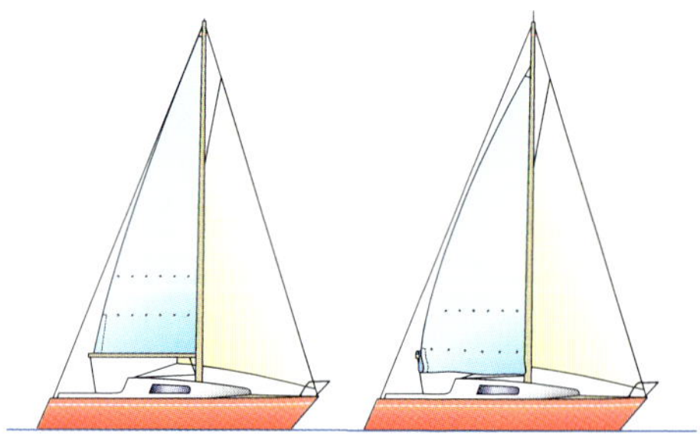

Das Schnellreff ist auch von einer Person gut zu bedienen. Baum andirken die Großschot losnehmen, das Fall auffieren, bis die Vorliekkausch am Lümmelbeschlag eingehakt werden kann. Mit dem Reffstander die Achterliekkausch auf den Baum niederholen. Das Fall durchsetzen, Dirk fieren.

1 Gerefftes Großsegel
2 Verkleinertes Vorsegel
3 Sorgleinen an Manntau einhaken
4 Schlechtwetterausrüstung

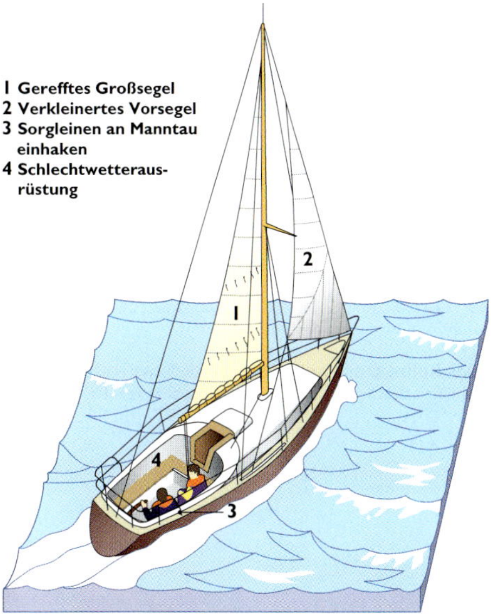

1 Früh genug reffen, um Belastungen für Gerät und Crew zu vermeiden.
2 Das Boot ausbalancieren, indem man Großsegel und Vorsegel gleichmäßig refft. Der Rudergänger kann an der Pinne fühlen, ob richtig gerefft ist.
3 Beim Reffen an den Wind gehen, um den Baum binnenbords zu bringen.
4 Zum Vorsegelwechsel vor dem Wind segeln. So wird das Boot stabilisiert und das Deck bleibt trockener.
5 Sicherheitsgurte an Fußreling oder Manntauen einhaken, um beide Hände frei zu haben.
6 Beim Reffen auf der Luvseite des Segels stehen.
7 Beim Bindereff die Bändsel der einen Reffreihe nicht mit denen einer anderen verwechseln.
8 Zum Ausreffen den Reffvorgang umkehren. Immer zuerst die Reffbändsel, dann erst Vor- und Achterliekkauschen lösen.

Kleidung

Die ideale Schlechtwetter-Kleidung ist warm und atmungsaktiv, ohne zu sehr aufzutragen.

Am meisten Körperwärme verliert man über die Gliedmaßen, die man daher warm und trocken halten sollte: mit wasserdichten Handschuhen, die die Handhabung von Schäkeln, Knoten etc. erlauben, zwei Paar Kniestrümpfen, das innere Paar aus normaler, das äußere aus wasserabweisender Wolle, und rutschfesten Gummistiefeln. Tragen Sie ein Frotteetuch um den Hals und eine Mütze aus Wolle oder Thermomaterial; Wolle saugt sich nicht so schnell voll wie Synthetik, trocknet aber auch langsamer.

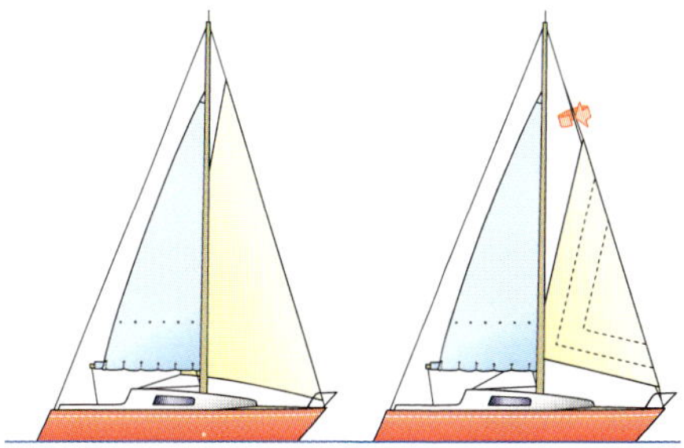

Ein Rollreff-Vorsegel erspart den Segelwechsel. Man muss jedoch die Holepunkte der Schoten verstellen.

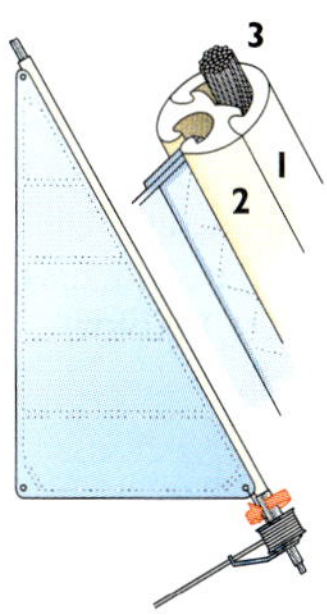

Für ein Rollreff wird ein Profilstag mit Refftrommel, **1**, und einer Keep fürs Vorsegel-Vorliek, **2**, auf das Vorstag, **3**, montiert.

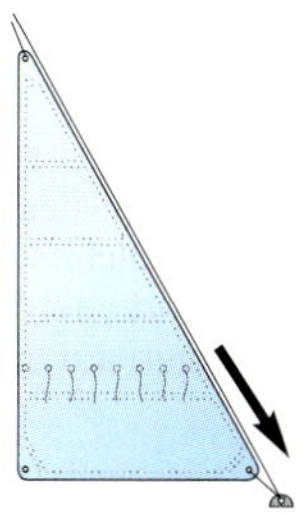

Zum Reffen einer Genua Schoten an eine höhere Kausch anstecken. Parallele Vorliekskausch am Bugbeschlag befestigen, Reffbändsel festzurren.

Einen Sturm abreiten

Die beste Handhabung eines Boots bei schwerem Wetter hängt von seiner Konstruktion ab. Manche drehen bei, andere treiben besser vor Topp und Takel, liegen vor Treibanker oder müssen vor dem Wind laufen. Die beste Taktik für das eigene Boot findet man nur durch Ausprobieren.

Zu den seetüchtigsten Booten, die je fürs Schlechtwettersegeln gebaut wurden, gehörten die Lotsenkutter von Bristol. Sie waren in der Lage, nur unter Stagsegel (Fock) beizuliegen, und konnten, da sie als Langkieler konstruiert waren, vor Treibanker liegen. Ein Kurzkieler würde über den Anker segeln, wobei sich die Ankerleine in Propeller oder Ruder verfangen könnte.

Bei manchen modernen Kreuzeryachten ist das Beiliegen unter Sturmfock bei festgezurrtem Ruder keine sichere Alternative; dann ist es ratsam, das Boot etwa 80° zum Wind zu segeln – mit gerade genug steuerfähiger Fahrt, um durch Anluven oder Abfallen den schlimmsten Wellen auszuweichen.

Bei ungemütlich starkem Wind und ausreichendem Seeraum ist es oft am besten, ohne Segel oder nur unter Sturmfock vor dem Wind abzulaufen. Obwohl sie so klein ist, hilft die am Vorstag angeschlagene Sturmfock, das Boot steuerbar zu halten. Sie gibt etwas steuerfähige Fahrt und vermindert oft das Rollen.

Wenn es wirklich stark weht, ergibt sich die beste Handlungsweise oft aus den Umständen. Wenn der Sturm in die gewünschte Kursrichtung bläst, kann man unter einer Sturmfock mit passabler Geschwindigkeit vor dem Wind laufen.

Obwohl laut und ungemütlich, ist das Treiben vor Topp und Takel oft eine sichere Methode, einen schlimmen Sturm abzureiten. Dazu birgt man die Segel, lascht den Baum an Deck fest, macht alle Luken dicht und geht unter Deck, bis der Sturm vorbei ist. Die Pinne muss nach Lee festgezurrt werden, sodass das Boot immer versucht, in den Wind zu drehen. Es wird so 1-2 kn nach Lee und vermutlich etwas Vorausfahrt machen.

Überbrechende Wellen sind bei schwerem Wetter die größte Gefahr für ein Boot. Bei einem Sturm auf hoher See kann eine Monstersee das Boot über Kopf gehen lassen. Eher noch ist mit einer über Heck und Achterschiff brechenden See zu rechnen, die das Cockpit unter Wasser setzt. Diese Gefahr wird reduziert, wenn Fahrt im Boot ist, und man sollte auf jeden Fall den Niedergang geschlossen halten.

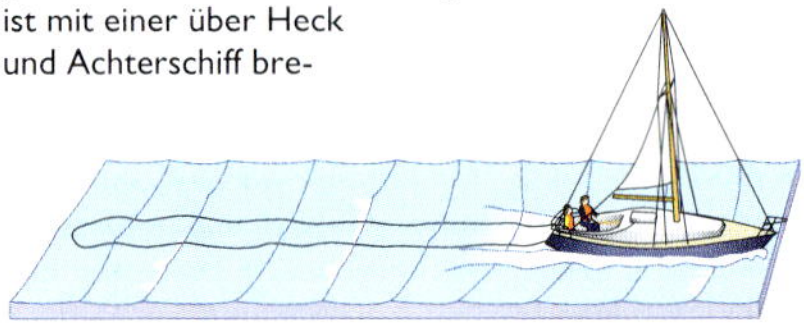

Beim Ablaufen vor dem Sturm oder bei Annäherung an eine Leeküste kann man die Vorausfahrt des Boots vermindern, indem man fünf oder sechs 50 m lange Trossen verbindet und achtern in Form einer Bucht nachschleppt. So kann man das Boot abbremsen.

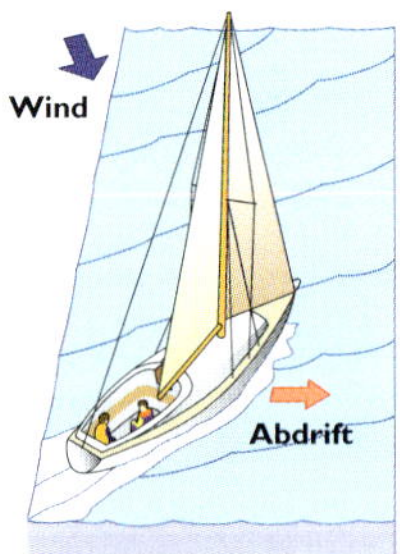

Zum Beiliegen das Großsegel fieren, das Vorsegel backsetzen und die Pinne nach Lee festzurren. Das Boot segelt jetzt langsam mit starker Kursversetzung nach Lee. Yawls und Ketschen liegen u.U. nur unter Besansegel besser.

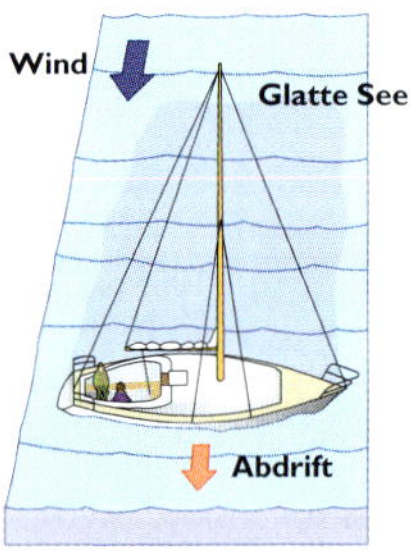

Vor Topp und Takel treibend, d.h. ohne Segel, die Pinne nach Lee festgezurrt, nimmt das Boot von selbst seinen natürlichen Winkel zum Wind ein. Der Rumpf treibt nach Lee ab und lässt auf der Luvseite ein Stück geglättete See zurück.

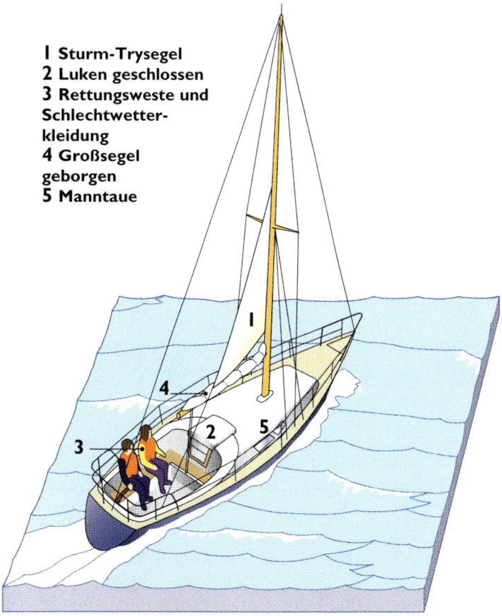

Das Trysegel kann in Kombination mit der Sturmfock helfen, das Boot selbst bei stärkstem Wind zu stabilisieren. Es wird oft vernachlässigt, weil es unter diesen Umständen schwierig ist, überhaupt ein Segel anzuschlagen, macht es aber möglich, das Großsegel komplett zu bergen. Es wird über dem geborgenen Großsegel in die Mastschiene eingezogen, mit losem Unterliek gefahren und zu beiden Seiten des Boots geschotet, wie eine Fock. Um dem Wind standzuhalten, ist das Segel besonders verstärkt, vor allem an den Ecken, und mit Dreifachnähten ausgestattet.

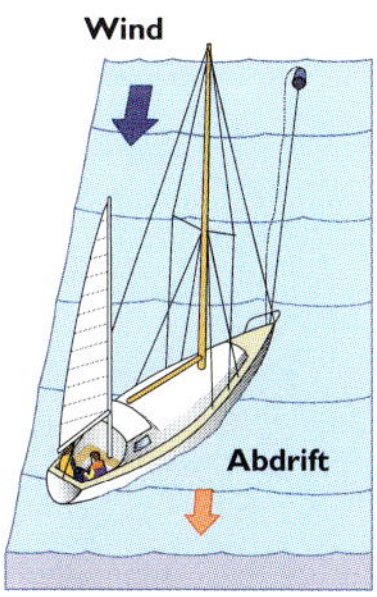

Mit am Bug ausgebrachtem Treibanker und am Besanmast gesetztem Stützsegel legt sich eine Ketsch hoch an den Wind und driftet nach Lee ab. Die Rückwärtsfahrt kann allerdings das Ruder belasten.

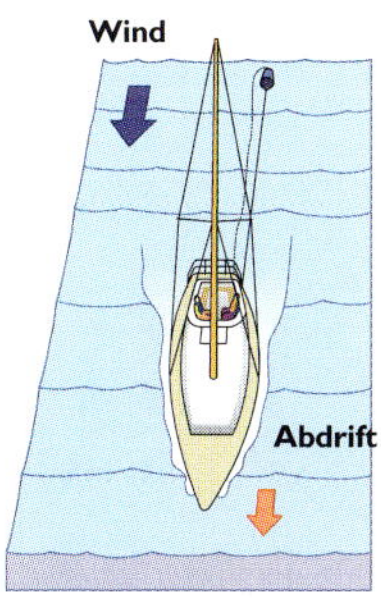

Mit einem am Heck ausgebrachten Treibanker kann das Boot sich vor den Wind legen. Er verhindert u.U. ein Querschlagen, kann das Boot aber auch zu fest halten, sodass es die Wellen nicht mehr so glatt nimmt.

Checkliste

Vorbereitungen auf einen Sturm.

1 Zweifach kontrollieren, ob unter Deck alles gut verstaut ist; an Deck alles gut verzurren. Am besten stellt man sich das Boot kopfüber vor.

2 Boot wasserdicht machen. Alle Luken schließen und sichern. Alle Lüfter schließen. Seehähne schließen.

3 Manntaue anbringen; Rettungswesten und Sicherheitsgurte an alle Crew-Mitglieder ausgeben.

4 Darauf achten, dass die Crew Vorkehrungen gegen Seekrankheit trifft, sich warm anzieht und reichlich isst, bevor das Schwerwetter eintrifft. Thermosflaschen mit heißen Getränken oder Suppe füllen.

5 Segelwechsel rechtzeitig vornehmen. Sturmsegel und Notsignalgeber bereitlegen.

6 Cockpit-Lenzöffnungen säubern. Lenzpumpe testen. Motor ab und zu laufen lassen.

7 Seewetterbericht abhören.

8 Bootsposition im Auge behalten. Auf Deck wachsam Ausguck halten.

9 Einen strikten Wachwechsel organisieren (siehe S. 212).

Ein Segeltuch-Treibanker wird an einer langen Trosse (nie an einer Kette) ausgebracht – am besten mit einer losen Trippleine, die sich allerdings mit der Trosse verwickeln kann. Auch ein Bruce-Anker kann leicht genug sein, um als Treibanker zu dienen.

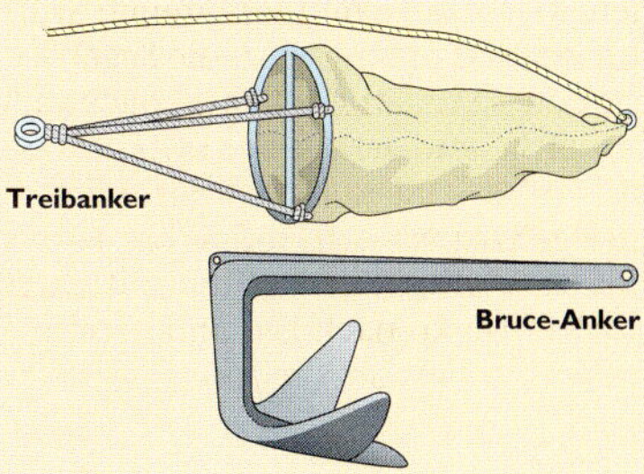

Fahrtensegeln

Langfahrten sind oft geruhsamer und angenehmer bei ausreichender Besatzung, die sich die Arbeit teilen kann. Doch werden die meisten Langfahrten heute mit knapper Besatzung, oft nur mit zwei oder drei Leuten an Bord, unternommen.

Aber auch eine kleine Crew wird bei entsprechender Ausrüstung und Bevorratung nicht überfordert sein. Eine gute Selbststeueranlage, richtige Verpflegung und genug Wasser gehören zur Grundausstattung.

Für ausgedehnte Segeltörns waren Ketsch-, Yawl- und Schonertakelungen besonders beliebt, da sich durch Unterteilung der Segelfläche in mehrere kleinere Segel Belastung und Gewicht der einzelnen Segel vermindert. Dank verbesserter Vorrichtungen zur Segelbedienung sind heute jedoch viele Hochseeyachten slupgetakelt.

Rollreffanlagen sind nützlich und weit verbreitet. Eine große Genua, die von einer Person gerefft bzw. eingerollt werden kann, macht das Mitführen zusätzlicher Segel und den dauernden Segelwechsel bei veränderlicher Windstärke auf Fahrtenyachten überflüssig.

Hohlmasten (siehe S. 40) mit Großsegel-Rollreffanlage erleichtern das Reffen und erlauben eine breitere Auswahl von Großsegel-Größen.

Auf vielen Langfahrten begegnet man dem Passatwind, vor allem auf der Azoren-Karibik-Route. Da der Passat hier genau achterlich mit Windstärke 4 bis 6 weht, sollte man vor dem Mast so viel Segel wie möglich setzen, indem man die Vorsegel ausbaumt. Man kann beide fliegend setzen oder eins am Vorstag befestigen.

Doppel-Vorsegel, in ein Doppelprofil-Vorstag eingezogen und vom Mast aus ausgebaumt, sind eine weitere arbeitssparende Einrichtung, die selbst bei böigem Wetter recht gut funktioniert, da die Segel einander ausbalancieren. Um dem Rollen entgegenzuwirken, das Groß doppelt reffen und den Baum mitschiffs fahren.

Autopiloten

Diese können auf die Pinne wirken, wie hier zu sehen, oder mit dem Radsteuerungsmechanismus verbunden sein. Sie erkennen Abweichungen von einem vorgegebenen Kompasskurs und legen das Ruder entsprechend. Da sie über die elektrische Anlage des Boots versorgt werden, müssen die Batterien täglich bei laufendem Motor aufgeladen werden. Kleine Solarzellenplatten zum Aufladen der Batterien können heutzutage 4 bis 5 Ampere erbringen. Sie sind wartungsfrei, leicht auf Deck zu montieren, elastisch und oft rutschfest.

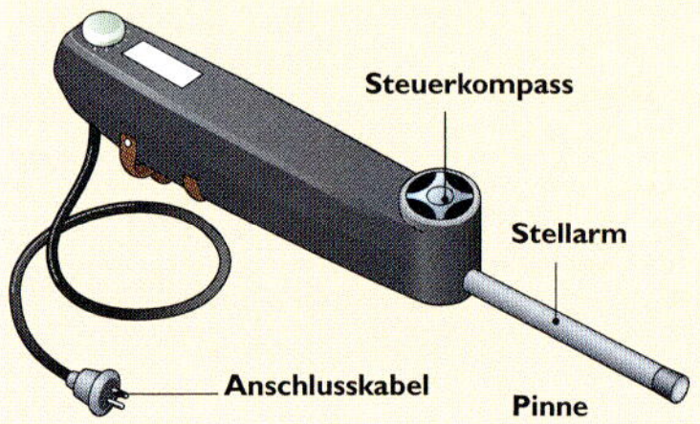

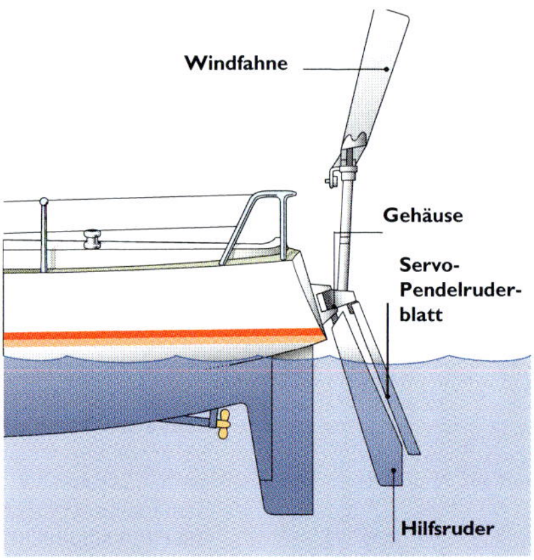

Mechanische Windfahnensteuerungen, die keine elektrische Energie brauchen, sind die zuverlässigsten Selbststeueranlagen. Ihr einziger Nachteil: Bei einer Winddrehung ändert sich auch der Steuerkurs. Manche Ausführungen, wie die oben abgebildete, haben daher noch einen Kompass, der das Boot bei drehendem Wind auf Kurs hält. Das Servo-Pendelruder verstärkt die von der Windfahne gelieferten Windrichtungsinformationen und betätigt ein größeres Hilfsruder.

Die Wachzeiten sind von der Größe der Crew und Dauer des Törns abhängig. Idealerweise sollten zwei Personen auf Deck sein. Bei nur zweiköpfiger Besatzung sind nachts zwei Stunden Wache, zwei Stunden Freiwache das Maximum, mit längeren Wachen von 3-4 Stunden am Tag (siehe S. 212).

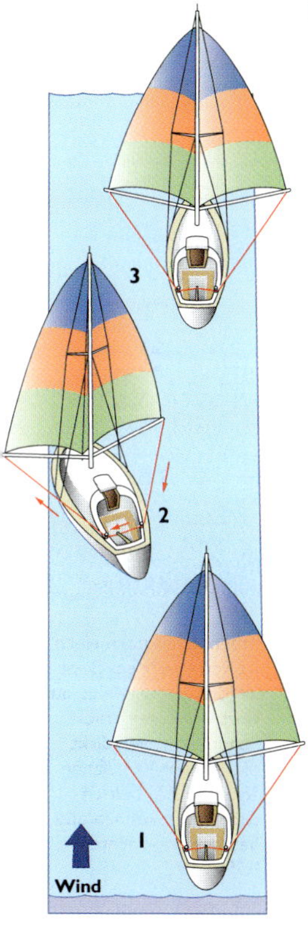

In früheren Zeiten, vor Erfindung der Selbststeueranlagen, nutzten viele Segler improvisierte Systeme. Vor dem Wind können die Schoten der ausgebaumten Focks durch Blöcke nach achtern geschoren und an Pinne oder Steuerrad festgezurrt werden, **1**. Wenn das Boot zu weit nach Backbord dreht, **2**, killt das leeseitige bzw. Steuerbordsegel und nimmt so den Zug von der Steuerleine, wodurch die Pinne automatisch nach Backbord schwingt und das Boot zurück auf Kurs bringt, **3.** Bei noch älteren Systemen wurden Groß- und Fockschot mit der Pinne verbunden.

Checkliste

Farbige Segel blenden nicht so wie weiße. Auf Scheuerstellen durch starke Beanspruchung achten. An der Takelage vor allem die Salingenden, die Hinterkanten der Saling, an denen das Groß scheuert, und die Befestigungsstellen der Drahtstagen und -wanten an Beschlägen im Auge behalten. Wanten und Stagen können an Stellen, an denen die Segel anliegen, als Schutz gegen das Schamfilen mit Tausendfüßlern (Bürsten aus Tauresten) umwickelt werden. Alle Schoten auf Scheuerstellen beobachten und in Gegenrichtung legen, wenn die Innenstränge zu verschleißen beginnen. Fallen täglich fieren bzw. dichtholen, um den Punkt, an dem sie aus dem Masttopp austreten, zu verlagern.

Ersatzfallen maximaler Länge zum Austausch gerissener Fallen mitführen. Segel häufig auf Reck, Scheuerstellen, Schimmel, UV-Schäden, aufgehende Nähte kontrollieren. Dichtmittel um Bolzen und Schrauben auf Austrocknung kontrollieren, die zu Undichtigkeiten führen kann. Motor regelmäßig laufen lassen, um die Batterien aufzuladen und seine Funktion zu prüfen. Ersatzteile für Selbststeueranlage mitführen. Bilgen kontrollieren.

Das richtige Boot

Die Wahl des Boots wird sich danach richten, wo es liegen soll und was man damit vorhat. Ein Liegeplatz im Tiefwasser-Yachthafen bringt andere Erfordernisse mit sich als ein Flachwasser- oder trockenfallender Liegeplatz, und ein Boot, dessen Bedienung vier erfahrene Segler erfordert, eignet sich schlecht für ein Paar mit drei Kleinkindern. Da Liegeplätze in manchen Gegenden sehr begehrt sind, sollte man sich über ihre Verfügbarkeit informieren, bevor man ein Boot kauft – oder ein geeignetes Boot aus zweiter Hand samt Liegeplatz erwerben.

Trailerbare Segelboote können dieses Problem lösen, doch wenn sie groß genug zum Kreuzen auf offener See sein sollen – also etwa ab 7,5 m –, sind sie meist so sperrig und zeitaufwändig aufzutakeln, dass das Ab- und Aufslippen eine Herkulesaufgabe ist. Auch braucht man einen Trailer und ein entsprechendes großes Auto. So sind dies eher Boote, die man einfacher im Winter mit nach Hause nehmen oder bei Bedarf in andere Gewässer schaffen kann.

Langkieler, die traditionelle Wahl für Fahrtenyachten, sind zwar kursstabil, aber auch schwerfällig beim Wenden. Moderne Rümpfe mit langer Kielflosse und separatem Ruderblatt können ebenso stabil wie ein Langkieler, aber wesentlich manövrierfähiger und leichter zu steuern sein.

Wenn Sie ein Boot brauchen, das sich auch rückwärts gut steuern lässt, ist ein Schweberuder geeigneter als ein Festruder. Dagegen ist das Festruder bei Vorausfahrt unter Segeln oder Motor, also 99 % der Fahrtzeit, meist stabiler und besser geschützt. Es kann jedoch sehr unangenehm sein, wenn bei dem einen Prozent, das man mit Zurücksetzen zubringt, etwas schief geht.

Katamaran-Kreuzer zahlen in vielen Marinas höhere Liegegebühren, können aber in flacheren Gewässern liegen. Sie garantieren oft eine schnellere und ruhigere Reise als Einrumpfboote gleicher Länge.

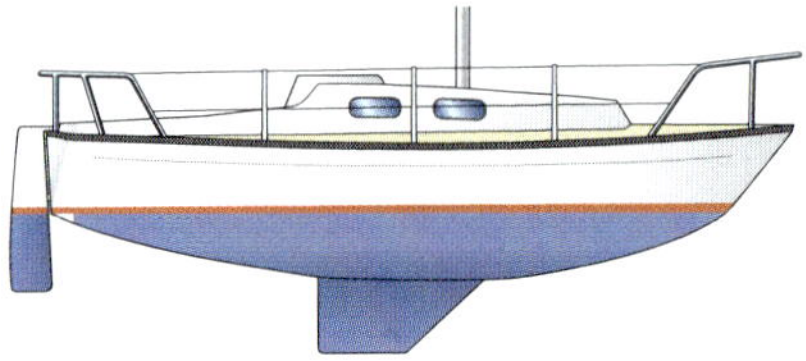

Der Flossen- oder Kurzkieler ist die übliche Konstruktionsform moderner, leistungsfähiger Kreuzer. Die Flosse muss vorn und achtern lang genug sein, um das an die Kaimauer gelehnte Boot beim Trockenfallen zu stützen. Das Ruder kann als Schweberuder, *oben*, oder Festruder ausgeführt sein.

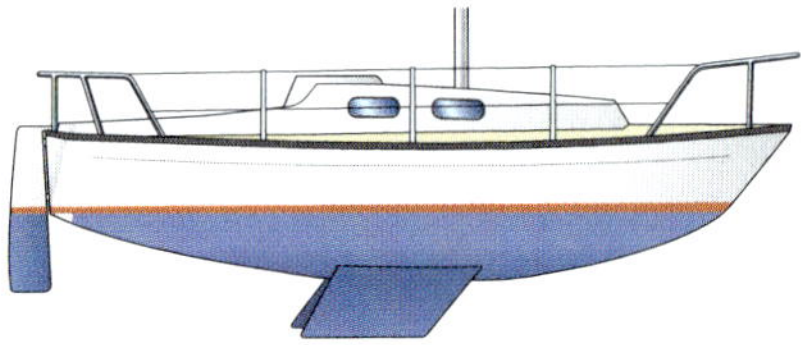

Der Doppelkieler hat nur 2/3 bis 3/4 des Tiefgangs eines Flossenkielers, kann jedoch nur auf festem, ebenem Untergrund aufrecht stehen. Er ist auf Am-Wind-Kursen wegen des unter den Rumpf schlagenden Wassers recht laut und hat schlechtere Segeleigenschaften als ein Flossenkieler.

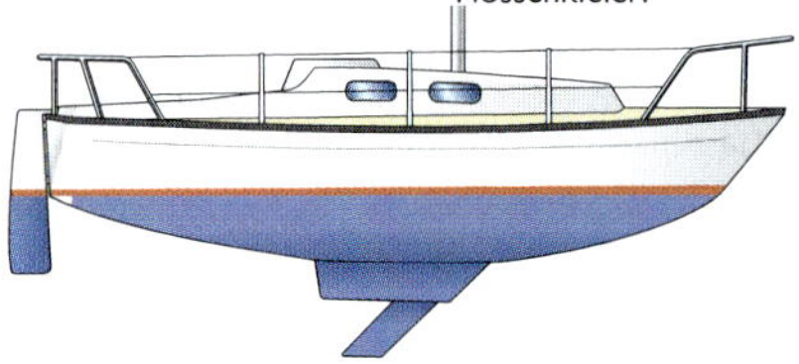

Der Hubkieler eröffnet den Zugang zu allerlei geschützten Segelrevieren und Flachwasser-Liegeplätzen. Durch Aufholen des Kiels lässt sich nicht nur der Wasserwiderstand drastisch reduzieren, sondern das Boot auch leicht wieder flottmachen, wenn es auf Grund läuft.

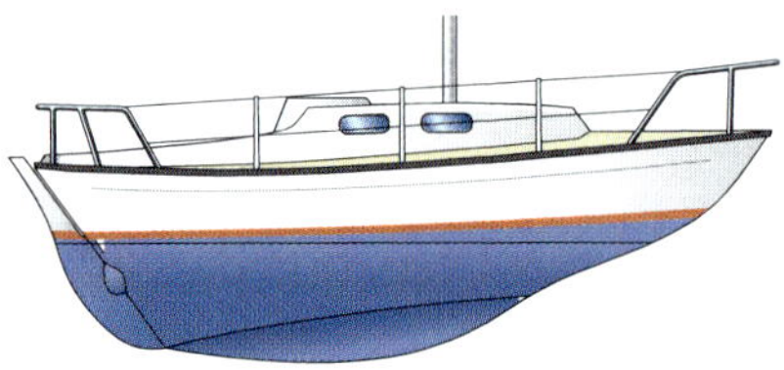

Der Langkieler bietet meist reichlich Stauraum, ist durch seine große Verdrängung aber langsamer und weniger manövrierfähig als andere Bootstypen. Er braucht eine leistungsfähigere Takelung, um genug Vortrieb zu erhalten. Dafür sind die Schiffsbewegungen angenehmer.

Trailer-Tipps

Trailerräder möglichst aus dem Wasser halten, da Salzwasser die Radlager ruinieren kann. Auch kann der Trailer, bis das Boot frei schwimmt, schon so tief im Wasser sein, dass man die Zugmaschine abkuppeln und die beiden durch ein Tau verbinden muss. Die beste Lösung ist ein kippbarer Trailer mit aufmontiertem Slipwagen. Der Slipwagen für kleinere Boote lässt sich u.U. auch auf gebräuchliche Autoanhänger montieren, falls man nicht gleich einen Bootstrailer erwerben will. Boot auf dem Trailer sorgfältig sichern; alles, was sich an Bord befindet, unterwegs gut gegen Schamfilen abpolstern. Selbst ein 6 m langes Boot erfordert eine gut motorisierte Zugmaschine (etwa 2 1/2 Liter). Bedenken Sie, dass die Fahrzeugkupplung stark strapaziert wird. Bei der Gewichtsberechnung die Bordvorräte einkalkulieren – und nie ohne Reserverad losfahren.

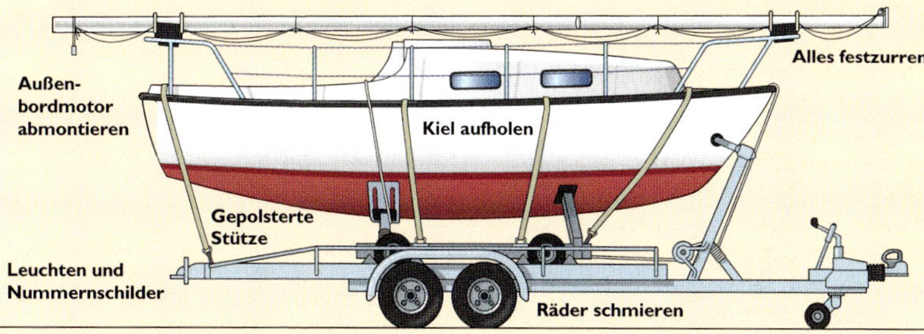

Mehrrumpfboote

Mehrrumpfboote segeln schneller als Einrumpfboote. Als weiteres Plus bieten sie mehr Wohnraum. Ein Katamaran kentert unter Segeln leichter als ein Trimaran; lässt man das Boot unter schweren Bedingungen einfach treiben, kann sich die Situation jedoch umkehren. Außer größerer Geschwindigkeit und reichlich Platz auf und unter Deck bieten Mehrrumpfboote auch geringen Tiefgang und können ohne Schräglage trockenfallen. Der Geschwindigkeitsgewinn – etwa 7 kn im Vergleich zu 5 – mag nicht so groß scheinen, kann bei einem 96-km-Törn aber 3 1/2 Stunden ausmachen. Bei einem Gegenstrom von 1 1/2 kn würde ein 32-km-Törn nur 3 Stunden, 40 Minuten, statt 5 Stunden, 40 Minuten, dauern. Bei sehr leichter Brise kann hingegen das Mehrrumpfboot langsamer sein.

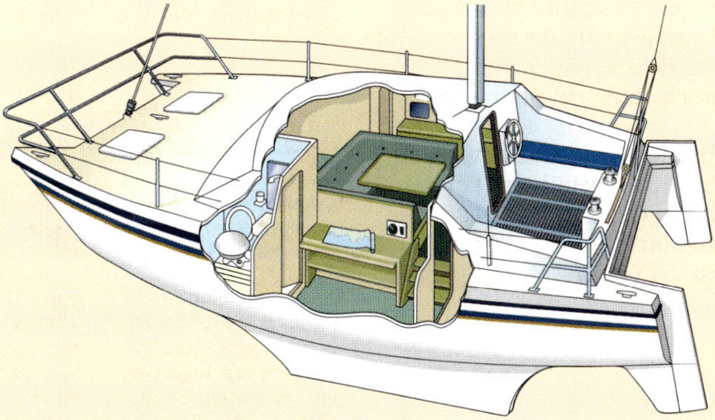

Die Kajüte

Unter Deck ist mindestens Sitzhöhe erforderlich, doch ausreichende Stehhöhe erleichtert das Anziehen und Umhergehen. Es sollten von jedem Punkt zwei stabile Handgriffe zur sicheren Bewegung zu erreichen sein. Leesegel oder -borde an den Kojen sorgen dafür, dass man in den luvseitigen Kojen auch unterwegs bequem schlafen kann.

Es sollte genug Platz zum Ausruhen für alle außer den Wachgängern vorhanden sein, ohne dass man die Kojen vor dem Mast einrechnet, die auf See meist zu unruhig sind. Das mag die Größe der Crew begrenzen, aber wer will schon frierend und müde im Cockpit herumsitzen, nur weil unten zu wenig Platz ist?

Je mehr Leute an Bord sind, desto mehr Ausrüstung und Vorräte muss man unterbringen. Schlafsäcke und Kleidung brauchen erstaunlich viel Platz, selbst wenn sie in weiche, wasserdichte Reisetaschen verpackt werden. Am besten hat jeder ein Schrankfach, an das man auf See herankommt, ohne einen Schläfer zu stören. Schrankfächer müssen trocken sein; sonst muss die Kleidung in wasserdichten Kunststoffsäcken verstaut werden. Ölzeug am besten vor dem Aufhängen auf links wenden, damit es abtropfen kann, ohne zu stören; hat man keinen Ölzeugschrank, ist die Toilette u.U. ein guter Platz hierfür.

Der günstigste Ort für die Toilette wäre achtern beim Niedergang, sodass man sich – vor allem bei Seekrankheit – nicht erst durch den Salon kämpfen muss. Doch auch Pantry und Navigationsplatz müssen nahe am Niedergang liegen, was u.U. Kompromisse erforderlich macht.

Für Arbeitsbereiche wie die Pantry sind Leuchtstofflampen ideal, die reichlich Helligkeit liefern, ohne die Batterie zu sehr zu belasten. In den übrigen Bereichen geben Kojenlampen gedämpfteres Licht. Die Pantry-Beleuchtung sollte rot getönt oder so gut abgeschirmt sein, dass sie nicht ins Cockpit hinausleuchtet.

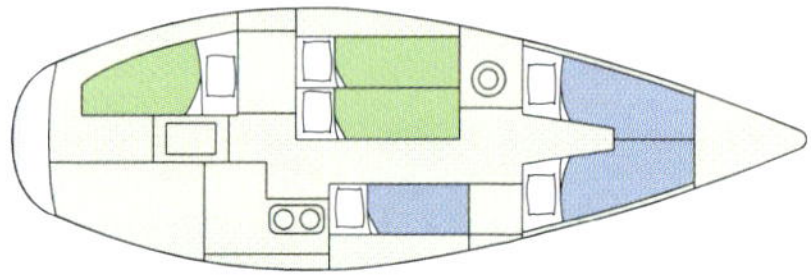

Die Innenaufteilung von Yachten verändert sich mit der Mode und dem Einfallsreichtum der Bootsbauer zur besseren Nutzung des verfügbaren Raums. Eine herkömmliche Raumaufteilung für eine Kreuzeryacht von etwa 9 m, *oben*, sieht mehr Kojen vor, als unterwegs bequem nutzbar sind. Diese sind nur bei festliegendem Boot oder für Wochenendtörns zu nutzen. Das Boot ist breit genug, um an der Toilette vorbei Zugang zur Vorderkajüte zu erlauben.

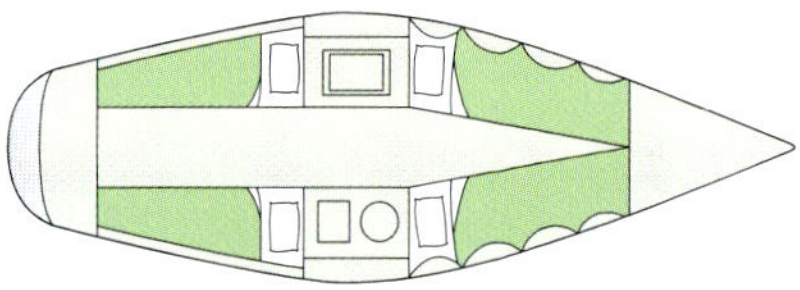

Die Innenaufteilung einer Rennyacht ist auf Entlastung der Bootsenden ausgelegt, damit die Yacht auch bei Seegang optimal segelt, und sollte sichere Schlafkojen für die Freiwachen bieten. Das Gesamtgewicht und damit der Komfort sind auf ein Minimum reduziert. Selbst der Navigator muss oft mit spartanischen Einrichtungen auskommen.

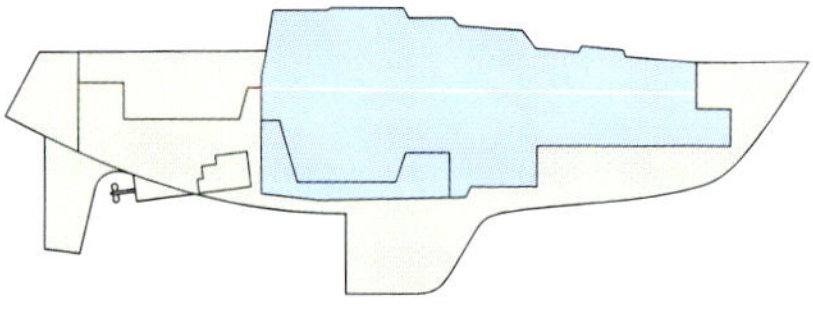

Die Stehhöhe nimmt meist zum Bug hin ab, was durch die Rumpfform und die Neigung von Kajütdach und Deck bedingt ist. Auf höhere Leistung ausgelegte Boote mit flacherem Boden haben eine geringere Rumpftiefe als herkömmliche Boote und brauchen daher ein höheres Kajütdach oder höhere Seiten, um genug Stehhöhe zu bieten. Noch wichtiger als Stehhöhe ist genug Platz, um sich bequem an den Rückenlehnen der Salonbänke anzulehnen.

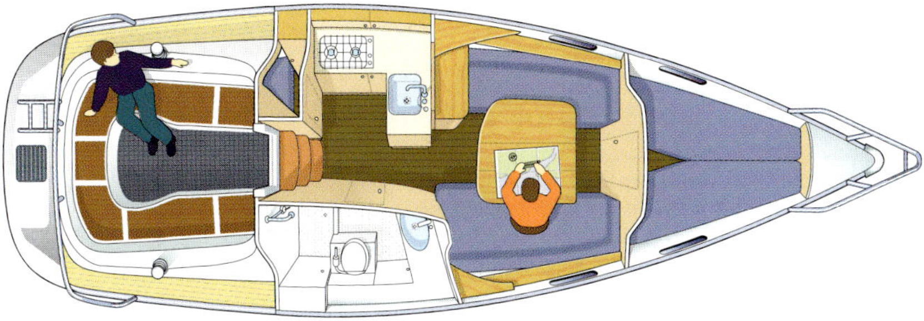

Typischer Einrichtungsplan einer 10-m-Kreuzeryacht. Das Cockpit sollte groß genug für die ganze Besatzung sein. Unter Deck sollte ausreichende Bewegungsfreiheit mit guter Stehhöhe herrschen. Der erhöhte Essplatz bietet Raum für vier Personen. Der Tisch sollte Schlingerleisten haben, damit die Teller nicht herunterrutschen können, und am besten in der Mitte einen abgegrenzten Bereich für Dinge wie Salz, Marmelade etc. Wenn der Tisch auf Sitzhöhe abgesenkt und mit den Rückenpolstern abgedeckt wird, erhält man im Salon eine weitere Doppelkoje. Wenn das Boot im Hafen liegt, bietet die Vorderkajüte eine bequeme Doppelkoje mit mehr Privatsphäre, die jedoch unterwegs kaum zu nutzen ist. Es ist mindestens eine weitere Kajüte achtern unter dem Cockpit verfügbar. Stauraum findet sich vorwiegend unter den Kojen in trockenen, gut gepolsterten Schrankfächern.

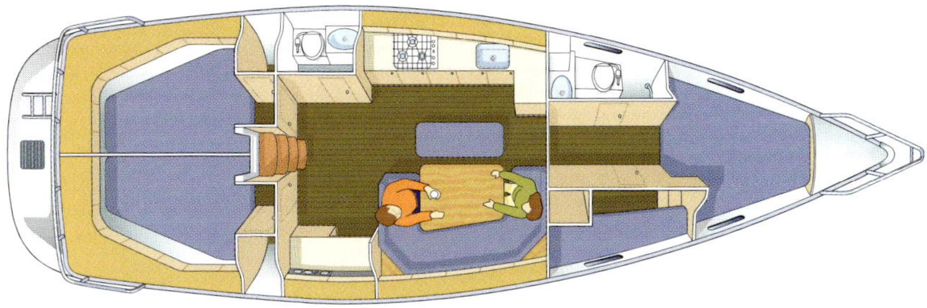

Auf einem größeren Boot sind auch andere Raumaufteilungen denkbar. Auch hier ist das Cockpit so konstruiert, dass man sich im Sitzen bei krängendem Boot gut mit den Füßen auf der Gegenseite abstützen kann. Der Innenraum ist großzügiger und weniger vollgestopft. In den drei Kajüträumen können sechs Leute bequem schlafen. Die Sitzbank im Salon lässt sich zu einer Doppelkoje ausklappen; außerdem gibt es noch eine Einzelbank und eine große Hundekoje. Die Vorderkajüte ist ideal als Koje für zwei Kinder. Die Pantry ist gleich am Niedergang, der gute Belüftung gewährleistet, günstig untergebracht.

Die Pantry

Die Leuchte der Pantry muss hell, zum Cockpit abgeschirmt und richtig platziert sein, um Kocher, Arbeitsplatte und Spülbecken gut zu beleuchten. Über dem Kocher ist eine Hitzeabschirmung erforderlich; er muss kardanisch aufgehängt sein oder hohe Schlingerleisten haben. Wichtig ist ein Gurt, um den Koch bei Seegang zu sichern, sodass er zum Arbeiten beide Hände frei hat.

Das Spülbecken muss einen großen Abfluss haben; man spült auf hoher See aber am besten in einer Schüssel, da große Wellen den Abfluss-Stopfen hochdrücken und einen um das schöne heiße Spülwasser bringen können. Der Wasserverbrauch ist auf Booten stets ein Problem; Druckanlagen fordern geradezu zur Verschwendung heraus. Eine Seewasser-Handpumpe in der Pantry spart kostbares Frischwasser, da man zum Kochen oft Salzwasser verwenden kann. Es kann hilfreich sein, den Koch am Schleppen der Wasserbehälter im Hafen zu beteiligen!

Manche Boote haben Eiskästen, doch ist Eis nicht überall zu bekommen. So werden zunehmend elektrische Kühlschränke installiert, obwohl diese viel Strom aus der Batterie ziehen. Der Platz unter dem Pantryboden eignet sich gut als kühler Stauraum für Gemüse und Getränke.

Beim Provianteinkauf an reichlich Trockennahrung, wie Kekse, Nüsse, Trockenobst, Schokolade, Käse, Kuchen, als praktische Schlechtwetterverpflegung denken. Einfache heiße Getränke sind immer willkommen; Suppen sind nahrhafter und wärmen nachhaltiger als Kaffee. Ein Schnellkochtopf, am besten ein automatischer, spart Zeit und Gas. Frisch eingekaufte Eier halten sich wochenlang; Dosenbutter hält ungeöffnet ewig. Vor Lagerung von Konservendosen in potentiell nassen Bereichen Dosendeckel wasserfest beschriften und Etiketten entfernen, die sich sonst ablösen, eventuell die Lenzpumpe verstopfen und Ihnen zahllose Überraschungsmenüs bescheren können.

Die Toilette sollte mit stabilen Handgriffen und Dauerbelüftung ausgerüstet sein. Die Zu- und Abfluss-Seeventile müssen gut zugänglich sein, da beim Krängen des Boots leicht Wasser durch die Leitungen zurückfließen kann, wenn sie nicht geschlossen sind. Gebrauchsanweisungen gut leserlich anschlagen und jeden an Bord, auch Gäste, darüber aufklären, wie die Anlage funktioniert.

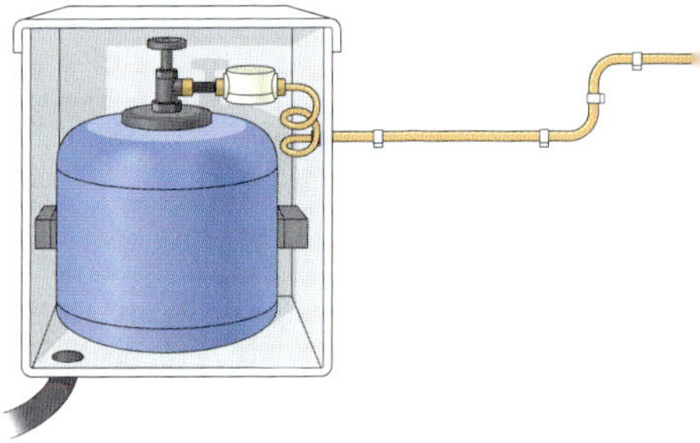

Bei Installation einer Gasanlage ist mit äußerster Sorgfalt vorzugehen. Schlauchleitungen möglichst kurz halten und beim ersten Anzeichen von Alterung oder Verschleiß austauschen. Nach Möglichkeit nur eine durchgehende Rohrleitung installieren; falls doch ein Abzweigrohr, etwa zu einem Heizgerät oder Kühlschrank, nötig ist, die Verbindungsstellen regelmäßig kontrollieren. Da Gas schwerer als Luft ist, muss eine Ableitung vom Boden des Gasflaschenschapps nach außenbords führen. Die Gasflasche muss zum Absperren und Austauschen leicht zugänglich sein; es ist ein Absperrventil in Kochernähe und eins an der Flasche zu installieren.

Die meisten Köche legen Wert auf viel Licht, Frischluft und Kontakt zu den Vorgängen an Deck. Deshalb ist die Pantry meist L- oder U-förmig und gleich am Niedergang untergebracht. Falls die Arbeitsfläche bis unter den Niedergang reicht, für eine zuverlässige und wirksame Trennung zwischen Lebensmitteln und herabsteigenden Füßen sorgen.

Sicherheit und Sparsamkeit lautet die Parole beim Kochen mit Gas. Das Gasleitungs-Absperrventil am Kocher nach jeder Benutzung zudrehen; die „Zu/Offen"-Stellungen sollten klar gekennzeichnet sein. Auf Durchzug aus dem Niedergang achten, der eine kleine Flamme leicht auspusten kann. Schnellkochtopf und Thermosflasche helfen beim Gassparen. Für Kocher ohne Backofen gibt es zusammenklappbare Ausführungen; wenn man keinen Grill hat, kann man ein Rostgitter auf den Brenner setzen. Nützlich sind ein Feststeller, um den Kocher im Hafen in aufrechter Position zu fixieren, und ein weiterer, um die Backofentür geschlossen zu halten.

Wasser

1 Um Frischwasser zu sparen, zum Geschirrspülen Seewasser nehmen, mit Frischwasser nur nachspülen. Spülmittel ist auch in Seewasser wirksam.

2 Als zusätzliche Frischwassertanks sind elastische Kunststofftanks, die sich der Rumpfform anpassen, am leichtesten einzubauen; sie müssen aber vorab nach Herstelleranweisung gereinigt werden. Sofern man eine Entlüftungsleitung anbringt, kann man sie an vorhandene Füll- und Zuleitungen anschließen. Man sollte aber die Bootsenden nicht überlasten und das Gewicht beidseits der Mitschiffslinie ausbalancieren.

3 Wer die Druckwasseranlage auf See benutzt, sollte bei Ausfall der elektrischen Anlage noch eine Reservepumpe haben.

Vorräte

1 Konservendosen sind praktische Dauervorräte. Vakuumverpackte und gefriergetrocknete Lebensmittel sind wesentlich leichter – zwar teurer, aber oft auch schmackhafter und ersparen Ihnen so die Mühe, fades Dosenessen „aufzumotzen" – ein deutliches Plus, wenn raue See das Kochen erschwert.

2 Zur Verproviantierung den durchschnittlichen Tagesverzehr einer Person ermitteln und mit der Zahl der Crewmitglieder und der Törndauer in Tagen multiplizieren; dabei der Abwechslung zuliebe die Grundzutaten variieren. Frischware wie Salat, Obst, Brot, Milch, Gemüse kann man in den Anlaufhäfen kaufen. Trotz der appetitfördernden Seeluft hat man fast immer zu viel Vorräte. Reichlich Fruchtsäfte mitnehmen, um die Wasseraufnahme zu ergänzen.

Kinder

Auf See muss Kindern das Essen Spaß machen und noch besser schmecken als an Land, um sie abzulenken und zu unterhalten. Knabbereien zwischendurch können Moral und Energie stärken. Süßes und Herzhaftes vorrätig halten, da sich die Geschmäcker auf See oft ändern.

Persönliche Sicherheitsausrüstung

Es müssen genügend Rettungswesten und Sicherheitsgurte für alle Mitsegler an Bord sein. Auch Kinder müssen passende Sicherheitsgurte und Westen bekommen. Diese sind an alle Mitsegler vor dem Auslaufen zu verteilen, passend einzustellen und ggf. in persönlichen Ausrüstungstaschen zu verstauen, damit sie nicht verwechselt werden.

Schwimmwesten, wie man sie eventuell zum Jollensegeln trägt, sind fürs Hochseesegeln unzureichend. Wählen Sie Rettungswesten mit mindestens 150 N Auftrieb, für Nichtschwimmer 275 N. Sie sollten mit Signalpfeife und am besten auch mit einer Lampe ausgerüstet sein.

Vollautomatische Rettungswesten, die sich bei Wasserberührung von selbst aufblasen, setzen sich zunehmend durch, doch viele bevorzugen den Typ, bei dem man selbst die Reißleine ziehen muss. Westen, die man mit einem Mundstück aufbläst, müssen zugleich eingearbeitete Auftriebspolster aus geschlossenzelligem Schaumstoff haben.

Schrittgurte sind sehr sinnvoll – sie mögen sich anfänglich etwas unbehaglich anfühlen, verhindern aber, dass sich die aufgeblasene Weste im Wasser zum Hals des Trägers hochschiebt und garantieren so, dass der Kopf sicher über Wasser gehalten wird.

Inzwischen werden zusätzliche Spritzhauben angeboten, die durchaus ihren Sinn haben – über das Gesicht brechende Wellen beschleunigen die Auskühlung und können die Atmung beeinträchtigen.

Das Anlegen des Sicherheitsgurts mit geschlossenen Augen üben – es ist meist finstere Nacht, wenn man ihn braucht. Es gibt auch Öljacken mit eingearbeiteten Sicherheitsgurten, die allerdings zusätzliches Gewicht bedeuten.

Der Sicherheitsgurt sollte mindestens bei gerefften Segeln und nachts immer getragen werden. Rettungswesten sind von Nichtschwimmern immer, nachts und bei Nebel von allen Mitseglern zu tragen.

Sicherheitsgurte nützen nur, wenn sie getragen werden. Man zögert häufig, sie anzulegen – teils aus Faulheit, teils aus falscher Scham und teils, weil es so nach Gefahr aussieht. Eingearbeitete Sicherheitsgurte haben den Vorteil, dass man sie automatisch mit anlegt, sobald das Wetter kalt oder nass genug ist, um Schlechtwetterkleidung anzuziehen. Dann muss man nur noch die Sicherheitsleine einhaken.

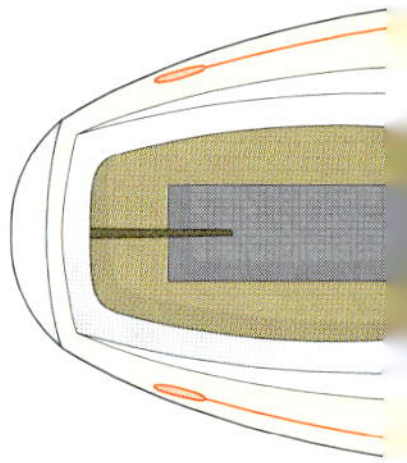

Erfahrene wie unerfahrene Segler machen den Fehler, zu glauben, dass eine scheinbar simple, kleine Arbeit an Deck grundsätzlich ungefährlich ist. Doch wenn ein Segel oder ein anderes Ausrüstungsteil, das man gerade festhält, plötzlich heftig ruckt, kann ein eingehakter Sicherheitsgurt äußerst beruhigend wirken. Die Sicherheitsleine des Gurts sollte nicht so lang sein, dass man in Lee über Bord fallen kann, wenn man auf der Luvseite eingepickt ist. Am Niedergang müssen Augplatten angebracht sein, an denen man den Sicherheitsgurt einhängen kann, bevor man an Deck geht.

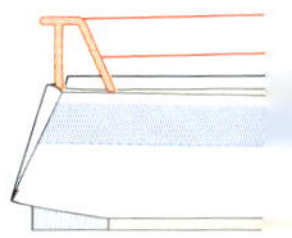

Hohe seitliche Belastungen auf Relingsstützen und Seereling vermeiden, auch wenn sie noch so stabil montiert sind. Sie sind anfällig gegen starke Hebelkräfte.

Rettungswesten mit integriertem Sicherheitsgurt sind für Kinder besonders empfehlenswert, da bei ihnen der Schutz vor dem Überbordfallen oberste Priorität hat.

Strecktaue
Jedes Boot sollte spezielle Befestigungspunkte für die Sorgleinen der Sicherheitsgurte haben. Dies können U-Bolzen-Beschläge an wichtigen Stellen oder ein Paar längs Deck gespannter Streck- bzw. Manntaue sein, an denen sich die Crew einhängen kann, um sich frei auf dem Boot zu bewegen. Sorgleinen nicht an den Relingsdrähten einhängen, die in der Regel nicht hierfür ausgelegt sind.

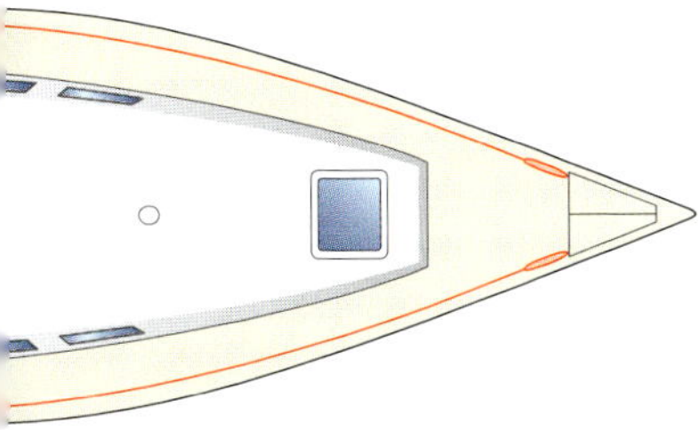

Sorgleine des Gurts an einem luvseitigen Manntau (am besten Gurtband) einhaken, das auf jeder Bootsseite von vorn bis achtern gespannt ist.

Rutschfeste Decksbeläge sind in verschiedenen Materialien, Noppungen und Farben erhältlich. Streifenweise auf Luke und glatte Flächen kleben.

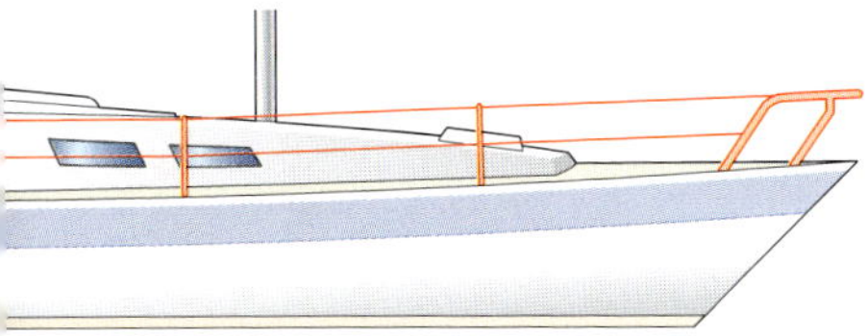

Sicherheit an Deck
1 Sorglosigkeit an Deck kann auf See zu Verletzungen oder gar zum Überbordgehen führen. Immer mit mindestens einer Hand festhalten. Nichts lose auf dem Deck liegen lassen, über das man fallen könnte. Nicht lässig gegen das Achterstag lehnen.
2 Herkömmliche Karabinerhaken, wie man sie früher an Sicherheitsleinen verwendete, können sich von einer Augplatte losreißen, wenn sie seitlich verdreht werden. Beim hier abgebildeten Typ mit Doppelverschluss muss zuerst der Sicherheitsriegel geöffnet werden, bevor die Feder aufschnappen kann. Besser sind spezielle Sicherheitsleinen-Karabinerhaken.

Warm und trocken bleiben

Viele Segler machen den Fehler, sich nicht richtig auf Kälte und Nässe vorzubereiten, bevor sie in See stechen. Auf einem Boot zu frieren, macht keinen Spaß; daher sollte man sich rechtzeitig um die richtige Bekleidung kümmern. Je nach Wetter kann diese aus langer Thermounterwäsche (meist Polypropylen), einer Mittelschicht aus Stepp- oder Vliesstoff und Schlechtwetterzeug als Außenschicht bestehen.

Zweck der Unterbekleidung ist es, Feuchtigkeit – Schweiß und Kondenswasser – von der Haut weg zu leiten. Diese Innenschichten sind unendlich viel wärmer, leichter und weniger einengend als Jeans und zwei Pullover.

Heute gibt es atmungsaktive Schlechtwetterkleidung, die den Schweiß verdunsten, aber kein Wasser von außen eindringen lässt. Sie besteht aus strapazierfähigem Material und ist zwangsläufig teurer, aber die bessere Wahl für jeden ernsthaften Segler.

Auf den meisten rutschfesten Decks sollte praktisch jede Art Turn- oder Sportschuh guten Halt geben, wenn auch lederne Bootsschuhe z. Z. besonders in Mode sind: Sie sind etwas teurer, aber salzwasserbeständig und sehr bequem. Segelstiefel müssen besonders griffig sein, um ein Abrutschen auf dem Vordeck bei schlechtem Wetter zu vermeiden.

Manche Segler stopfen ihre Stiefel gern mit dicken Socken aus, andere lassen lieber etwas Luft als Wärmespeicher. Entsprechende Bekleidung gibt es auch für Kinder, die man warm und bequem anziehen sollte, denn wenn sie sich nicht wohl fühlen, wird auch sonst keiner Freude an dem Törn haben.

Mindestens einen Satz Kleidung zum Wechseln mitnehmen; Kleidung für Landgänge aufs Minimum reduzieren. Alles in leicht staubare Taschen, nicht in Koffer packen.

Schlechtwetterzeug
Wenn Sie nur einen Tag auf See verbringen, reicht ein Trockenanzug. Manche Segler bevorzugen Overalls, die aber unpraktisch sind, wenn man eine Schicht Kleidung ablegen möchte. Zweiteilige Anzüge sind für Langfahrten meist besser geeignet. Nachts machen sich die Vorzüge von hochwertigem Ölzeug rasch bemerkbar. Von der integrierten, verstellbaren Kapuze abgesehen hat gutes Ölzeug keine Nähte an besonders beanspruchten oder der Gischt ausgesetzten Stellen und ist an Gesäß und Knien mit aufgesetzten, austauschbaren Flicken gegen das Durchscheuern an Deck verstärkt. Außerdem sollte es verstellbare, dicht anliegende Ärmel- und Knöchelbündchen haben. Ein Hosenschlitz macht das An- und Ausziehen einfacher. Er muss jedoch wasserdicht sein.

1 Für drunter sind lange Unterwäsche aus Polypropylen und Thermosocken ideal; u.U. empfiehlt sich auch eine Sturmhaube.
2 Wenn das Wetter es erfordert, sollte die nächste Kleidungsschicht aus dünnem Stepp- oder Vliesstoff bestehen. Latzhosen sind sehr bequem und praktisch.
3 Die Außenschichten sollten Wärme und Nässeschutz bieten.
4 Über alles andere kommt die Jacke, am besten mit eingearbeitetem Sicherheitsgurt. Ärmel- und Knöchelbündchen eng stellen.

1

Sicherheit für Kinder
Kinder und erwachsene Nichtschwimmer sollten ihre Rettungswesten vor Betreten des Hafenpontons anlegen (das gilt für die ganze Crew, wenn man per Beiboot zur Yacht muss). Auf See müssen Kinder an Deck immer gut sitzende Sicherheitsgurte tragen; ein zuverlässiger Erwachsener sollte darauf achten, dass diese an einem stabilen Punkt – nicht nur an der Seereling – eingehakt sind, da auch beim Überbordfallen eines Kindes ein starker Ruck auftritt. Erklären Sie den Kindern vorab, welche Leinen plötzlich ausrauschen können, etwa beim Wenden. Sorgen Sie für entspannte Stimmung an Bord, dann kommt auch bei den Kindern keine Nervosität auf.

2

3

4

Törnplanung

Törnplanung
Planung und Vorfreude machen schon das halbe Vergnügen an einem Törn aus. Folgende Faktoren sind bei der Organisation besonders zu beachten.

Wachen
Die Länge des Törns und die Wacheinteilung richten sich nach Erfahrung und Zahl der Crewmitglieder. Auf einem 9-m-Boot mit zwei erfahrenen Mitseglern und zwei mit begrenzter Erfahrung kann man zwei Wachen mit je einem erfahrenen und einem weniger erfahrenen Segler besetzen. Der Skipper muss allerdings immer abrufbereit sein. Tagsüber sind Wachzeiten von 5-6 Stunden denkbar; nachts sollte die Wachdauer nur 3-4 Stunden betragen, bei schlechtem Wetter weniger. Siehe auch Wachpläne, S. 212.

Entfernungen
Man kann pro 24 Stunden etwa 100 nm (Seemeilen) bzw. 60 nm Luvweg auf Am-Wind-Kursen ansetzen. Route so planen, dass bei einem Wetterumschlag oder medizinischen Notfall sichere Anlaufhäfen bzw. geschützte Schlupfwinkel erreichbar sind. Heute navigiert man allgemein mit GPS; dabei wird der Kurs in gerade Linien zwischen Wegpunkten unterteilt (siehe S. 130-132). Kurs und Distanz zwischen je zwei Wegpunkten mittels GPS ermitteln, dann mit der Karte vergleichen. Aktuelle Position mindestens einmal stündlich auf der Karte eintragen. Von einer bekannten Position kann man bei einem Stromausfall immer mit manueller Navigation weiter kommen.

Vorschriften
Machen Sie sich vor Verlassen heimischer Gewässer mit den Vorschriften der Länder vertraut, die Sie anlaufen wollen. Außerhalb Westeuropas muss man vor dem Auslaufen bei den Zoll- und Einwanderungsbehörden ausklarieren. Die Kreuzer-Abteilung des Deutschen Segler-Verbands (Sitz ist Hamburg) gibt Broschüren zur Planung von Auslandstörns mit Informationen für beliebte Segelreviere heraus.

Vor Reiseantritt kontrollieren:
1 Die Schiffspapiere. Ist das Boot im Ursprungsland registriert, werden die Papiere auch von ausländischen Behörden anerkannt. Deshalb das Boot vor einem Auslandstörn offiziell registrieren lassen. Auf Charterbooten stets den Chartervertrag mitführen. Auch das UKW-Sprechfunkzeugnis immer mitführen.
2 Jeder Mitsegler muss einen gültigen Reisepass und Visa für alle Zielländer mit Visumspflicht haben.
3 Gesundheits- und Impfvorschriften variieren von Land zu Land; darauf achten, dass jeder die entsprechenden Bescheinigungen dabei hat.
4 In manchen Ländern wird vom Skipper ein Befähigungsnachweis (Sportbootführerschein) verlangt. Siehe auch S. 61.
5 Die meisten Länder verlangen eine vollständige Besatzungsliste mit Namen, Anschrift, Geburtsdatum, Staatsangehörigkeit und Passnummer aller Crewmitglieder. Am besten alle Mitsegler als Crewmitglieder, nicht als Gäste, deklarieren, da manche Länder Schiffen, die Passagiere mitführen, zusätzliche Gebühren berechnen.
6 Sind Sie ausreichend versichert? Die Versicherung sollte die vorgesehenen Segelreviere und alle am Boot oder durch das Boot entstehenden Schäden abdecken. Ferner sollten Sie eine persönliche Haftpflichtversicherung und eine Inhaltsversicherung haben. Soll das Boot getrailert werden, prüfen, ob es auch beim Straßentransport versichert ist.
7 Führen Sie Bargeld in der Währung der Zielländer sowie Reiseschecks und eine im Ausland akzeptierte Kreditkarte mit. Informieren Sie sich über relevante Einfuhr-/Ausfuhrbeschränkungen.
8 Vor Reiseantritt möglichst viele Informationen über das Zielgebiet sammeln. Immer mehr Informationen findet man heute im Internet. Auf den Suchmaschinen unter einzelnen Städtenamen suchen. Fahrtberichte und Hafenkarten in großem Maßstab können sehr nützlich sein. Kontrollieren Sie, ob Ihre Karten und Seebücher auf dem neuesten Stand sind.
9 Aktuelle Gezeitentafeln, Gezeitenstromatlanten, Leuchtfeuerverzeichnisse, Verzeichnisse der Funk- und Wetterdienste mitnehmen.

Wetter

Bei der Törnplanung jahreszeittypische Schlechtwetterlagen in bestimmten Regionen meiden und auf optimale Nutzung raumer Winde achten. Das vom British Hydrographic Department herausgegebene *Ocean Passages of the World* enthält Wind-, Strömungs- und Wetterinformationen für alle Ozeane. Ähnliche Informationen liefern auch vom deutschen Bundesamt für Seeschiff-Fahrt und Hydrographie herausgegebene Monatskarten bzw. britische und amerikanische „Routing Charts". Oft erreicht man sein Ziel schneller, wenn man mehr Seemeilen mit günstigen Winden zurücklegt, als wenn man eine direktere Route nimmt, auf der Stürme und/oder Kalmen drohen.

Die beste Jahreszeit, um zu einer Weltumsegelung aufzubrechen, hängt natürlich vom Startpunkt und der geplanten Route ab. Von Europa kann man etwa im Frühherbst aufbrechen, um mit dem Passat über den Atlantik zu segeln und zu Weihnachten in der Karibik zu sein. Dann durchquert man im Januar den Panamakanal, um wiederum mit dem Passat über den Pazifik zu segeln und im August den Indischen Ozean zu erreichen, womit man die Hurrikansaison vermeidet. Das Kap der Guten Hoffnung umrundet man am besten im südlichen Sommer.

Flaggenführung

Zu den Flaggen, die eine Privatyacht üblicherweise führen darf, gehören ihre Nationalflagge, ein Yachtclubstander, eine Gastlandflagge beim Anlaufen eines fremden Landes und Signal- oder Rennflaggen. Die Nationale wird normalerweise an einem Flaggenstock am Heck gesetzt. Ist das nicht möglich, wird sie bei Gaffeltakelung meist am Piek des Segels (bei Mehrmastern am Achtermast) geführt, bei Yawls und Ketschen am Besanmasttopp und bei anderen Takelungen auf Zweidrittelhöhe am Achterliek des achterlichsten Segels. Sie wird üblicherweise nicht auf See, sondern nur in Küstennähe oder bei Begegnung mit anderen Fahrzeugen gesetzt.

Die Nationale ist, vor allem im Ausland, beim Ein- und Auslaufen in bzw. aus dem Hafen zu führen. Es gehört sich nicht, Flaggen über Nacht gesetzt zu lassen. Sie sollten um 8:00 Uhr gesetzt und bei Sonnenuntergang, spätestens jedoch um 21:00 Uhr, eingeholt werden; ggf. auch früher, wenn die Crew auf Landgang geht. Beim Einlaufen in fremde Hoheitsgewässer die Q-Flagge aufziehen (siehe S. 204-205, Internationales Signalbuch). Sie muss gesetzt bleiben, bis alle Zollformalitäten abgewickelt sind. Außerdem immer die Nationalflagge des Gastlandes an der Steuerbord-Saling setzen. Manche Länder bestehen darauf.

Nord- und Mitteleuropa/I

Geruhsames Segeln in Skandinavien

Segelreviere
Die Niederlande bieten mit ihren großen Binnenmeeren, den Friesischen Inseln mit ihren seichten, geschützten Kanälen und einem Netz von Binnenwasserstraßen abwechslungsreiches und leichtes Segeln.

Die beliebteste Route von der Nord- in die Ostsee führt durch den 100 km langen Nord-Ostsee-Kanal zwischen Brunsbüttel (an der Elbe) und Kiel. Bei der Einfahrt in die Elbe ist äußerste Vorsicht geboten, da hier mit starken Gezeitenströmen und kurzen Wellen (Wind gegen Strom) zu rechnen ist. Bei Westwind nur mit der Flut einfahren.

Ruhiger und landschaftlich schöner ist die Route weiter nördlich durch die Nordfriesischen Inseln und dann weiter bis nach Thyborøn, wo man in den stillen Limfjord einfahren kann. Dieser 185 km lange Fjord führt östlich bis nach Hals am Kattegat und teilt sozusagen das dänische Jütland.

Auf der anderen Seite des Kattegats liegt die Stadt Göteborg, von der aus der 400 km lange Götakanal Schwedens West- und Ostküste verbindet. Davon sind nur 87 km künstlich angelegter Kanal, ansonsten führt dieser Wasserweg durch Flüsse und Seen, u.a. den Vänern und den Vättern, bevor man in die Ostsee und geradewegs zu den rund 24000 Schären gelangt, die zu den schönsten Seglerrevieren der Welt zählen.

Oder man kann von Göteborg gen Norden nach Oslo segeln und die malerische Südostküste Norwegens mit ihren geschützten Ankerplätzen erkunden, bevor man zu den schwierigeren Segelrevieren zwischen Stavanger und Sognefjord weitersegelt. Von hier reichen wilde Fjorde weit in die Berge hinein, von denen Gletscher herabfließen.

Natürlich kann man auch von Kiel aus die deutsche Ostseeküste bis nach Rügen entlangsegeln: ein Küstenabschnitt, der mit gastfreundlichen Häfen in Abständen von etwa 50 km aufwartet. Die polnische Küste ist nicht besonders reizvoll, doch in Szczecin (Stettin) und Gdynia findet man gute Yachthäfen; weiter

In diesem Abschnitt sind die besten Segelreviere dunkelblau markiert. Die Pfeile der Windrosen geben die Richtung der vorherrschenden Winde an, ihre Länge die relative Häufigkeit. Die Ziffer in der Mitte ist die prozentuale Häufigkeit leichter, veränderlicher Brisen.

östlich sind der Rigaische Meerbusen und die estnischen Inseln ideal für alle, die gern abseits der Hauptfahrtenrouten segeln.

Wer von der schwedischen Ostküste Richtung Finnland segelt, findet auf den Åland-Inseln und an Finnlands Südwestküste geschützte Gewässer, gut betonnte Fahrwasser und gute Angelgründe. In schwedischen und finnischen Gewässern muss auf militärische Sperrgebiete geachtet werden.

Auch die Binnenwasserwege Nordwestrusslands zwischen St. Petersburg und dem Weißen Meer, zu denen auch die Ladoga- und Onegaseen gehören, stehen ausländischen Freizeitbooten offen. Zum Befahren des Schwarzen Meers ist eine Neuregistrierung des Boots auf den begleitenden Lotsen erforderlich, was teuer, aber durchaus praktikabel ist.

Yachthäfen

Häfen und Marinas sind reichlich vorhanden, die Einrichtungen meist gut, Treibstoff und Wasser überall erhältlich. Ausreichend Gasflaschen mitführen, da sie nicht eingetauscht und nur an wenigen Orten nachgefüllt werden können. Die Treibstoffpreise variieren, da es in einigen Ländern steuerfreien Treibstoff für Freizeitboote gibt. Die Entsorgung von Abfall und Schmutzwasser in die Gewässer ist verboten; Entsorgungseinrichtungen in den Häfen nutzen. Die Hafengebühren sind meist niedrig, die Lebenshaltungskosten in einigen Ländern hoch.

Norwegen hat weniger Serviceeinrichtungen für Yachten: Vorräte auffüllen, wo immer es möglich ist. In den skandinavischen Häfen herrscht im Hochsommer reger Betrieb; vorab per Funk oder Handy nachfragen, ob noch Plätze frei sind.

Wetter

Die Segelsaison geht von Mitte Mai bis Mitte September. Der Wind weht in dieser Zeit meist aus westlicher Richtung, zuweilen herrscht aber auch mehrere Wochen lang Ostwind. Man muss mit veränderlichen Winden, wechselnder Bewölkung, Regen und steifen Brisen rechnen, doch stehen meist geschützte Segelreviere zur Verfügung. Besuchen Sie die norwegischen Fjorde bei stabiler Wetterlage.

Nord- und Mitteleuropa/2

Segelreviere
Die schottische Westküste gehört mit ihrer rauen Landschaft, den fjordähnlichen Meeresarmen und vorgelagerten Inseln zu den eher unbekannten Segelrevieren in Westeuropa. Hauptanlaufpunkt der heimischen Boote ist der Firth of Clyde, und es gibt die ganze Westküste hinauf gute Festland- und Insel-Ankerplätze. Vor der felsigen Küste fällt der Grund oft steil ab. Der bei Inverness beginnende Caledonian Canal verbindet Ost- und Westküste.

Die attraktivsten Segelreviere Irlands findet man vor der Süd- und Westküste. Zwischen Cork und Dingle gibt es jede Menge freundlicher Häfen. Die Westküste ist zwar dem atlantischen Wetter ausgesetzt, doch weniger nebelträchtig als die Irische See; zwischen Mai und September herrscht oft stabiles Wetter, das den Bedarf an geschützten Ankerplätzen reduziert.

In den Tiefwassermündungen Westenglands herrscht größerer Andrang, doch bieten die von Flüssen durchschnittenen Steilküsten von Devon und Cornwall genügend geschützte Häfen. Die englische Ostküste zeigt einen ganz anderen Charakter: flach, von wunderschönen Flüssen wie dem Deben durchzogen, dabei relativ sicher und voller ruhiger Ankerplätze.

Die Hauptanlaufhäfen für Yachten sind Burnham-on-Crouch, Maldon, West Mersea, Pin Mill und Brightlingsea.

Die traditionelle Heimat des englischen Yachtsegelns liegt an der Südküste zwischen Chichester und Poole und umfasst u.a. die geschützten Gewässer des Solent. Schmale Buchten, Fischerhäfen und größere Yachthäfen wie Itchenor, Cowes, The Hamble, Lymington und Yarmouth warten mit guten Anker- und Liegeplätzen auf. Die Gegend ist etwas überlaufen, dafür sind die Einrichtungen ausgezeichnet, und bis zur Halbinsel von Cherbourg auf der anderen Seite des Ärmelkanals sind es nur 60 Seemeilen.

In Frankreich lockt die spektakuläre Nord- und Westküste der Bretagne, vor allem der Abschnitt zwischen Saint-Malo und dem L'Aber-Vrach mit seinen von Felsvorsprüngen unterbrochenen Sandstränden und so attraktiven Häfen wie Lezardrieux, Tréguier und Morlaix. Die Kanalinseln bieten zahlreiche Ankerplätze, wenn auch kaum Tiefwasserhäfen. Allerdings erfordern starke Gezeitenströme, großer Tidenhub und der Küste vorgelagerte Klippen in diesem Segelrevier große Vorsicht, vor allem beim Ankern.

Die Südküste der Bretagne hat viel zu bieten; auch die Gezeiten sind hier weniger ausgeprägt und gefährlich als an der Nordküste. An der Rade de Brest liegt u.a. Cameret, ein beliebter Startpunkt für Yachten, die nach Süden gehen. Hinter der Pointe du Raz, die man bei Stillwasser passieren sollte, warten so schöne Anlaufpunkte wie Concarneau und Belle Isle.

Inzwischen haben die meisten Häfen dieser Region auch Marinas.

Kanäle
Zahlreiche Kanäle durchziehen das französische Binnenland. Hauptzufahrtsweg nach Paris ist die Seine ab Le Havre. Von hier führen drei Routen zum Rhônekanal und ins Mittelmeer. Der Bretagnekanal, der St. Malo mit der Vilaine verbindet, bietet eine Route vom Ärmelkanal bis zur Biskaya. Ins Mittelmeer kommt man auch durch den bei Bordeaux beginnenden Canal du Midi, allerdings nur mit Booten von weniger als 1,5 m Tiefgang.

Wetter
Das Wetter ist in diesem Teil Europas notorisch unberechenbar, folgt aber doch einem groben Schema. In

Großbritannien und Nordfrankreich herrschen meist West- und Südwestwinde vor. Im Juni gibt es gewöhnlich leichte Winde bei stabiler Schönwetterlage; im Juli sind Gewitter häufig, während der frühe August stärkere, veränderliche Winde bringt. Die Kanalinseln bekommen die meiste Sonne. Die BBC gibt einen regelmäßigen Seewetterbericht für die Region heraus. Deutschsprachige Seewetterberichte kann man unter anderem auf der Mittel- und Langwelle im Deutschlandfunk hören.

Vorschriften

In den Hoheitsgewässern einiger europäischer Länder wird vom Skipper ein Befähigungsnachweis verlangt. Die meisten Länder akzeptieren dabei den im jeweiligen Herkunftsland vorgeschriebenen Bootsführerschein; das wäre in der BRD der Sportbootführerschein-See, u.U. auch die entsprechenden Führerscheine des Deutschen Segler-Verbands bzw. für Binnenwasserstraßen der Sportbootführerschein-Binnen. Für französische Gewässer benötigt man statt des sonst meist ausreichenden Internationalen Bootsscheins (Verbandsschein) zwingend ein vom staatlichen Bundesamt für Seeschiff-Fahrt und Hydrografie auszustellendes Flaggenzertifikat bzw. für Boote über 15 m Länge ein Schiffszertifikat.

Karten und Publikationen

Sehr zu empfehlen für dieses Gebiet sind die ausgezeichneten Karten der britischen Admiralität sowie Imray- und Stanford-Karten und das *Cruising Association Handbook* (8. Auflage), ein Seehandbuch für Sportsegler. Die britische Royal Yachting Association und das französische Fremdenverkehrsbüro geben eine Reihe von Gratisbroschüren für die Region heraus, darunter auch eine Liste der Charteranbieter.

Mittelmeer / I

Mistralsegeln im Mittelmeer

Segelreviere
Jeder Yachtbesitzer träumt davon, auf dem Mittelmeer zu kreuzen, wo Himmel und See immer blau zu sein scheinen, der Wein billig und die Sonne beständig warm ist. Viele nordeuropäische Segler nehmen den Weg nach Süden durch die französischen Kanäle; die unerschrockeneren unter ihnen segeln die spanische und portugiesische Küste hinunter und durch die Straße von Gibraltar ins Mittelmeer. Eine Kompromissroute bietet der Canal du Midi ab Bordeaux.

Die Nordküste des Mittelmeers lässt sich ab Cadiz in kurzen Abschnitten absegeln. Zwischen Cadiz und Alicante gibt es eine ganze Reihe von Yachthäfen, die weniger als einen Tagestörn auseinander liegen, sowie einige geeignete Ankergründe. Die meisten Hafeneinfahrten sind unproblematisch, doch einige sind mit Vorsicht zu genießen. Diese Region ist auch eine gute Ausgangsbasis zur Erkundung von Marokko und Ceuta.

Einrichtungen für Yachten findet man in Marokko mindestens alle 100 km. Außerhalb offizieller Häfen nicht ohne Genehmigung an Land gehen. Selbst vom Ankern ist abzuraten, da man des Schmuggels verdächtigt werden könnte; in Hafennähe ist es ohnehin verboten.

Aufgrund der politischen Lage sollte man Algerien lieber meiden, doch Tunesien ist einen Besuch wert.

Anders als im übrigen westlichen Mittelmeer muss man an seinem südlichsten Küstenabschnitt mit großem Tidenhub rechnen und entsprechende Vorsicht walten lassen. Die spanische Costa Blanca besitzt einige interessante Häfen wie Javea, Denia, Moraira und Calpe. Moraira ist ein guter Ausgangspunkt für die Überfahrt nach Ibiza, der westlichsten Insel der Balearen, die zu den besten Segelrevieren des Mittelmeers zählen. Zwischen Barcelona und Port Vendres gibt es mehrere große Yachthäfen. Palamos ist der letzte vor Beginn der eigentlichen Costa Brava („wilde Küste"). Er bietet ausgezeichnete, mistralgeschützte Ankerplätze.

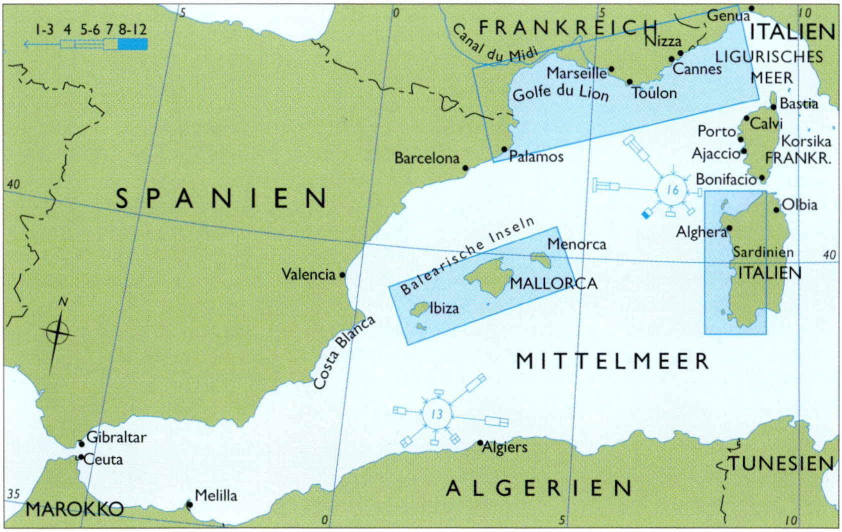

Vor Befahren des Golfe du Lion auf dem Weg nach Marseille unbedingt den Seewetterbericht abhören, da man hier dem Mistral und etwaigen südöstlichen Stürmen ungeschützt ausgesetzt ist. Östlich von Marseille findet man in den berühmten „Calanques" erstklassigen Ankergrund in winzigen Kalksteinfjorden. Auch die Porquerolles-Inseln vor Hyères sind sehr malerisch und bieten zahlreiche Allwetter-Ankerplätze, aber Vorsicht vor militärischen Übungsgebieten. An der teuren Côte d'Azur sind das mondäne St. Tropez und Monte Carlo einen Besuch wert, ebenso die Häfen der italienischen Riviera bis nach Genua hinauf.

Die wilde Küste Korsikas hat reichlich Ankerplätze, von denen die meisten aber nur schönwettertauglich sind. Sardinien, die Straße von Bonifacio und die Maddalena-Inseln bieten herrliche Landschaft, doch hüten Sie sich vor den Westwinden, die durch die Straße fegen. Bonifacio selbst ist mit seiner fjordartigen Einfahrt und der Zitadelle unbedingt besuchenswert, ebenso die schicke Costa Smeralda, deren Zentrum Porto Cervo bildet. Hier besser in der Bucht ankern, da die Marina sehr teuer ist. Im Süden gibt es gute Ankergründe – vor allem Malafatano, einen günstigen Ausgangspunkt für die Überfahrt nach Tunesien.

Wetter

April-Oktober ist die übliche Segelsaison. Am besten segelt es sich im Juni, wenn das Meer warm und das Wetter meist beständig ist. Im Juli und August kann es sehr heiß werden. In der Nähe hoher Berge kann man auf unberechenbares Wetter mit plötzlich drehenden Winden treffen. Bei den im Spätsommer häufigen Gewittern können gefährliche Reihenböen auftreten, und bei Mistral bleibt man besser gleich im Hafen. Die vorherrschenden Winde kommen von Norden und Westen, doch im Sommer dominieren entlang der ganzen Mittelmeerküste auflandige Seebrisen, die in den nördlicheren Gebieten bis zu Windstärke 5-6 auffrischen können.

Vorschriften

Beim Anlaufen von Häfen in der EU kann von Yachten aus der EU ein Nachweis über die Zahlung der Mehrwertsteuer verlangt werden; entsprechende Papiere sind mitzuführen. Die Ein- und Ausreise zwischen den EU-Ländern erfordert keine Formalitäten, da die Seegrenze jedoch als Drittlandgrenze bewertet wird, muss einklariert werden. Yachten, die aus Nicht-EU-Ländern wie Malta, Marokko und Tunesien einlaufen, müssen sich in jedem Fall beim Zoll melden.

Mittelmeer/2

Segelreviere
Die italienische Festlandküste ist ungeheuer lang; wer dort segeln will, muss wohl eine Auswahl treffen.

Die Küste der Toskana mit ihren vorgelagerten Inseln, darunter Elba und Giglio, bietet gutes Segeln und geschützte Ankerplätze. Elba selbst ist ein schönes Segelgebiet mit reichlich Liege- und Ankerplätzen, u.a. am Stadtkai von Portoferraio. Weiter südlich locken die Ponziane-Inseln, Ischia, Capri und die Bucht von Neapel mit herrlicher Landschaft, schönem Wetter und geschützten Ankergründen.

Dann ist da natürlich Sizilien. Die Insel hat nur wenige Marinas, aber viele interessante alte Häfen, u.a. Palermo und Syrakus, und einen aktiven Vulkan (Ätna) auf der Ostseite. Vor ihrer Nordküste liegen die Liparischen Inseln mit einem weiteren Vulkan auf Stromboli. Sizilien ist ein guter Ausgangspunkt für den Sprung nach Malta und seiner Nachbarinsel Gozo. Dies ist ein gutes Segelgebiet mit vielen attraktiven Ankerplätzen; einen guten Liegeplatz in Valletta zu finden, kann aber schwierig werden, da die Hauptmarina den Ansässigen vorbehalten ist. Erwähnenswert sind auch die kleinen Inseln in der Straße von Sizilien. Die größte ist Pantelleria mit einem erloschenen Vulkan. Die italienische Adriaküste ist bei Yachtseglern weniger beliebt, weil sie über große Strecken flach und sandig und daher etwas eintönig ist.

Allgemein kann man sagen, dass auf dem Weg nach Osten die Häfen und ihre Einrichtungen spartanischer werden. Eine Ausnahme bildet die Türkei, deren Anlagen und Einrichtungen erstklassig sind. Das italienische Festland und die ihm vorgelagerten Inseln besitzen einige hervorragende Marinas, doch in Slowenien und Kroatien findet man zwar viele Yachthäfen (weitere sind im Bau) sowie Anker- und Liegeplätze von einsamen Buchten bis zu Stadtkais, aber nicht immer Ersatzteile und fachkundige Mechaniker. Eine Änderung ist jedoch abzusehen.

Griechenland hat alles, was des Yachtseglers Herz höher schlagen lässt: Sonne, atemberaubende Landschaft und Hunderte von Häfen und Ankerplätzen, die meisten schlicht, aber dafür auch nicht überfüllt – mit Ausnahme der Monate Juli und August. Die wenigen Marinas findet man fast alle in der Nähe von Athen, doch sind bereits neue im Bau oder Ausbau.

Der Weg nach Süden die Adria hinunter, an Korfu und den anderen Ionischen Inseln vorbei, bedeutet traumhaftes, leichtes Segeln auf azurblauem Meer mit geschützten Ankerplätzen und attraktiven Häfen. Von Kefallinia kann man entweder nach Osten durch die Golfe von Patras und Korinth und dann durch den Kanal von Korinth in die Ägäis segeln oder nach Süden an der griechischen West- und Südküste entlang zu den Inseln der südlichen Ägäis.

Die Ägäis ist mit ihren Inseln, der gebirgigen Küste, den malerischen kleinen Häfen, abgeschiedenen Ankerplätzen und ihrem geschichtlichen Hintergrund ein äußerst reizvolles Segelgebiet. Rhodos ist eine ihrer größeren Inseln. Es bietet gute Yachteinrichtungen und eignet sich als exzellenter Ausgangspunkt für eine Kreuzfahrt durch die griechische Ägäis oder an der türkischen Südküste entlang. In weiten Teilen dieser Region finden sich ausgezeichnete Marinas, viele mit Werfteinrichtungen, und jedes Jahr kommen neue hinzu. Freundliche Menschen, unvergleichliche Landschaft und unzählige kleine Buchten und Ankerplätze machen dies zu einem der schönsten Segelreviere des Mittelmeers. Von hier kann man entweder nach Norden zu den Dardanellen und ins Schwarze Meer weitersegeln, gen Osten nach Zypern, einem beliebten Ziel unter Fahrtenseglern, oder auch zum weniger frequentierten Libanon und nach Israel.

Wetter
Das Wetter ist von April-Oktober bis auf örtliche Schwankungen beständig. Den besten, überall im Mittelmeer zu empfangenden Seewetterbericht liefert Navtex. In der Adria, im Ionischen Meer und in der Ägäis kommen die vorherrschenden Winde aus Nordwest oder Nord mit gelegentlichen Südwinden und häufigeren Perioden völliger Flaute. Um Rhodos und an der türkischen Südküste drehen diese Winde

meist und wehen dann die Küstenlinie entlang.

Karten und Publikationen

Es gibt britische Admiralitätskarten für das gesamte Mittelmeer, aber viele erfahrene Segler benutzen die detaillierteren Karten, die in den einzelnen Ländern selbst herausgegeben werden. Die Region wird auch in vielen Seehandbüchern behandelt; zu den besten gehören die von Imray herausgegebenen. Es gibt eine Reihe in Griechenland herausgegebener ausgezeichneter, großformatiger Revierführer für die griechischen Gewässer und ein gutes kroatisches Seehandbuch mit Luftaufnahmen. Vorschriften siehe Seite 63.

Liegeplatz in einem griechischen Hafen

Karibik

Cat-Boote

Segelreviere

Dieses einzigartige Segelgebiet hat unwiderstehliche Anziehungskraft für Yachtsegler aus aller Welt. Das Wasser ist hier überall warm und so kristallklar, dass Ihre Yacht an windstillen Tagen wie auf Luft zu schweben scheint.

Doch auch dieses Paradies ist nicht perfekt: Der Fahrtensegler muss hier ständig auf der Hut vor dem Wetter sein, vor allem in der Hurrikansaison. Bei Hurrikanwarnung kann man nicht auf einen sicheren Ankerplatz rechnen; diese sind dann meist restlos belegt. Doch ist das Frühwarnsystem so gut, dass der vorsichtige Segler, lange bevor das Schlechtwetter eintrifft, den Anker lichtet und nach Süden segelt. Navigationshilfen sind hier nicht vorhanden oder unzuverlässig (mit Ausnahme der französischen Inseln); deshalb jeden Törn so planen, dass man vor Sonnenuntergang einen Ankerplatz erreicht.

Die besten Inseln für Fahrtensegler sind die Bahamas, die Jungferninseln (britisch, amerikanisch und französisch) und die Grenadinen. Die unvergleichlichen Jungferninseln liegen rund 100 km östlich von Puerto Rico, wo der sich erwärmende Atlantik auf das subtropische Karibische Meer trifft. Dutzende von Inselchen und Riffen schützen ihre Gewässer vor dem Passatwind und bieten einsame Ankerplätze. Viele der Inseln sind unbewohnt und bilden ein herrliches Revier für Fahrtensegler. Die besten Einrichtungen findet man auf den britischen Jungferninseln in Roadtown, Tortola, auf den amerikanischen Jungferninseln in Charlotte Amalie und Red Hook, St. Thomas, und in Christiansted, St. Croix. Wenn Sie jede Nacht anlegen und etwas Zeit an Land verbringen wollen, sind 40 nm ein gutes Tagesetmal.

Weiter nördlich liegen die 700 Inseln der Bahamas. Sie sind niedrig – die höchste ist nur 60 m hoch – und das Wasser ist seicht, was das Kreuzen mit Yachten von mehr als 1,8 m Tiefgang hier erschwert. Die Inseln bieten ausgezeichnete Hafeneinrichtungen, vor

allem in Nassau. Nächtliches Segeln ist allerdings gefährlich, weil es hier nur wenige Leuchtfeuer gibt. Wer die Bahamas und Jungferninseln schon kennt, findet auf der Route von Anguilla nach Antigua, um die Grenadinen und an der Nordküste Südamerikas exotische und anspruchsvolle Segelgebiete. Vor allem die Küste von Venezuela ist noch relativ unberührt, und es lebt sich billig hier, doch gibt es auch nur wenige, weit auseinander liegende Häfen mit Yachteinrichtungen.

Immer mehr Segler besuchen auch Kuba, obwohl die USA ihren Staatsangehörigen davon abraten.

Wetter

Puerto Rico, die Kleinen Antillen und Venezuela mit seinen vorgelagerten Inseln liegen mitten im Passatgürtel. Der fast unablässig wehende Passat hat einen kühlenden Einfluss auf die Region. Im Winter liegen die Tagestemperaturen um 28 °C und fallen nachts auf etwa 20 °C. Im Sommer, wenn der Passat abflaut, steigen die Temperaturen tagsüber auf gut 30 °C und liegen nachts um 25 °C.

Die Bahamas liegen am Nordrand des Passatgürtels. Das Wetter wird hier durch die Landmasse des Kontinents beeinflusst; von November bis April können gelegentliche Kaltfronten eine Winddrehung nach Nord oder Nordwest mit Temperaturabfall auslösen. Hurrikans sind auf den Bahamas und in der nördlichen Karibik zwischen Juni und November am häufigsten. Nur wenige von ihnen ziehen unterhalb von St. Lucia durch; in Trinidad und Venezuela sind sie praktisch unbekannt.

Charterbetrieb

Charteranbieter findet man überall auf den Bahamas und in der Karibik von Puerto Rico bis nach Grenada; in Trinidad und Venezuela werden hingegen keine Boote verchartert. Für weniger erfahrene Segler sind die Bahamas oder Jungferninseln, wo die Ankerplätze nur wenige Stunden auseinander liegen, am günstigsten.

USA: Ostküste

Segelreviere

Die Ostküste der USA, die sich von Maine an der kanadischen Grenze bis zur Westküste des tropischen Florida hinunter erstreckt, wartet mit einigen der besten Segelreviere Nordamerikas auf. Die Küste von Maine ist rund 320 km lang und lockt den Yachtsegler mit unzähligen felsigen Buchten, Meeresarmen und Kanälen. Durch den Labradorstrom ist das Wasser kalt, und es gibt hier vor allem im August oft Nebel, wenn die kühle Seeluft mit den im Sommer häufigen ablandigen, feuchtwarmen Südwestwinden zusammentrifft. Dennoch wirkt Maine mit seinen kaum überlaufenen Häfen und der an Skandinavien anmutenden Landschaft sehr anziehend auf anspruchsvolle Segler. Weiter südlich findet man das beliebte Yachtzentrum Marblehead. Der Ort am Salem Sound, der Teil der Massachusetts Bay ist, liegt 20 km nördlich der Weltstadt Boston.
Marblehead ist weltberühmt als Ausgangspunkt für Yachtrennen aller Art, doch auch für den Fahrtensegler sind dieser und die anderen drei historischen Häfen der Gegend – Beverley, Manchester und Salem – reizvoll und interessant. Bostons Hafen bietet ebenfalls Liegeplätze für Yachten, doch ist dies vorwiegend ein Hafen für die Berufsschiff-Fahrt.

Der Cape Cod Canal ist die direkteste Zufahrt zu den Segelrevieren von Buzzard's Bay, Nantucket Sound und Martha's Vineyard, die eine Vielzahl natürlicher Häfen und gute Einrichtungen bieten. Nur einen Tagestörn entfernt liegen Newport, Rhode Island, und der Block Island Sound mit seinen beständigen Sommerbrisen. Diese sowie auch das wärmere Wetter und die ausgezeichneten Marinas und attraktiven Häfen machen die Gegend bei Seglern aller Gattungen sehr beliebt, weshalb hier zwischen Juni und September großer Andrang herrscht.

Allerdings gibt es auch hier oft Nebel, der sich aber in der Regel auflöst, sobald die Sonne das Land erwärmt. Ebenso beliebt ist der Long Island Sound. Dieses rund 145 km lange und bis zu 35 km breite, gut geschützte Gewässer liegt zwischen dem Festland und Long Island. Bei heißem Wetter sind die Winde oft leicht und Gewitter nicht selten; auch hier kommt Nebel vor. Am Westende des Sunds liegt der New York Harbour, der durch den East River angelaufen werden kann.

Südlich von New York findet man ab der Delaware Bay wieder schöne Segelreviere. Von hier führt der Delaware-Chesapeake Canal in die Chesapeake-Bucht mit ihren Hunderten von Nebenarmen und Ankergründen. In diesem großen Segelgebiet, das sich 275 km weit vom Kanal im Norden bis zur Mündung der Bucht erstreckt, segelt es sich am besten in Frühjahr und Herbst, da die Sommer oft heiß und windstill sind. An der Mündung des Severn liegt Annapolis, ein großes Yachtzentrum.

Der geschützte Intracoastal Waterway verläuft parallel zu Atlantik- und Golfküste vom Manasquan Inlet, New Jersey, bis zur mexikanischen Grenze. Vom Südende der Chesapeake Bay können ihn Boote 1600 km weit durch North und South Carolina bis hinunter nach Miami zu den dortigen Winter-Segelrevieren befahren.

Da Temperaturstürze hier selten sind, kann man auch mitten im Winter meist mit milden Tagen rechnen. Florida ist ein Ganzjahres-Segelrevier. Die Florida Keys, eine Kette tropischer Inseln mit Korallenriff, die sich von Florida nach Süden erstrecken, sind eine weitere Attraktion für jene, die dem raueren nördlichen Klima entfliehen wollen.

Yachthäfen

Die ganze Küste ist voller natürlicher Häfen und Buchten, sodass man etwa alle 35 km einen guten Hafen findet. Die Marinaliegeplätze sind im Sommer meist überfüllt, weshalb es sinnvoll ist, sie im Voraus zu buchen. Die meisten Yachtclubs vermieten Gastmurings, Anker- und Liegeplätze, aber fragen Sie besser vorab an.

Betonnung

In den Küstengewässern der USA gilt das IALA-Betonnungssystem B (siehe S. 124-125), allerdings werden keine kardinalen Zeichen mehr verwendet. Die Navigationshilfen auf dem Intracoastal Waterway haben einige gelbe Markierungen; auf den Seen und Binnenschiff-Fahrtsstraßen sowie einigen anderen Gewässern gilt das Uniform State Waterway Marking System (USWMS). Hierbei wird Grün durch Schwarz ersetzt, und es werden spezielle kardinale Zeichen verwendet.

Vorschriften
Die US Coast Guard (Küstenwache) ist die seerechtliche Vollzugsbehörde der USA und hat die Befugnis, in den Hoheitsgewässern der USA jederzeit an Bord jedes Wasserfahrzeugs zu gehen, um es zu inspizieren und kann Geldstrafen verhängen.

Die geschützten Gewässer des Intracoastal Waterway bieten herrliche, ruhige Liegeplätze.

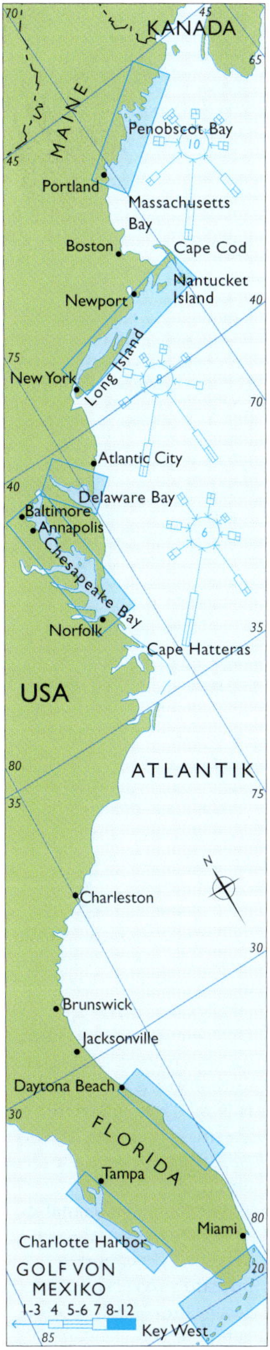

USA: Westküste

Teile dieser Küste bieten ideale und abwechslungsreiche Segelmöglichkeiten. Im Norden liegt ein verzweigtes Binnenmeer, in das man durch die Strait of Juan de Fuca einfährt. Sein südlicher Ausläufer, der Puget Sound, erstreckt sich 100 km an Seattle vorbei bis nach Olympia und Tacoma, wo man einsame Ankerplätze in kleinen Buchten findet. Die Inseln im nördlichen Ausläufer, der Georgia Strait, sind bei den einheimischen Seglern sehr beliebt, ebenso der Desolation Sound mit seinen spektakulären Fjordarmen. Beim Ankern ist der Tidenhub zu berücksichtigen, der von 2,9-4,6 m im Puget Sound bis zu 5,5-6 m im Desolation Sound reicht.
.

Die Küste von Oregon und Nordkalifornien ist für den Yachtsegler bis zur San Francisco Bay hinunter weniger interessant. Diese, Tummelplatz für Tausende von Seglern, bietet über 1000 km^2 schiffbare Gewässer, 450 km abwechslungsreiche Uferlinie und zwischen März und November fast täglich verlässlichen Wind. Morgens liegt die Windstärke meist um 10-12 km und frischt in einigen Bereichen nachmittags bis auf 20-30 km auf. Hier findet man ruhige, abgeschiedene Ankerplätze vor Sandstränden ebenso wie Marinas gleich neben geschäftigen Stadtzentren. Vor dem Golden Gate sind Drakes Bay und Pillar Point Harbor ideal für Wochenendtörns; wer mehr Zeit hat, kann sich auch an die Erkundung der Bodega Bay und Tomales Bay machen.

An der Küste bis nach San Diego hinunter warten viele interessante Anlaufhäfen; an der Monterey Bay liegen der Badeort Santa Cruz und der historische Hafen von Monterey, doch hüten Sie sich vor dem Nebel im Juli und August. Monterey ist meist der letzte Stopp vor dem 24-Stunden-Törn zur Morrow Bay oder, bei hoher Dünung, nach Port San Luis. Die Bedingungen sind hier zuweilen etwas rau, doch bei klarem Wetter ist die Szenerie atemberaubend. Hat man erst Point Conception passiert, flauen die vorherrschenden Nordwinde etwas

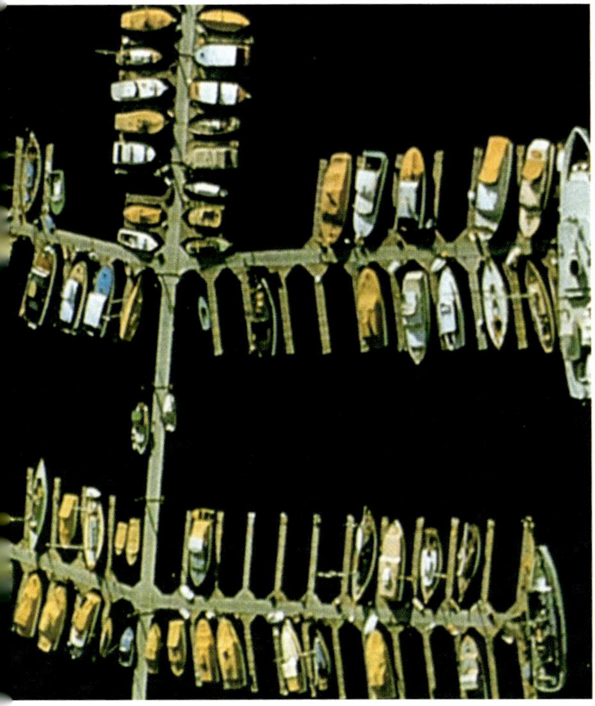

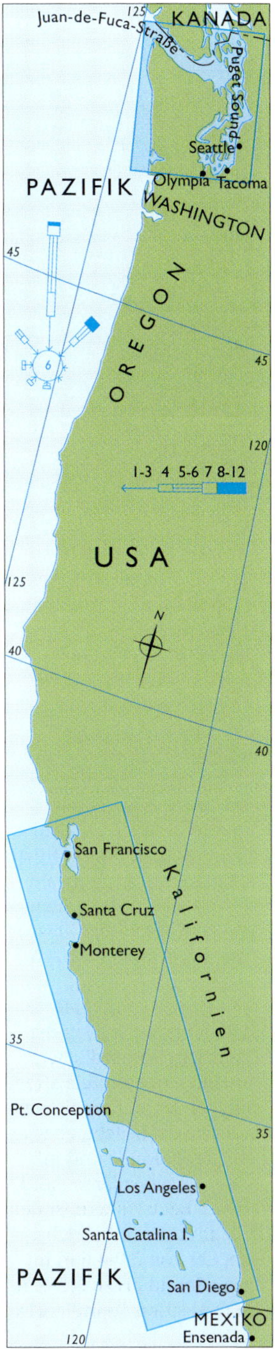

ab, Wasser und Wetter werden wärmer. So haben die Südkalifornier hier ganzjährig Segelwetter, auch wenn man sich vor dem berüchtigten „Santa Ana“-Nordostwind in Acht nehmen muss, der im Herbst und Winter sehr heftig blasen kann.

Hinter dem Point Conception gelangt man in den durch vorgelagerte Inseln geschützten Santa Barbara Channel. Attraktive Ziele sind hier Santa Barbara, Kaliforniens landschaftlich schönster Hafen, oder Ventura. Keinen Tagestörn entfernt liegen die Santa Monica Bay und mit der Marina del Rey der größte künstlich geschaffene Yachthafen der Welt. Dem Yachtsegler hat die Alamitos Bay an der Ostseite der Bucht viel zu bieten. An ihrem südöstlichen Ende liegt Newport Beach mit allen nur erdenklichen Einrichtungen für Gastyachten, ein ausgezeichneter Ausgangspunkt zum Besuch der Santa Catalina Islands rund 40 km vor der Küste.

Von Newport Beach nach San Diego hat man die Wahl zwischen einer küstennahen und einer küstenfernen Route. Wer zum mexikanischen Ensenada unterwegs ist, segelt meist an der Außenseite der Coronado Islands oder dicht an ihrer Innenseite entlang – fernab der Berufsschiff-Fahrtswege und küstennahen Gefahrenstellen.

Die Großen Seen

Segelreviere
Die Großen Seen umfassen die größte Süßwasserfläche der Welt – 247000 km^2. Sie erstrecken sich von Ost nach West über mehr als 1100 km und haben über 11500 km Uferlinie. Die Seen sind zwar gezeitenlos, doch können die Winde hier Strömungen erzeugen, die vorübergehende Wasserstandsänderungen von bis zu 2,5 m hervorrufen. Von einem See in den anderen zu gelangen, ist für Yachten nicht immer einfach, da die Schleusen und Kanäle für die Berufsschiff-Fahrt ausgelegt sind.

Von den Großen Seen gelangt man über Flüsse und Kanäle in weitere schöne und geschützte Binnen-Segelreviere. Die Binnenwasserstraßen sind in der Hauptsegelsaison, von Mitte Mai bis Mitte Oktober, offen, bevor die Seen den Winter über zufrieren.

Die Region ist durch den Sankt-Lorenz-Seeweg und künstliche Kanäle so gut erschlossen, dass die Binnenhäfen der Seen praktisch zu Atlantik-Seehäfen geworden sind. Allerdings ist der Sankt-Lorenz-Seeweg mit seinen 3200 km Kanälen, Flüssen, Seen und Schleusen primär eine Handelsschiff-Fahrtsstraße, und die Berufsschiff-Fahrt hat hier Vorrang. Aus Sicherheitsgründen dürfen Boote von weniger als 6 m Länge bzw. einer Tonne Gewicht den Seeweg nicht befahren.

Eine Alternativroute von der Ostküste zu den Großen Seen führt den Hudson River hinauf zum New York State Barge Canal bei Albany im Staat New York, dann westlich nach Buffalo am Eriesee oder nördlich nach Oswego am Ontariosee. Für diese Strecke muss der Mast gelegt werden, aber es stehen an jedem Ende des Kanals Einrichtungen zum Legen und Wiederaufrichten des Masts zur Verfügung. Auf diesem Weg sind auch die Fingerseen südlich des Ontariosees zu erreichen.

Die Thousand Islands im obersten Abschnitt des Sankt-Lorenz-Stroms sind ein Labyrinth gewundener Kanäle und ruhiger Ankerplätze. Der St. Lawrence Island National Park und die Yachthäfen von Kingston und Gananoque bieten ausgezeichnete Muringgelegenheiten. Die Inseln erstrecken sich bis zur langen, schmalen Bay of Quinte bei Picton, Ontario – einem hübschen Nebenarm des Ontariosees mit vielen friedlichen Ankerplätzen.

Der Rideau Canal verbindet Ottawa mit Kingston am Ontario-See – 200 km attraktive Landschaft, 48 historische Schleusen und zahlreiche Stauseen. Eines von Ontarios schönsten Segelrevieren, die Rideau-Seen, beginnt 14 Schleusen oberhalb von Kingston City.

Die Trent-Severn-Wasserstraße beginnt in der Bay of Quinte und mündet bei Port Severn am Ostende des Huronsees in die Georgian Bay – eine attraktive, geschützte Segelroute mit hervorragenden Muring- und Liegeplätzen, guten Angelplätzen und abgeschiedenen Ankergründen. Auf den

Simcoe- und Couchiching-Seen muss man sich allerdings auf überraschende Böen einrichten. Boote mit mehr als 1,5 m Tiefgang sollten vor Befahren der Wasserstraße beim zuständigen Wasserstraßenamt nachfragen.

Die Georgian Bay bietet zwischen ihren Thirty Thousand Islands, Sandstränden und felsigen Landspitzen einige spektakuläre Segelreviere. Dies ist jedoch vorwiegend ein Gewässer für größere Yachten; das beste Revier für kleinere Boote und trailerbare Yachten liegt am Ostende der Bucht zwischen Port Severn und Parry Sound. Vor dem Nordufer des Huronsees liegt die größte Binnenlandinsel der Welt, Manitoulin, mit guten Ankerplätzen und Yachteinrichtungen, vor allem in Killarney.

Am Nordende des Michigansees liegt eine Gruppe von Inseln, viele davon unbewohnt. Eine Ausnahme ist Beaver Island, das eine Fährverbindung zum Festland und einen kleinen Flughafen hat. Der südliche Teil des Michigansees ist von Städten und Orten mit modernen Marinas, privaten wie städtischen, gesäumt. Chicago bietet aufregendes Großstadtambiente und eine Kanalverbindung zum Mississippi.

Am Nordwestufer des Sees liegt die Green Bay als beliebtes Segelgebiet. Lake Superior ist mit über 82000 km^2 Fläche der größte der Großen Seen. An seinem nördlichen, kanadischen Ufer bietet er Ankerplätze in unberührter Wildnis, z.B. um die Slate Islands, während sein südliches, in den USA gelegenes Ufer mit einigen attraktiven und sehr geschäftigen Häfen aufwartet. Lake of the Wood, ein weitläufiges Flachwasser-Segelrevier westlich des Lake Superior, ist von der Thunder Bay aus zugänglich.

Betonnung

Das Betonnungssystem der Großen Seen entspricht dem IALA-Lateralsystem B (siehe S. 124-125), wobei die Richtung vom Abfluss des Sees aus mit der Richtung „von See kommend" gleichgesetzt wird. Beim Befahren eines Sees aus Richtung seines Abflusses sollte man also die roten Zeichen an Steuerbord und die grünen an Backbord halten. Das System ist in USA und Kanada gleich.

Vorschriften

Sportboote dürfen auf Trailer oder zu Wasser nach Kanada und den USA einreisen. Zollämter findet man bei Ankunft von See in Bundeshäfen, bei Einreise per Trailer an den Grenzübergängen der Highways. Für einige Häfen und Kanalzufahrten braucht man spezielle Genehmigungen, die an den meisten Marinas und Schleusenstationen gegen geringe Gebühr erhältlich sind.

Informieren Sie sich über erforderliche Patente für Ihr Boot und über die gesetzlich vorgeschriebene Sicherheitsausrüstung. So entsprechen in Kanada hufeisenförmige Rettungsringe nicht den Sicherheitsvorschriften der Küstenwache.

Australien/Neuseeland

Sydney Harbour

Segelreviere
Allein die gut 3200 km exotischer, korallendurchsetzter Gewässer des Großen Barrierriffs entlang der nördlichen Hälfte der australischen Ostküste würden für ein ganzes Seglerleben reichen. Hier gibt es starke Gezeitenströme, doch bleibt das Wasser dank des Südäquatorialstroms ganzjährig warm. Zwischen Küste und Riff liegen 600 meist unbewohnte Inseln. Bei Ansteuerung einer bewohnten Insel gebietet die Höflichkeit, sich in ihrem Hauptort zu melden oder ihren „Kapitän" per Funk oder Handy über Ihre Ankunft zu informieren. Unter Umständen können Sie die Einrichtungen gegen eine Gebühr nutzen.

Die Whitsunday Islands sind Australiens Yachtcharterzentrum. Die 74 dicht bewaldeten Inseln mit Sandstrand, die 65 km küsteneinwärts des Riffs liegen, bieten ausgezeichnete Einrichtungen für Fahrtensegler. Es gibt eine Fülle einsamer Ankerplätze, aber auch Haie, gefährliche Steinfische und giftige Quallen, vor denen man sich vor allem beim Tauchen hüten sollte. Örtliche Karten weisen auf ungewöhnliche Strömungen oder Bedingungen hin.

Weiter südlich bietet die Ostküste bis nach Sydney hinunter interessante Plätze für Zwischenstopps und Erkundungen, wie etwa Coff's Harbour und Broken Bay. Sydney Harbour erschließt mit seinen 300 km Binnenufer voller abgelegener Buchten und Strände erstaunlich ruhige Segelreviere. Ankerplätze und Marina-Einrichtungen für Gastyachten sind jedoch begrenzt, und insgesamt gehört die Region zu den übervölkerten des Landes. Auflandige Seewinde, die durch die große, aufgeheizte Landmasse entstehen, sind rund um die australische Küste häufig anzutreffen. Im Westen und Süden kommen die vorherrschenden Winde von Südwesten, an der Ostküste kommen sie im Frühjahr von Norden, im Herbst von Süden. Der

Wind ist meist von mäßiger Stärke, doch im Sommer kann der „Fremantle Doctor" vor Perth steife Brisen von über 20 Knoten bescheren, und im Frühjahr sollte man an der Nordostküste vor Gewittern auf der Hut sein. Zwischen Dezember und April können im hohen Norden tropische Zyklone auftreten.

Die beliebtesten Segelreviere der neuseeländischen Nordinsel sind der Hauraki Gulf und die Bay of Islands. Im rund 100 km langen, von Nord nach Süd verlaufenden Hauraki Gulf kann man zwischen den zahlreichen Inseln herrlich kreuzen; zudem locken hier das Großstadtleben und der moderne Yachthafen von Auckland. Die Bay of Islands liegt fast 190 km nördlich von Auckland an der Nordostküste. Außer den Haupthäfen Russell und Paihia findet man hier über 150 Inseln in subtropischem Ambiente.

Die neuseeländische Südinsel hat kältere Gewässer und weniger berechenbares Wetter, dafür aber überwältigende Landschaften und Segelreviere für erfahrenere Segler. Marlborough Sands, ein herrlicher Küstenabschnitt voller überfluteter Flusstäler und bewaldeter Inseln, liegt zwischen der Tasman Bay im Westen und der Cook Strait im Osten. Das Wasser ist hier oft zu tief zum Ankern, sodass man seine Yacht u.U. mit Leinen an Bäumen oder anderen sicheren Fixpunkten festmachen muss.
Am Südwestzipfel der Südinsel liegt der Fjordland National Park mit seiner wild zerklüfteten, von zahlreichen Meeresarmen durchschnittenen Küste. Auch wenn hier Vorsicht geboten ist, weil Segelyachten den „Brüllenden Vierzigern" und den Fallwinden ausgesetzt sind, die von den schneegekrönten Bergen herunter wehen, ist dies eine einzigartige Region. Am Dusky Sound mit seinen Inseln und Inselchen liegt Pickersgill Harbour, wo Kapitän Cook 1773 erstmals anlandete.

Muren und Festmachen

Das Anlegen, Vermuren oder Ankern wird in Häfen oft durch beengte Verhältnisse erschwert (und die allgegenwärtigen Zuschauer machen die Sache auch nicht besser). Doch Übung macht auch hier den Meister und man lernt schnell, wie sich das Boot bei langsamer Fahrt im Hafen verhält.

Das Manövrieren unter Segeln gehört zur gehobenen Segelkunst, wird aber leider zunehmend zur Domäne derer, die weniger überlaufene Ankergründe ansteuern, da der Verkehr unter Segel heute in vielen Häfen untersagt ist. Alle Anlege- oder Ankermanöver, ob unter Segel oder Maschine, müssen langsam, präzise und unter Berücksichtigung von Wind und Strom gefahren werden.

Sie sollten die Drehrichtung Ihres Propellers kennen. Bei sehr langsamer Fahrt oder liegendem Boot wirkt er fast wie ein Schaufelrad. Dieser Radeffekt zieht das Heck nach der einen oder anderen Seite. Entwickeln Sie ein Gefühl dafür, indem Sie den Motor bei liegendem Boot in offenem Gewässer einkuppeln. Dieser Radeffekt lässt sich besonders beim Anlegen sinnvoll nutzen.

Viele Marinas liegen in Flussmündungen, wo man beim An- und Ablegen Gezeitenströme berücksichtigen muss, die man in scheinbar geschützten Hafengewässern leicht vernachlässigt. Wenn man mit Liegeplatz oder Boot nicht vertraut ist, sollte der Tidenstrom immer an einer Muringboje oder einem Pfahl kontrolliert werden.

Motor beim Rückwärtsfahren vorsichtig einsetzen, sofern Ihr Boot keinen Faltpropeller hat. Boote mit Festruder sind bei Achterausfahrt in der Regel nicht so gut zu manövrieren; Boote mit Schweberuder sprechen hier besser an.

Vor einem An- oder Ablegeversuch sollten Sie alle beobachteten Einflussgrößen sowie Wendeverhalten und Driftneigung Ihres Boots in Ihre Überlegungen einbeziehen, sich über mögliche Gefahren klar werden und Ihre Planung allen Beteiligten klar mitteilen.

Das Vermuren oder Anlegen unter Segel muss bei sehr langsamer Fahrt erfolgen. Der Winkel zum Wind bestimmt die zu setzenden Segel. Am Wind setzt man besser beide Segel ein. Bei raumem Wind, der als kontrollierbarer Beschleuniger dienen kann, nur das Großsegel einsetzen. Bei Ansteuerung vor dem Wind gibt ein kleines, leicht zu bergendes Vorsegel eine gewisse Kontrolle. Wo es möglich ist, immer etwas anluven und nur unter Großsegel vermuren bzw. anlegen.

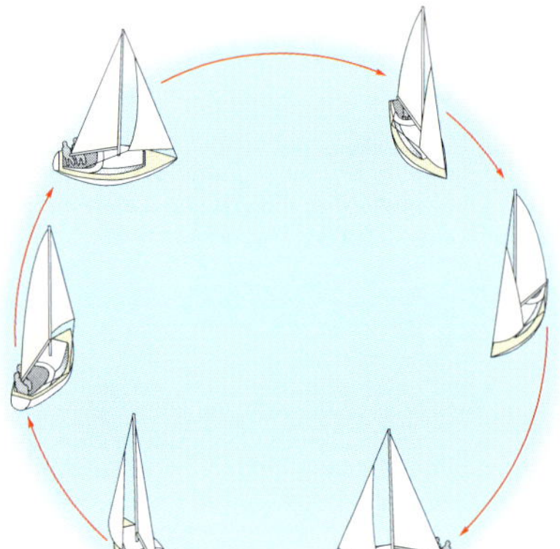

Beim Drehen schwenkt das Heck des Boots aus – ähnlich wie bei einem Einkaufswagen. Bei Rückwärtsfahrt schwenkt der Bug weit aus. Diesen Effekt kann man nutzen, um in einen Marina-Liegeplatz hinein- bzw. wieder herauszugleiten.

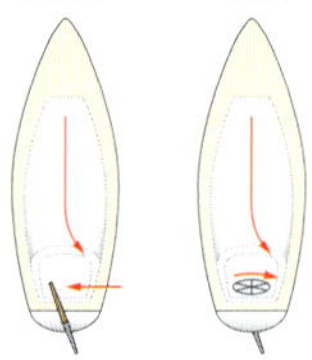

Um bei Rückwärtsfahrt nach Steuerbord zu drehen, die Pinne nach Backbord legen bzw. das Steuerrad nach Steuerbord drehen.

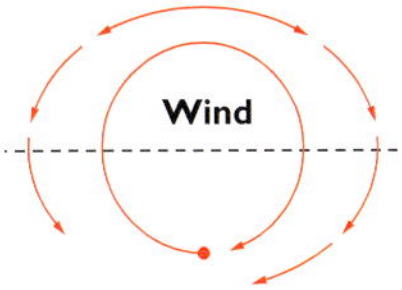

Bei Ansteuerung oder Verlassen einer Muring beachten, dass das Boot gegen den Wind in einem größeren Kreis dreht als mit dem Wind.

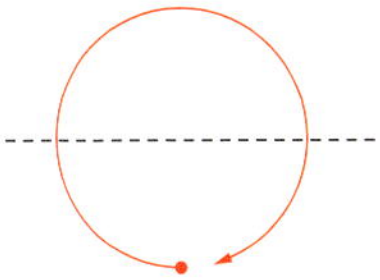

Beim Drehen die Gezeitenströmung berücksichtigen. In stillem Wasser beschreibt das Boot eine exakte Kreisdrehung.

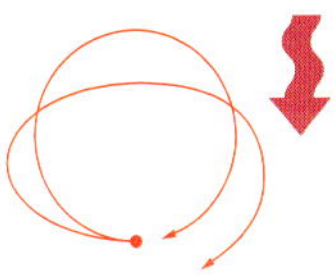

Beim Drehen gegen eine **schwache Tidenströmung** schwenkt das Boot aus und beschreibt eine 9.

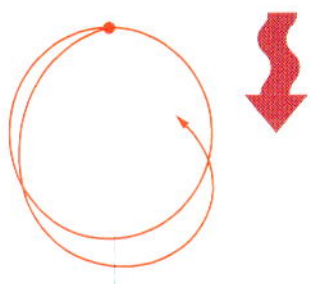

Beim Drehen von einer **schwachen Strömung** weg verlängert sich die Drehung zu einer 6.

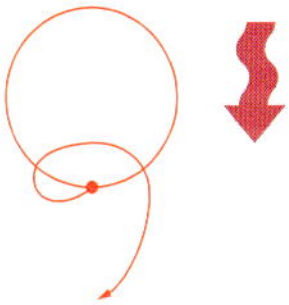

Beim Drehen gegen einen starken **Tidenstrom** wird das Boot in eine enge Wende gezwungen.

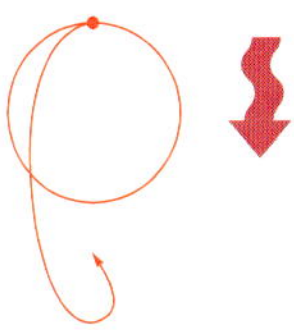

Beim Drehen von einer **starken Strömung** weg wird das Boot stromabwärts gedrückt.

Checkliste

1 Leinen und Fender sind Ihre wichtigsten Verbündeten, zu hohe Geschwindigkeit Ihr größter Feind.
2 Für den Fall eines Fehlschlags immer einen Fluchtweg im Auge behalten. Er sollte Sie von der Anlegestelle wegführen und Ihnen Zeit geben, sich Gedanken über einen neuerlichen Versuch zu machen.
3 Üben Sie das Festmachen und Ablegen an einer freien Muringboje. Versuchen Sie, Bug oder Heck innerhalb eines Abstands von 1 m zur Boje zu halten – stromauf- und stromabwärts von dieser. Falls Sie die Boje überfahren, Motor auskuppeln und warten, bis sie wieder auftaucht, damit sich die Muringleine nicht im Propeller verfängt.
4 Segelboote sind bei Achterausfahrt oft unberechenbar. Nutzen Sie den Rückwärtsgang als Bremse oder, um das Heck in eine Box bzw. von einem Hindernis wegzudrücken. Beim Rückwärtsfahren die Pinne von der Richtung, in die das Heck drehen soll, weglegen bzw. das Steuerrad in genau diese Richtung drehen. Am besten wenden Sie sich dem Heck zu, um sich besser zu orientieren.
5 Experimentieren Sie bei segellos treibendem Boot, um sich mit seinem Driftverhalten vertraut zu machen.
6 In Tidengewässern über den Tidenstand informieren.

Muring- und Liegeplätze

In den meisten Marinas legt man längsseits an kleinen Boxenstegen an, in manchen allerdings auch zwischen zwei in den Grund gerammten Holz- oder Metallpfählen, an denen das Boot achtern festgemacht wird. In vielen Häfen, Tidemündungen und Buchten werden immer noch herkömmliche Muringbojen verwendet.

Vor dem Anlegen oder Vermuren sicherstellen, dass keine Leinen nach außenbords hängen. Motor anlassen, Kühlwasser, Getriebe und Treibstoff kontrollieren. Segel bergen.

Zwei Festmacherleinen vorbereiten, indem Sie einen Tampen nach außerhalb des Relingdrahts und der Takelung und dann durch die Lippklampen zurück zu einer Klampe oder einem Poller an Bug bzw. Heck führen. Freie Tampen lose aufschießen und mittschiffs aufs Deck legen.

Fender auf der Seite, auf der sie benötigt werden, sicher befestigen. Bootshaken auf dem Kajütdach bereitlegen. Bei der Ansteuerung Wind und Strom berücksichtigen.

Liegeplatz in einer Marina ggf. über UKW-Sprechfunk zuweisen lassen, sodass Sie ihn beim Einlaufen direkt ansteuern können.

Vorsichtig entlang der Ihrem Liegeplatz gegenüberliegenden Boote einlaufen und weiträumig einschwenken. Wenn Ihr Boot mit der größten Breite das Stegende passiert, können zwei Crewmitglieder mit Vor- und Achterleinen an Land gehen. Boot mit einem kurzen Gasstoß nach achtern abstoppen. Vor- und Achterleinen sicher belegen, Spring- und ggf. Querleinen ausbringen, dann die Fender richtig ausrichten.

Vor dem Ablegen ausstehende Liegegebühren bezahlen, Motor warmlaufen lassen, Crew einweisen. Vor- und Achterleine zuletzt loswerfen, langsam aus der Box zurücksetzen, während die an Land befindliche Crew an Bord geht. Leinen aufklaren, aufschießen, wegstauen; Fender säubern und verstauen.

Wenn Sie im Päckchen liegen, die Nachbarboote um Kooperation bitten und in Richtung des stärkeren Einflussfaktors – Wind oder Strom – herausfahren.

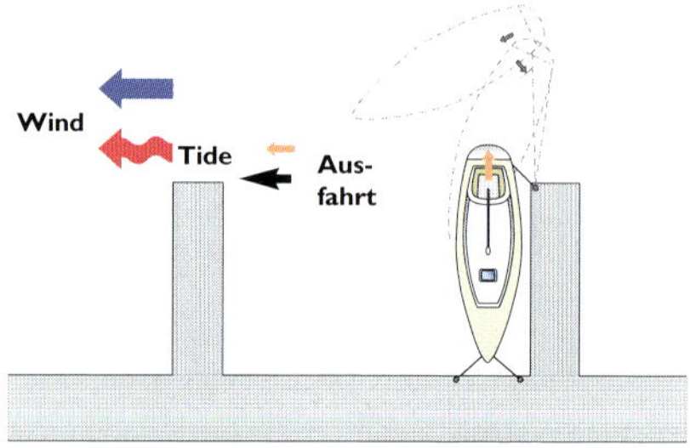

Um aus einer solchen Box abzulegen, wenn Wind und Strom quer zur Ausfahrt stehen, kann es hilfreich sein, eine Slipleine von der Heckklampe zum Ende des luvseitigen Stegs auszubringen und zurückzusetzen. Wenn der Bug fast klar ist, die Slipleine auf einer Schotwinsch aufstoppen und die Pinne umlegen, um vom Steg wegzudrehen. Die Leine läuft klar, wenn man ein Ende freigibt.

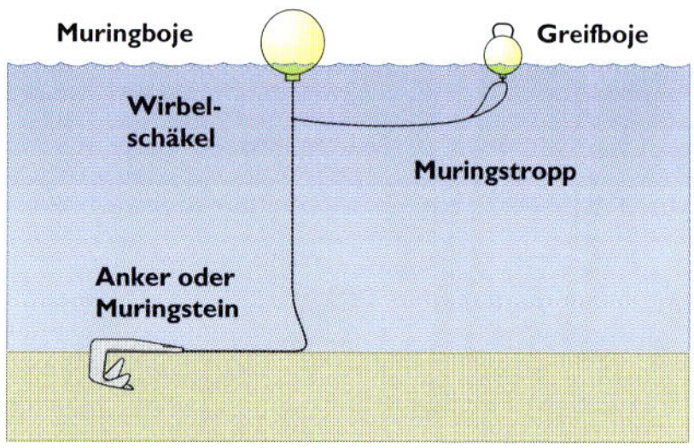

Muringboje so ansteuern, dass die Crew die kleine Greifboje mit dem Bootshaken an Bord holen kann; die Kette an der Bugklampe festmachen. Dabei gegen das stärkste Element ansteuern, also in Liegerichtung der bereits festgemachten Boote. Wenn sie in verschiedene Richtungen liegen, versucht man es am besten vor dem Wind.

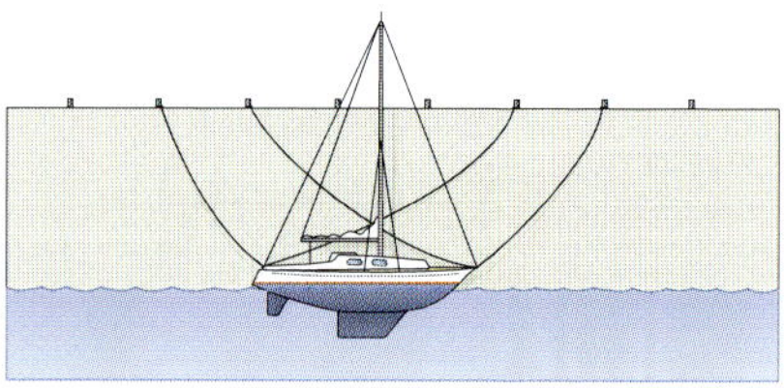

An der Mauer eines Tidehafens am besten um die Hochwasserzeit anlegen, um die Leinen gut an Land bringen zu können. Informieren Sie sich über die Wassertiefe bei Niedrigwasser und die Position etwaiger Leitern. Boot mit Fendern, Fenderbrettern und Scheuerschutz absichern. Beim Liegen im Päckchen eigene Leinen zum Kai ausbringen.

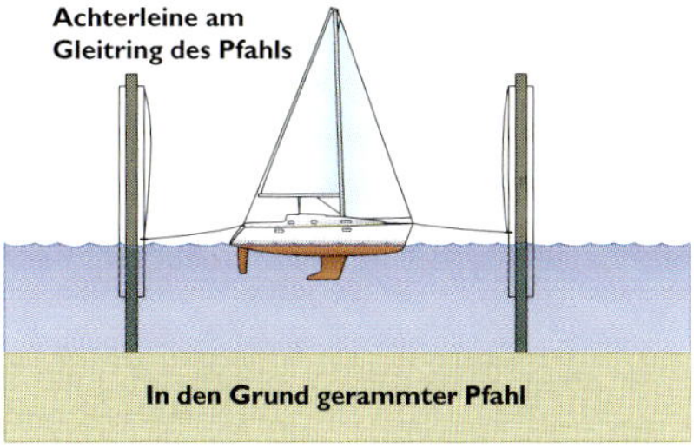

Beim Festmachen an Pfählen diese gegen das stärkste Element – d.h. meist gegen den Strom – ansteuern. Achterleine auf Slip um den stromabwärtigen Pfahl legen. Wenn der Bug den stromaufwärtigen Pfahl erreicht, die Vorleine auf Slip durch den Festmacherring führen. Mit der Achterleine verholen; diese durch den Ring ihres Pfahls führen. Boot zur Mitte verholen.

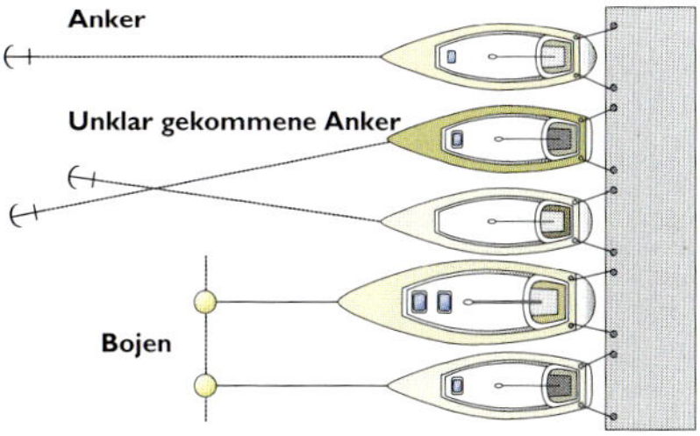

Im tidenfreien Mittelmeer macht man oft mit dem Heck am Kai bzw. Steg fest. Langsam rückwärts auf die parallel zum Kai liegende Bojenreihe zufahren und eine Vorleine daran festmachen. An der zum Kai laufenden Leine verholen und Achterleinen zum Kai ausbringen. Alternativ einen Buganker in ausreichendem Abstand ausbringen und mit dem Heck an den Kai schwojen.

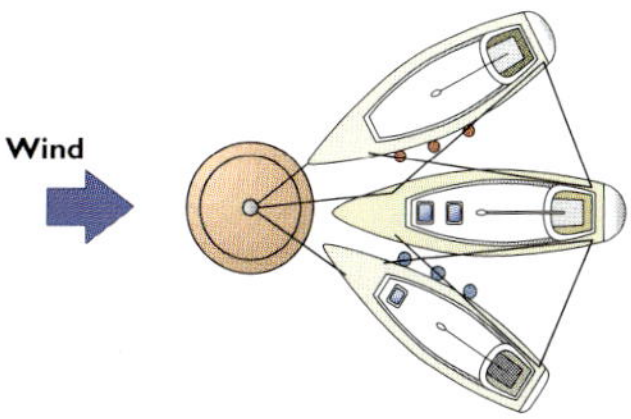

Um von einer Festmachertonne abzulegen, wenn man zwischen Booten liegt, zuerst die Achterleine des Nachbarn, dann die eigene Leine vom nächsten Boot loswerfen. Ganz langsam vorausfahren, um das Luvboot etwas beiseite zu drücken. Vorleine loswerfen und rückwärts aus der Lücke setzen.

Ausrüstung zum Festmachen

Man sollte mindestens zwei Festmacheleinen von doppelter Bootslänge (Vor- und Achterleine), zwei in anderthalbfacher Bootslänge (Springleinen) – meist das stärkste Paar – und zwei in Bootslänge (Querleinen) an Bord haben. Festmacheleinen sollten aus geflochtenem Tauwerk bestehen und ausreichenden Reck haben. Schwimmfähiges Polypropylentauwerk ist ideal. Leinen durch Kunststoffschlauch oder Segeltuchreste gegen Durchscheuern schützen, vor allem an Mauerkanten.

1 Achterleine
2 Achtere Querleine
3 Vorspring
4 Achterspring
5 Vordere Querleine
6 Vorleine

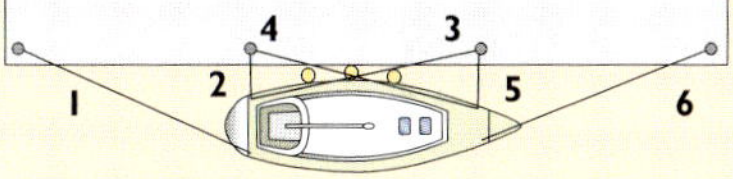

Fender federn mögliche Stöße beim Anlegen ab und schützen den Rumpf beim Längsseitsliegen. Sie sollten an Klampen, Fußreling, Handläufen auf dem Kajütdach oder Relingsfüßen, nicht aber am Relingsdraht festgemacht werden, da dieser dadurch unnötig belastet wird. Jeder sollte mit 1 1/2-2 m Leine ausgestattet sein. Immer mindestens sechs Fender mitführen, da man sie u.U. beidseitig benötigt.

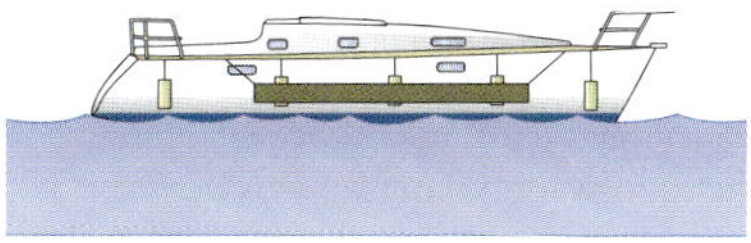

Beim Festmachen an Pier/Steg und vor allem an Spundwänden eine Leiter oder ein Brett außen vor den Fendern anbringen, damit diese nicht verrutschen.

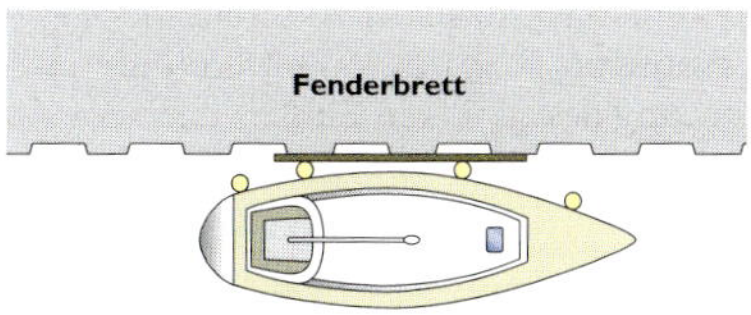

Die Wahl des Ankers

In dem Maße, wie sich die Marinas vermehren, wird die Kunst des Ankerns heute mehr und mehr vernachlässigt.

Doch mit zunehmender Erfahrung zieht es den Segler vielleicht von den geschützten Marinas fort zur Freiheit abgelegenerer Ankergründe – womit das Ankern wieder größere Bedeutung gewinnt.

Als grober Anhaltspunkt: Eine Fahrtenyacht sollte mindestens einen großen Hauptanker mit Kette und einen kleineren Anker mit Kettenvorlauf und langer Nylontrosse an Bord haben. Die Festigkeit und hohe Elastizität des Nylontauwerks minimiert die unter rauen Bedingungen auftretenden Ruckbelastungen.

Der Hauptanker sollte 0,5 kg Gewicht pro 30 cm Bootslänge haben, der kleine Anker etwa 20 Prozent weniger. Gewicht ist trotz fortschrittlichster Ankerkonstruktionen durch nichts zu ersetzen.

Auf Langfahrten zwei verschiedene Ankertypen für unterschiedliche Grundbeschaffenheit mitführen. Eine geeignete Ausrüstung für eine 9-m-Yacht auf Törn in der Karibik oder im Ärmelkanal wäre z.B. ein 14-16 kg schwerer Pflugscharanker (CQR) mit 55 m langer 6-mm-Kette sowie ein 8-9 kg schwerer Bruce-Anker mit 6 m langer 4,5-mm-Kette und 100 m geflochtener Nylontrosse von 18 mm Durchmesser. Wer sich auf felsige oder stark verkrautete Ankergründe wagt, sollte einen 11 kg schweren Stockanker mitnehmen.

Ankerkette wird in einzelnen Kettenlängen verkauft und nach dem Durchmesser der Kettenglieder in mm klassifiziert, Tauwerk nach dem Durchmesser in mm, im Ausland teilweise auch nach Umfang in Zoll (inch), sodass man hier manchmal Umrechnungstabellen benötigt. Ankerwinschen sind für eine bestimmte Kettendicke ausgelegt, weshalb man beides zusammen erwerben sollte.

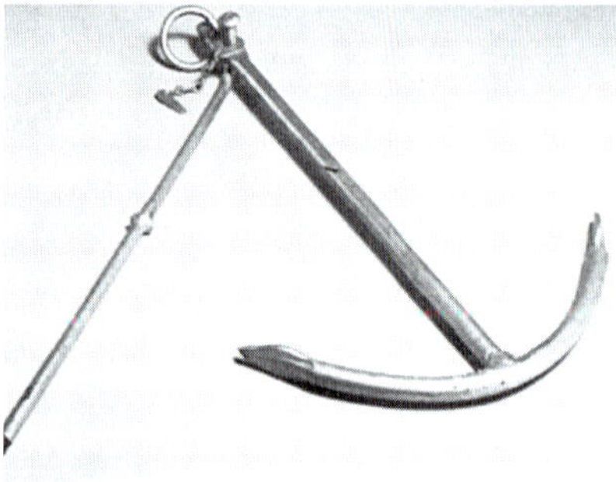

Der traditionelle Stockanker ist vor allem auf felsigem Grund nützlich. Da sich nur eine seiner Flunken eingräbt, hält er durch sein Eigengewicht und das des Gesteins, unter dem er sich verhakt. In losem Sand neigt er zum Schlieren.

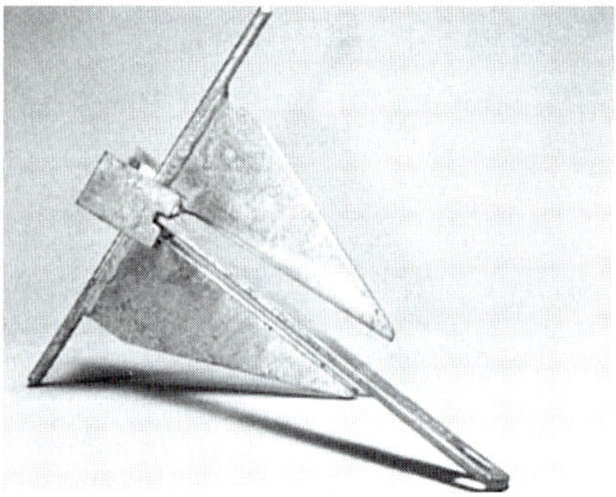

Der Danforth-Anker hält gut in Schlamm, Schlick und Sand, ist aber für Fels und Bewuchs unzuverlässig. Durch sein gelenkiges Kreuz und die flachen Flunken ist er leicht zu stauen, lässt sich aber oft nur schwer aus dem Grund brechen.

Ein Wirbelschäkel, **1**, verbindet das letzte Kettenglied mit dem Anker; sein Bolzen ist mit korrosionsfestem Draht gesichert.

Ein an einer beliebigen Stelle der Ankerkette eingefügter Wirbelschäkel, **2**, macht das ganze Geschirr frei drehbar.

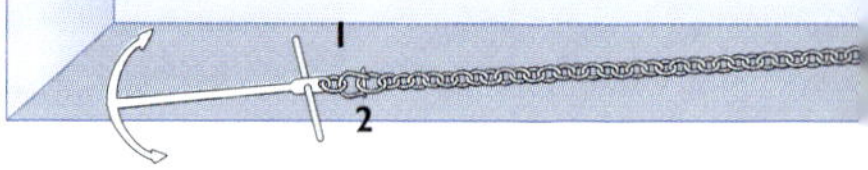

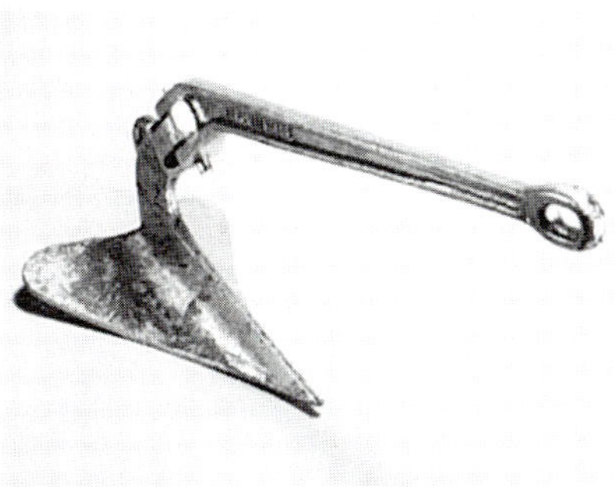

Der Pflugschar- oder CQR-Anker soll in Sand, Schlamm, Bewuchs, Muschelschalen und Kies-Deckschicht sowie auch in Sand-Stein-Gemisch halten. Sein seitlich schwenkbarer Schaft unterstützt das Eingraben des Ankers, der allerdings manchmal einige Zeit braucht, bis er fasst. Ein beliebter Universalanker.

Kettendicke, **1**, Gewicht eines Pflugscharankers, **2**, Dicke der Nylontrosse, **3**, und Verdrängung in Tonnen, **4**.

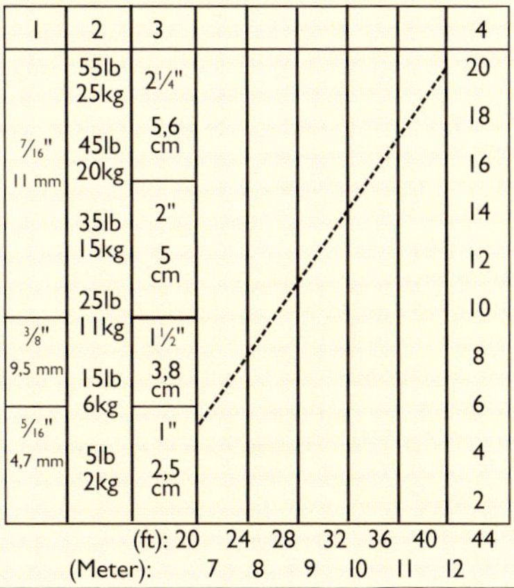

Der Bruce-Anker wurde zur Verankerung der riesigen Ölbohrinseln in der Nordsee konstruiert. Er gräbt sich mit seinen halbrunden Flunken tief in Sand oder Schlamm ein, ist leicht zu handhaben und mit seiner im Verhältnis zum Gewicht hohen Haltekraft auch bei kurzer Ankerkette wirksam, neigt auf felsigem Grund aber zum Schlieren.

Wenn die Leine nicht durch das Kettenglied passt, den Tampen sechs Törns aufdrehen. Kardeele **1** und **2** durch das Glied führen, Kardeel **3** um weitere sechs Törns aufdrehen. Kardeel **2** anstelle von **3** legen. **2** und **3** durch einen Überhandknoten verbinden und **1** einstecken.

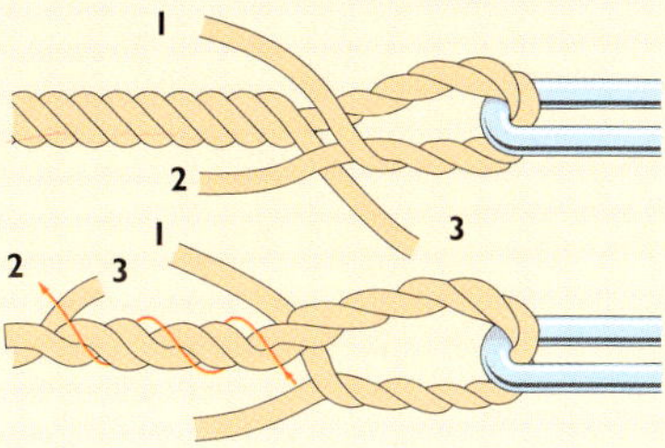

Einzelne Kettenlängen werden durch Schraubschäkel, **3**, verbunden. Das runde Ende ist dem Anker zugekehrt, um ein Unklarkommen beim Fallenlassen zu vermeiden. Ankertrosse oder -kette in Abständen von 5-10 m markieren, etwa durch Knotenschnüre oder farbige Streifen.

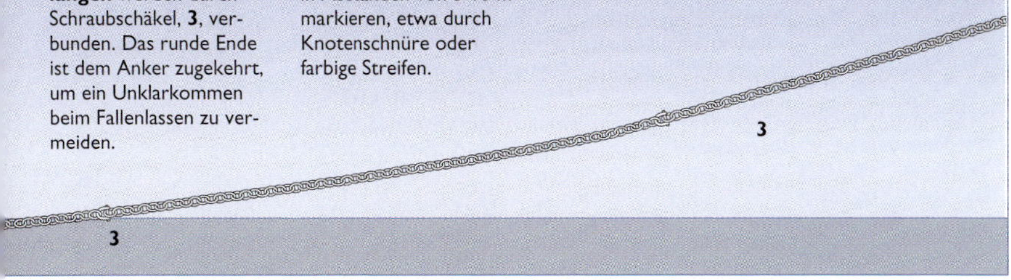

Vordecksbeschläge

Unter rauen Bedingungen wirken enorme Kräfte auf die Bug- und Decksbeschläge ein, vor allem, wenn die Yacht in einer Kreuzsee stampft. Es ist daher entscheidend, dass im Ernstfall jedes Teil des Ankergeschirrs diesen Belastungen gewachsen ist. Die Ausrüstung ist immer nur so belastbar wie ihr schwächstes Glied, deshalb jedes Einzelteil sorgfältig auswählen.

Nicht alle Serienboote sind mit geeigneten Bugbeschlägen ausgerüstet, durch die die Kette oder Trosse aus beliebigem Winkel laufen kann. Selbst recht massive Beschläge sind nicht immer zuverlässig mit Schraubbolzen und Unterzug am Rumpf befestigt. Dies mag in normalen Situationen nichts ausmachen, kann unter extremen Bedingungen aber entscheidend sein; deshalb alle Befestigungspunkte kontrollieren und ggf. verstärken.

Der Bugbeschlag sollte am besten zwei durch einen soliden, metallenen Anschlag getrennte Rollen haben. Die Seiten sollten hoch genug sein, um auch die dickste Kette sicher zu führen; ein kräftiger Stift verhindert ein Herausspringen der Kette.

Beim Kauf eines Boots kontrollieren, ob der Bugbeschlag so angeordnet ist, dass sich die Kette beim Einholen nicht am Vorstagpütting verfängt, vor allem wenn das Boot eine Ankerwinde hat.

Wenn der Anker ausgebracht ist, wird die Trosse oder Kette auf einer Klampe oder einem Poller belegt. Die Trosse kann mit einem Palstek gesichert werden. Das Ende der Trosse oder Kette muss mit einer dünneren Leine, die man im Notfall rasch kappen kann, an einem soliden Augbolzen befestigt werden. Theoretisch sollte die Kette nie so weit ausgesteckt werden, aber es kommt vor.

Man fährt heute oft einen Bruce- oder Pflugscharanker auf der Bugrolle, an der er mit einem Stahlstift gesichert ist. Die Kette wird dann durch einen Kettendurchlauf in den tiefer liegenden Kettenkasten geführt. Dieser kann einen wasserdichten Verschluss oder einen Scharnierdeckel mit Aussparung für die Kettenglieder haben.

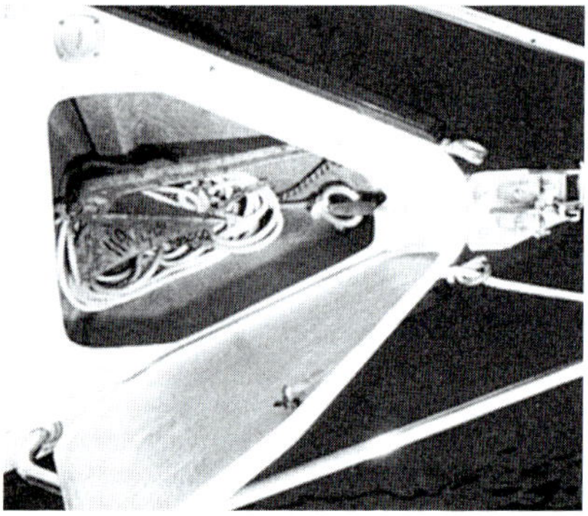

Der Anker ist mit Kette und Trosse einsatzbereit im Bug verstaut. Das Ende der Trosse ist an Klampe oder Augbolzen auf dem Boden der Wanne bzw. des Kettenkastens zu sichern.

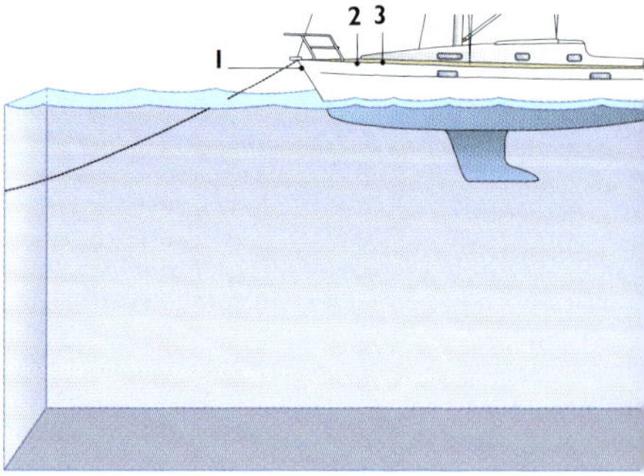

Idealerweise sollte der Bugbeschlag, *links*, zwei durch einen Metallanschlag getrennte Rollen haben. Hohe Seiten und ein kräftiger Sicherungsstift sollten auch die dicksten Ketten sicher führen. Eine manuell, *links*, oder elektrisch betriebene Ankerwinde erleichtert das Einholen des Ankers. Der Pflugscharanker, *unten*, wird der Einfachheit halber gleich auf der Stevenrolle gefahren und ist mit einem soliden Stahlstift gesichert.

Die Ankerkette wird über eine Stevenrolle an Bord geführt und durch einen kräftigen Sicherungsstift oder eine Pallklinke gehalten. Die von Hand oder mit der Winde eingeholte Ankerkette wird an einem Poller oder einer Klampe auf dem Vordeck gesichert, **2.** Auf vielen Booten wird die Kette durch einen Kettendurchlauf, **3,** in den Kettenkasten geführt. Das letzte Glied der Kette wird mit einer Leine, die sich im Notfall kappen lässt, an einem Augbolzen befestigt.

Checkliste

1 Beim Fallenlassen des Ankers nicht auf Kette oder Tauen stehen.
2 Beim Ankerfieren oder -einholen niemals einen Törn um die Hand legen.
3 Auf dem Vordeck sitzend mit den Füßen gegen den Bugkorb abstützen. Beim Holen die Beine strecken, statt den Rücken zu beugen.
4 Kette oder Trosse nie mit einem halben Schlag belegen; sie kann sich verklemmen.
5 Nur bruchlastgeprüfte Kette kaufen.
6 Der Kettenkasten muss gut belüftet sein, da mit dem Anker oft auch reichlich Schlamm an Bord gelangt.
7 Hauptanker auf der Nordhalbkugel am Backbordbug ausbringen, da der Wind bei Durchzug eines Tiefs im Uhrzeigersinn dreht. Wird dann bei stürmischem Wind ein zweiter Anker am Steuerbordbug ausgebracht, überkreuzen sich die beiden Trossen beim Schwojen nicht.
8 Ankertrosse lose im Ankerkasten oder auf eine Trommel aufgerollt verstauen.

Die Kette muss so belegt werden, dass sie nicht rutscht, aber unter Zug leicht freigegeben werden kann. Zwei Törns um den Poller legen, **1**, dann eine Bucht unter der straffen Kette durchführen und über den Poller legen, **2.** Klampen zum Belegen einer Kette, **3**, sollten groß und auf einen Holzklotz montiert sein, um genug Abstand vom Deck zu haben. Einen Törn um die Klampe legen, dann ein Kettenauge über das Vorderende der Klampe legen, **4.**

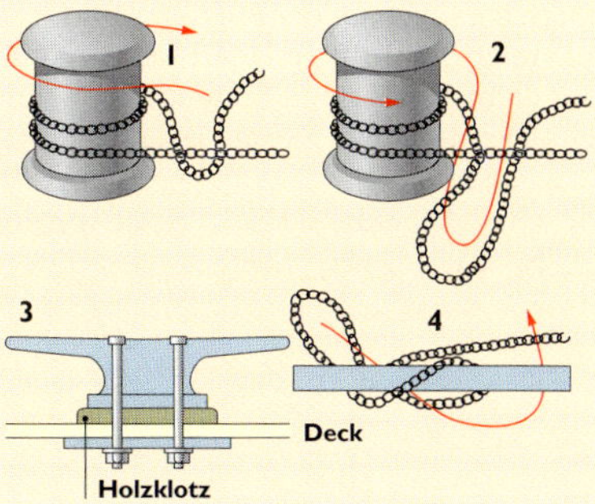

Richtig ankern

Sorgfältige Vorbereitung ist unerlässlich. Zuerst muss der Anker klar gemacht und in der richtigen Position zum Fallenlassen bereitgelegt werden. Da man das Ankermanöver meist unter Maschine fährt, sollte man das Großsegel lose verstauen, alle Leinen nach binnenbords bringen und das Vorsegel vom Vordeck räumen, um genug Bewegungsfreiheit zu haben.

Jetzt ggf. die Kette am Anker anschäkeln; Schäkelbolzen mit Draht oder dünner Leine sichern. Falls Sie eine Winde benutzen, sollten Sie sich über ihre Bedienung im Klaren sein. Zum Ausstecken von Hand etwa 10 m Kette in Langbuchten auf dem Deck auslegen. Wenn eine Trosse an Kette und Anker angesteckt ist, die Tautrommel auf ihre Halterung setzen bzw. überprüfen, ob die in einem Schapp aufgeschossene Trosse klar zum Fieren ist.

Den gewählten Ankerplatz gegen das stärkste Element ansteuern, sodass das Boot nach Fallen des Ankers von ihm wegtreibt. Den Anker niemals an der Stelle fallen lassen, an der das Boot letztlich liegen soll.

Beim Ankern auf felsigem oder steinigem Grund am besten eine Trippleine am Anker und an ihrem Ende einen auch bei Hochwasser noch sichtbaren Schwimmkörper (Ankerboje) anbringen – etwa einen Fender mit der Aufschrift ANKER. An überfüllten Ankerplätzen empfiehlt sich dies jedoch nicht, da ein unvorsichtiger Neuankömmling diesen für eine Muringboje halten oder mit seinem Propeller in die Leine geraten könnte.

Hier kann man die Trippleine notfalls an der Kette beibändseln und zurück an Bord führen.

In fremden Revieren auf ortsübliche Ankertechniken achten. Vielleicht sind Sie es gewöhnt, bei starkem Tidenstrom zwei Anker stromauf und stromab auszubringen, während man in fremden Gewässern die Anker u.U. quer zum Strom ausbringt. Wenn Ihr Boot dann nicht im Einklang mit den anderen schwojet, wird es beim Gezeitenwechsel ein Chaos unter den Nachbarbooten anrichten.

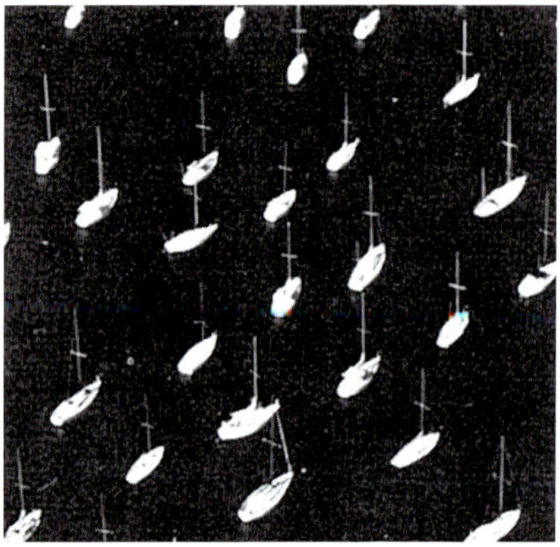

Wenn man nur eine kurze Esspause oder Rast einlegen will, erweist sich ein zweiter Anker als wertvoll. An diesem leichteren Exemplar mit Kettenvorlauf und Nylontrosse können auch jüngere Familienmitglieder ihre Fähigkeiten erproben. An überfüllten Ankerplätzen bei den Nachbarbooten nachfragen, ob sie mit Kette oder Trosse ankern, und es ihnen nachtun, damit Ihr Boot im Einklang mit den anderen schwojet.

Für einen Aufenthalt von wenigen Stunden ist das Dreifache der Wassertiefe als Ankerkettenlänge meist ausreichend, sofern man an Bord bleibt. Wenn Sie länger bleiben wollen, müssen Sie den Hauptanker und mehr Kette ausbringen.

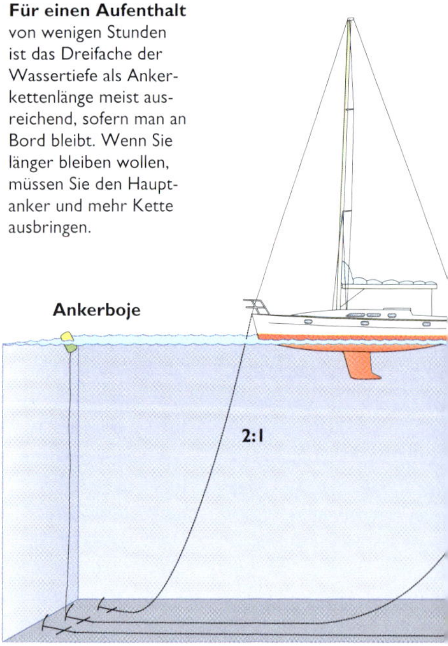

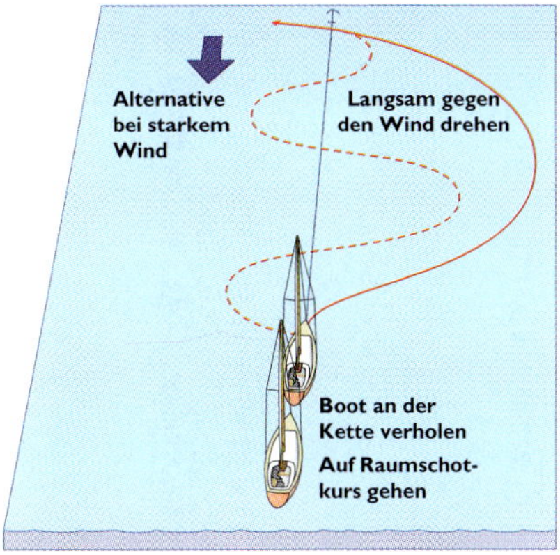

Wenn der Anker gelichtet werden soll und das Boot mit dem Bug zum Wind liegt, können Sie es unter Segel versuchen. Großsegel heißen; genug Kette einholen, um den Anker auszubrechen, Kette belegen. Einen weiten Bogen segeln, bis die Kette schlaff wird und eingeholt werden kann. Wenden und langsam auf den Anker zusegeln, bis er an Bord geholt werden kann. Während das Boot weitersegelt, das Ankergeschirr verstauen und das Vorsegel setzen. Das Manöver am besten an einem einsamen Ankerplatz üben, bevor man es vor Publikum ausprobiert.

Einen durch Land und vorgelagerte Riffe vor Wind und Wellen geschützten Ankerplatz suchen. Die Karte informiert über gute Ankerplätze, Wassertiefen und Tidenverhältnisse. Mit dem Echolot die Wassertiefe prüfen und ein möglichst flaches Stück Grund suchen. Die Grundbeschaffenheit ist oft der Karte zu entnehmen; sonst mit einem talggefülltem Lotkörper eine Bodenprobe nehmen, um festzustellen, ob es sich um Sand, Kies, Schlamm, Kraut oder Koralle handelt. Wenn nichts haften bleibt, Lotkörper auf Spuren untersuchen, die auf Fels hindeuten.

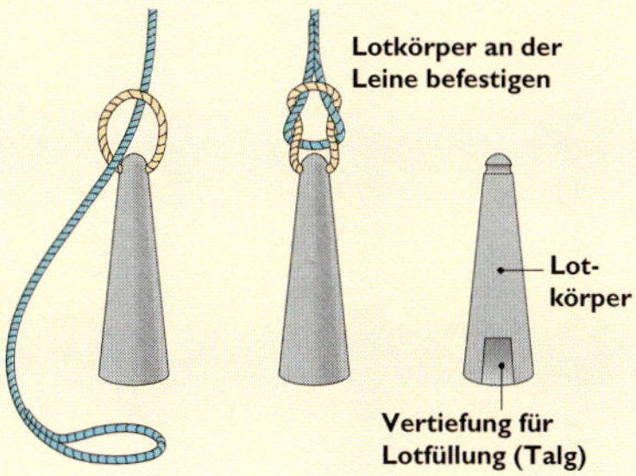

Der Zugwinkel am Anker ist von der Länge der ausgesteckten Ankerkette und der Wassertiefe abhängig. Für eine Übernachtung mindestens das Vierfache, besser das Fünffache der Wassertiefe bei Hochwasser als Kettenlänge ausstecken.

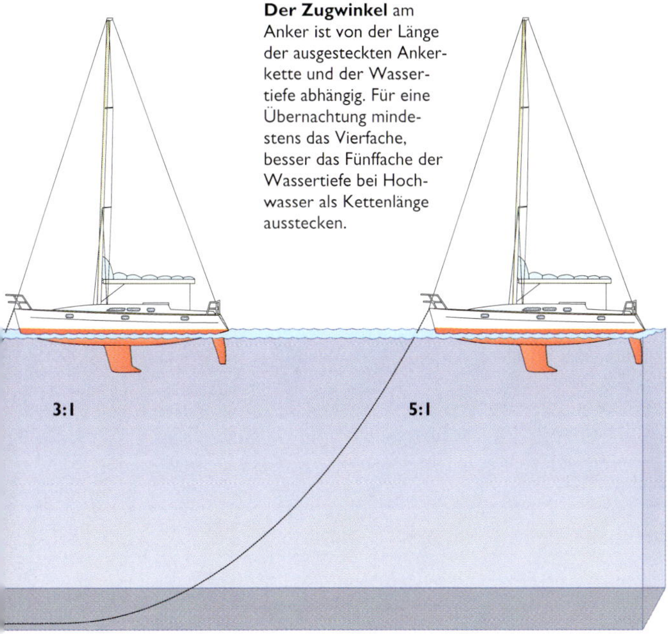

Bei starkem Tidenstrom oder wenn mit starkem Wind zu rechnen ist, das Fünffache der Wassertiefe an Kette ausstecken. Geschützten Ankerplatz suchen, alle Schäkel und Bolzen überprüfen und Anker im Rückwärtsgang fest in den Boden fahren. Dadurch wird auch die eventuell lose auf dem Grund liegende Kette gespannt. Das Gewicht der Kette gibt dem Anker zusätzliche Stabilität und reduziert bei Zug ein hartes Einrucken. Zur Stabilisierung des Boots bei stürmischem Wind empfiehlt sich oft das Ausbringen eines zweiten Ankers.

Vermuren mit zwei Ankern

Bei starkem, einander entgegengesetztem Wind und Strom kann es zu heftigem Schwojen um den Anker kommen. Sind mehr als 1 kn Tidenstrom oder 15 kn Windgeschwindigkeit zu erwarten, kann es notwenig werden, einen zweiten Anker auszubringen, damit das Boot sicher zwischen zwei Festpunkten liegt.

Der Einsatz von zwei Ankern muss jedoch genau geplant und vorbereitet werden. Für den Fall, dass Sie einen Sturm abwettern müssen, hilft ein großer Muringschäkel einen zweiten Anker so zu befestigen, dass sich die Ketten nicht verheddern. Die beiden Anker nehmen den Zug allerdings abwechselnd und nicht gemeinsam auf.

Um die Zugbelastung auf beide Anker zu verteilen, die Grundkette quer zu Wind oder Strom legen, nachdem man Tripleinen für beide Anker vorbereitet hat. Am besten zuerst den kleinen Anker mit seiner langen Trosse ausbringen, dann unter Maschine quer zu Wind oder Strom fahren. Wenn die Trosse ausläuft, den Hauptanker fallen lassen und, während das Boot zum leichteren Anker zurück schwojet, Kette ausstecken und die Lose seiner Trosse einholen, bis das Boot mittig zwischen beiden Ankern liegt. Trosse an die Kette anstecken, Kette fieren, bis der Knoten etwa 3 m unter der Wasseroberfläche ist.

Der zuletzt ausgebrachte Anker wird in der Regel zuerst gelichtet. Bei Verwendung eines Muringschäkels muss der kleinere Anker u.U. mit Hilfe der Ankerboje eingeholt werden Verstauen, Muringschäkel an Bord holen, Kette belegen, die mit Boje ausgestattete Muringkette an Bord holen. Muringschäkel von Grund- und Muringkette abnehmen, vor dem Verstauen beide Ketten zusammenschäkeln. Restliche Kette und Anker einholen.

Auch das Ankern ist eine Kunst, die unter der starken Vermehrung der Marinas gelitten hat. Um unter Segel zu ankern, Wassertiefe und Grundbeschaffenheit ermitteln, Vorsegel bergen und verstauen. Querab der Ankerstelle vorsichtig in den Wind drehen, bis das Boot zum Stillstand kommt, den Anker fallen lassen und das Groß bergen.

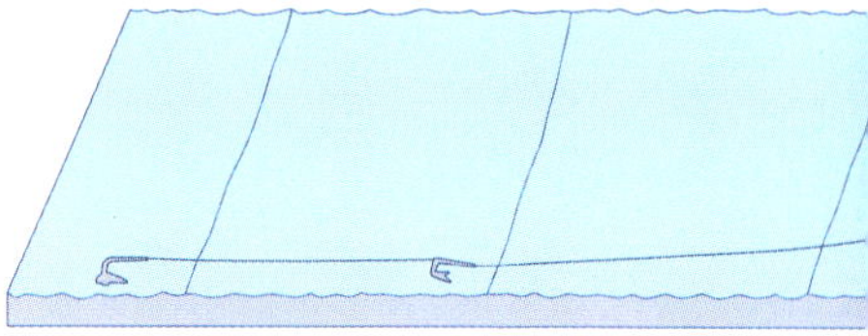

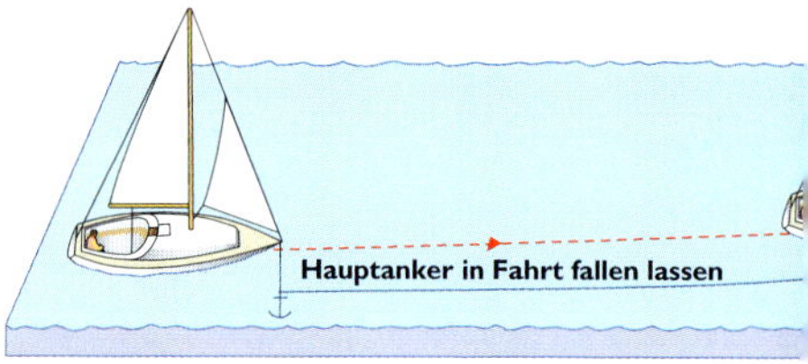

Um vor zwei Ankern zu liegen, den Hauptanker fallen lassen, Boot treiben lassen, bis er sich eingegraben hat. Den zweiten Anker an die Grundkette anschäkeln, mit einer Ankerboje ausstatten und ausbringen. Unter Maschine gegen den Wind fahren, bis er fasst.

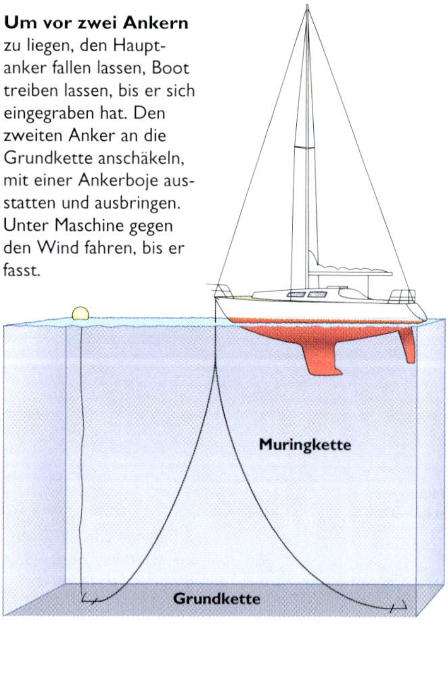

Wenn man von stürmischem Wind auf die Leeküste zugetrieben wird, ist ein Ankerversuch als letzter Ausweg sicherer und billiger als eine Strandung. Hierzu zwei Anker verkatten: Den kleinen Anker fallen lassen, seine Kette am Kreuz des Hauptankers befestigen und beides ausbringen. Den größten Teil der Kette ausstecken und belegen. Einen Muringschäkel am Kettenende befestigen; zwei Trossen am bordseitigen Auge des Schäkels befestigen. Die Trossen nach achtern zu den Hauptwinschen führen, die für hohe Zugbelastung ausgelegt sind, und dort sicher belegen.

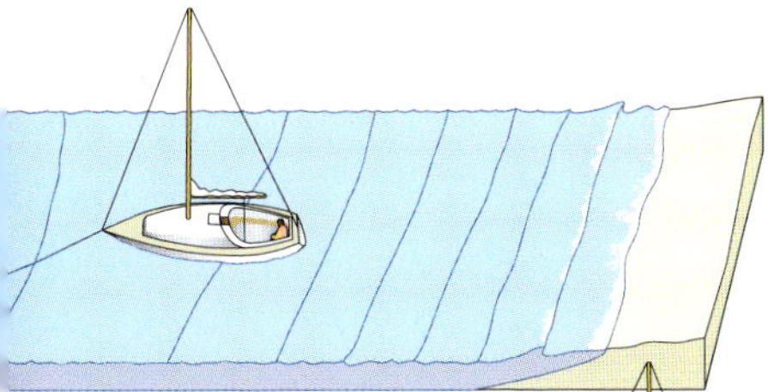

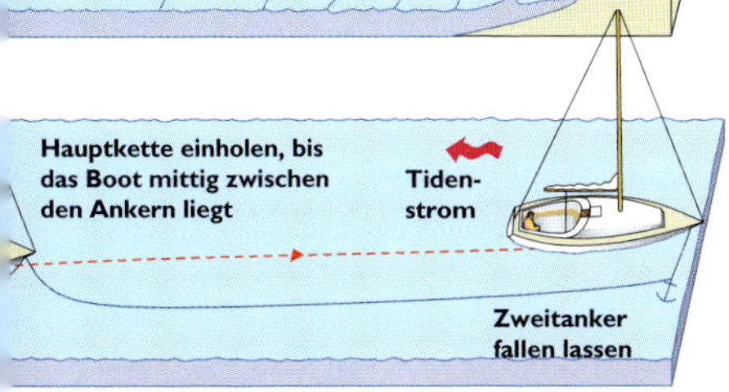

Wenn Ihre Hauptankerkette aus drei Kettenlängen von je 30 m besteht, einen Muringschäkel in der Mitte der 60 m einschäkeln, und sie als Grundkette benutzen. Das übrig gebliebene 30 m lange Stück auch mit einem Ende am Muringschäkel befestigen und am anderen Ende die Trosse des kleineren Ankers mit einem Stopperstek anschlagen, *unten*.

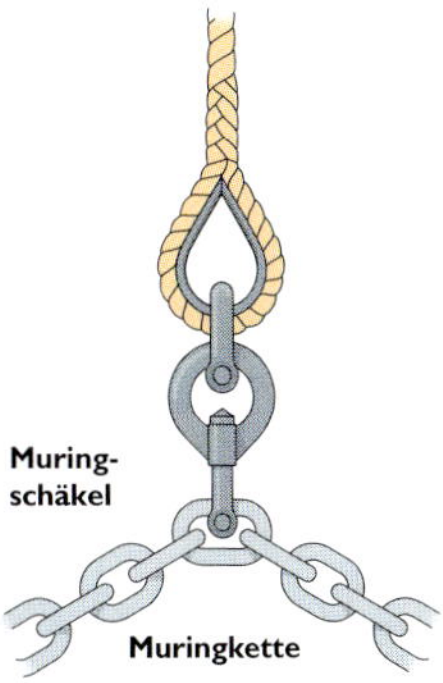

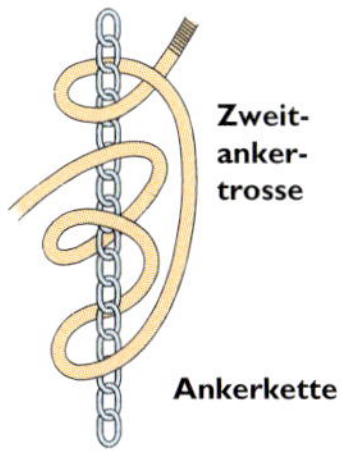

1 Drei Törns um die Kette
2 Tampen zurückführen
3 Auge durch die beiden unteren Augen führen
4 Sorgfältig festziehen

Checkliste

1 Ankerstelle gegen das stärkste Element – Wind oder Strom – ansteuern.
2 Immer mindestens zwei Ankerlängen (Länge der ausgesteckten Kette) von anderen Booten ankern.
3 Das zuerst ankernde Boot hat „Vorfahrt".
4 Um zu prüfen, ob der Anker hält, sanft an Kette oder Trosse ziehen. Wenn man eine knirschende, ruckende Bewegung spürt, schleift der Anker über Grund, wahrscheinlich auf der Seite liegend.
5 Selbst wenn der Anker zu halten scheint, kann er schlieren, wenn der Tidenstrom kentert – regelmäßige Deckpeilungen vornehmen.
6 Eine dicke Trosse lässt sich besser einholen als eine dünne.
7 Nylontrosse immer gegen Durchscheuern schützen.

Auf engem Raum besser unter Maschine Ankermanöver fahren. Maschine anlassen, Segel bergen, langsam gegen Wind oder Strom fahren, sodass das Boot bei ausgekuppelter Maschine gut steuerbar bleibt. Bei Erreichen der Ankerstelle, wenn das Boot fast steht, den Anker fallen lassen. Wind oder Strom treiben das Boot zurück, wodurch der Anker über den Grund schleift, bis er fasst. Durch einen Gasstoß zurück prüfen, ob der Anker hält. Zum Ankerlichten unter Maschine vorwärts fahren, um den Anker auszubrechen.

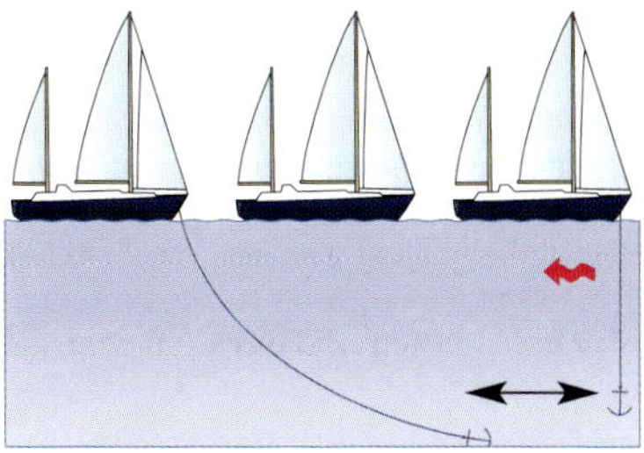

Notlagen beim Ankern

Richtiges Ankern lernt man oft durch schlechte Erfahrungen; deshalb nach Möglichkeit immer in reichlichem Abstand von anderen Booten ankern. Das gibt mehr Raum zum Manövrieren, mehr Zeit zum Reagieren, falls der Anker schliert, und man erleichtert sich das Ankerlichten.

Ein schlierender Anker kann zu großem Schaden führen, deshalb immer prüfen, ob er hält. Falls nicht, mehr Trosse oder Kette ausstecken. Fasst er dann noch nicht, muss man ihn einholen und an anderer Stelle ausbringen. Ein Abtreiben vom ursprünglichen Ankerplatz lässt sich auch durch Deckpeilungen (an in Deckung liegenden Landmarken) oder Kompasspeilungen ermitteln.

Bei Nebel, rauem Wetter oder potentiell gefährlichen Situationen muss man ggf. Ankerwachen einteilen, d.h. dass ein Crewmitglied laufend die Ankerpeilung kontrolliert, um sicherzustellen, dass das Boot nicht vertreibt.

Wenn sich der Anker nicht aus dem Grund ausbrechen lässt, etwas Trosse oder Kette ausstecken und unter Maschine im Kreis laufen, dabei die Trosse gespannt halten und ab und zu vom Anker zurücksetzen. Hat er sich unter einem Fels oder in einer Spalte verfangen, sollte er dabei klar kommen. Wenn das nichts nützt, die Kette aber etwas nachgibt, Kette auf der Winde einholen, dann plötzlich freigeben. Wenn sich der Anker in einer Trosse oder Kette verfangen hat, kann er dadurch klar kommen.

Stromkabel können gefährlich werden; nicht ankern, wo man sie auf der Karte sieht oder am Ufer gelbe Rhomben erkennt. Wenn sich Ihr Anker an einem Stromkabel verfängt, das letzte Stück Ankerkette an einer Boje befestigt zurücklassen und den nächsten Hafenmeister aufsuchen, um herauszufinden, ob das Kabel Strom führt. Ist dies nicht der Fall, das Kabel so weit wie möglich an die Oberfläche holen, mit einem Haltetau unterfangen und den Anker absenken, um ihn klar zu bekommen.

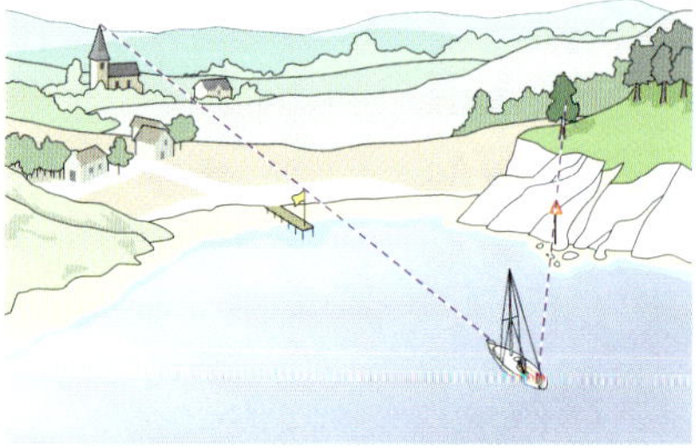

Durch Deckpeilungen lässt sich feststellen, ob der Anker schliert. Wenn der Anker gefasst hat, zwei in gleicher Linie liegende Landmarken anpeilen. Eine zweite Peilung im rechten Winkel zur ersten vornehmen. Auf der Karte um Ihre Position einen Kreis ziehen. Wenn Sie sich den Deckpeilungen zufolge außerhalb des Kreises befinden, vertreibt das Boot. Die Position kann auch durch das GPS-Gerät überprüft werden.

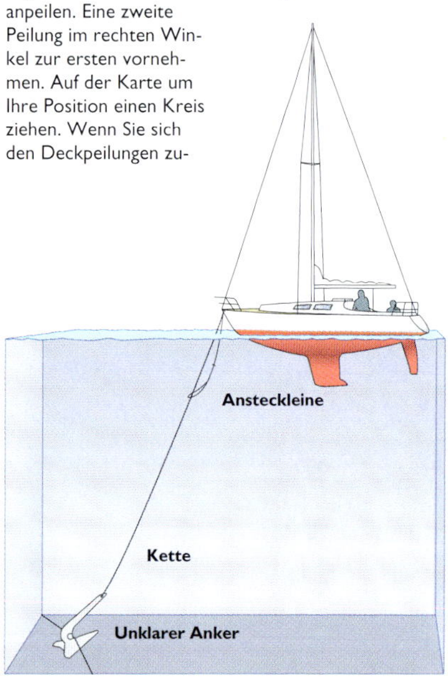

Wenn Sie einen unklaren Anker nicht frei bekommen, können Sie es mit einer Ansteckleine versuchen. Eine Kettenschlinge mit einem sehr großen Schäkel an einer Leine entlang der Ankerkette herablassen, bis sie den Anker erreicht und sich um ihn legt. Eine Boje an der Ankerkette befestigen und diese über Bord werfen. Unter Maschine rasch von ihr wegfahren und versuchen, den Anker mit der Leine in entgegengesetzte Richtung auszubrechen.

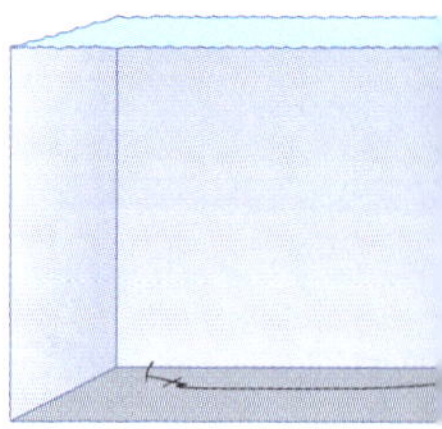

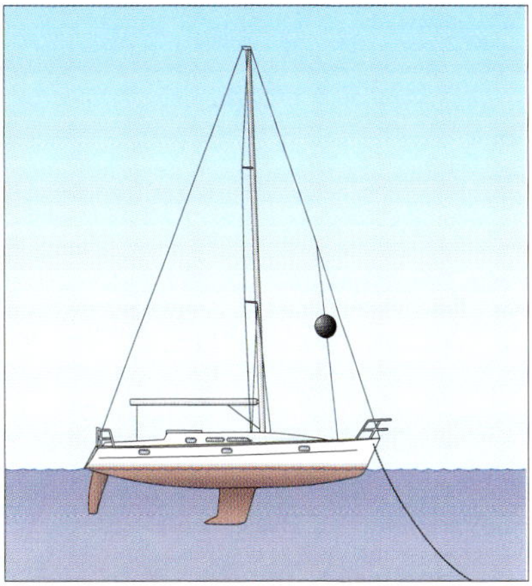

Nach den Kollisionsverhütungsregeln muss ein Ankerlieger bei Tageslicht einen schwarzen Ball vor dem Mast führen, nachts an gleicher Stelle ein weißes Rundumlicht.

Man kann einen zweiten Anker auch mit dem Beiboot ausbringen. Die Trosse im Beiboot in Buchten aufschießen. Wenn genug Trosse für die Wassertiefe im Boot ist, das andere Ende an der Yacht festmachen. Falls der Anker sehr schwer ist, kann man ihn an einem Taustropp, der mit einem Slipstek gesichert wird (siehe unten), unter das Beiboot hängen. Dann zur vorgesehenen Stelle rudern und den Slipstek lösen bzw. den Anker fallen lassen.

1 Einen Tampen zur Bucht legen
2 Zweiten Tampen durch und dann um die Bucht führen
3 Zweiten Tampen als Bucht unter sich selbst durchführen und festziehen

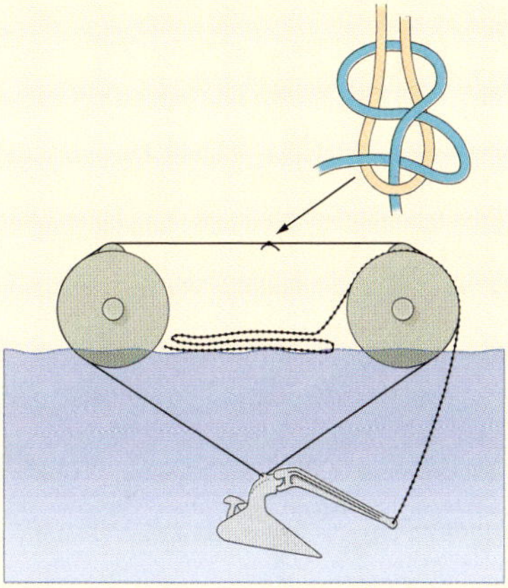

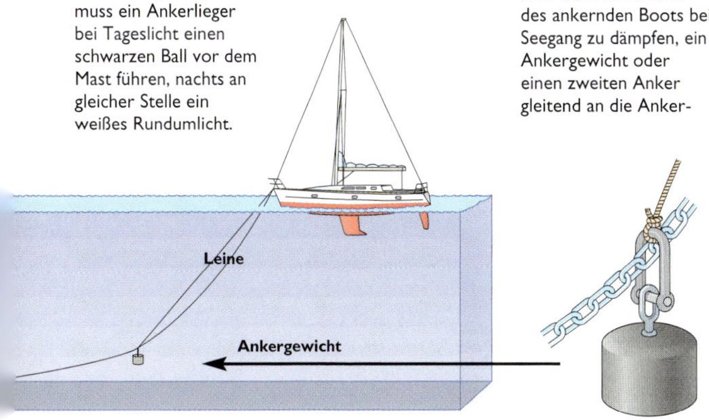

Um das Einrucken des ankernden Boots bei Seegang zu dämpfen, ein Ankergewicht oder einen zweiten Anker gleitend an die Ankerkette anschäkeln und an einer Leine bis auf halbe Höhe zwischen Grund und Wasseroberfläche herablassen. Dadurch sackt die Ankerkette durch, sodass der senkrechte Zug auf den Anker gemildert und das Risiko des Schlierens vermindert wird. Ein Satz Gewichte und eine spezielle Reitgewichtrolle können für Fahrtensegler eine lohnende Investition sein.

Verschiedenes Tauwerk

Die Wahl des Tauwerks richtet sich nach dem vorgesehenen Verwendungszweck. So dürfen etwa Schoten einen gewissen Reck haben, da ihre Gesamtlänge vergleichsweise gering ist; daher kann man hier herkömmliches Kernmantel-Polyestertau verwenden.

Hingegen benötigt man für Fasertau-Fallen oder Spinnaker-Achterholer, die nur minimalen Reck haben dürfen, modernere Kernmaterialien. Hier stehen Aramidfasern wie Kevlar® oder hochverdichtetes Polyethylen wie Dyneema® bzw. Spectra® zur Verfügung. Sie sind teurer, bieten aber auch wesentlich höhere Festigkeit im Verhältnis zum Gewicht - auf Rennyachten ein wichtiger Gesichtspunkt. Diese modernen Materialien eignen sich auch gut für dünnere Leinen wie Baumniederholer, Ausholer und Cunningham-Strecker, da auch hier durch ihre vergleichsweise höhere Festigkeit eine Gewichtsersparnis möglich wird.

Aramidfasertaue sollte man jedoch nicht knoten, da sie hierdurch zu sehr geschwächt werden.

Sand und Sonne sind die Erzfeinde aller Kunstfasertaue. Sand arbeitet sich zwischen den Kardeelen bis zum Kern des Taus durch und sägt an den Innenfasern; UV-Bestrahlung beschleunigt die Materialermüdung. Deshalb die Taue gelegentlich in Frischwasser ausspülen und bei Nichtgebrauch in einem dunklen Schapp verstauen. Durchscheuern ist ein häufiges Problem bei Fallen und anderen Leinen, die laufend an denselben Stellen belastet werden.

Dreischäftiges oder geschlagenes Tauwerk eignet sich gut für Festmacherleinen. Polypropylen ist besonders leicht, schwimmfähig und zugleich am billigsten.

Dyneema®-Tauwerk besteht aus hoch verdichteten Polyethylenfasern, die nicht so knickempfindlich sind wie Aramidfasern, aber bei Dauerbelastung zu Kriechdehnung neigen.

Kevlar®-Tauwerk wird aus Aramidfasern gefertigt und ist äußerst reckarm. Die Festigkeit der Faser wird jedoch durch scharfes Knicken, wie etwa beim Knoten, stark beeinträchtigt.

Geflochtenes Tauwerk, wie 16-kardeeliges Polyestertau, hat die kombinierte Festigkeit von 24 Komponenten und nur wenige Prozente Reck - ideal für Trimmleinen und Fallen.

Nylontau hat einen hohen Reck, ist aber doppelt so fest wie Manila und im nassen wie trockenen Zustand gut zu handhaben. 16-kardeeliges Nylontau ist hochbelastbar und wird u.a. als Ankertrosse verwendet.

Kernmantelgeflechte bestehen aus einem geflochtenen Kern aus besonders festen Innenfasern mit einer ebenfalls geflochtenen, scheuerfesten und elastischen Ummantelung, die besonders geschmeidig und griffig ist. Kräftiges, hochelastisches und stoßdämpfendes Nylon-Kernmantelgeflecht ist ein ausgezeichnetes Material für Ankertrossen, das weder kinkt noch verhärtet.

Handwerkszeug

Jede Fahrtenyacht muss Material und Werkzeug zur Bearbeitung und Reparatur des Tauwerks an Bord haben. Kunststoff-Klebeband ist nützlich als Scheuerschutz oder zur Sicherung der Tampen gegen Aufdrehen. Kunstfaser-Tauenden kann man auch mit Feuerzeug oder Lötlampe verschmelzen. Weitere Ausrüstung: einige Spulen gewachstes und ungewachstes Takelgarn, zwei Segelnadeln, ein guter Segelmacherhandschuh als „Fingerhut“. Der Hohlspieker, eine Variante des Marlspiekers, dient zum Spleißen von Kunstfasertauwerk. Ferner benötigt man Segelreparaturband und Segeltuchflicken für jedes Segelgewicht, die auch als Scheuerschutz für Leinen und laufendes Gut dienen können. Ein Messer mit Holzgriff ist nützlich: Klinge über dem Kocher erhitzen, um Tauwerk zu schneiden und zugleich zu verschweißen.

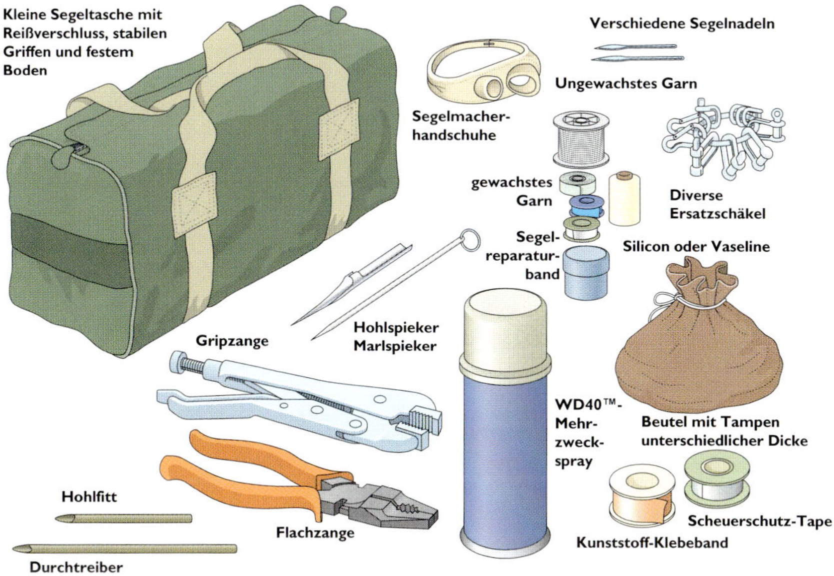

Zur leichteren Bedienung werden heute viele Boote mit farbcodiertem Tauwerk ausgerüstet.

Fallen
1 Genua/Fock – blau
2 Spinnaker – orange
3 Großsegel – schwarz

Schoten
4 Genua/Fock (Back-/Steuerbord) – golden
5 Blisterschot – gelb
6 Spinnakerschoten (Back-/Steuerbord) – rot
7 Spinnaker-Achterholer (Back-/Steuerbord) – blau

Trimmleinen
8 Spinnakerbaum-Niederholer – rot
9 Babystagspanner – schwarz
10 Unterliekstrecker – golden
11 Cunningham-Strecker – blau

Großsegel
12 Erstes Reff – rot
13 Zweites Reff – blau
14 Drittes Reff – gelb

Backstagen
15 Backbord – rot 16 Steuerbord – blau

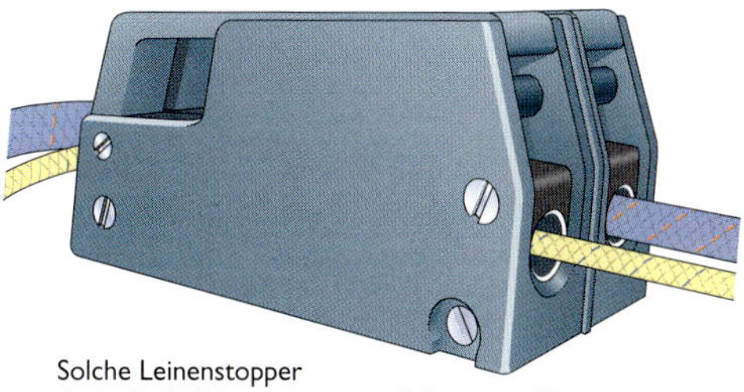

Solche Leinenstopper sind sehr beliebt zum Belegen von Fallen, Schoten und Trimmleinen

Die wichtigsten Knoten

Streng genommen findet man einen Knoten am Ende eines Taus, aber das Wort erstreckt sich heute auch auf den „Stek“ zur Verbindung zweier Enden oder zum Anstecken einer Leine an einen anderen Gegenstand. Am einfachsten lernt man den Umgang mit Knoten, wenn man sich regelmäßig als Decksmann beim Anlegen oder Segelsetzen anbietet.

Der beste Universalknoten ist der Palstek. Er kann dazu dienen, eine Leine an einem Poller, Ring oder Querholz zu befestigen, eine Sicherheitsleine um die Brust zu legen, um jemanden aus dem Wasser zu ziehen, einen Bootsmannsstuhl oder eine Behelfsleiter herzustellen. Er lässt sich leicht lösen und belastet das Tauwerk weniger als andere Knoten. (Jede Leine wird durch das beim Knoten auftretende Knicken unter Spannung geschwächt).

Ein improvisierter Bootsmannsstuhl lässt sich mit einem doppelten Palstek herstellen, indem man die beiden Schlingen auseinander spreizt, sodass der Bootsmann darin sitzen kann, und ihn mit dem Fall heißt. Das kann aber sehr ungemütlich sein, da der Unterkörper dabei gequetscht wird. Besser ist es, den Stuhl mit einem Holzsitz auszustatten. Dazu die Enden zweier Taustropps durch die Löcher in den Ecken des Sitzbretts ziehen und unter ihm verspleißen; die Stropps zum Auge vernähen.

Den Stuhl keinesfalls mit einem Schnappschäkel am Fall befestigen. Stattdessen einen großen D-Schäkel verwenden; den Bolzen mit der Zange festdrehen. Ein Fall zum Heißen, ein zweites als Sicherheitsleine verwenden, an dem der Sicherheitsgurt der hochgehievten Person befestigt wird.

Fall am Stuhl befestigen und zur größten Schotwinsch oder Mast-Fallwinsch führen. Wenn der Bootsmann im Stuhl sitzt, das Fall glatt aufwinschen, Kneiftörns unbedingt vermeiden. Ein weiteres Crewmitglied holt die Leine gleichmäßig Hand über Hand mit und beobachtet den Mann in der Takelage.

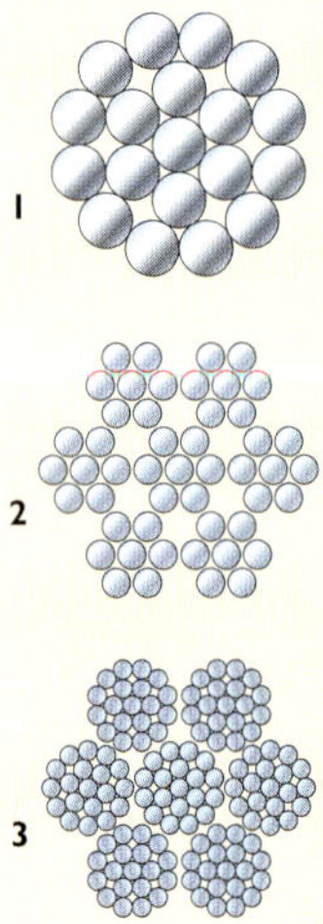

Wanten und Stagen bestehen aus Drahttauwerk, **1.** Dabei sind sechs Drähte gegen den Uhrzeigersinn um den Mitteldraht, die Seele, gedreht. Die übrigen 12 bilden die im Uhrzeigersinn gedrehte Außenschicht. 7x7-Drahttau, **2,** kann zum Anspleißen von Endbeschlägen verwendet werden. Fallen sollten statt aus Nirosta aus flexiblem, verzinktem Drahttauwerk, **3**, bestehen, das sich an einen Fasertautampen anspleißen lässt.

Der einfachste Knoten ist der Überhandknoten, der als Stopperknoten das Ausrauschen eines Tampens durch einen Block oder am Mast hinauf verhindert.

Der doppelte Überhandknoten kann für die Tampen von Genuaschoten, Fallen und Reffleinen verwendet werden, nicht aber für Spinnakerschoten oder -Achterholer, die man u.U. ausrauschen lassen muss, wenn das Segel außer Kontrolle gerät.

Auch der Achtknoten dient als Stopperknoten, um das Ausrauschen von Leinen zu verhindern. Soll er dicker werden, kann man das Ende ein zweites Mal durchstecken.

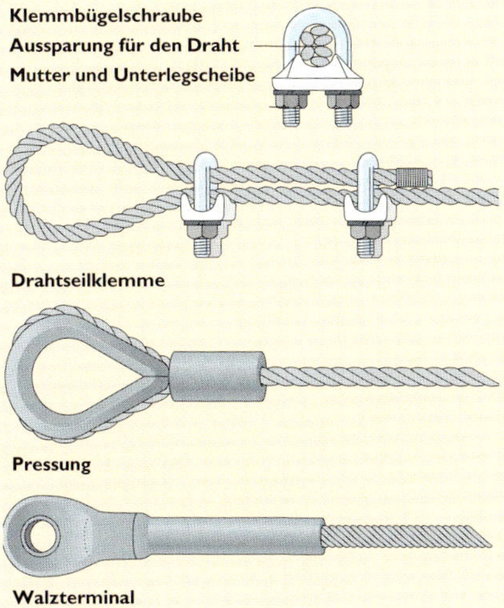

Endbeschläge für Drahttauwerk

Wo stehendes Gut aus Drahttauwerk mit dem Mast oder Spannschrauben verbunden wird, muss es zum Auge gebogen bzw. mit einem Endbeschlag versehen werden. In einem Notfall, etwa bei Mastbruch, kann man ein gutes Behelfsauge herstellen, indem man den Tampen mit der Gripzange zum Auge biegt und mit Drahtseilklemmen entsprechender Größe sichert. Beim vor allem für kleinere Boote geeigneten Talurit®-Terminal wird der Draht um eine Metallkausch zum Auge gebogen und durch eine weiche Nickelhülse geführt, die unter hohem Druck festgeklemmt wird. Beim Walzterminal wird das Drahtende in das Terminal eingeführt, das dann mittels einer Hebel- oder Hydraulikpresse unlösbar mit dem Seil verbunden wird.

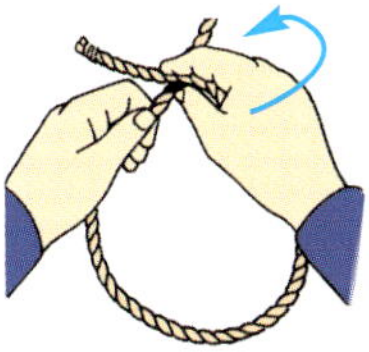

Palstek: Tampen mit der rechten Hand etwa 15 cm von seinem Ende entfernt halten. Das freie Ende über die in der anderen Hand gehaltene feste Part legen.

Die rechte Hand so von sich wegdrehen, dass der Tampen durch das entstehende Auge nach oben und vorn weist.

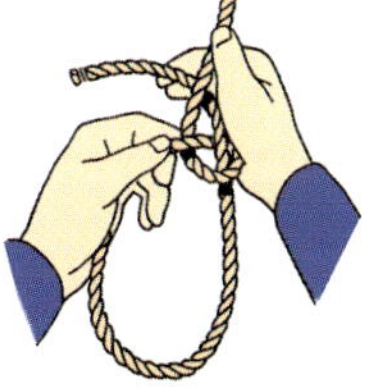

Überkreuzungspunkt des Auges links zwischen Finger und Daumen halten. Tampen nach oben hinter der stehenden Part durch, dann nach unten durch das Auge führen.

Knoten langsam und gleichmäßig festziehen. Der Tampen sollte 5-8 cm weit herausstehen.

Doppelter Palstek: Tampen zur Bucht legen. Mit beiden Parten der Bucht ein Auge legen.

Den geschlossenen Bogen der Bucht durch das Auge nach oben führen, hinter der stehenden Part durch, dann von unten über die beiden Parten der Bucht ziehen.

Einfachen Bogen nach oben bis über den Knoten ziehen. Die doppelten Parten nach unten festziehen.

Auseinander gespreizt können die beiden Schlingen als behelfsmäßiger Bootsmannsstuhl dienen.

Der Umgang mit Leinen

Leinen richtig aufschießen
Nicht gebrauchte Leinen oder Tampen stets sorgfältig aufschießen, da Kinken die Leinen schwächen und sich in Blöcken verklemmen können. Leine mit der linken Hand halten, mit der rechten aufschießen. Dazu die Arme ausbreiten, um eine Länge quer zum Körper abzumessen, dann zusammennehmen, um die Bucht über die linke Hand zu legen. Ein guter Aufschießrhythmus ergibt gleich lange Leinenbuchten. Rechtsgeschlagenes Tauwerk im Uhrzeigersinn, linksgeschlagenes gegen den Uhrzeigersinn aufschießen. Nicht benutzte Leinen besser aufhängen, statt sie auf den Boden eines Schapps zu legen.

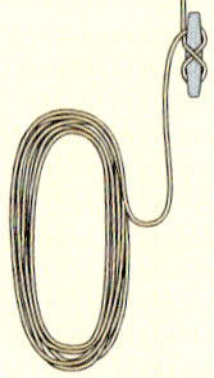

Leine im Uhrzeigersinn aufschießen.

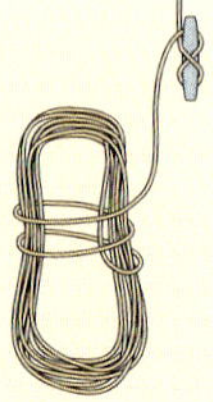

Wenn nur noch 1,20 m Leine übrig sind, drei Törns um die Buchten legen.

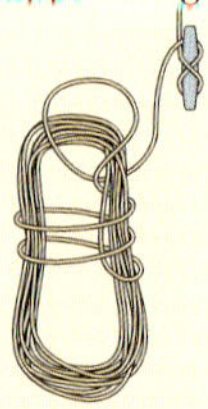

Tampen als Bucht durch das obere Ende der Buchten führen.

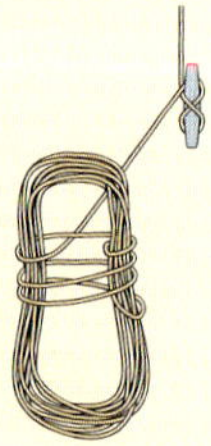

Durchgeholte Bucht über die Buchten legen und festziehen.

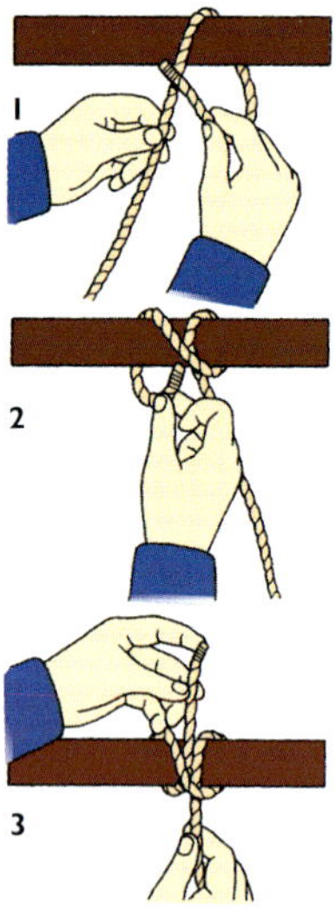

Mit dem Webeleinstek kann man Fender an der Reling befestigen. Tampen über die Reling legen; das Ende rechts unter der Reling durchführen, **1**, nach links führen, nochmal um die Reling legen, **2**. Nach oben unter sich selbst durchführen und festziehen, **3**.

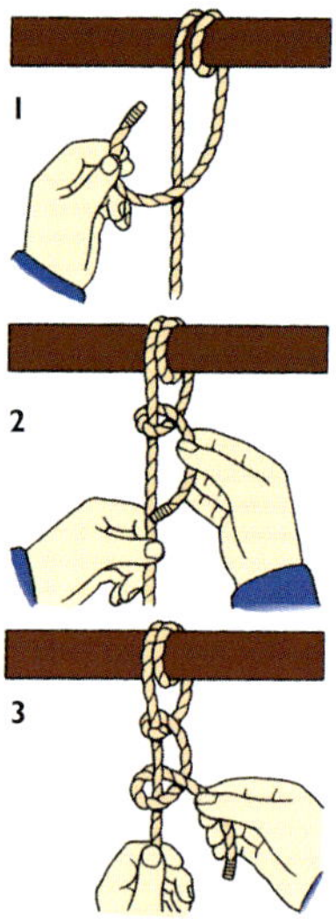

Der Rundtörn mit zwei halben Schlägen ist eine sicherere Variante des Webeleinsteks. Anderthalb Rundtörns um die Reling legen, **1**, dann zwei halbe Schläge um die feste Part legen, **2**. So lässt sich eine Leine an einer Spiere, Reling oder einem Want befestigen.

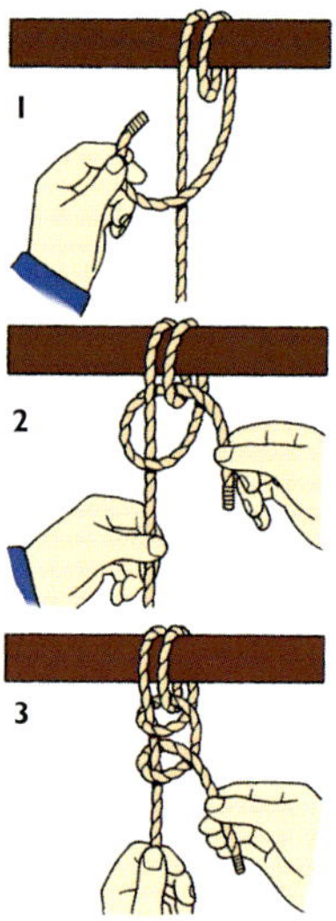

Der Roringstek dient zum Festmachen einer Leine an einem Ring, Anker oder einem Want. Tampen zweimal um den unteren Teils des Rings legen, **1**, Ende über die feste Part hinweg, **2**, und dann durch die Törns zurückführen und mit einem halben Schlag festsetzen **3**.

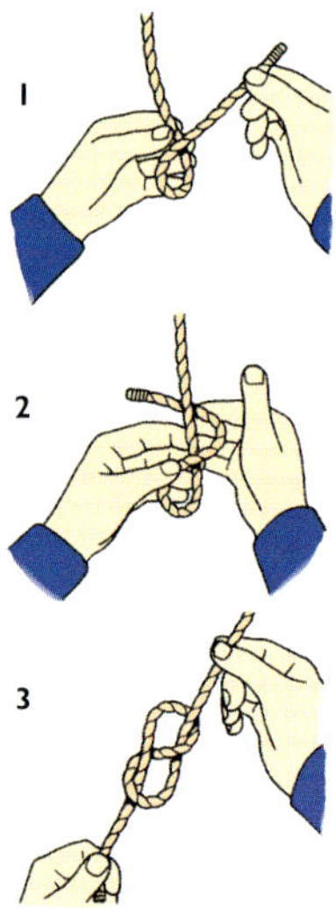

Der Achtknoten ist ein schneller und sicherer Stopperknoten, um das Ausrauschen von Leinen zu verhindern. Ein Auge legen, **1**, Tampen unter der festen Part durchführen, **2**, dann von oben durch das Auge führen, **3**.

Um eine Leine zu werfen, eine ausreichende Länge neu aufschießen, um damit das Ziel zu erreichen. Für Rechtshänder: Ein paar Buchten lose in der linken Hand halten, den enger aufgeschossenen Rest der Leine mit der rechten Hand werfen, indem man den rechten Arm nach hinten schwingt .

Eine falsch belegte Leine kann sich verklemmen. Immer erst einen Rundtörn so um den Klampenfuß legen, dass er sich nicht selbst bekneift, **1**. Dann mehrere Achten (Kreuzschläge) um die beiden Arme legen, **2**. Zur Sicherung einen abschließenden Rundtörn um den Klampfenfuß legen, **3.**

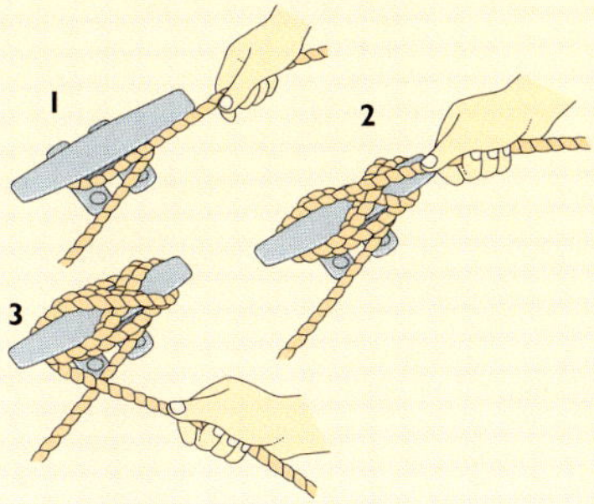

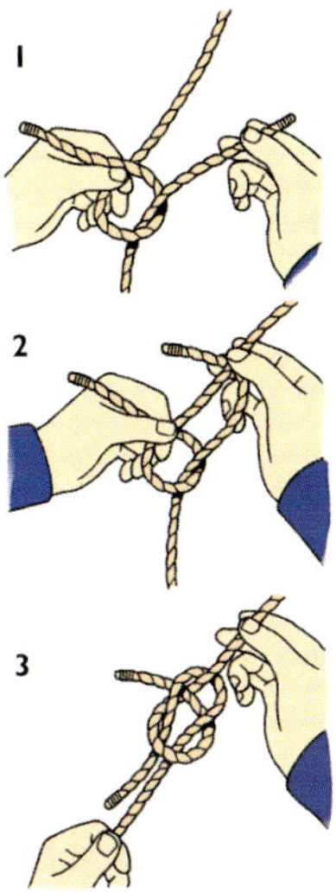

Der Schotstek verbindet ungleich starke Enden. Das stärkere Ende zum Auge legen, das zweite von unten durch, **1**, unter der stehenden Part des ersten, **2**, dann zurück durch das Auge führen, **3.** Beide Tampen müssen auf der gleichen Seite liegen, sonst löst sich der Knoten.

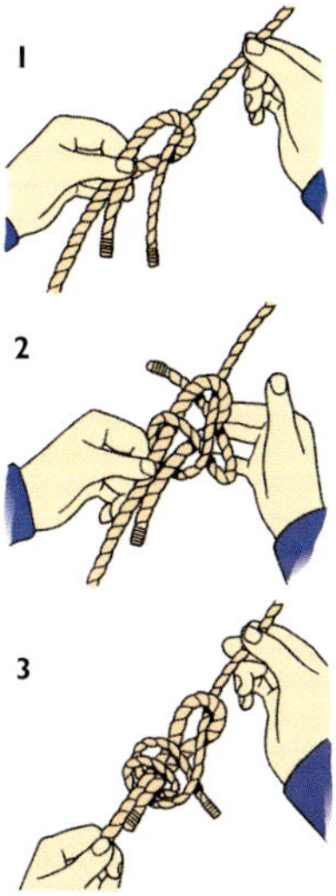

Bei sehr ungleichen Enden oder Kunststofftau nehme man den doppelten Schotstek. Stärkeres Ende zur Bucht legen, **1**, und wie beim einfachen Schotstek fortfahren, **2**, aber vor dem Festziehen zwei oder mehr Rundtörns um die Bucht legen, **3**.

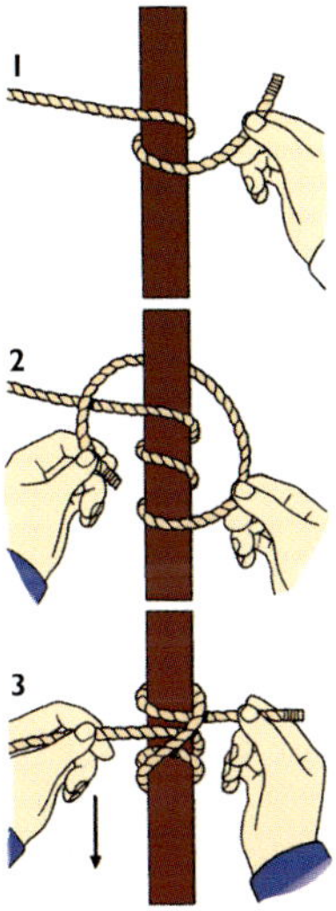

Mit dem Stopperstek bekommt man eine bekniffene Schot auf der Winsch wieder frei. Zwei Rundtörns um die Schot legen, **1**, den Tampen noch einmal unter der Schot durchführen, **2**, als halben Schlag unter sich selbst durchstecken, **3**. Die feste Part auf eine freie Winsch legen.

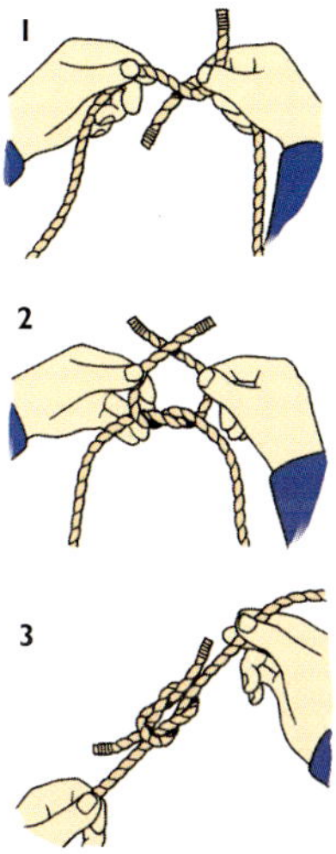

Reffbändsel verknotet man mit einem Kreuzknoten, der unter Zug gut hält, sich aber leicht wieder lösen lässt. Richtig geknüpft, **1** und **2**, besteht der Kreuzknoten aus zwei symmetrisch ineinander verschlungenen Buchten, **3**.

Spleiße und Augen

Die Spleißung dient der bruchfesten, dauerhaften Verbindung zweier Enden. Hierzu werden die Tampen etwas aufgedreht und die einzelnen Kardeele miteinander verflochten. Die einfachste und schnellste Methode, zwei Enden zu verbinden, ist der Behelfsspleiß. Hierzu werden die Tampen miteinander verdreht, **1**. Das Behelfsauge, **2**, entsteht, indem man den Tampen an mehreren Stellen unter ein Kardeel legt.

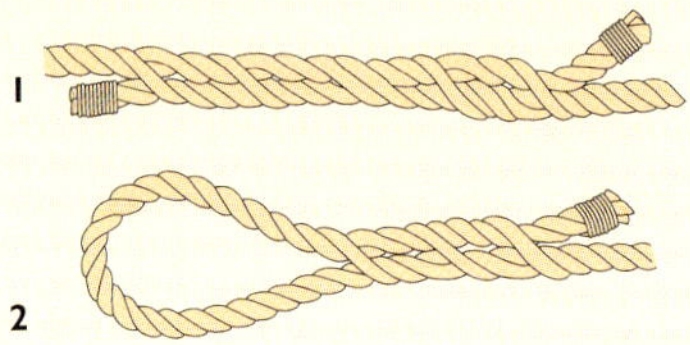

Kunstfasertaue müssen richtig vorbereitet werden, weil sie sich leicht aufdrehen. Zuerst die Tampen bis zur gewünschten Länge aufdrehen. An dieser Stelle mit Klebeband oder Takelgarn gegen weiteres Aufdrehen sichern. Zwei Tampen mit einem Kurzspleiß verbinden, um ein Gefühl für die Abfolge des Einsteckens der einzelnen Kardeele zu bekommen. Kardeele immer gegen die Schlagrichtung des anderen Tampens durchstecken.

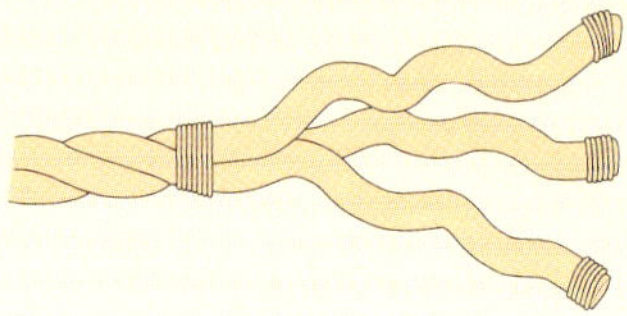

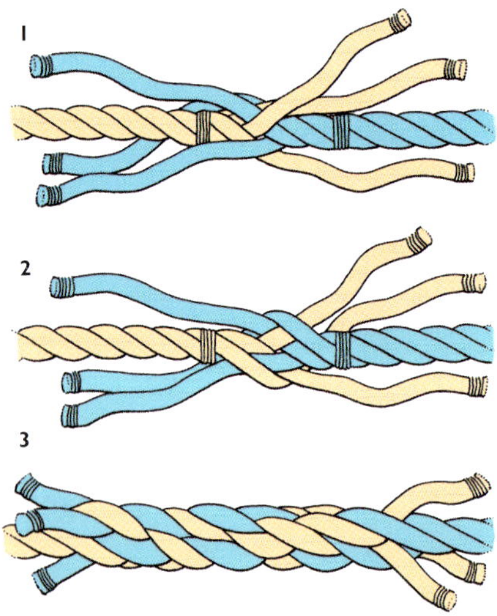

Kurzspleiß: Beide Tampen drei Törns weit aufdrehen, **1**. Tampen so gegeneinander stecken, dass jedes Kardeel zwischen zwei Kardeelen des anderen Tampens liegt, **2**. Ein Kardeel nach dem anderen einspleißen, indem man es über seinen Nachbarn hinweg unter dem nächsten Kardeel durchsteckt – gegen die Schlagrichtung des anderen Tampens. Zweimal wiederholen. Enden festziehen, das Ganze umdrehen, die restlichen drei Kardeele einspleißen, **3**. Festziehen, zwischen den Händen rollen. Enden abschneiden und verschweißen.

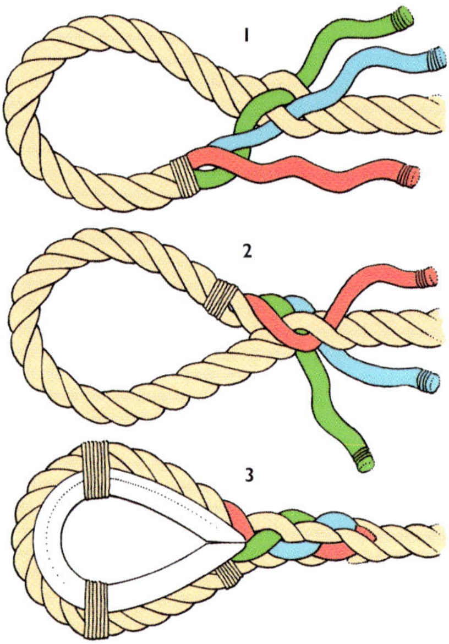

Augspleiß: Vier Törns aufdrehen, Ende zum Auge legen und erst das mittlere, dann das linke Kardeel gegen die Schlagrichtung durchstecken, **1**. Auge umdrehen, um das dritte Kardeel durchzustecken, **2**. Kardeele noch zweimal durchstecken. Enden abschneiden und verschweißen. Auge ggf. durch eine Metallkausch verstärken und diese mit Takelgarn sichern, **3**.

Um Faser- mit Drahttauwerk zu verspleißen, z.B. zur Herstellung oder Reparatur eines Falls, das Drahttau 22 cm weit aufdrehen, mit Takelgarn gegen weiteres Aufdrehen sichern. 7x7-Drahttau (siehe S. 92) in 2 x 2 und 1 x 3 aufteilen, sodass man drei Kardeele erhält. Fasertau etwa 2,5 cm weit aufdrehen, **1**, Draht- und Fasertampen sorgfältig gegeneinander stecken, durch einen Takling sichern. Drahtkardeele gegen Schlagrichtung des Fasertaus durchstecken, **2**, ohne den Draht zu knicken. Tau mit Band umwickeln; Spleiß mit einem Takling sichern, **3**.

1

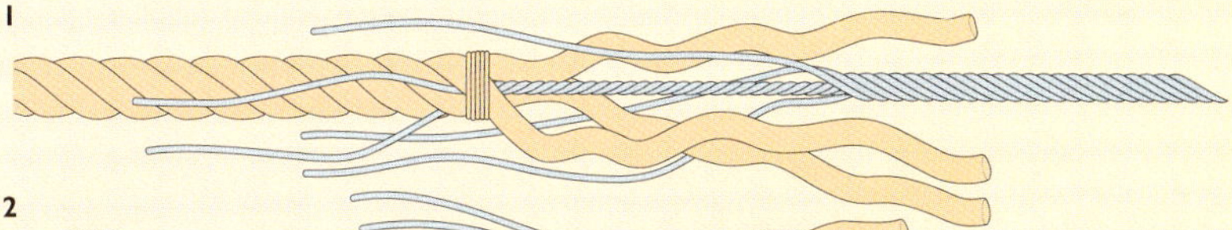

2

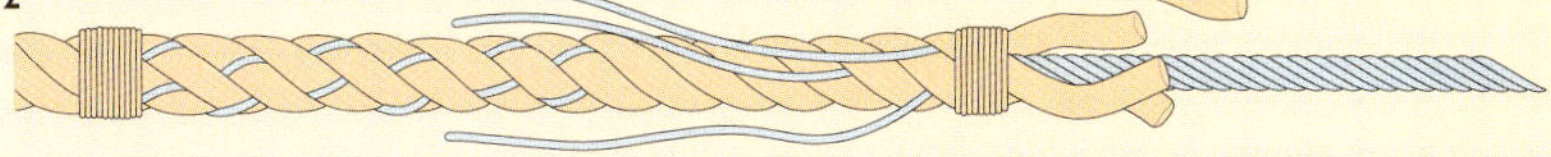

3

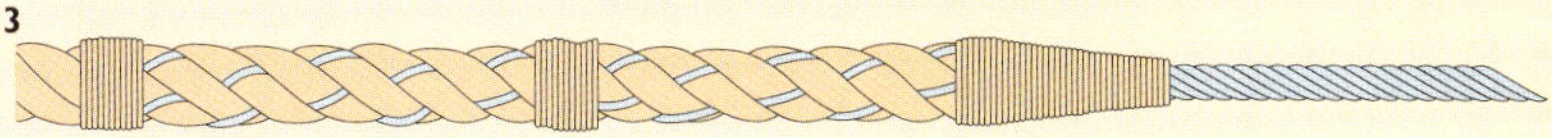

1

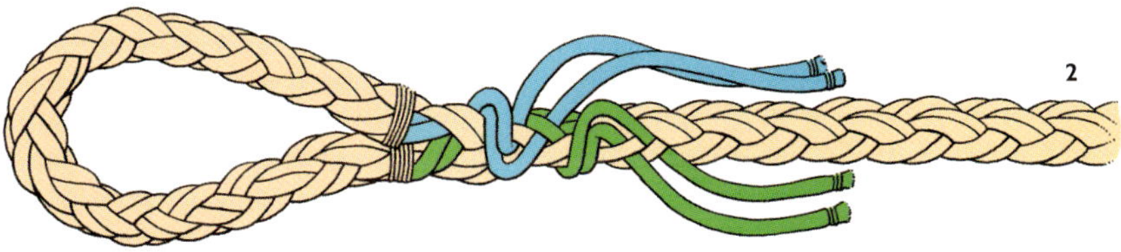

2

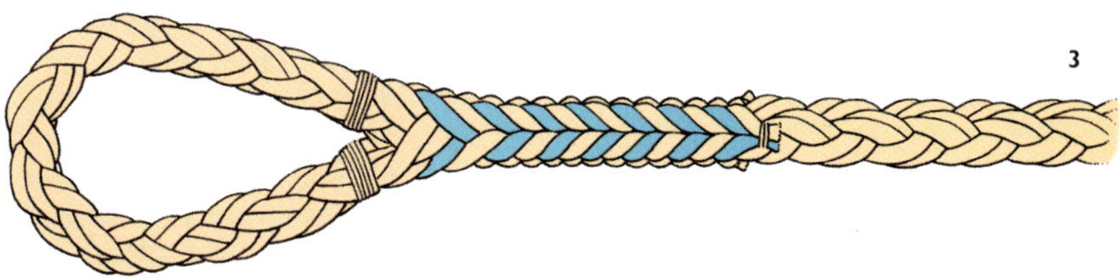

3

Festmacheleinen bestehen meist aus acht Litzen, wobei zwei Paare im Uhrzeigersinn und zwei Paare gegen den Uhrzeigersinn liegen. Beim Spleißen müssen die im Uhrzeigersinn liegenden Kardeele gegen den Uhrzeigersinn gelegt werden. Die Enden der Litzenpaare mit verschiedenfarbigem Klebeband für „Uhrzeigersinn" und „gegen den Uhrzeigersinn" kennzeichnen. Drei Törns aufdrehen, einen Takling auf die im Uhrzeigersinn laufenden Kardeele setzen, **1**. Das oberste im Uhrzeigersinn liegende Paar nach links zeigend unter einem im Uhrzeigersinn laufenden Paar durchstecken, **2**. Linkes Paar und die beiden übrigen Kardeele wie gezeigt einspleißen, **3**.

Takeln und Bändseln

Die Arbeit mit Takelgarn ist eine ideale Möglichkeit in die Seemannschaft einzuführen, und da viele Hitzeverschweißungen bei längerem Gebrauch aufgehen, greift inzwischen so mancher Yachtsegler wieder zu Takelgarn, Nadel und Segelmacherhandschuh. Zuerst wird der aufgehende Tampen rasch mit gewachstem Takelgarn umwickelt, um ihn zu sichern. Taklings sollten immer gegen die Schlagrichtung des Taus gewickelt werden, um das Aufdrehen zu stoppen. 45 cm Garn nehmen und etwa 2 cm vom Tampen beginnend eine Garnbucht in Arbeitsrichtung am Tau entlanglegen und dicht mit Garn umwickeln. Das Garnende durch die Bucht führen, beide Garnenden festziehen und sauber abschneiden, um einen einfachen und sicheren Takling zu erhalten.

1 2 3

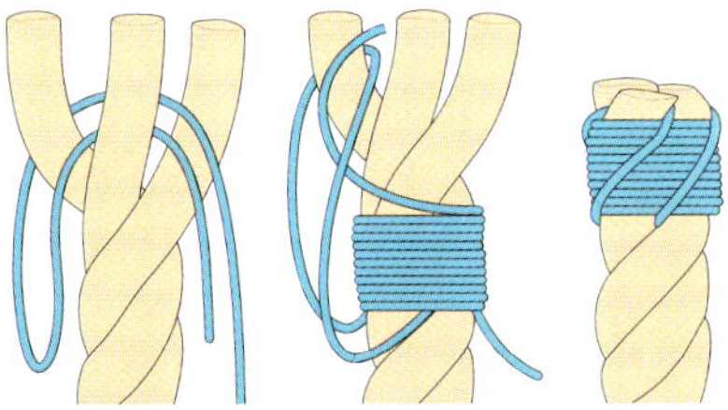

Segelmacher-Takling: Einen dreikardeeligen Tampen etwas aufdrehen, eine Takelgarnbucht lose um ein Kardeel legen, **1**. Kardeele wieder zusammendrehen, Tampen fest mit Garn umwickeln, Garnende zwischen den Kardeelen durchführen, Bucht nach oben über ihr ursprüngliches Kardeel legen, **2**. Bucht festziehen. Garnenden oben mit einem Kreuzknoten verknüpfen, der jedoch mit zwei oder drei Törns abgeschlossen wird, **3**.

1 2 3

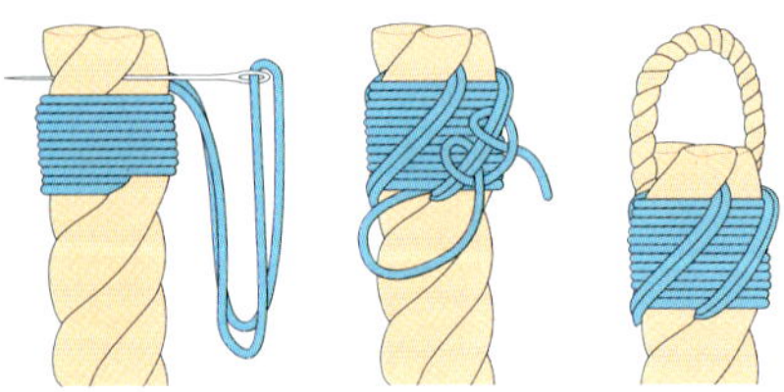

Genähter Takling: Doppelt genommenes Garn unter einem Kardeel durchführen, Tampen mit Garn umwickeln, ein anderes Kardeel aufnehmen, festziehen, **1**. Garn zum unteren Ende des Taklings, unter einem Kardeel durch und zurück führen. Mit halben Schlägen sichern, **2**. Einen genähten Takling aufsetzen und ein Auge über das Ende nähen, **3**.

Bei Tauwerk, das sich nicht spleißen lässt, kann man zur Verbindung von Enden oder Herstellung von Augen die Tampen auch sehr dicht und fest mit Takelgarn umwickeln. Dies ist vor allem bei geflochtenem Tauwerk nützlich. Ggf. kann man die beiden Parten auch vernähen.

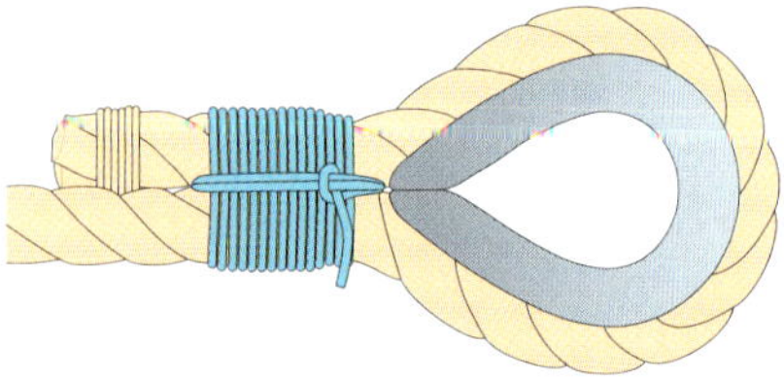

Auge: Ein Auge ins Garnende machen, dieses um den doppelt genommenen Tampen gut festziehen. Garn um die Parten wickeln; die Törns mit Hilfe eines Marlspiekerstеks (siehe unten) steifholen. Etwa acht Törns aufsetzen, dann das Garnende unter der Umwicklung nach unten durch das ursprüngliche Garnauge führen, mit einem Überhandknoten sichern.

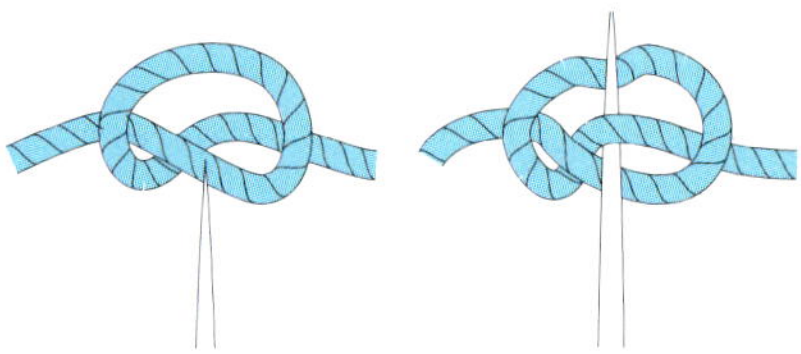

Marlspiekerstek: Einen Marlspieker durch das Auge eines einfachen Knotens führen, um beim Abbinden bzw. Betakeln eines Tampen mehr Kraft aufwenden zu können, da das Takelgarn selbst nicht sehr griffig ist.

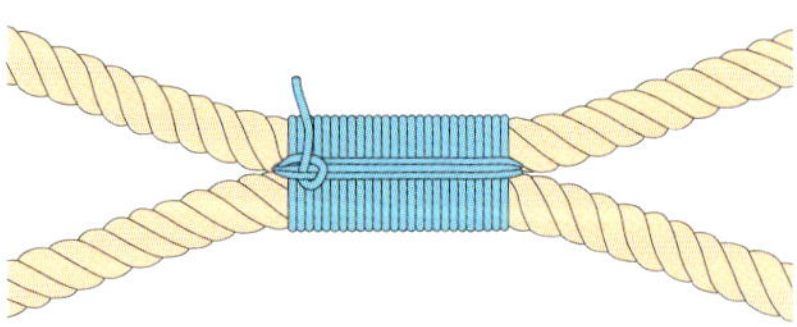

Zur Verbindung zweier Leinen ein Bändsel aufsetzen. Hierzu ebenso vorgehen wie beim genähten Auge, dann zwei oder drei Törns zwischen den Parten in Längsrichtung um die Umwicklung legen. Mit zwei halben Schlägen abschließen oder das Takelgarn in einem Tau vernähen.

Durch spielerische Beschäftigung mit Tauwerk entwickelt man ein besseres Verständnis für dieses. Am besten Resttampen aus dem Bootszubehörladen besorgen. Kinder, die öfter segeln, könnten sich eine kleine Segeltasche mit vielen verschiedenen Tampen zulegen.

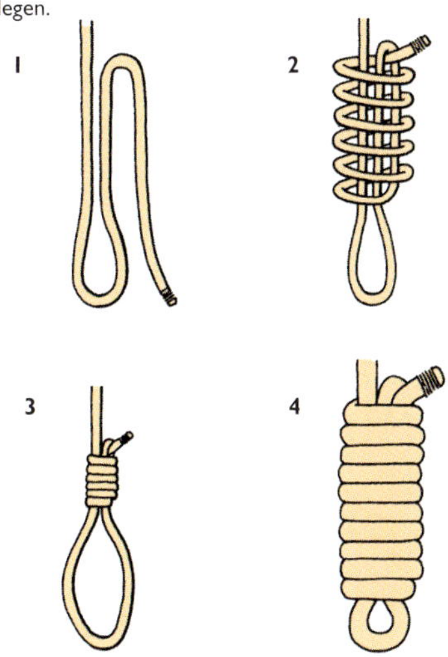

Mit einem solchen „Henkerknoten" kann man jüngere Besatzungsmitglieder eine ganze Weile beschäftigen. Leine dreifach legen, **1**. Mit dem Tampen 13 Törns um die Leinenbucht legen und sein Ende durch den oberen Bogen der kurzen Bucht ziehen, **2**. Rundtörns festziehen, **3**. So entsteht eine gleitende Schlinge, **4**.

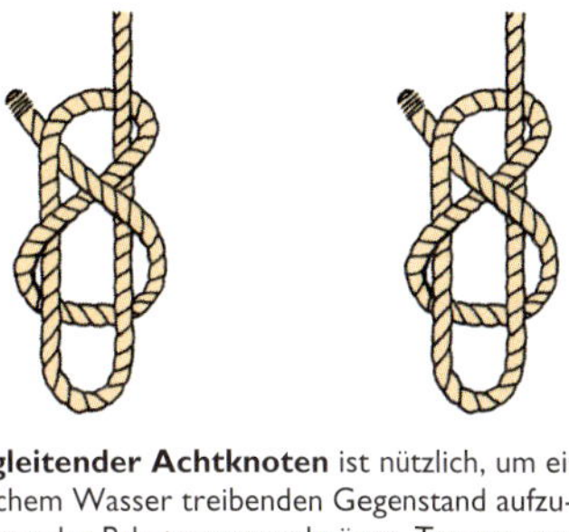

Ein gleitender Achtknoten ist nützlich, um einen in flachem Wasser treibenden Gegenstand aufzufischen oder Pakete zu verschnüren. Tampen zur Bucht legen, eine Acht um die Bucht legen und zuziehen.

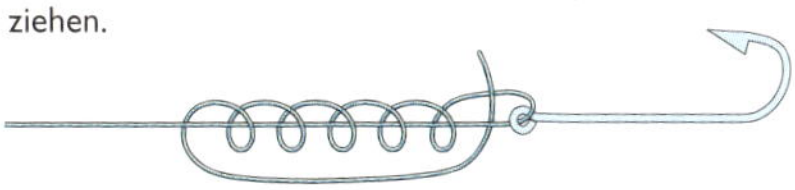

Um einen Haken oder Wirbelschäkel an eine Angelleine anzustecken, die Leine durch das Auge führen, vier oder fünf Rundtörns um die Leine legen. Ende zurück durch den ersten Törn führen, vorsichtig festziehen.

Blöcke und Taljen

Vor Einführung der Winschen benutzte man Blöcke und Taljen, um Segel zu heißen und Spieren zu bewegen. Auf modernen Booten ist das beste Beispiel die Großschot, die durch mehrere Blöcke geschoren ist, um den zur Bedienung erforderlichen Kraftaufwand zu vermindern. Je öfter die Leine durch Blöcke geführt wird, desto größer ist die Kraftersparnis. Die einfachste mechanische Erleichterung besteht darin, dass man die zu bewegende Last, etwa den Großbaum, nur über einen Block führt. Damit verringert sich der erforderliche Kraftaufwand um die Hälfte, d.h. die Kraftersparnis beträgt 2:1. Der untere Block dient hier nur als Verankerung und zur Richtungsänderung der Leine. Weitere Kraftersparnis auf 3:1 gewinnt man, indem man an diesem Punkt einen weiteren Block einschaltet. Ein vierter Block mit eigenem Verankerungspunkt verdoppelt die Übersetzungskraft auf 6:1 und kann z.B. für den Baumniederhalter eingesetzt werden. Durch Dahinterschalten einer weiteren 2:1-Talje erhält man eine Gesamtwirkung von 12:1.

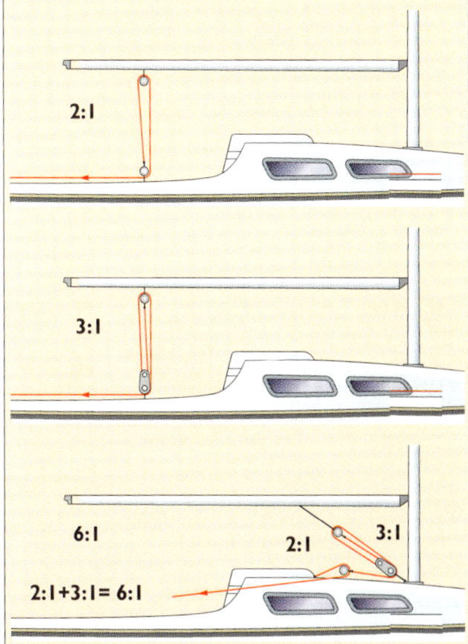

Die richtige Maschine

Als Erstes stellt sich die Frage: Benzin oder Diesel? Benzinmotoren sind leichter, billiger, laufen ruhiger und geräuschärmer als Dieselmotoren, verbrennen aber teuren und explosionsgefährlichen Treibstoff und benötigen eine zuverlässige elektrische Zündanlage. Dieselmotoren laufen mit billigerem Treibstoff, bleiben meist auch bei längerem Nichtgebrauch zuverlässig einsatzfähig und sind daher auf Segelyachten Standard.

Beide Typen gibt es als 2- oder 4-Takter: 2-Takter sind leichter, haben aber einen höheren Verbrauch und werden meist da eingesetzt, wo es auf Gewichtsersparnis ankommt. So rüstet man kleine, schnelle Sportboote oft mit 2-Takt-Benzinaußenbordern, größere, schnelle Motoryachten mit 2-Takt-Dieselmotoren aus.

Dann kommt die Frage nach dem Antriebssystem. Die konventionelle Anlage besteht aus einem fest unter dem Boot montierten Propeller, der über eine Welle mehr oder weniger direkt mit dem Innenbordmotor verbunden ist. Dies ist eine einfache Konstruktion, doch ist der Propeller hier u.U. ungeschützt und schlecht zugänglich. Wenn das Boot häufiger trockenfallen oder getrailert werden soll, kann ein Z- oder S-Antrieb wesentlich sinnvoller sein. Für Boote unter etwa 7,5 m Länge ist ein Benzin-Außenborder wohl die einfachere Lösung.

Für leichte Segelboote ist der günstige S-Antrieb (Segler-Antrieb/Sail-Drive) beliebt, bei dem ein im Bootsboden eingebauter Dieselinnenborder mit dem Propellerschaft praktisch eine Einheit bildet. Bei Motorbooten wird dieser als Z-Antrieb am Heck eingebaut.

Zwei weitere wichtige Faktoren: Je größer und schwerer das Boot ist, desto größer muss der Propeller sein – unabhängig von Bootsgeschwindigkeit und Motorleistung. Sorgfältige Wartung garantiert die Leistungsfähigkeit und lange Lebensdauer des Motors. Wer sein Boot selten nutzt, sollte einen Benzin-Außenborder oder einen Diesel-Innenborder wählen.

Außenborder sind für kleinere Boote praktisch und billig, wobei der höhere Treibstoffverbrauch durch geringere Wartungskosten ausgeglichen wird. Meist ist der Motor auf einen Kippbügel montiert und kann beim Segeln hochgeklappt oder sogar unter Deck verstaut werden.

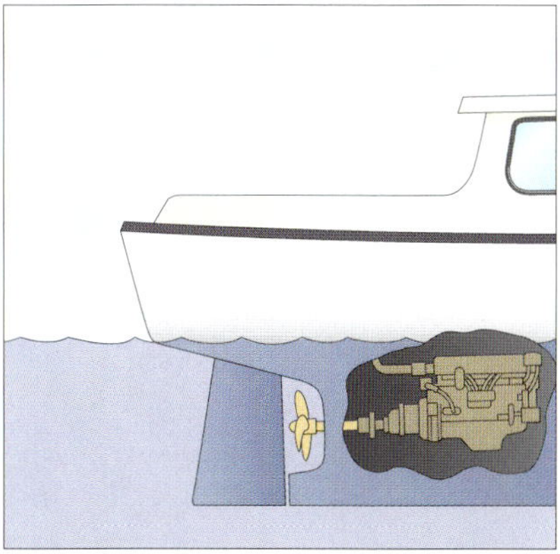

Ein Sail-Drive besteht aus einem Außenbord-Propellerschaft, der praktisch direkt auf einen im Bootsboden eingebauten Innenbordmotor montiert wird. Dieser praktische und einfach einzubauende Antrieb ist für moderne Segelboote auch unter dem Gesichtspunkt der günstigen Gewichtsverteilung besonders geeignet. Er wird oft mit einem Faltpropeller ausgerüstet.

In überfüllten Marinas und Häfen, wie hier im englischen Hamble, ist ein Hilfsmotor unentbehrlich.

Wahl des Propellers

Der Propeller erzeugt seine Vortriebskraft durch die Wirkung seiner Flügel auf das umströmende Wasser.

Der langsam laufende zweiflüglige Propeller ist ein hocheffizienter Schubkrafterzeuger bei niedriger Maschinenleistung und wird für relativ große Rümpfe mit kleineren Motoren eingesetzt. Er erfordert meist ein Untersetzungsgetriebe, das die Wellendrehzahl herabsetzt.

Bei höherer Maschinenleistung muss man die Flügelfläche vergrößern, bei höheren Motordrehzahlen den Durchmesser vermindern, um eine zu hohe Flügelspitzengeschwindigkeit zu vermeiden: Dies führte zur Entwicklung des dreiflügeligen Propellers – oft mit relativ breiten Flügeln.

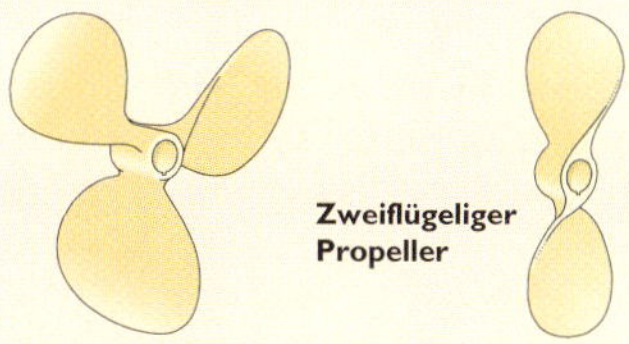

Ein besonderer Propellerflügel ist der „Krautsichere“ mit verbreiterten Flügelspitzen, die sich nicht so leicht im Seetang verfangen.

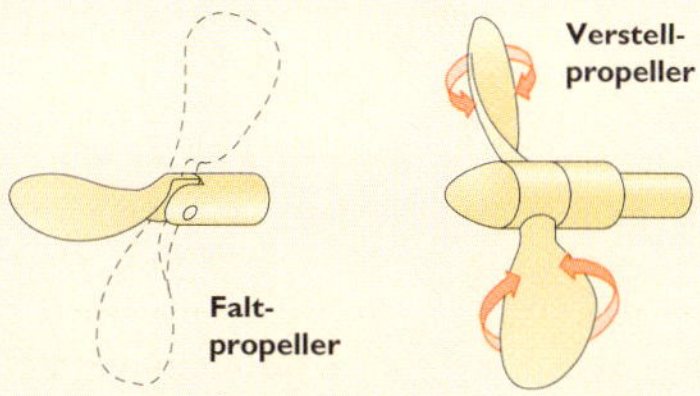

Die Flügel des Faltpropellers entfalten sich bei laufender Propellerwelle durch die Zentrifugalkraft automatisch. Beim Verstellpropeller lässt sich die Propellersteigung variieren, u.a. für Rückwärtsfahrt.

Motorleistung

Die Motorleistung, die erforderlich ist, um einem Boot eine bestimmte Geschwindigkeit zu verleihen, nimmt mit dessen Gewicht zu, während sie bei gegebenem Gewicht mit größerer Länge abnimmt. Die maximale oder ökonomische Fahrt kann je nach Rumpftyp stark variieren.

Rümpfe mit großer Verdrängung – manche Motorbarkassen und die meisten Segelyachten älterer Bauart - können ihr selbst erzeugtes Wellensystem nicht verlassen und liegen bei Höchstfahrt zwischen Bug- und Heckwelle eingebettet. Moderne leichtere Verdrängersegelboote und schnellere Barkassen sind so konstruiert, dass sie bei höherer Fahrt keinen Hecksog aufbauen. Dadurch kann mehr Vortriebskraft dazu eingesetzt werden, den Rumpf auf der Bugwelle aufreiten zu lassen, sodass er zum Teil durch dynamischen Auftrieb getragen wird. Jenseits dieser Halbgleitfahrt können sich speziell dafür konstruierte und motorisierte Boote so weit über die Bugwelle schieben, dass sich der Bug wieder absenkt und sie in Gleitfahrt kommen. Sie werden dann mehr vom Wasserdruck als vom Auftrieb getragen.

Unabhängig vom Rumpftyp kann eine bescheidene Geschwindigkeitssteigerung eine erhebliche Erhöhung der Motorleistung und des Treibstoffverbrauchs erfordern. Bei Bestimmung der erforderlichen Motorleistung sind jedoch einige weitere Faktoren zu berücksichtigen. Dazu gehören die örtlichen Bedingungen, wie etwa Gegenströmungen, bei denen höhere Geschwindigkeit darüber entscheiden kann, ob man den Heimathafen erreicht oder nicht. Windeinfluss und starker Seegang können den Rumpfwiderstand um 10-50 Prozent erhöhen, was u.U. durch höhere Antriebsleistung kompensiert werden muss. Ferner muss man mit zunehmendem Alter des Motors einen 10-prozentigen Leistungsverlust einkalkulieren. Hohe Umgebungstemperaturen können die Motorleistung um bis zu 15 Prozent vermindern.

Jede Erhöhung der Motorleistung muss bei der Propellerauswahl berücksichtigt werden, da die zunehmende Wind- und Seebelastung zu einem Strömungsabriss an den Propellerflügeln führen kann, was wiederum eine noch höhere Leistungsreserve erfordern würde.

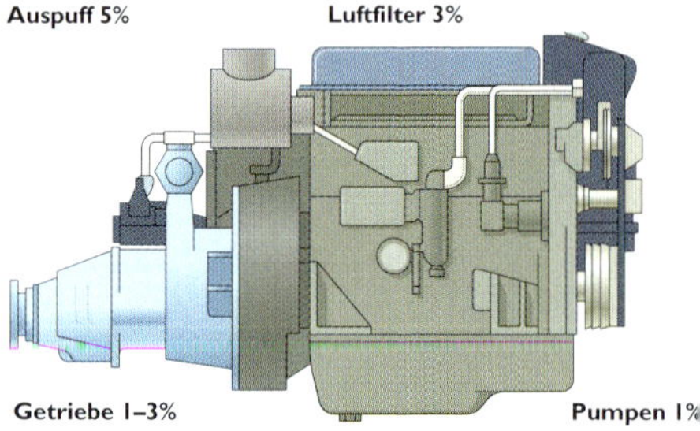

Die Nennleistung der Maschine gilt meist für einen Standardmotor mit dem notwendigsten Zubehör unter idealen Bedingungen. In der Praxis ist das Klima selten ideal und der Treibstoff hat vielleicht geringeren Brennwert. Außerdem ziehen die Lichtmaschine und etwaige Pumpen etc. Leistung von der Maschine ab. Weitere Verluste entstehen durch ein Untersetzungsgetriebe, Lager und Stopfbuchsen. Es bleibt schließlich ein Propellerwirkungsgrad von etwa 50%.

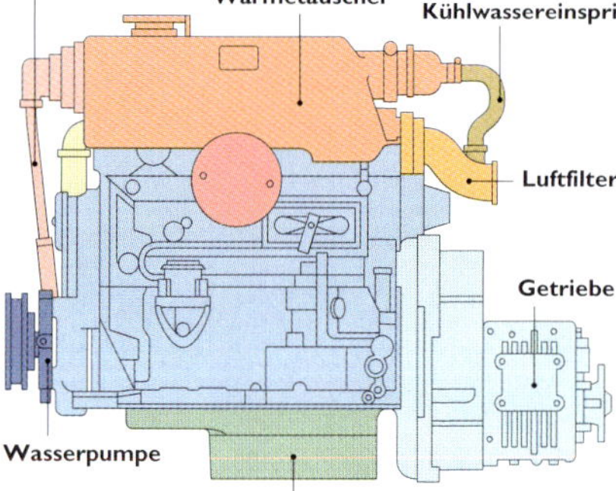

Die echte Schiffsmaschine besteht aus einem großen, schweren Gusseisenblock mit breiten Kanälen, damit der Salzwasserkühlkreislauf nicht durch Salzkristalle verstopft. Solche Maschinen sind sehr zuverlässig, aber wesentlich unwirtschaftlicher als ein für den Bootsbetrieb angepasster Automotor. Zu dessen „Marinisierung" gehören der Austausch aller Alugussteile gegen seewasserfestes Aluminium und die Ausstattung mit einem geschlossenen Süßwasser-Kühlkreislauf, der seinerseits durch zugepumptes Seewasser gekühlt wird. Weitere Änderungen sind der Umbau der Ölwanne, der Anbau eines Bootsgetriebes und eines Auspuffkrümmers und die Einstellung des Vergasers bzw. der Einspritzpumpe.

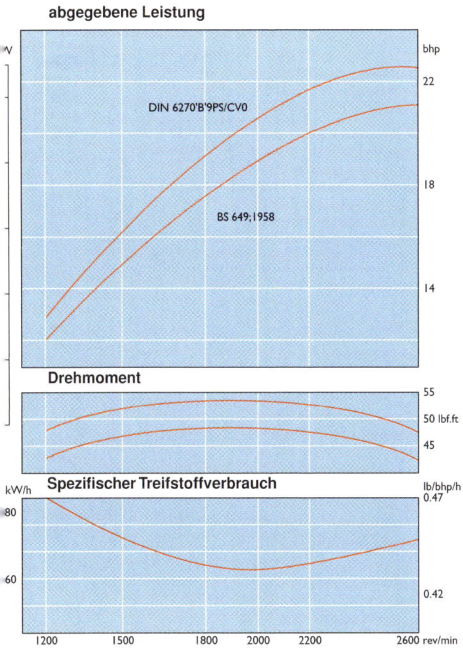

Die Kurven zeigen die maximale Leistungsabgabe in Abhängigkeit von der Motordrehzahl. Im oberen Diagramm sieht man, wie sich die Leistung bei steigender Drehzahl entwickelt. Das mittlere Diagramm zeigt den Drehzahlbereich, in dem die Maschine das größte Drehmoment liefert. Das untere Diagramm verdeutlicht den Zusammenhang zwischen Drehzahl und Treibstoffverbrauch. Wie man sieht, liefert die Maschine bei 2000 UPM ein hohes Drehmoment bei niedrigem Verbrauch.

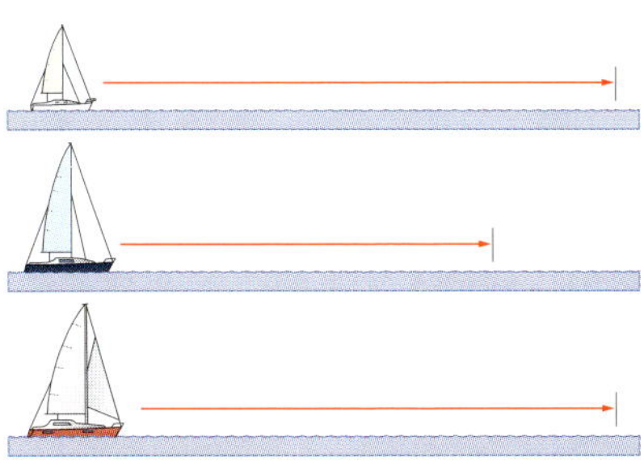

Bei gleicher Größe und Windangriffsfläche braucht das schwerere von zwei Booten mehr Motorleistung, um eine bestimmte Fahrt zu erreichen. Bei gleich schweren Booten ist die Länge der entscheidende Faktor; hier braucht das kürzere Boot mehr Motorleistung.

Geschwindigkeitspotential

Der Motorisierungsbedarf für unterschiedliche Boote lässt sich vergleichen, indem man die Wurzel der Wasserlinienlänge in Bezug zur Geschwindigkeit setzt. Ein Verdrängerrumpf etwa ist bei einer V/L von etwa 1,0 (5 kn/7,6 m WL) ökonomisch motorisiert und hat ein maximales Geschwindigkeitspotential von etwa 1,5 (7,5 kn/7,6 m WL). Beim Halbgleiter ist die ökonomische Fahrt die gleiche, aber sein maximales Potential beträgt bis zu ca. 3,5 (17,5 kn). Ein Gleiter hat ein Geschwindigkeitspotential von 20 kn aufwärts und, da er auf seiner Bugwelle aufreitet, eine ökonomische Marschfahrt von etwa 22 kn.

Elektrolyse

In Salzwasser oder selbst salziger Luft hat jedes Metallteil ein elektrisches Potential von bestimmter Wertigkeit. Zwischen Metallteilen mit unterschiedlichem Potential fließt ein galvanischer Strom, wobei die Wirkung des Salzelektrolyts und des natürlichen Stromflusses durch von den Bootsbeschlägen ausgehende elektrische Ströme sehr verstärkt werden kann. Der Strom fließt immer vom höherwertigen, kathodischen Metall zum unedleren, anodischen Metall, das dadurch korrodiert. In der galvanischen Spannungsreihe stehen nich trostender Stahl, Titan und Nickel nahe am oberen, kathodischen Ende, Aluminiumlegierungen und Zink am Ende. Im Salzwasser wird jedes Metall in Gegenwart eines edleren Metalls angegriffen. Es ist üblich, Plättchen aus unedlem Metall, etwa Zink, als „Opferanoden" am Rumpf anzubringen, um die korrosiven Ströme auf sie zu lenken.

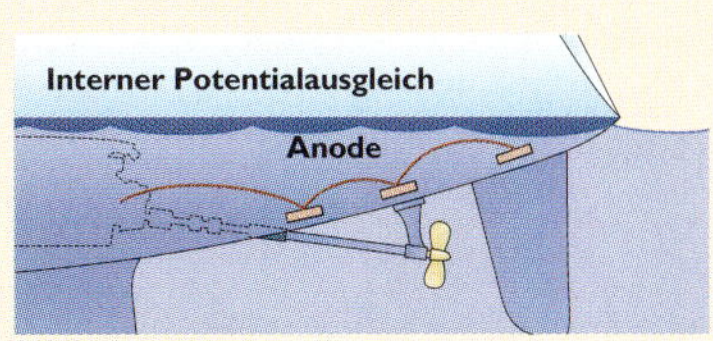

Motoranlage

Um eine ordnungsgemäß installierte Motoranlage in zuverlässigem Betriebszustand zu halten, muss sie sorgfältig geschützt und gewartet werden. Gute Zugänglichkeit aller Teile ist wichtig.

Die Maschine wird meist flexibel aufgehängt, da die massiven Träger, die sonst nötig wären, um die Motorvibrationen aufzunehmen, auf leichteren Booten kaum unterzubringen sind. Da die Maschine frei vibriert, müssen alle Verbindungen beweglich sein. Auch die Propellerwelle muss die Schwingungen aufnehmen können, meist mittels einer kurzen Zwischenwelle zwischen zwei elastischen Kupplungen. Bei selten benutzten Maschinen kann eine elastische Stopfbuchse, u.U. mit einer elastischen Kupplung, ein brauchbarer Kompromiss sein.

Die Sicherheit der Treibstoffanlage fängt bei der ordnungsgemäßen Erdung von Einfüllstutzen, Tank und Treibstoffleitungen an, um Funkenbildung durch statische Elektrizität zu verhindern. Die Treibstoffleitungen sollten solide und gut geschützt sein; der flexible Anschluss zum Motor muss brandsicher ausgelegt sein. Absperrhähne für den Tank sollten von außerhalb des Maschinenraums gut zugänglich sein. Bootstreibstoff enthält oft Schmutzpartikel und Kondensat, weshalb die Leitungen große Filter haben und die Tanks regelmäßig entwässert werden müssen.

Es gibt luftgekühlte Bootsmotoren, doch üblicher ist eine Zweikreiskühlung, bei der zugepumptes Seewasser den inneren Süßwasserkreislauf kühlt. Das Seewasser kann durch den Auspuff abgeführt werden, um diesen zu kühlen und zu dämpfen.

Damit selbst bei Krängung kein Seewasser in den Motor zurückfließt, müssen Auspuffleitungen über die Wasserlinie geführt werden oder Wasserabscheider haben, Kühlwasserabflussleitungen mit speziellen Ventilen ausgerüstet werden.

Alle Motoren brauchen reichlich Luft zur Verbrennung wie zur Kühlung; ggf. ist ein Ventilator im Motorraum zu installieren.

Auch moderne Dieselmotoren sind noch relativ groß, schwer und laufen langsam. Sie erfordern stabile Aufhängungen, Wellen und Propeller, eine gut gewartete Treibstoffanlage und wirksame Schalldämpfung. Man sollte darauf achten, den Dieseldunst nicht ins Bootsinnere gelangen zu lassen.

Der Tank besteht meist aus Edelstahl oder unverzinktem Fluss-Stahl, da Diesel die Zinkschicht angreifen würde. Die Saugleitung wird im unteren Teil des Tanks angeschlossen.

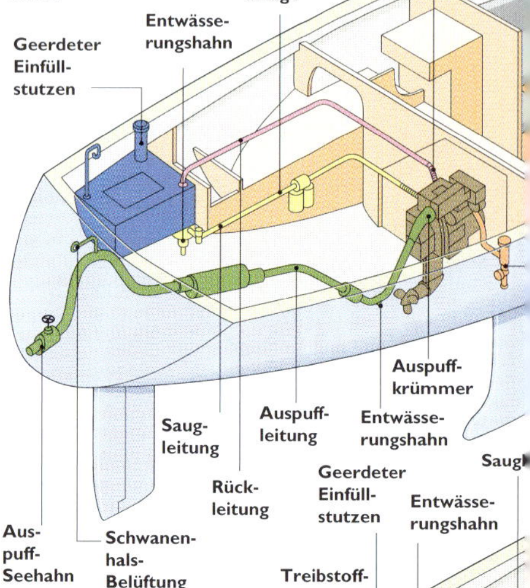

Segler-Antriebe (Sail-Drive) sind für kleinere Kreuzer beliebt, weil sie leicht einzubauen und deutlich wartungsärmer sind und meist wesentlich leiser und vibrationsfreier laufen als konventionelle Wellenanlagen. Beim Segler-Antrieb ist die Propellereinheit direkt an der Unterseite des Motors montiert; die gesamte Anlage wird von einer konventionellen Motoraufhängung getragen. Die Durchtrittsöffnung der Propellereinheit durch den Rumpf wird mit einer Gummidichtung geschützt.

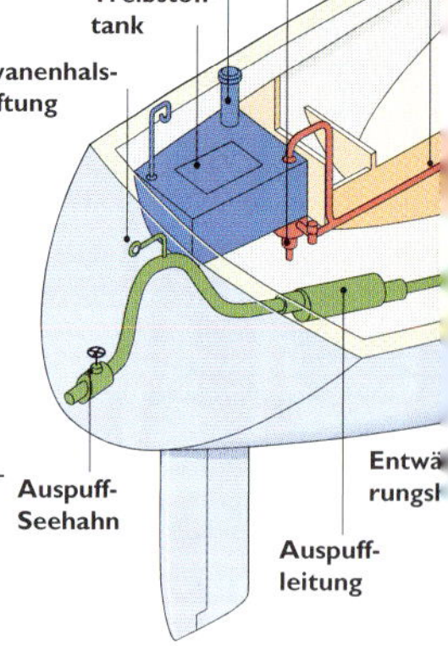

Um den Wasserwiderstand zu minimieren, sind Propellerwellen möglichst dünn. Die Welle läuft meist in einem wassergeschmierten Gummilager.

Leicht auswechselbare Doppelfilter verwenden – wird häufig vom Motorhersteller nicht vorgeschrieben.

Wasserabscheider schützen vor Kondenswasser im getankten Treibstoff ebenso wie in den bootseigenen Tanks.

Treibstoffleitungen sollten robust und an soliden Bauteilen befestigt sein, damit sie sich möglichst wenig bewegen. Verbindungen müssen tief liegen und luftdicht sein.

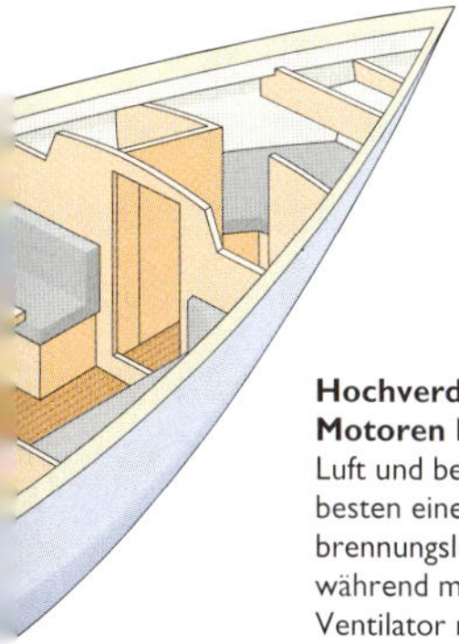

Hochverdichtende Motoren brauchen viel Luft und bekommen am besten eine eigene Verbrennungsluftleitung, während mit einem Ventilator mehr Luft in den Motorraum gesaugt wird.

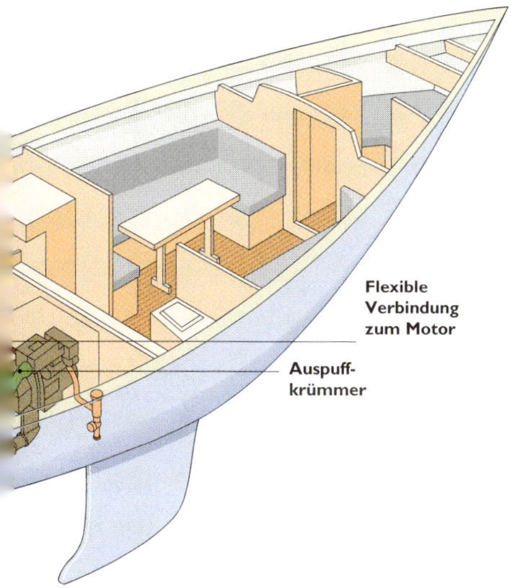

Viele Maschinen werden mit gefiltertem Salzwasser gekühlt. Bei anderen wird über einen Wärmetauscher ein geschlossener Süßwasser-Kühlkreislauf im Motor gekühlt.

Batterien sorgfältig einbauen: Sie enthalten Schwefelsäure und setzen beim Aufladen explosionsgefährlichen Wasserstoff frei. Durch zu viel Wärme wird ihre Lebensdauer verkürzt.

Flexible Aufhängung

Motoren werden meist flexibel aufgehängt, um möglichst wenig Lärm und Vibrationen auf den Rumpf zu übertragen. Die Art der Aufhängung, **3**, reicht je nach Vibrationsverhalten der Maschine von hart bis relativ weich. Die übrigen Verbindungen müssen entsprechend viel Bewegungsfreiheit haben, so variieren etwa Wellenbefestigungen, **1**, von einer einzelnen elastischen Kupplung, **2**, bis zur doppelten Gelenkkupplung mit Kardanwelle dazwischen. Die Propellerwelle sollte ein Drucklager haben, um die entstehenden Kräfte aufzunehmen. Treibstoff- und Wasserleitungen müssen ein flexibles Endstück haben.

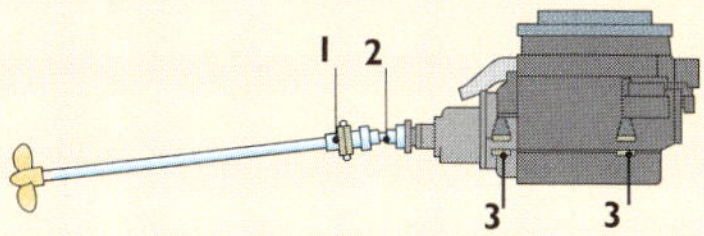

Auspuffanlage

Die Abgase werden über eine selbstentwässernde Auspuffleitung, u.U. mit Schalldämpfer, durch eine Öffnung im Spiegel oder an der Bordseite abgeführt, wobei meist kurz hinter dem Krümmer, ggf. mit zwischengeschaltetem Schwanenhals, Motorkühlwasser eingespritzt wird. Das wirkt schalldämpfend und kühlend und macht eine aufwendige Isolierung überflüssig.

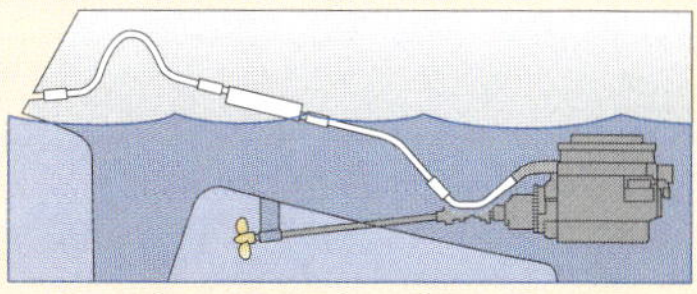

Nasser Auspuff: Motor unter Wasserlinie

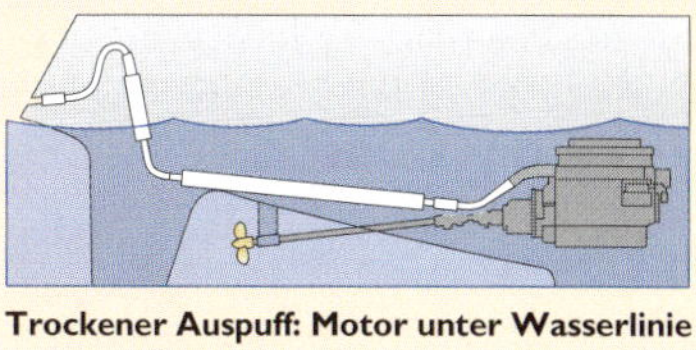

Trockener Auspuff: Motor unter Wasserlinie

Manövrieren unter Motor

An überfüllten Ankerplätzen und in beengten Marinas oder unter schwierigen See- bzw. Wetterverhältnissen fährt man meist mit Maschine; daher muss man mit dem Manövrieren unter Motor vertraut sein.

Der Bootsrumpf bewegt sich selten exakt vorwärts oder rückwärts, da er stets auch den Einflüssen von Wind, See und ggf. Tidenstrom ausgesetzt ist. Auch wenn sich das Boot durch eine Ruderbewegung etwas drehen lässt, ist es der zunehmende Wasserdruck, der durch diese Bewegung auf eine Seite des Bugs oder Kiels wirkt, der das größte Drehmoment erzeugt. Unter Maschine kann diese Wirkung durch den starken Schub des Propellerstroms, der vom Ruder nach einer Seite abgelenkt wird, erheblich verstärkt werden.

Beim langsamen Wenden auf engem Raum kann ein kurzer Gasstoß gegen das Ruder das Boot drehen, ohne viel Vorausfahrt zu erzeugen. Ferner kann man sich hier den Radeffekt des Propellers zunutze machen, durch den das Boot in eine Richtung einen wesentlich kleineren Drehkreis hat als in die andere.

Prinzipiell steuert man bei Achterausfahrt genauso wie bei Vorausfahrt. Die Manövrierfähigkeit bei Achterausfahrt hängt auch von der Rumpfform ab. Moderne Segelboote mit Flossenkiel sind hierfür meist gut geeignet. Die Wirkung des Propellerstroms ist stark reduziert, aber der Radeffekt kann sich als nützlich erweisen.

Bei wirklich schlechtem Wetter steuert man ein nur unter Maschine laufendes Boot am besten langsam gegen Wind und See. Wenn man bei Sturm mit den Wellen laufen muss, kann es mitunter nötig sein, rückwärts zu fahren, damit das Boot nicht quer schlägt.

Auch die Fahrt unter Segel lässt sich verbessern, indem man die Maschine, selbst nur ganz langsam, mitlaufen lässt. Bei leichter Brise kann der zusätzliche Anschub durch die Maschine den scheinbaren Wind und damit die Anströmung der Segel nennenswert erhöhen.

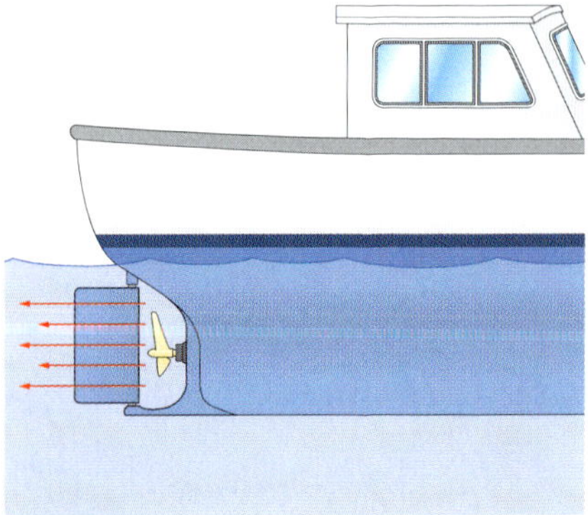

Der Propeller braucht reichlich freies Wasser rundum, um effizient zu arbeiten. Das heißt, er sollte möglichst ungestört von Rumpfteilen angeströmt werden und die Flügelspitzen sollten ausreichenden Abstand zum Rumpf haben.

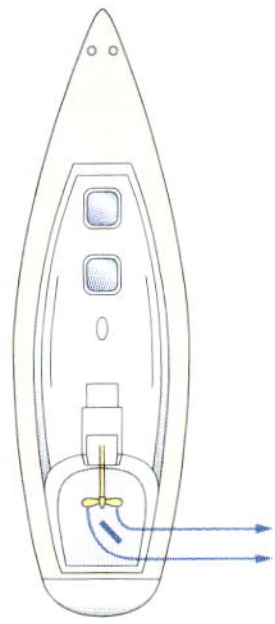

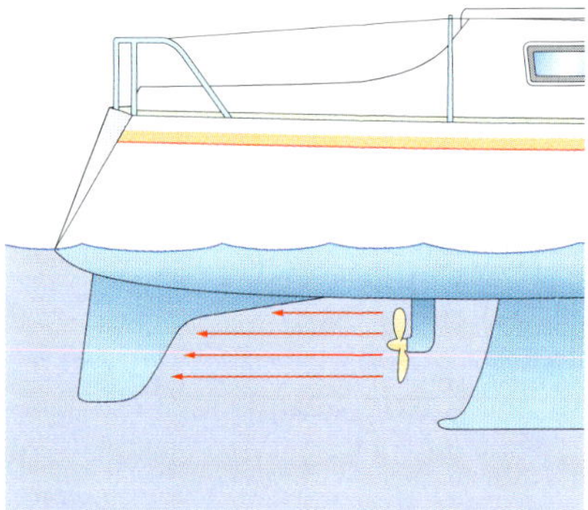

Moderne Segelboote sind sehr leicht zu steuern. Der Propeller wird nur zur Vortriebserzeugung benötigt. Bei weniger manövrierfähigen Booten, etwa schweren Langkielern, sollte der Propellerstrom auf das Ruder wirken, um die Steuerfähigkeit zu verbessern.

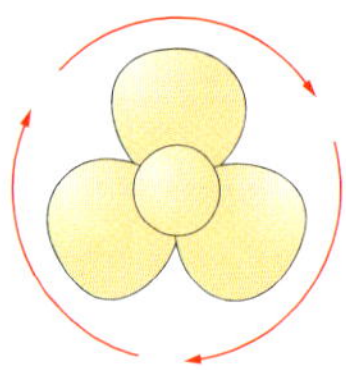

Ein im Uhrzeigersinn drehender Propeller versetzt das Heck leicht nach rechts.

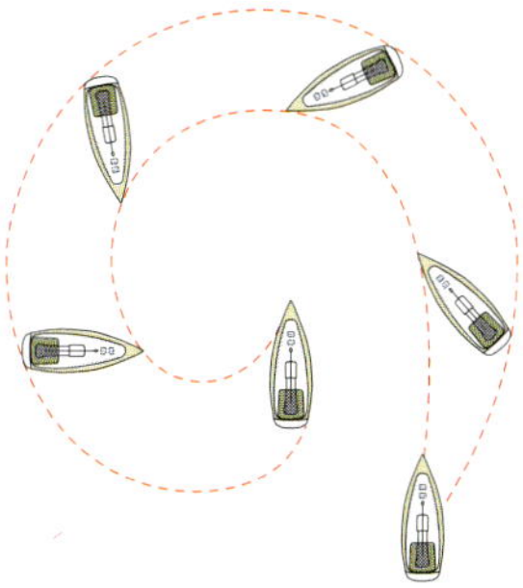

Der Drehkreis unterscheidet sich von Boot zu Boot und zwischen Back- und Steuerbord – je nach Rumpf-Steuerverhalten, Propellerdrehung und Schubumlenkung. Bei voller Fahrt benötigen die meisten modernen Boote zum Wenden zwei Bootslängen. Beim Wenden rutscht das Boot etwas seitlich weg, verhält sich aber grundsätzlich so, wie in der Zeichnung oben dargestellt.

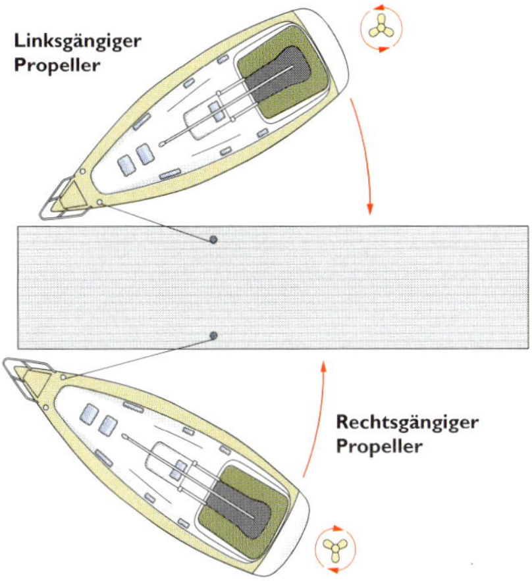

Einen Propeller, der von hinten gesehen bei Vorausfahrt im Uhrzeigersinn dreht, nennt man rechtsgängig, einen gegen den Uhrzeigersinn drehenden linksgängig. Die meisten Benziner haben rechtsgängige, die meisten Dieselmaschinen linksgängige Propeller. Meist versetzt der Propeller das Heck leicht in seine Drehrichtung. Wie in der Abbildung zu sehen, kann das Boot beim Anlegen durch Ausnutzung des vom Ruder abgelenkten Propellerstroms längsseits gebracht werden („Eindampfen“ in die Spring).

Motorschaden

Die meisten Motorstörungen entstehen durch Treibstoffverunreinigung, Verstopfung des Kühlkreislaufs oder eine im Propeller verfangene Leine. Kann man nicht unter Segel weiterlaufen, sollte das Boot zur Reparatur verankert werden. Der Propeller lässt sich u.U. befreien, indem einer von achtern fest an der Leine zieht, während ein anderer das Schwungrad von Hand in die richtige Richtung dreht. Ist Ankern unmöglich, kann man Windeinfluss und Strom nutzen, um etwas Kontrolle über die Driftrichtung zu behalten. Gegen den Wind laufender Strom kann genutzt werden, um das Boot seitwärts zu schieben und so flacheres Wasser zu erreichen oder einem Hindernis auszuweichen.

Bei völliger Flaute und starkem Strom kann man den Anker oder ein anderes Gewicht so weit herablassen, dass er gerade über den Boden schleift und die Drift verringert. Dann kann man die Stromwirkung aufs Boot nutzen, um es mit dem Bug in die Strömung zu drehen und eine Abdriftlinie mit starker seitlicher Versetzung zu erhalten.

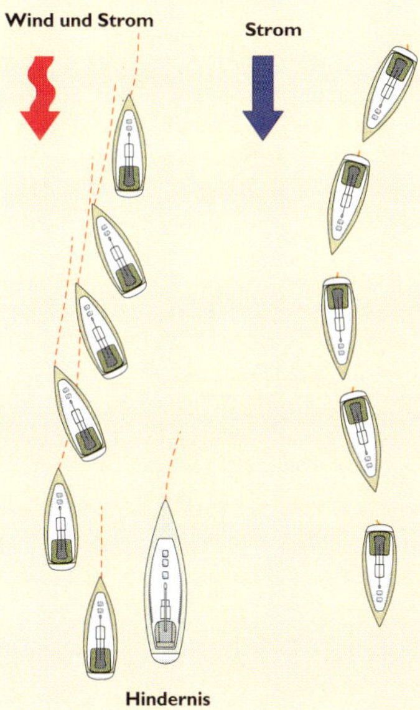

Der Kompass

Eine Position auf der Erdoberfläche wird generell durch Angabe der Länge und Breite bezeichnet. In der terrestrischen oder Küstennavigation hingegen wird der Schiffsort häufiger im Verhältnis zur Küstenlinie, zu bestimmten Seezeichen, wie Tonnen oder Feuerschiffen, oder auch zur nächsten Gefahrenstelle bestimmt.

Es gibt zwei grundlegend verschiedene Methoden zur Positionsbestimmung auf See: **1** Durch Koppeln, d.h. Eintragen der von der letzten bekannten Position gefahrenen Richtung und Entfernung auf der Karte. **2** Durch Bestimmung des wahren Schiffsorts im Verhältnis zu externen Bezugspunkten wie Landmarken, Grundstellen, Satelliten oder Himmelskörpern. Da die Kenntnis des gesteuerten Kurses, der gelaufenen Entfernung und der Wind- und Stromeinflüsse stets mit Unsicherheiten behaftet ist, sollte der Koppelort, wo immer möglich, durch Bestimmung des wahren Schiffsorts aktualisiert werden.

Die Richtung wird auf See immer auf Norden bezogen gemessen, heute im Uhrzeigersinn bis 360°. Karten sind nach rechtweisend Nord, d.h. am geografischen Nordpol ausgerichtet. Der Magnetkompass hingegen, nachdem der Kurs gesteuert und Peilungen vorgenommen werden, richtet sich nach dem magnetischen Nordpol aus.

Die Abweichung zwischen rechtweisend und magnetisch (missweisend) Nord nennt man Missweisung. Kompassnord wiederum kann von der magnetischen Nordrichtung abweichen, weil magnetische Störeinflüsse an Bord eine Ablenkung oder Deviation bewirken. Die Differenz zwischen rechtweisend Nord und Kompassnord, also die Summe aus Missweisung und Deviation, heißt Fehlweisung und muss bei der Arbeit in Seekarten berücksichtigt werden.

Die Geschwindigkeit (oder Fahrt) des Boots wird durch ein Log gemessen. Entfernungen werden in Seemeilen zu je 1852 m angegeben, die Geschwindigkeit in Knoten, d.h. Seemeilen pro Stunde.

Der Steuerkompass ist in der Regel kardanisch aufgehängt, sodass die Kompassrose bei allen Schiffsbewegungen waagerecht bleibt. Kompassrosen haben normalerweise eine dreistellige 360°-Unterteilung und eine zusätzliche Markierung alle 5 oder 10 Grad. Gesteuert wird meist nach einem Kugelkompass, doch kann der anliegende Steuerkurs u.U. auch auf anderen angeschlossenen Geräten angezeigt werden.

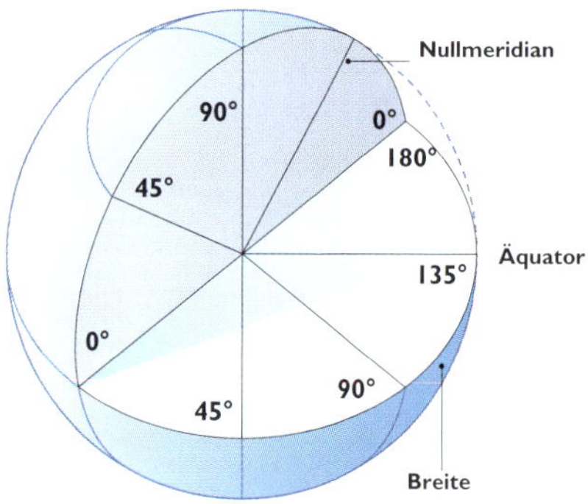

Die Länge ist der in Grad, Minuten und Sekunden angegebene Winkel zwischen einem von Pol zu Pol verlaufenden Meridian und dem Nullmeridian (Meridian von Greenwich) – am Pol oder Erdmittelpunkt gemessen. Sie wird östlich und westlich des Nullmeridians jeweils bis 180° gezählt. Die Breite ist der am Erdmittelpunkt gemessene Winkel zwischen einem Punkt auf der Erdoberfläche und der Äquatorebene – dabei unterscheidet man nördliche und südliche Breite. Jeder Breitengrad wird in 60 Minuten unterteilt, von denen jede ungefähr einer Seemeile (1852 m) entspricht.

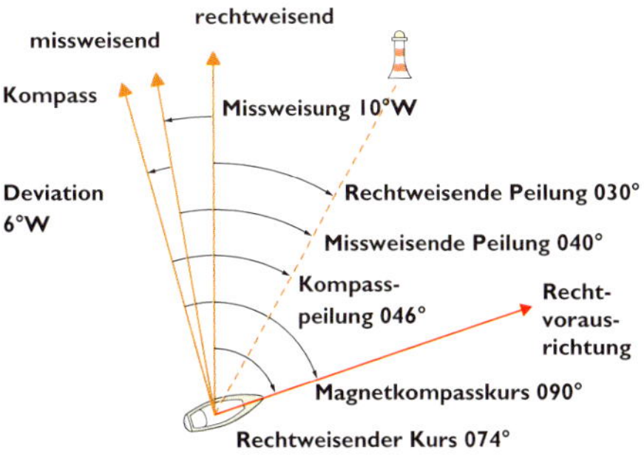

Um die Kompassablenkung oder Deviation zu ermitteln, nehme man eine bekannte rechtweisende Peilung, etwa eine auf der Karte eingetragene Deckpeilung oder einen Leuchtturm als Peilobjekt. Beträgt die rechtweisende Peilung (Kartenkurs zum Peilobjekt) 030° und die Missweisung (der Karte zu entnehmen) 10°W, liegt missweisend Nord 10° westlich von rechtweisend Nord, d.h. die missweisende Peilung des Leuchtturms sollte 040° betragen. Ergibt die tatsächliche Kompasspeilung jetzt einen Wert von 046°, so beträgt die Deviation 6°W.

Deviation

Infolge magnetischer Einflüsse des Boots kann Kompassnord von missweisend wie rechtweisend Nord abweichen. Das Ausmaß dieser Deviation variiert je nach Fahrtrichtung. Liegt Kompassnord östlich von missweisend Nord, wird die Deviation zum Kompasskurs addiert. Bei zu hoher Deviation muss der Kompass von einem Fachmann kompensiert werden; verbleibende Deviationswerte werden in einer Deviationskurve, *unten*, festgehalten.

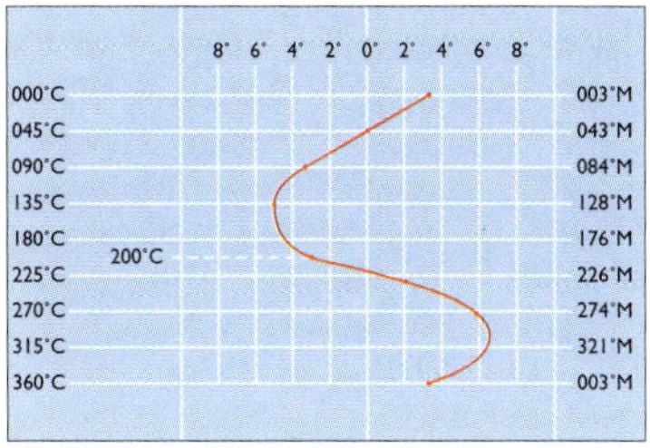

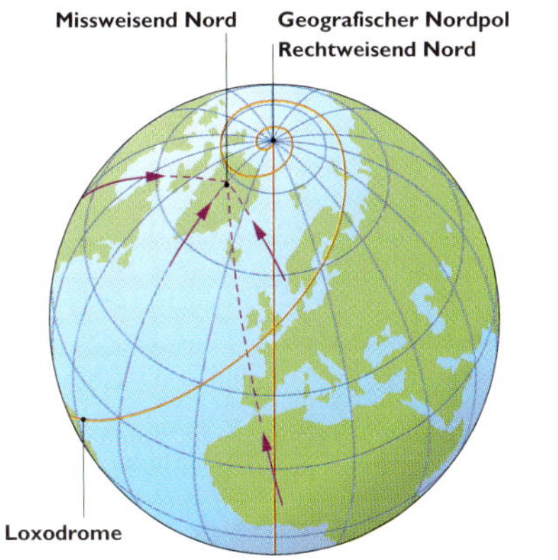

Die Missweisung, also die Abweichung zwischen rechtweisend und magnetisch Nord, ist mit ihrer jährlichen Änderung der Missweisungsrose auf der Seekarte zu entnehmen. Sie wird mit „westlich" oder negativem Vorzeichen bezeichnet, wenn magnetisch Nord westlich von rechtweisend liegt, und umgekehrt.

Bei der Projektion der Kugeloberfläche der Erde auf eine zweidimensionale Karte ergeben sich Verzerrungen. Die Mercator-Karte ist so konstruiert, dass man einen Kurs als gerade Linie einzeichnen kann. Auf dem Globus gezeichnet, würde diese „Loxodrome" eine Spirallinie auf die Pole zu beschreiben.

Der Kompass sollte möglichst viel Abstand zu magnetischen Störquellen wie Metallteilen, elektronischen und elektrischen Geräten haben. Je höher er angebracht ist, desto weiter ist er vom Störeinfluss des Motors und des eisernen Kielballasts bzw. auf einem Stahlboot vom Rumpf entfernt.

Positionsbestimmung

Die Standlinie ist eine gedachte Linie, auf der sich das Boot befinden muss. Hat man zwei sich kreuzende Standlinien, so ist der Kreuzungspunkt der Schiffsort; drei Linien ergeben eine zuverlässigere Position. Alle Methoden der Positionsbestimmung, ob astronomisch, durch Kompasspeilung etc. liefern Standlinien, wenn auch aus sehr unterschiedlichen Quellen. Man kann Standlinien verschiedenen Ursprungs miteinander kombinieren.

Je größer der Winkel zweier Standlinien ist, desto exakter ist auch die Positionsbestimmung. Bei zwei Standlinien ist ein rechter Winkel ideal, bei dreien ein 60°-Winkel.

Zu verschiedenen Zeiten ermittelte Standlinien können auf eine gemeinsame Zeit verschoben (versegelt) werden, indem man sie mit dem Kurs über Grund und der zwischen zwei Beobachtungen zurückgelegten Strecke beschickt. Eine solche Doppel- oder Versegelungspeilung verwendet man in der Küstennavigation, wenn nur eine Landmarke sichtbar ist, oder in der Astronavigation, z.B. wenn man die Sonnenhöhe in zeitlichen Abständen misst, während derer sich die Peilung ausreichend verändert, um einen guten Schnittwinkel zu ergeben. Sie ist weniger zuverlässig als zeitgleiche Beobachtungen, da Kurs und zurückgelegte Strecke selten ganz genau bekannt sind.

Je zuverlässiger die Standlinien, desto exakter ist auch die Positionsbestimmung. Meist wird man bei Ermittlung dreier Linien ein Kreuzungs- oder Fehlerdreieck erhalten, dessen Größe ein Anhaltspunkt für die Genauigkeit des ermittelten Schiffsorts ist. Die tatsächliche Position liegt nicht notwendigerweise innerhalb des Fehlerdreiecks, und der vorsichtige Navigator wird einen Schiffsort in der Nähe, im Zweifelsfall eher näher zur nächsten Gefahrenstelle, annehmen.

In der Küstennavigation werden am häufigsten durch Kompasspeilungen ermittelte Standlinien verwendet.

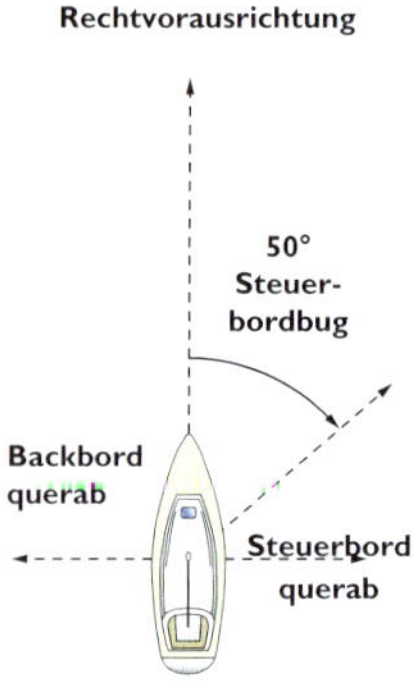

Durch eine Seitenpeilung wird der Winkel zwischen der Fahrtrichtung des Boots und dem Peilobjekt gemessen. Eine Querabpeilung beträgt 90° zur Rechtvorausrichtung, nicht 90° zum Kartenkurs. Eine Peilung von 50° Steuerbord wird auch als „Grün Fünf Null" bezeichnet.

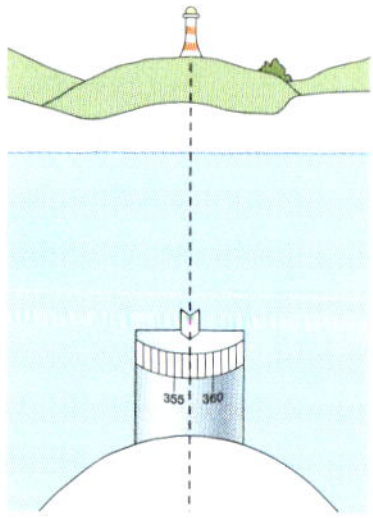

Für eine Kompasspeilung der Seekarte eine Landmarke entnehmen, diese durch den Ring bzw. über die Kimme des Kompasses anpeilen und die Peilung ablesen. Peilung mit Missweisung und Deviation beschicken, um sie in eine rechtweisende Peilung umzuwandeln; diese auf der Karte eintragen. Je näher das Peilobjekt, desto genauer die Standlinie.

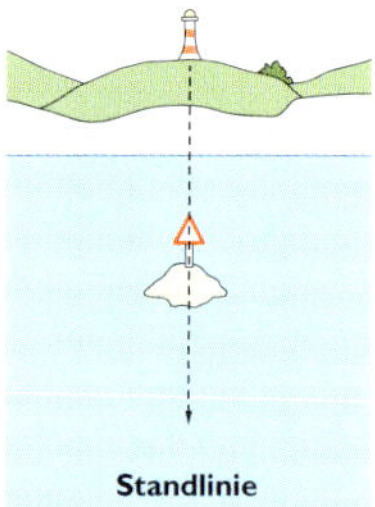

Die Deckpeilung zweier weit genug auseinander in einer Linie liegender Objekte liefert uns auch ohne Instrumente eine Standlinie, die wir in die Karte eintragen können. Anhand von Querab-Deckpeilungen kann man die Vorwärtsbewegung des Boots gegen den Strom kontrollieren; Deckpeilungen in Vorausrichtung können zur Kursfestlegung dienen.

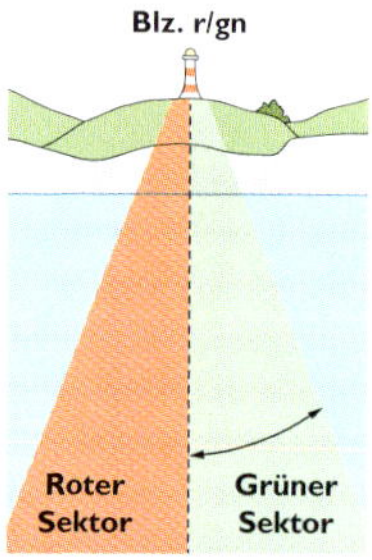

Nachts können Sektorenfeuer bei der Positionsbestimmung helfen. So kann beim Kreuzen der Trennlinie zwischen rotem und grünem Sektor eine Standlinie entlang der Sektorengrenze gezogen werden. Es gibt viele Sektorenfeuersysteme, vor allem auf der Ostsee.

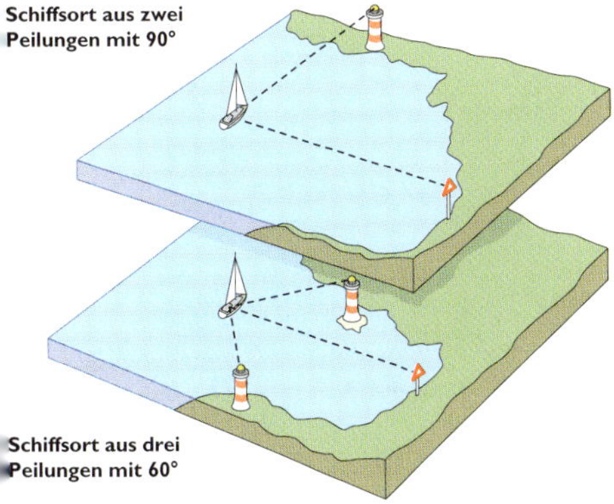

Durch Kompasspeilung von zwei oder mehr Landmarken (Kreuzpeilung) lässt sich der Schiffsort recht genau ermitteln. Wenn man nur zwei Standlinien hat, sollten sich diese in großem Winkel schneiden, um ein möglichst zuverlässiges Ergebnis zu liefern.

Drei Peilungen ergeben eine zuverlässigere Position. Idealerweise sollten die drei Landmarken etwa im 60°-Winkel auseinander liegen, auf jeden Fall niemals unter 30°. Drei Standlinien schneiden sich selten in einem Punkt; meist bilden sie ein so genanntes Fehlerdreieck.

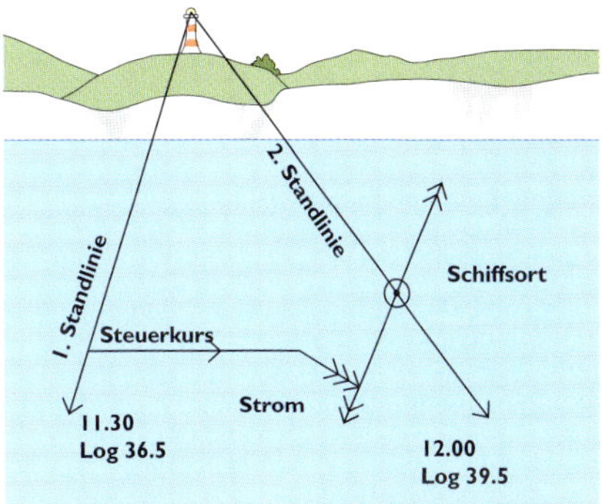

Bei der Doppelpeilung wird eine einzige Landmarke in einem zeitlichen Abstand, z.B. von einer halben Stunde, zweimal angepeilt. Zum Zeitpunkt der ersten Peilung das Log ablesen, eine halbe Stunde lang konstanten Kurs steuern, dann eine zweite Peilung vornehmen und die zurückgelegte Strecke vom Log ablesen. Die beiden Standlinien und den Kurs über Grund in die Karte eintragen. Eine zur ersten Standlinie parallele Linie entlang der Kurslinie um die zurückgelegte Strecke verschieben. Der Schnittpunkt mit der zweiten Standlinie ist der Schiffsort.

Abstandsmessung

Die Messung der Entfernung von einem Objekt ergibt eine kreisförmige Standlinie, die oft in Kombination mit einer Peilung zur Bestimmung des Schiffsorts dienen kann. So ist der mit dem Sextanten gemessene Höhenwinkel eines Objekts bekannter Höhe in Kombination mit der Kompasspeilung des Objekts eine der schnellsten und zuverlässigsten Methoden zur Positionsbestimmung. Anhand der Höhe des Objekts und der Augenhöhe des Beobachters lässt sich der gemessene Höhenwinkel mit Hilfe einer Tabelle (siehe S. 211) oder mit einem Taschenrechner in einen Abstand umrechnen.

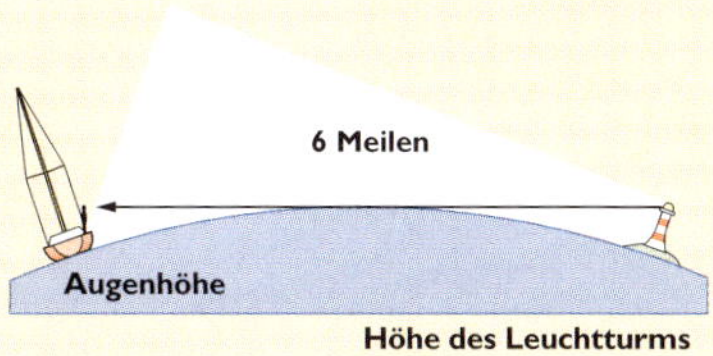

Abstandsschätzung

Entfernungen sind auf See oft schwer zu schätzen; häufig werden kurze Distanzen über- und lange Distanzen unterschätzt. Die folgenden Angaben sind grobe Anhaltspunkte; sie gelten für 2 m Augenhöhe über dem Meeresspiegel bei guter Sicht und mäßigem Seegang.

≈ 5 km - Horizont

≈ 3 km - Tonne gerade sichtbar, Boje nicht mehr sichtbar.

≈ 1,5-2,5 km - Takelage eines großen Fahrzeugs sichtbar.

≈ 1,5 km - Farbe und Form von Tonnen sichtbar, Bojen formlos, Menschen sind Punkte.

≈ 400 m - Bewegung eines Fußgängers oder Ruderers erkennbar.

≈ 230 m - Stromkräuselung um Bojen erkennbar.

≈ 100 m - Gesichter sichtbar.

Um den Abstand des Boots von einer Steilküste zu bestimmen, kann man die Zeit messen, bis ein Nebelhornsignal als Echo zurückkehrt: 1 Sekunde = 183 m

Die Arbeit in der Seekarte

Der Kurs eines Boots ist die Richtung, in die es sich bewegt, doch aufgrund von Einflüssen wie Abdrift und Stromversetzung entspricht der Kurs nicht zwangsläufig der Rechtvorausrichtung. Der Kartenkurs ist die Richtung zwischen zwei wahren Schiffsorten. Der Kurs über Grund ist der tatsächliche Weg eines Boots auf der Erdoberfläche.

Das Koppeln, d.h. die Positionsbestimmung aufgrund der gesteuerten Kurse und der zurückgelegten Entfernung, erfolgt normalerweise in der Karte, obwohl man einen Koppelort auch mit Tabellen oder einem Taschenrechner ermitteln kann.

Zwei Hauptprobleme bei der Arbeit in der Karte sind die Bestimmung des Koppelorts unter Berücksichtigung von Stromversetzung und Abdrift und umgekehrt die Ermittlung des Steuerkurses, der einem gewünschten Kartenkurs entspricht, unter Berücksichtigung der gleichen Einflussfaktoren.

Informationen über Richtung und Stärke der Gezeitenströme bezogen auf Hoch- und Niedrigwasser sind den Gezeitenstrom-Atlanten zu entnehmen. Ähnliche Angaben findet man oft auch auf den Seekarten. Die Abdrift wird meist nach Erfahrungswerten geschätzt, die man mit dem Boot unter verschiedenen Bedingungen gesammelt hat. Als groben Anhaltspunkt für den Abdriftwinkel kann man eine Peilung des Kielwassers mit dem Steuerkurs vergleichen.

Wenn man mit der Missweisungsrose auf der Karte oder mit einem speziellen Plotterlineal arbeitet, bei dem sich die Missweisung einstellen lässt, braucht man nur noch die Deviation zu berücksichtigen. Es ist aber zu beachten, dass die Gezeitenstrominformationen rechtweisend, nicht missweisend angegeben sind. Wenn man sich einmal entschieden hat, recht- oder missweisend zu arbeiten, sollte man darin konsequent bleiben, damit sich keine Fehler einschleichen. Die Arbeit mit missweisenden Angaben erspart meist eine Umrechnung und damit eine Fehlerquelle.

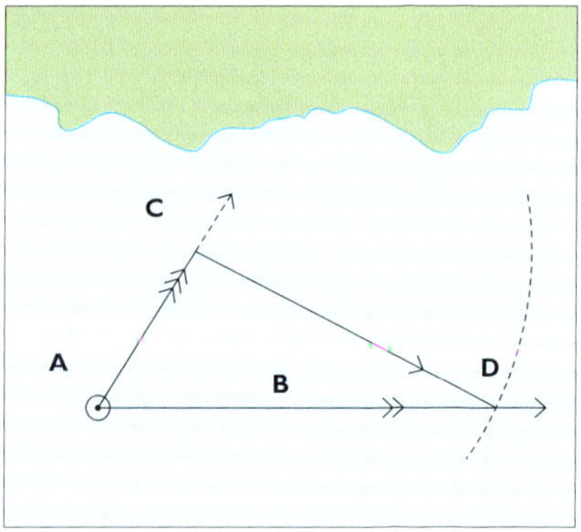

Um den Steuerkurs zu ermitteln, zunächst den Kurs über Grund (KüG) mit Bleistift auf der Karte einzeichnen (AB). Dann die Stromrichtung und -stärke einzeichnen, um zu bestimmen, wie weit der Strom das Boot z.B. innerhalb einer Stunde versetzen wird (AC). Zirkel auf die Entfernung einstellen, die das Boot in einer Stunde zurücklegt, und den entsprechenden Schnittpunkt (D) mit der KüG-Linie ermitteln. Der mit der Stromversetzung beschickte Kurs durchs Wasser wäre dann CD, die in einer Stunde zurückgelegte Distanz über Grund AD. Den Kurs durchs Wasser in einen Magnetkompasskurs umwandeln.

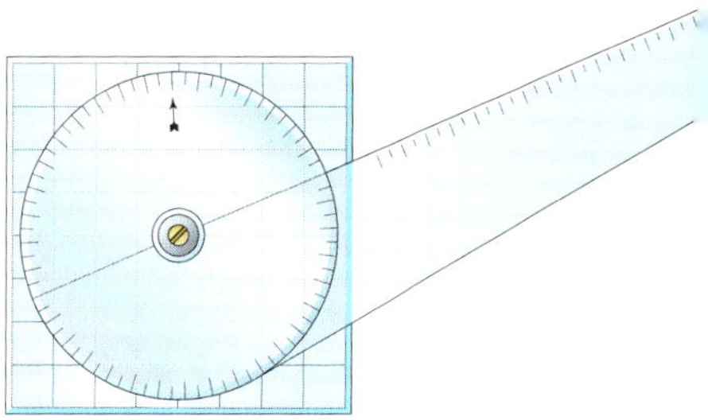

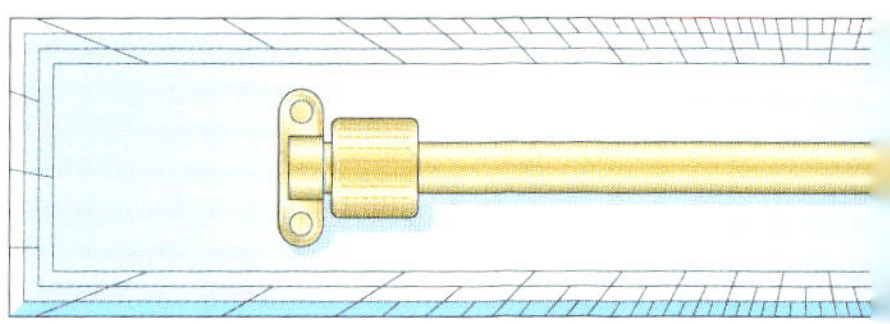

Der Kartentisch sollte mindestens 60 x 75 cm groß sein. Zur erforderlichen Grundausstattung gehören aktuelle Seekarten, Nautisches Jahrbuch, Gezeitentafeln, Seehandbücher, Logbuch und Notizblock.

Sinnvolles Handwerkszeug zur Arbeit in der Karte: Ein einarmiges Kurs- oder Plotterlineal, vor allem zur Darstellung missweisender Peilungen nützlich, ein Roll-Lineal, das man mit einer Hand über

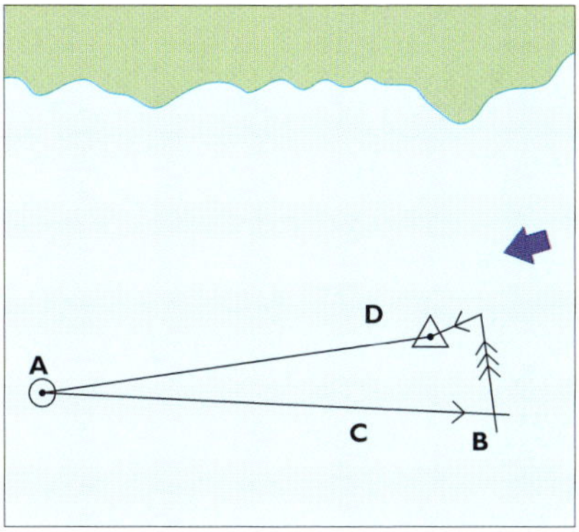

Um den geschätzten oder gegissten Schiffsort zu bestimmen, den gesteuerten Kurs (AC) ab der letzten bekannten Position (A) einzeichnen. Den Winkel um die Abdrift korrigieren und den Koppelort, B, gemäß der zurückgelegten Strecke (nach Log oder Schätzung) eintragen. Die Stromrichtung und -stärke BD einzeichnen, die der Stromversetzung für die von A nach B gesegelte Zeit entspricht. Der Punkt D ist der geschätzte bzw. gegisste Schiffsort, AD Kurs und Distanz über Grund. Sorgfältige Logbuchführung mit detaillierter Eintragung der zurückgelegten Distanzen und gesteuerten Kurse ist unerlässlich.

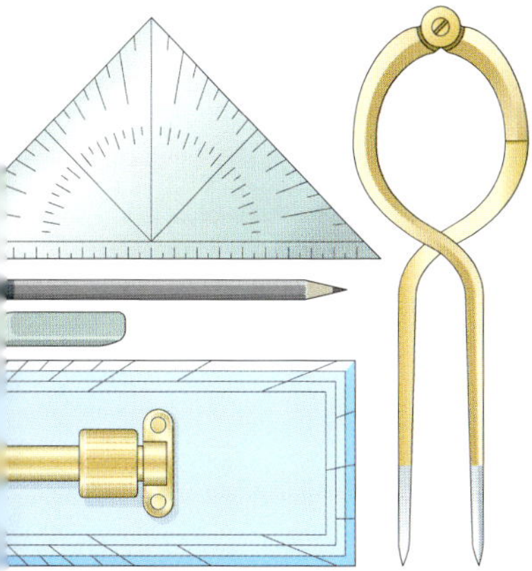

die Karte rollen kann, um Kurse und Peilungen abzusetzen, ein Kartenzirkel zum Abgreifen von Distanzen, ein Satz Kursdreiecke bzw. ein Kursquadrat. Unentbehrlich sind auch weiche Bleistifte (2B), Bleistiftspitzer und ein viereckiger Radierer, der nicht abrutscht.

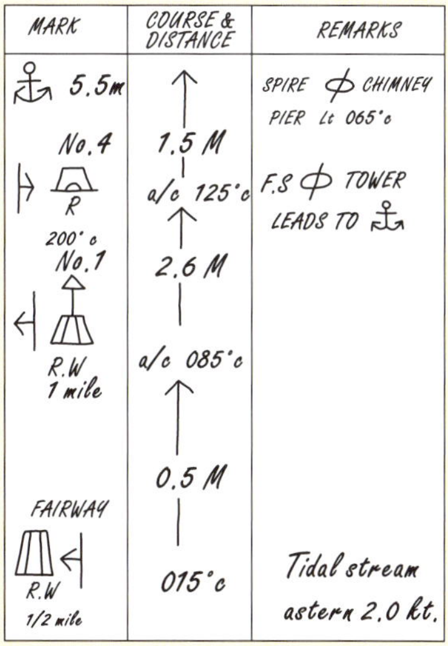

Navigator-Notizbuch
In beengten Revieren ist es ratsam, zur Sicherheit die benötigten Informationen vorab in ein Navigator-Notizbuch einzutragen. Beispiel: Fahrwassertonne 0,5 Meilen an Backbord lassen 0,5 Meilen weit 015° MgK steuern. Tonne Nr. 1 liegt jetzt 1 Meile querab Backbord. Kursänderung auf 085° MgK für 2,6 Meilen bis Bake Nr. 4 querab Steuerbord liegt. Kurs auf 125° MgK für 1,5 Meilen steuern. Wenn Flaggenmast und Turm in Deckung gebracht werden können 065° MgK auf Pier zu steuern und Anker bei 5,5 Metern fallen lassen.

Kartensymbole sind eine Art universeller Kurzschrift zum Einzeichnen von Kursen. Zeitangaben erfolgen nach dem 24-Stunden-System. Die blau dargestellten Symbole werden in den USA verwendet.

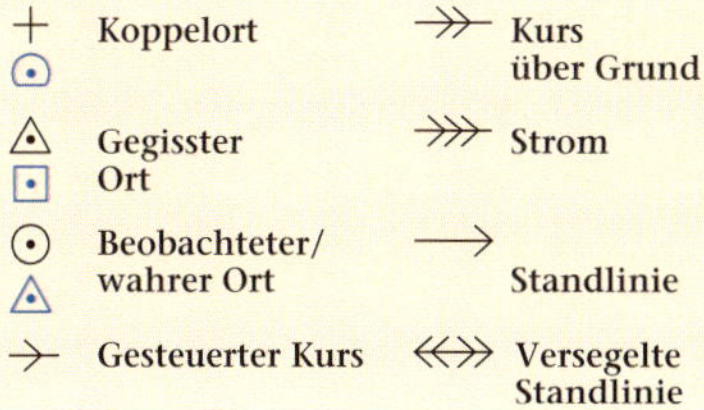

Die Sprache der Karten

Stellen Sie sich ein Licht in einem Globus vor, das die Schatten der Küstenlinien auf einen Zylinder wirft. Stellen Sie sich diesen Zylinder zu einer zweidimensionalen Fläche ausgerollt vor: Das Grundprinzip der Kartenprojektion.

Das Problem der Seekarte liegt darin, dass man die Kugelfläche der Erde auf einem flachen Stück Papier darstellen muss, ohne die Elemente, mit denen der Navigator arbeitet, zu verzerren. Außer in sehr hohen Breiten, für Spezialzwecke oder Hafenpläne werden als Seekarten praktisch nur Mercator-Karten verwendet. Einer ihrer Vorteile: Eine auf ihnen eingetragene Gerade schneidet alle Meridiane im gleichen Winkel.

Man sollte immer eine Karte mit möglichst großem Maßstab verwenden. Je größer der Maßstab, desto detaillierter die enthaltenen Informationen. Außerdem verursachen Fehler beim Zeichnen in einer großmaßstäblichen Karte geringere Positionsungenauigkeiten als bei kleinerem Maßstab. Viele der in Seekarten enthaltenen Informationen bestehen in standardisierten Zeichen und Abkürzungen, die in Karte 1 (INT 1) des Bundesamtes für Seeschiff-Fahrt und Hydrografie (BSH) zusammengefasst sind. Änderungen der Betonnung, Befeuerung und dgl. werden wöchentlich in den *Nachrichten für Seefahrer* veröffentlicht. Das Berichtigungsdatum am linken unteren Kartenrand gibt an, bis zu welchem Zeitpunkt die Karte aktualisiert wurde.

In Deutschland werden Seekarten vom Bundesamt für Seeschiff-Fahrt und Hydrografie (BSH) herausgegeben. Für manche Reviere muss man jedoch auf englische oder landeseigene Karten zurückgreifen.

Ferner gibt das BSH Seehandbücher mit Informationen über örtliche Verhältnisse, auffällige Landmarken, Hafenansteuerungen, Hafeneinrichtungen etc. sowie weitere nautische Literatur heraus. Diese Publikationen bilden eine unentbehrliche Ergänzung zu den zwangsläufig unvollständigen Informationen der Seekarten.

Die Kartensymbole sind in verschiedene Objektklassen unterteilt, u.a. natürliche Formen, Landmarken, Häfen, Bauten, Tonnen und Baken, Leuchtfeuer, Radar, funktechnische Stationen, Nebelschallsignale, Schiff-Fahrtshindernisse, Tiefen, Grundbezeichnungen, Gezeiten, Strömungen, Kompassrose und vieles mehr.
1 Funkmast mit Warnfeuer.
2 Blitzfeuer, Wiederkehr 3 s, Höhe 5 m, Tragweite

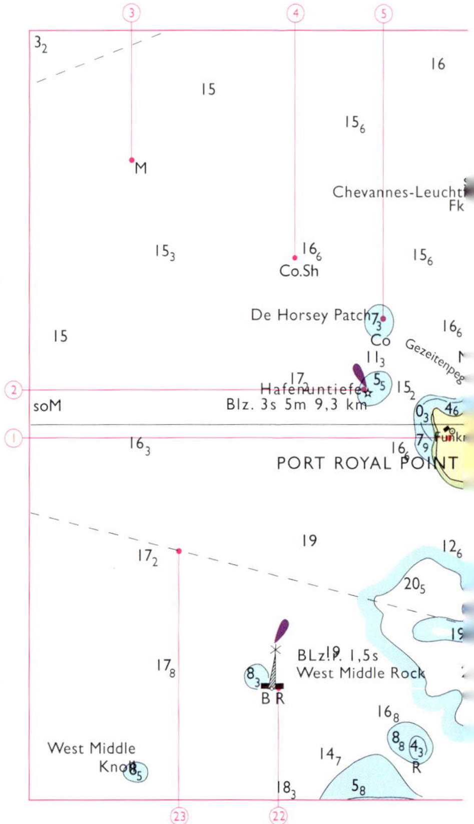

11 Bei Seekartennull sichtbares Wrack.
12 Sandküste.
13 Tiefenlinien.
14 Gebäude.
15 Festung mit 31 m hohem Flaggenmast.
16 Felsiger Grund.
17 Blitzfeuer, Wiederkehr 5 s, Höhe 6 m, Tragweite 9,3 km.
18 Blitzfeuer, Rot, Wiederkehr 5 s. Höhe 9 m, Tragweite 15 km.
19 Korallenriff.
20 Tiefenlinie 20 m.
21 Blitzfeuer zur Markierung einer Untiefe.

9,3 km. Markiert eine Untiefe mit 5,5 m Wassertiefe. Brauchbares Tagzeichen.
3 Schlick.
4 Grund: Koralle und Muscheln. 16,6 m Kartenwassertiefe.
5 Untiefe.
6 Funkelfeuer. Brauchbares Tagzeichen.
7 Tiefenlinie 7-10 m.
8 Landungsstege.
9 Kirche.
10 Flaggenmast auf Kohlehafengebäude.

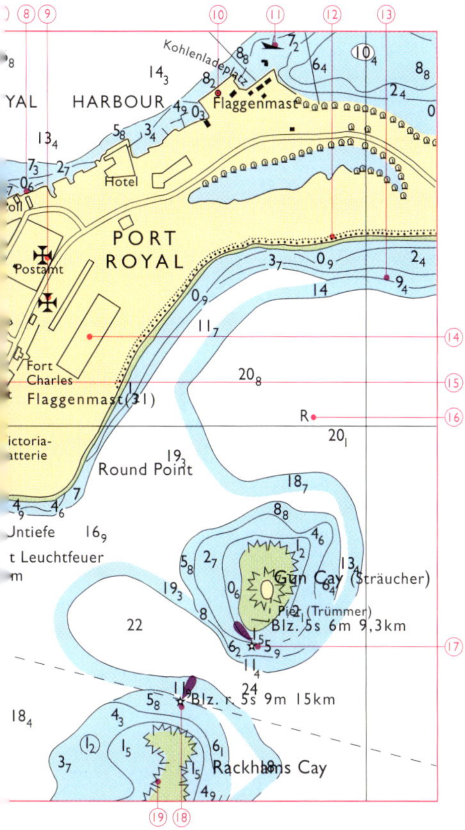

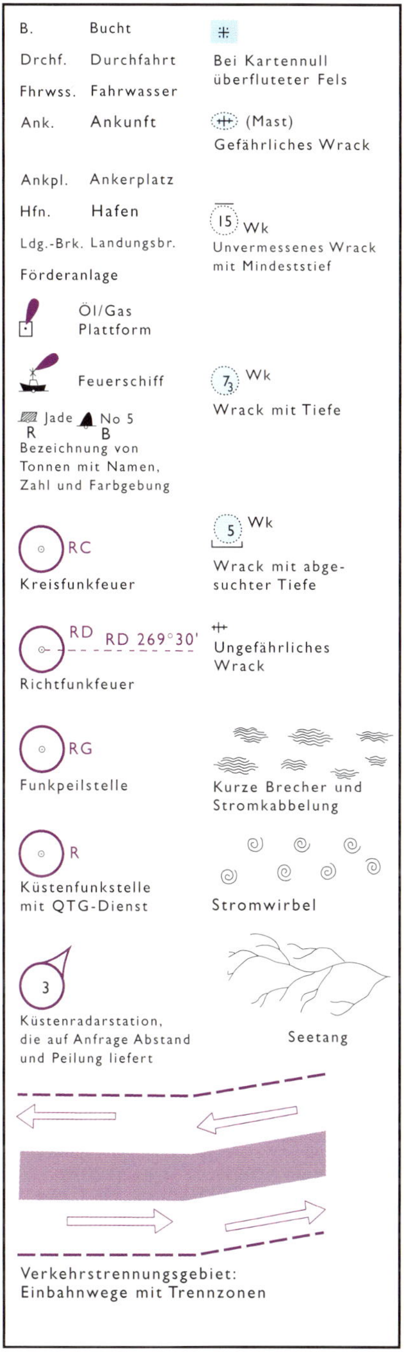

22 Schwarzrote Leuchttonne, rotes Blitzfeuer, Wiederkehr 1,5 s, Markierung einer Untiefe mit 8,3 m Wassertiefe.
23 Peilstrahl.

Auszug aus britischen Admiralitätskarten mit Genehmigung des Controller of H.M. Stationary Office und des Hydrographer of the Navy.

Das Lot

Die Kenntnis der Wassertiefe kann, vor allem in Kombination mit anderen Informationen, auf See unter vielen Umständen nützlich sein – etwa um eine Gefahrenstelle sicher zu passieren oder zum Landfall. Wo ein charakteristisches, in der Karte durch Tiefenlinien dargestelltes Bodenprofil gegeben ist, kann eine Reihenlotung helfen, den Schiffsort zu bestimmen.

Das Echolot liefert innerhalb seines Messbereichs eine kontinuierliche Tiefenbestimmung. Hierbei sendet ein unterm Bootsboden montierter Geber ein akustisches Signal in Richtung Meeresboden und misst die Zeit bis zur Rückkehr des Echos, die dann in einen Tiefenwert umgewandelt wird - die durchschnittliche Schallgeschwindigkeit im Wasser beträgt 1500 m/s. Die Wassertiefe kann auf verschiedene Weise angezeigt werden: digital, als Leuchtspur, die das Bodenprofil darstellt, auf einer Kathodenstrahlröhre oder als Lichtblitz auf einer Rundskala.

Ein Echolot mit Echograf ist für Reihenlotungen am günstigsten, da sprunghafte Veränderungen der Wassertiefe sofort erkennbar werden. In sehr kaltem und in Süßwasser breitet sich der Schall langsamer aus; hier sollte man mehr Spielraum unterm Boot lassen, da die Tiefe vermutlich geringer ist als angezeigt.

Um den Schiffsort durch Reihenlotung zu bestimmen, den Kurs über Grund auf der Karte einzeichnen und darauf in sinnvollen Abständen, z.B. alle 15 Minuten, die Koppelorte eintragen. Dann eine entsprechend unterteilte Linie im gleichen Maßstab auf Pauspapier zeichnen und die Lotungen in den entsprechenden Zeitabständen neben den Koppelorten eintragen. Dabei jede Lotung durch Abzug der Gezeitenhöhe auf Kartennull berichtigen. Das Pauspapier auf die Karte über den eingezeichneten Kurs legen und verschieben, bis die Lotungen mit den Tiefenangaben der Karte übereinstimmen. (Hierzu empfiehlt es sich, einen Meridian auf dem Pauspapier einzuzeichnen.)

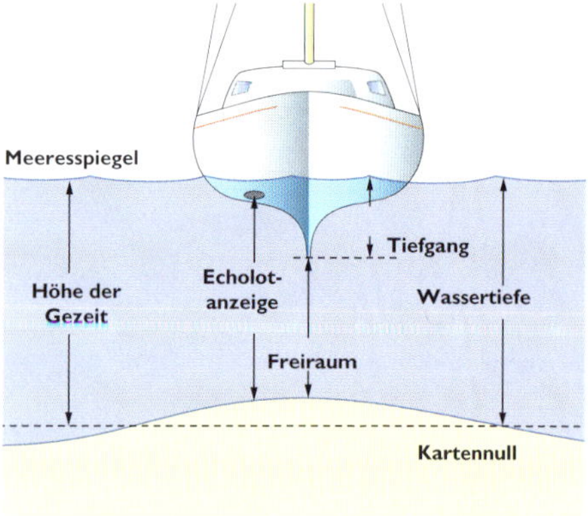

Die Wassertiefe wird in Seekarten in Meter und Dezimeter (in älteren englischen Karten auch in Faden und Fuß) unter Kartennull angegeben. Kartennull ist meist, aber nicht immer, der niedrigste vorhersehbare Wasserstand. Zum Vergleich der gemessenen Wassertiefe mit Kartennull die Höhe der Gezeit abziehen. Um den Abstand zwischen Kiel und Meeresboden zu berechnen, den Tiefgang des Boots von dem gemessenen Wert abziehen.

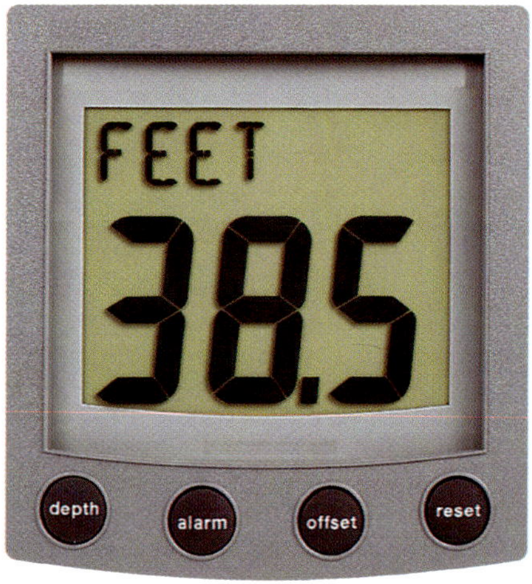

Moderne elektronische Echolote können Tiefen bis zu 200 m auf einer Rundskala und/ oder LED-Anzeige darstellen. Das Problem des Wetterschutzes lässt sich durch eine Fernanzeige im Cockpit weitgehend lösen, da dann das Gerät selbst an geschützter Stelle installiert werden kann. Ein Tiefenalarm, der sich auf jede gewünschte Tiefe bis zu 30 m einstellen lässt, kann bei schlechter Sicht, in Flachwasser oder am Ankerplatz nützlich sein.

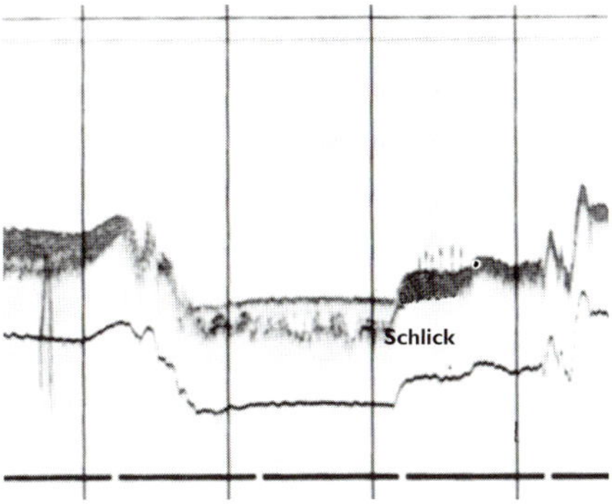

Anders als digitale Echolote liefert der Echograf eine kontinuierliche Darstellung der Wassertiefe, indem er die Kontur des Meeresbodens auf einen Registrierstreifen aufzeichnet. Er gibt detaillierte Informationen über die Grundbeschaffenheit: Schlick, harter Sand und Fels sind deutlich zu unterscheiden. Fischschwärme erscheinen als schwächere Signale.

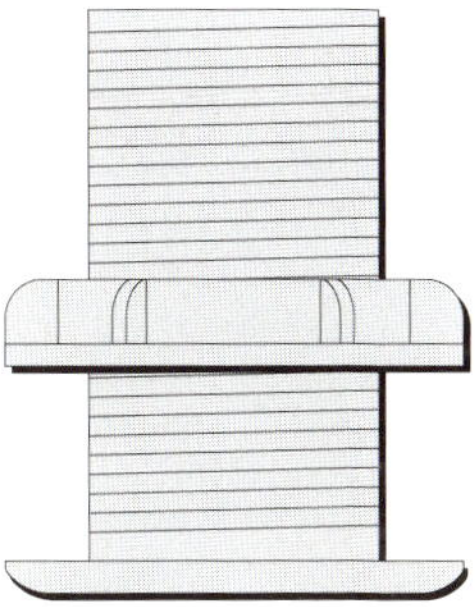

Ein am Schiffsrumpf angebrachter Geber oder Schwinger erzeugt das Schallsignal; er wird meist außen montiert, doch können einige Modelle auch innen eingebaut werden. Die meisten geben das Signal in einem 45°-Winkel ab, sodass es bei mehr als 22° Krängung nicht mehr direkt auf den Meeresboden trifft. Dadurch kann es zu Fehlanzeigen kommen. Die Lösung für Kreuzeryachten, bei denen oft mit mehr als 20° Krängung zu rechnen ist: Zwei Geber, einen für jede Seite, am besten mit automatischem Schwerkraftschalter. Sie sollten vor dem Kiel in einem turbulenzfreien Bereich angebracht werden. Wenn sie zu nah am Kiel installiert werden, kann es zur Behinderung des Schalls kommen. Außerdem muss man den vertikalen Abstand vom Geber zur Kielunterkante messen und von der geloteten Tiefe abziehen, um den Freiraum unter dem Kiel zu erhalten.

Handlote

Traditionell pflegte man die Wassertiefe mit einem Handlot zu messen: ein an einer markierten Leine befestigtes Senkblei, oft mit Talg „gespeist“, um Bodenproben zu nehmen. Es kommt immer noch häufig zum Einsatz. Eine übliche Markierung der Lotleine:

Meter	Markierung
1,11,21	1 Lederstreifen
2,12,22	2 Lederstreifen
3,13,23	blauer Stoffstreifen
4,14,24	grün-weißer Stoffstreifen
5,15,25	weißer Stoffstreifen
6,16,26	grüner Stoffstreifen
7,17,27	roter Stoffstreifen
8,18,28	blau-weißer Stoffstreifen
9,19,29	rot-weißer Stoffstreifen
10	Leder mit einer Lochstanzung
20	Leder mit zwei Lochstanzungen
0,2	ein Stück Angelschnur

Einsatz des Echolots

Bei dichtem Nebel oder flach abfallender Küste ist ein Echolot von unschätzbarem Wert. Es kann zur Überprüfung eines Koppelorts oder durch Reihenlotung mit oder ohne Peilung zur Positionsbestimmung dienen. Auch bei Ansteuerung einer Hafeneinfahrt oder eines anderen Ziels kann man u.U. einer Reihenlotung folgen. Eine Tiefenlinie aus der Karte wählen, siehe unten, und kontinuierliche Lotungen vornehmen, nachdem man sich vergewissert hat, dass keine Unterwasserhindernisse entlang der Route liegen. Lotungen sind jedoch oft schwierig zu deuten.

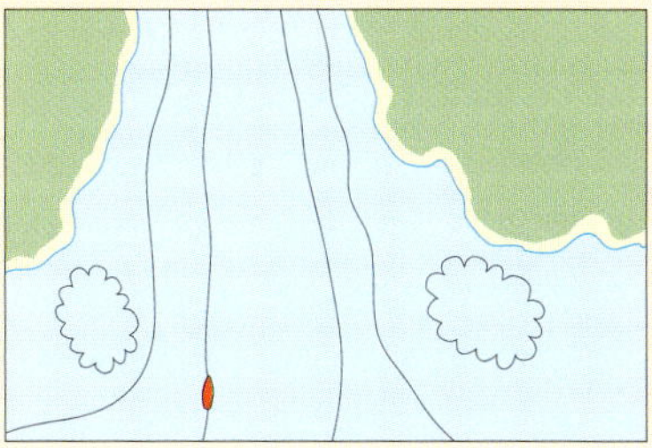

Gezeiten

Die Gezeiten entstehen durch die Anziehungskraft des Mondes und in geringerem Maße der Sonne auf die Wassermassen der Erde. Die Flutwellen, die das Hochwasser rund um die Erde tragen, werden durch die Erdrotation verursacht.

Das so bewegte Wasser selbst wird als Gezeiten- oder Tidenströmung bezeichnet, der Höhenunterschied zwischen Hoch- und Niedrigwasser als Tidenhub. Ein „Tidentag" entspricht einer Erdumdrehung bezogen auf den Mond und beträgt etwa 24 h 50 min. Gezeitenformen lassen sich in drei Hauptkategorien unterteilen: 1. die halbtägige mit zwei Hoch- und zwei Niedrigwassern pro Tidentag, 2. die eintägige mit einem Hoch- und einem Niedrigwasser pro Tidentag und 3. die gemischte, die zwischen halb- und eintägigem Ablauf schwankt.

Für den Seemann ist hauptsächlich die Voraussage der Höhen und Zeiten von Hoch- und Niedrigwasser und der Richtung und Stärke der Gezeitenströme wichtig. Gezeitentafeln enthalten die Höhen und Zeiten des Hoch- und Niedrigwassers über Kartennull für bestimmte Bezugsorte und Gezeitenunterschiede zur Berechnung von Hoch- und Niedrigwasser für so genannte Anschlussorte.

Gezeitenströmungen, die an der Küste durch das auf- und ablaufende Wasser entstehen, „kentern" normalerweise alle sechs Stunden, d.h. sie ändern ihre Richtung. Ihre Richtung und Stärke wird in Gezeitenstromatlanten für Spring- und Nipptiden angegeben – mit Hilfen zur Interpolation über den Tidenhub. Auch Karten enthalten Angaben zu Tidenströmen.

Die Wetterverhältnisse können erheblichen Einfluss auf Tide und Tidenströme nehmen. Lang andauernder, starker auflandiger Wind kann die Höhe der Gezeit verstärken, ablandiger Wind sie verringern, wobei die Gezeitenströme entsprechend beeinflusst werden. Auch sehr hoher Luftdruck vermindert die Höhe der Gezeit.

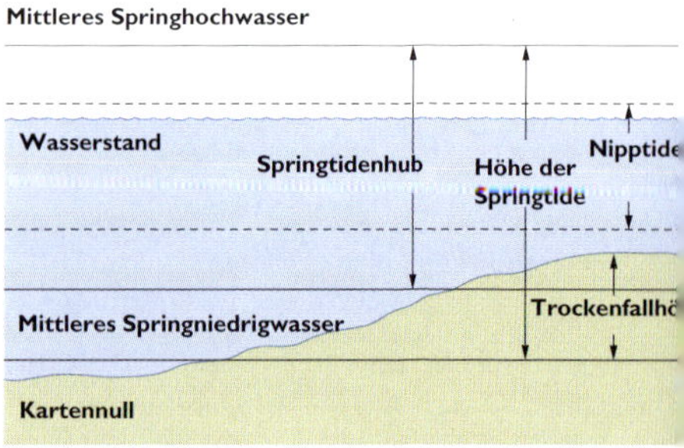

Auf modernen Seekarten wird die Kartenwassertiefe in Metern unter (die Trockenfallhöhe in Metern über) Kartennull angegeben, das meist dem mittleren Springniedrigwasser, mitunter aber auch dem niedrigstmöglichen Niedrigwasser entspricht. Die Höhe der Gezeit ist die Differenz zwischen Kartennull und dem aktuellen Wasserstand, der Tidenhub ist die Differenz zwischen dem Wasserstand bei Hoch- und Niedrigwasser. Am größten ist diese Differenz in der Springzeit, zwei Tage nach Voll- bzw. Neumond, wenn Sonne und Mond in Opposition bzw. Konjunktion stehen. In der Nippzeit, wenn Sonne und Mond ihre Anziehungskräfte im rechten Winkel zueinander ausüben, ist der Tidenhub am

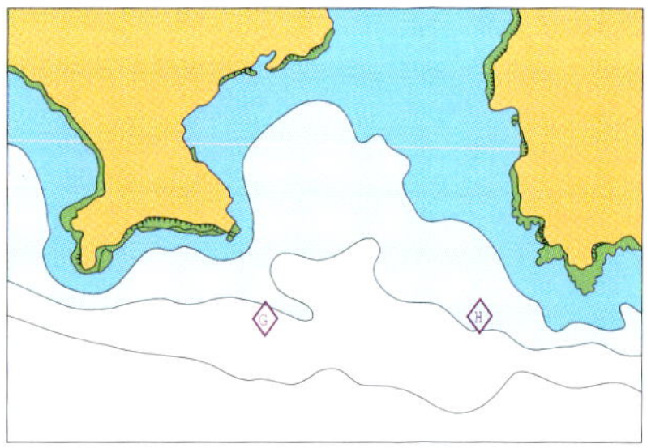

Rauten markieren in der Karte Orte, für die Tidenstrominformationen verfügbar sind. Der Buchstabe verweist auf eine Tabelle auf der Karte, die Informationen für jede der sechs Stunden vor und nach dem Hochwasser sowie für Spring- und Nippzeiten enthält.

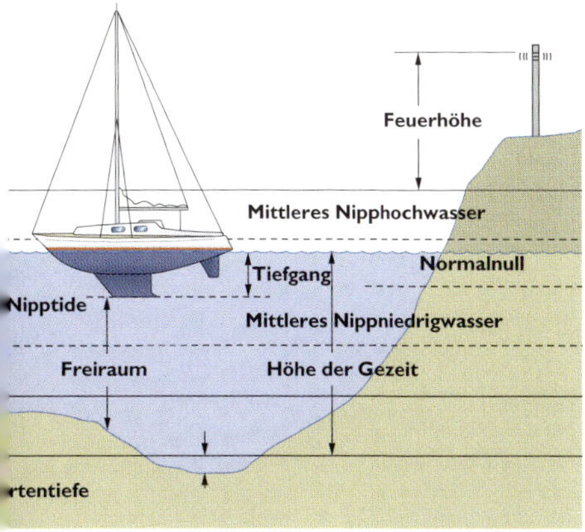

geringsten. Das mittlere Springhochwasser (MSpHW) ist der Mittelwert der höchsten Hochwasser, das mittlere Springniedrigwasser (MSpNW) der Mittelwert der niedrigsten Niedrigwasserhöhen während der Springzeiten eines Jahres. US-Seekarten arbeiten mit dem mittleren Hochwasser, d.h. dem Mittelwert aller Hochwasserhöhen, und dem mittleren Niedrigwasser, d.h. dem Mittelwert aller Niedrigwasserhöhen (zu Spring- und Nippzeiten) über einen Zeitraum von 19 Jahren. Die mittleren Nipphoch- und -niedrigwasserhöhen liegen innerhalb des Springtidenhubs. Trockenfallhöhen, die bei Hochwasser, nicht aber bei Niedrigwasser überflutet sind, werden über Kartennull gemessen und in der Karte unterstrichen, um sie von Wassertiefen unter Kartennull zu unterscheiden.

Der Gezeitenstromatlas gibt für das jeweilige Gebiet die Richtung der Tidenströme und ihre Geschwindigkeit in Knoten an. Zahlenpaare, wie z.B. 10.24, bezeichnen die Geschwindigkeit bei Nipp- bzw. Springtide. Der Atlas enthält für jeden Bezugsort 13 Gezeitenstromkarten, eine für jede der sechs Stunden vor und nach Hochwasser und eine für das Hochwasser selbst.

Gezeitenberechnung

Um die Höhe der Gezeit an einem bestimmten Ort zu ermitteln, muss das letzte Hoch- bzw. Niedrigwasser am nächsten Bezugsort und seine Höhe aus der Gezeitentafel entommen werden. Befinden Sie sich näher an einem Anschlussort, den entsprechenden Gezeitenunterschied aus der Tafel entnehmen. Wenn also z.B. das Hochwasser am Anschlussort 20 Minuten später eintritt, 20 Minuten hinzurechnen. Zur Errechnung des Tidenhubs wird die Niedrigwasserhöhe von der Hochwasserhöhe abgezogen. Differenz zwischen der nächsten Hochwasserzeit und der benötigten Zeit ermitteln, um den Zeitunterschied (Stunden vor bzw. nach Hochwasser) zu erhalten. Aus dem Tidenkurvendiagramm des Bezugsorts die entsprechende Tidenkurve heraussuchen. Den Faktor am Schnittpunkt des Zeitunterschieds mit der Kurve ablesen. Den bereits errechneten Tidenhub mit diesem Faktor multiplizieren, um die Höhe der Gezeit über Niedrigwasser zu erhalten. Diese zur Niedrigwasserhöhe hinzuaddieren, um die Höhe der Gezeit über Kartennull zur benötigten Zeit zu ermitteln. Zeitverschiebung bzw. Sommerzeit berücksichtigen. Die Zwölftelregel gibt einen groben Überblick über die Wasserstandsänderungen.

Die Steig- oder Fallgeschwindigkeit beträgt:

1. Stunde - 1/12 des Tidenhubs
2. Stunde - 2/12 des Tidenhubs
3. Stunde - 3/12 des Tidenhubs
4. Stunde - 3/12 des Tidenhubs
5. Stunde - 2/12 des Tidenhubs
6. Stunde - 1/12 des Tidenhubs

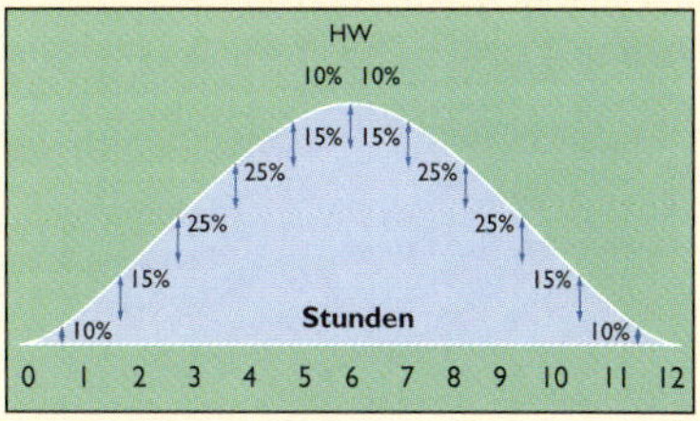

Das Log

Die Messung der auf See zurückgelegten Distanz wird dadurch erschwert, dass sich das Medium, in dem sich das Boot bewegt, im Verhältnis zur Erdoberfläche selbst bewegt. Die Distanz über Grund lässt sich zwischen wahren Orten direkt messen, muss aber sonst aus Messungen der Fahrt bzw. des Wegs durchs Wasser abgeleitet werden.

Das Log ist ein Gerät, mit dem man die Geschwindigkeit bzw. die zurückgelegte Distanz durchs Wasser misst. Das Schlepp- oder Patentlog ist ein im Wasser nachgeschleppter Propeller, dessen Umdrehungen auf eine Loguhr an Deck übertragen werden, die den Wert in Seemeilen umwandelt. Obwohl heute weitgehend durch am Rumpf montierte elektronische Logs ersetzt, ist dies immer noch einer der zuverlässigsten Geschwindigkeitsmesser.

Auch elektronische Logs arbeiten oft mit einem kleinen, am Bootsboden montierten Rotor, der durch seine Umdrehungen einen elektrischen Strom zur Darstellung der Bootsgeschwindigkeit produziert. Solche Logs sind hochempfindlich und können mit anderen Navigationsinstrumenten gekoppelt werden.

Der Staudruck-Fahrtmesser, auch Speedometer genannt, misst mit einem am Bootsrumpf montierten Staurohr den dynamischen oder Staudruck, d.h. die Differenz zwischen dem statischen und dem durch die Fahrt erzeugten Gesamtdruck. Solche Staudruck-Fahrtmesser sind bei langsamer Fahrt oft unzuverlässig. Manche Yachtlogs messen den dynamischen Wasserdruck auch mit Hilfe eines Fühlers, der durch den Wasserwiderstand in Fahrt nach hinten geschwenkt wird.

Das unterm Rumpf angebrachte elektromagnetische Log nutzt das Prinzip der elektromagnetischen Induktion, um die Veränderung eines magnetischen Felds bei Fahrt durchs Wasser zu messen. Es misst über einen großen Geschwindigkeitsbereich äußerst genau, ist aber störanfällig gegen Turbulenzen.

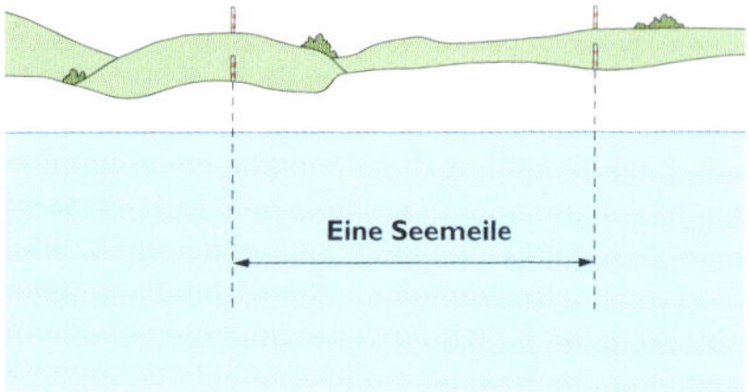

Am Rumpf angebrachte Logs sollten kalibriert werden, indem man die angezeigte Geschwindigkeit über eine Strecke von einer Seemeile mittels einer Uhr kontrolliert. Hierzu gibt es abgemessene Küstenstrecken (oder Abstände zwischen Tonnen), die durch Deckpeilungen markiert und auf den Karten ausgewiesen sind. Es müssen mehrere solche „Meilenfahrten“ in beide Richtungen unter Motor bei konstanter Geschwindigkeit und im rechten Winkel zu den Deckpeilungen unternommen werden.

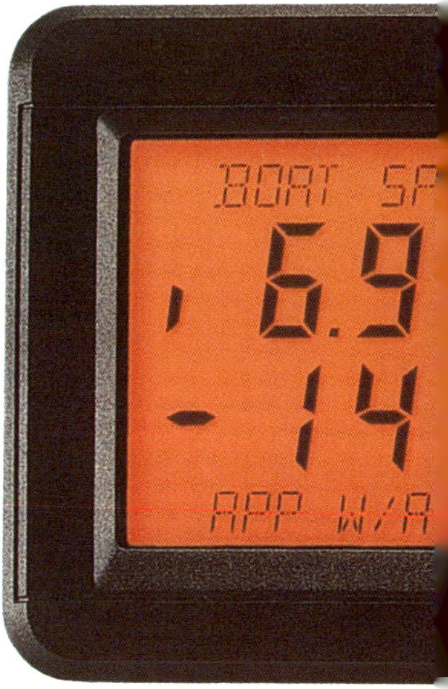

Auf heutigen Yachten werden die Navigationsinformationen diverser Geber meist auf Analoganzeigen übertragen, die zusammen an einer für den Rudergänger gut sichtbaren Stelle angebracht sind. So sind etwa Steuerkurs, Bootsgeschwindigkeit, Wassertiefe, Windgeschwindigkeit und -richtung etc. auf einen Blick ablesbar. Bei modernen integrierten Systemen hat man oft eine einzige Anzeige zur Darstellung zahlreicher aus den ursprünglichen Messwerten abgeleiteter Zu-

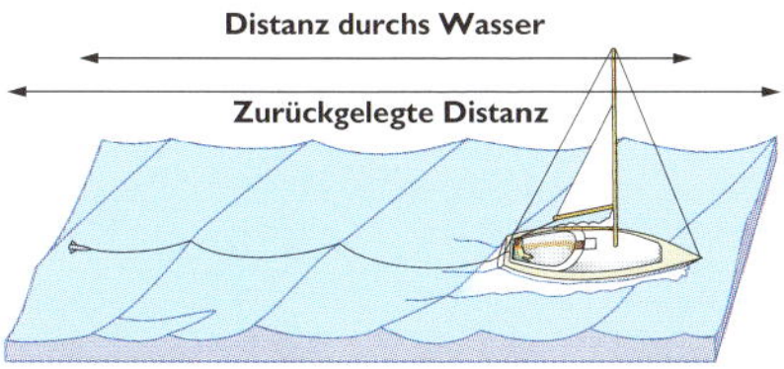

In schwerem Wetter kann ein Schlepplog bei frischer Brise 2%, bei starkem Wind 4% und bei Sturm 6% zu viel anzeigen. Ebenso kann ein instabiler Kurs die durchlaufene Distanz im Vergleich zum Sollkurs erhöhen. Da das Log die Fahrt des Boots bzw. die Distanz durchs Wasser misst, müssen vorhandene Strömungen berücksichtigt werden, um die Fahrt bzw. Distanz über Grund zu ermitteln.

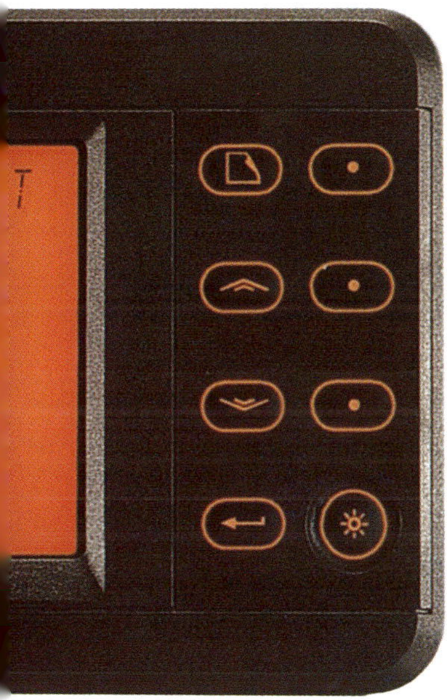

satzinformationen, wie Fahrt über Grund, Durchschnittsgeschwindigkeit, Luvweg, Stromstärke und, sofern ein Positionsbestimmungssystem angeschlossen ist, Zeit und Distanz zum Ziel oder zum nächsten Wegpunkt. Die hier abgebildete Anzeige zeigt Fahrtgeschwindigkeit, Wassertiefe und darunter Windgeschwindigkeit und -winkel an.

Checkliste

1 Wenn Sie an der Messgenauigkeit des Logs zweifeln, Impeller, Rotor oder Staurohr auf Tang und Algen kontrollieren. Stromversorgung kontrollieren.

2 Ein Knoten entspricht einer Seemeile pro Stunde. Die Fahrt in Knoten entspricht der Distanz in Seemeilen dividiert durch die Zeit in Stunden. Die Zeitdauer in Stunden entspricht der Distanz dividiert durch die Fahrt. Die Distanz entspricht der Fahrt multipliziert mit der Zeitdauer in Stunden.

3 Das Relingslog erfordert keine Ausrüstung und kann als grober Anhaltspunkt für die Geschwindigkeit dienen. An der Reling eine bestimmte, möglichst lange Distanz markieren. Einen schwimmfähigen Gegenstand am Bug ins Wasser werfen. Mit der Stoppuhr die Zeit messen, die er braucht, um die markierte Mess-Strecke zu passieren. Dann gilt: doppelte Meterzahl dividiert durch die Durchlaufzeit in Sekunden entspricht etwa der Fahrt in Knoten.

Handlog

Ein Handlog lässt sich leicht selbst herstellen – aus einem unten beschwerten, dreieckigen Sperrholzbrettchen (Logscheit) mit ca. 18 cm Kantenlänge. Eine Schleppleine an der oberen Ecke befestigen und zwei kurze Leinen von den beiden unteren Ecken daran festknoten. Die Logleine auf einer Logtrommel wird in Abständen von 6,84 m durch Knoten markiert. Das Brettchen am Heck ins Wasser werfen und mit der Stoppuhr messen, wie viele Knoten innerhalb von 14 Sekunden auslaufen, um die Fahrtgeschwindigkeit zu ermitteln.

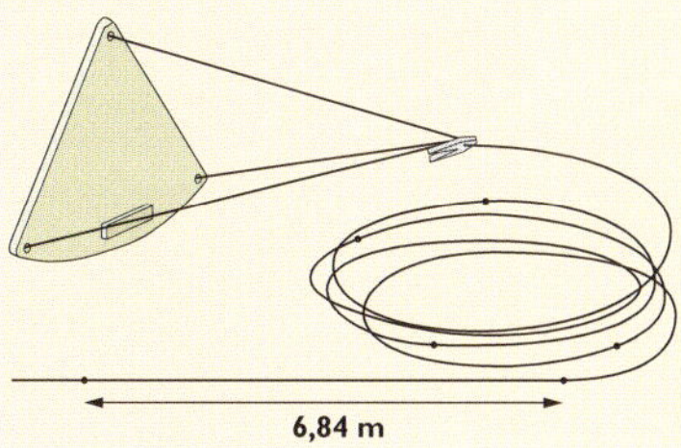

Radar

Größe und Gewicht moderner Radarantennen machen ihren Einsatz selbst auf kleineren Booten ab etwa 8 m Länge möglich. Radar kann bei Tag oder Nacht und bei Nebel als Navigationshilfe und zur Kollisionsvermeidung eingesetzt werden. Es bestimmt den Abstand zu einem Objekt, indem es elektromagnetische Wellen aussendet und die Zeit bis zur Rückkehr der Echoimpulse misst.

Zugleich wird nach Strahlrichtung der Drehantenne die Peilung des Objekts bestimmt und die Information in kartenähnlicher Form auf dem kreisförmigen Radarschirm – meist in Nähe des Kartentischs – angezeigt. Auf Yachten ist dies meist ein vorausorientiertes Display, bei dem die eigene Position in der Mitte liegt und die Vorauslinie nach oben weist; es gibt aber z.B. auch nordorientierte Displays. Bei vorausorientierter Anzeige scheinen ortsfeste Objekte wie Tonnen oder Ankerlieger an der eigenen Yacht vorbeizutreiben, während sie selbst unbeweglich bleibt. Größere Schiffe mit Kreiselkompass haben meist eine True-Motion-Radaranzeige, bei der sich das eigene Schiff auf dem Schirm bewegt, während ortsfeste Objekte stillstehen.

Haupteinsatzzweck des Radars ist die Kollisionsverhütung. Das ist jedoch keine einfache Sache, da die Bewegung der Schiffsechos auf dem Schirm relativ ist, d.h. sich aus der Bewegung beider beteiligten Schiffe ergibt. Bei modernen Radaranzeigen ist die Auswertung etwas erleichtert, doch ist der Einsatz eines Plotters bzw. einer Plotterscheibe zur Erkennung einer etwaigen Kollisionsgefahr höchst ratsam. Die Bestimmungen der Kollisionsverhütungsregeln (siehe S. 128-129) in Bezug auf Radar sollten genau studiert und beachtet werden.

Die einfachste Methode der Positionsbestimmung per Radar besteht im Vergleich mit der Karte. Das Radarbild der Küste ist jedoch meist schwierig zu interpretieren, weil das Echobild etwa einer Landspitze ganz anders aussehen kann als ihre Erscheinung auf der Karte. Eine Ortsbestimmung per Radar lässt sich auch durch die Abstandsmessung zweier oder dreier bekannter Objekte oder die Abstandsmessung und Peilung eines einzelnen Objekts vornehmen. Allerdings sind Radarpeilungen weniger zuverlässig als Radarabstände, die man auch mit anderen terrestrischen Standlinien kombinieren kann. Bei manchen Anlagen lassen sich Radar und GPS (siehe S. 130-133) vernetzen, um z.B. einen Weg- oder anderen Bezugspunkt auf dem Radarschirm einzublenden. In diesem Fall muss das Radargerät mit einem Fluxgate- oder Kreiselkompass vernetzt sein.

Radarantwortbaken oder Racons sind Radarnavigationshilfen, die, wenn sie Sendeimpulse einer fremden Radaranlage aufnehmen, ein Radarsignal mit charakteristischer Kennung aussenden. Sie sind in Seekarten und Seehandbüchern verzeichnet. Aufgrund einer leichten Verzögerung des Signals ist der Abstand zwischen Boot und Radarbake in der Regel etwas geringer als angezeigt. Radarbaken haben eine Tragweite von rund 10 Seemeilen.

Festkörper wie Schiffe, Tonnen, Baken und Land erscheinen auf dem Schirm als Lichtflecken; das Wasser bleibt dunkel. Steilküsten oder sogar ferne Hügel erscheinen u.U. früher auf dem Schirm als ein sich näherndes Fischerboot oder ein flacher Strand. Man sollte nicht vergessen, dass unter Wasser liegende Hindernisse auf dem Radarschirm nicht zu sehen sind.

Zur Positionsbestimmung per Radar muss die Küstenkarte zu Hilfe genommen werden. Tonnen zur Fahrwassermarkierung sind oft mit Radarreflektoren ausgestattet und sehen auf Radarschirm und Karte ähnlich aus. Auf der Karte mit „Ramark" bezeichnete Radarantwortbaken erscheinen auf dem Radarschirm als Strich. Schiffe, Inseln etc. erscheinen oft breiter, als sie wirklich sind; eine Hafeneinfahrt ist u.U. erst auf kurze Entfernung erkennbar. Karte regelmäßig auf Unterwasserhindernisse kontrollieren.

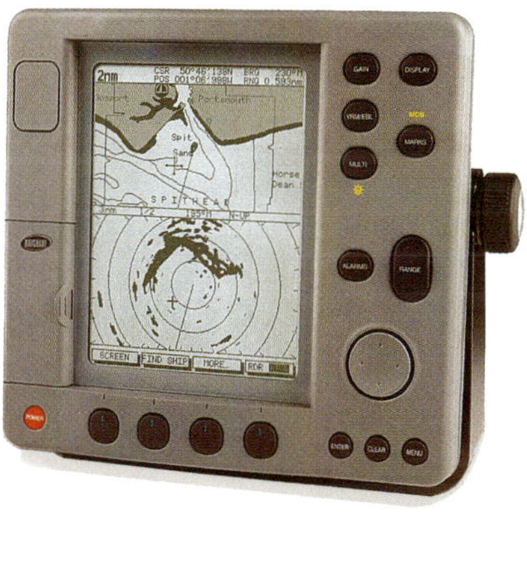

Moderne Geräte zur Kombination von Radar- und Kartenbildern erleichtern die Interpretation der Radarechos erheblich. Die Zeigermarken auf diesem geteilten Anzeigeschirm sind miteinander gekoppelt.

Radarreflektor

Um auf den Radarschirmen anderer Fahrzeuge gut erkennbar zu sein, braucht eine Yacht einen guten Radarreflektor. Der ähnlich wie ein Tripelspiegel funktionierende Reflektor fängt externe Radarsignale mit seinen Reflektionsecken auf und strahlt sie mit möglichst wenig Verlust in die Herkunftsrichtung zurück. Er muss exakt konstruiert, stabil und starr sein und mindestens 45 cm Diagonale haben. Schon eine kleine Vergrößerung kann die Rückstrahlfläche erheblich steigern.

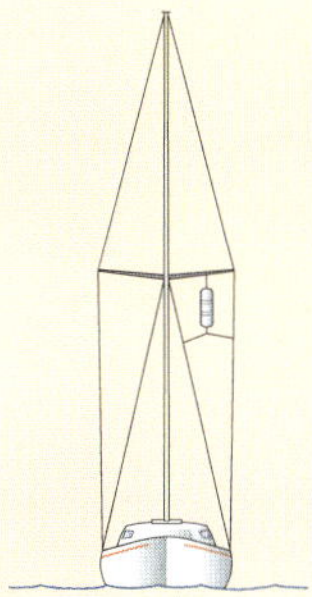

Reflektor mindestens 4 m über der Wasserlinie anbringen. Hierzu an Masttopp, Saling oder Hahnepot - bzw. Achterstagen eine dauerhafte Halterung anbringen. Zum vorübergehenden Heißen mit einer Gummi- oder Flaggleine zur Saling oder am Achterstag hochziehen.

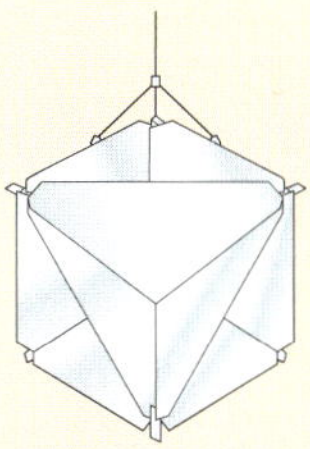

Der Oktaeder-Reflektor muss nicht aufrecht, sondern in der „Regenfangstellung" geheißt werden. Er ist billig, leicht verstaubar, verliert aber bei Krängung an Wirksamkeit.

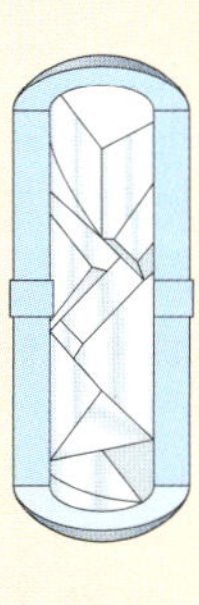

Die Reflexionsleistung des Firdell-Blipper mit seiner speziellen Anordnung der Reflektorecken bleibt bei bis zu 30° Krängung fast unbeeinträchtigt. Dieser Reflektor wird je nach seiner Größe und Höhe von den meisten Fahrzeugen schon auf gute Entfernung erfasst.

Betonnungssysteme

Praktisch weltweit gültig ist das Betonnungssystem der IALA (International Association of Lighthouse Authorities). Dabei gibt es zwei Regionen, A und B, in denen die Seezeichen identisch sind, jedoch wird bei System A die Steuerbordseite des Fahrwassers (Einlaufrichtung) mit Grün, Backbord mit Rot gekennzeichnet, während es bei System B umgekehrt ist. Region B umfasst Nord- und Südamerika, Japan und die Philippinen, Region A den Rest der Welt. Es gibt fünf Arten von Seezeichen: Laterale und kardinale Zeichen, Mitte-Fahrwasser-Zeichen, Einzelgefahr- und Sonderzeichen. Tagsüber sind sie an Farbe und Form von Tonne und Toppzeichen kenntlich, nachts durch Farbe und Kennung der Befeuerung. Lateralzeichen markieren die seitlichen Begrenzungen eines Fahrwassers.

Kardinale Zeichen, 4, sind schwarz-gelb mit schwarzem Doppelkegel als Toppzeichen. Sie kennzeichnen allgemeine Gefahren und geben an, auf welcher Seite diese zu passieren sind: Nord, **5**, beide Spitzen nach oben; Süd, **6**, Spitzen nach unten; West, **7**, Spitzen nach innen; Ost **8**, Spitzen nach außen. Befeuert sind sie mit weißem Funkelfeuer oder schnellem weißem Funkelfeuer: Nord – ununterbrochen; Ost – 3 Funkel, dann Pause; Süd – 6 Funkel, ein Blink, eine Pause; West – 9 Funkel, Pause. In den USA werden sie nicht mehr verwendet.

Laterale Zeichen an Backbord: rote Stumpftonnen, **1**, oder Spierentonnen, **2**, mit rotem Zylinder. Steuerbordseitige Lateralzeichen sind grüne Spitztonnen, ggf. mit kegelförmigen Toppzeichen, **3**. Nachts sind sie mit verschiedenen Kennungen rot bzw. grün befeuert.

Einzelgefahrzeichen, 9, schwarz-rot gestreifte Baken- oder Spierentonnen mit zwei schwarzen Bällen als Toppzeichen, die man auf jeder Seite passieren kann. Nachts sind sie mit Gruppen von je zwei weißen Funkeln oder Blitzen befeuert. Sonderzeichen, **11**, sind gelb mit gelber Befeuerung.

Mitte-Fahrwasser-Zeichen, 10, sind senkrecht rot-weiß gestreift mit rotem Ball als Toppzeichen und nachts mit weißem unterbrochenem oder Gleichtaktfeuer gekennzeichnet. Nicht in der Karte verzeichnete Gefahrenstellen sind mit Kardinal- oder Lateralzeichen markiert.

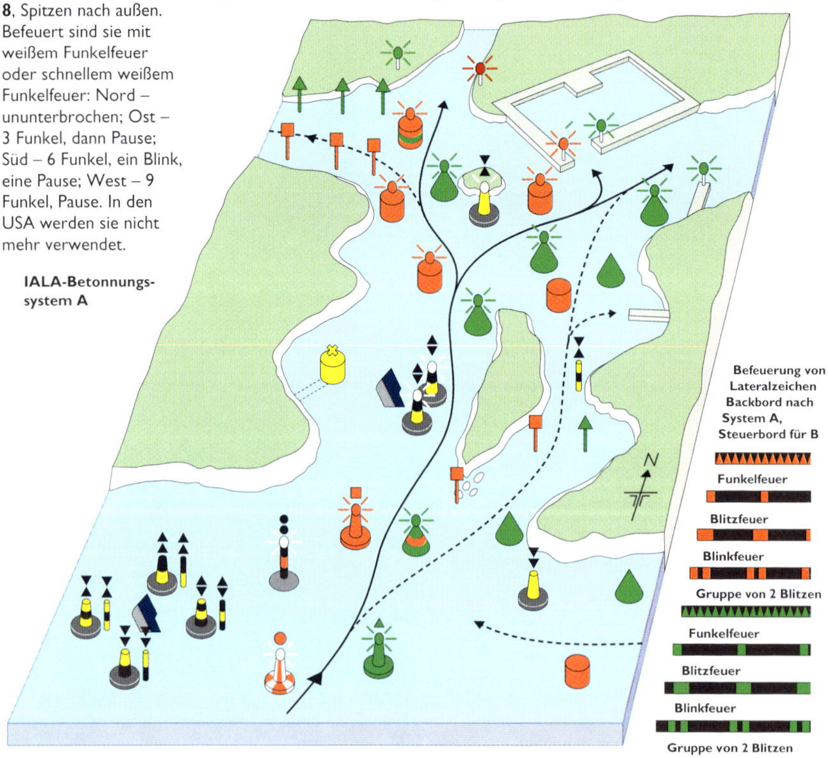

IALA-Betonnungssystem A

Kardinale Zeichen machen meist auf Untiefen aufmerksam; aus der Form des Toppzeichens geht hervor, auf welcher Seite das Zeichen sicher zu passieren ist.

Einzelgefahrzeichen markieren kleinere Untiefen, Felsen und Wracks, die an allen Seiten passiert werden können, Sonderzeichen militärische Übungsgebiete, Wassererholungs- und Verkehrstrennungsgebiete, unterseeische Mess-Stationen, Rohr- und Kabelleitungen.

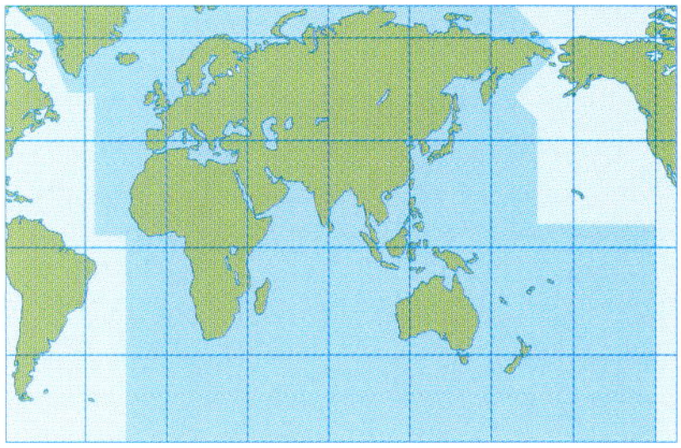

IALA Betonnungssystem A

IALA Betonnungssystem B

Region B umfasst Nord-, Mittel- und Südamerika, Japan, Korea und die Philippinen, wo das System nach und nach eingeführt werden soll, um die Verwirrung durch die Vielzahl bisher verwendeter, traditioneller Systeme zu beenden. Die Zeichen sind in beiden Regionen fast identisch, doch wird in Region B die Steuerbordseite des Fahrwassers (aus Einlaufrichtung) mit Rot, Backbord mit Grün gekennzeichnet.

Wo die Einlaufrichtung nicht eindeutig ist, verläuft die Betonnungsrichtung im Uhrzeigersinn um die Landmassen: Für Nordamerika an der Pazifikküste nordwärts, an der Atlantikküste südwärts, an der Küste des Golfs von Mexiko und auf den Großen Seen nord- und westwärts.

In Region B sind Lateralzeichen an der Steuerbordseite des durchgehenden Fahrwassers zur Markierung abzweigender oder einmündender Fahrwasser rot mit waagerechtem grünem Band, **11**, an Backbord grün mit rotem Band, **12**. (Bei Betonnungssystem A umgekehrt.)

Sonderzeichen, **13**, bei beiden Systemen gelb und manchmal mit einem gelben X als Toppzeichen, markieren gesperrte Zonen wie Militärgebiete, Kabelleitungen und Baggerschüttstellen.

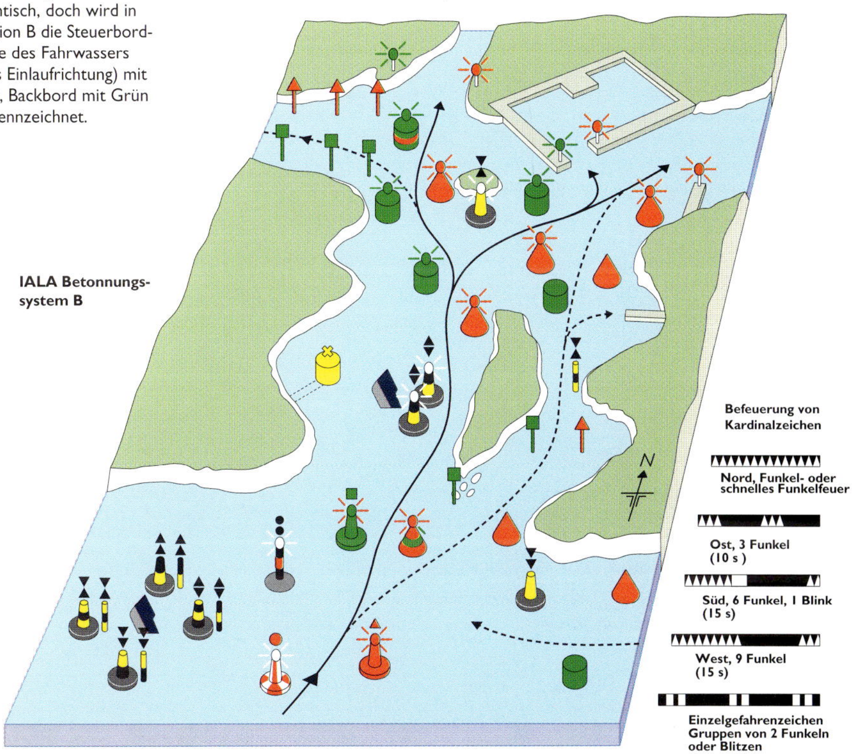

Astronavigation

Ohne elektronische Hilfsmittel (GPS) ist die astronomische Navigation auf hoher See die üblichste Methode zur Schiffsortbestimmung. Die scheinbaren Positionen aller sichtbaren Himmelskörper, von der Erde gesehen, sind im Nautischen Jahrbuch verzeichnet und können in Verbindung mit Sextant und Chronometer zur Positionsbestimmung dienen.

Die im Jahrbuch angegebenen Koordinaten sind die Deklination (Dec), die analog zur Breite nördlich und südlich des Himmelsäquators gemessen wird, und der Greenwicher Stundenwinkel (GHA), der vom Greenwichmeridian westwärts bis 360° gemessen wird. Die Zeitmessung muss möglichst genau sein, da durch die Erdrotation jede Sekunde Abweichung einen Fehler von einer viertel Seemeile bedeutet.

Die festen Teile des Sextanten sind Rahmen, Gradbogen, Fernglas und Horizontspiegel, der nur zur Hälfte verspiegelt ist, sodass man durch die andere Hälfte den Horizont sehen kann. Das Instrument immer am Rahmen, nicht am Bogen anfassen, und die empfindlichen Spiegel nur zur Reinigung berühren.

Das Wort Sextant ist von dem 60°-Bogen - ein Sechstel eines Kreises – abgeleitet, doch die Spiegel verdoppeln die Reflexion, sodass man Winkel bis 120° messen kann.

Wenn der bewegliche Messarm, die Alhidade, auf Null steht, sollten Index- und Horizontspiegel genau parallel sein.

Die Sextantenhöhe des gemessenen Gestirns muss zunächst auf die wahre Höhe berichtigt werden, indem man die Kimmtiefe, den Winkel zwischen Augenhöhe des Beobachters und dem Horizont, abzieht. Auch die Brechung der vom Gestirn ausgehenden Lichtstrahlen, in tiefen Breiten besonders ausgeprägt, muss berücksichtigt werden. Die Gesamtberichtigung für Kimmtiefe und Strahlenbrechung findet man im Nautischen Jahrbuch. Wenn man Ober- oder Unterkante von Sonne oder Mond anvisiert, muss man den Wert außerdem noch um den Radius des Gestirns korrigieren.

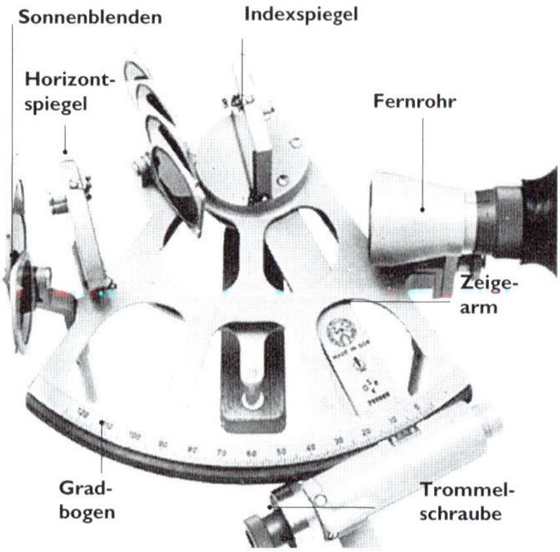

Bei einer Messung den Horizont durch den Horizont-Halbspiegel anvisieren und den Zeigearm am Gradbogen verschieben, bis das Gestirn sichtbar wird. An der Trommelschraube drehen, bis die Unterkante den Horizont berührt. Mit dem Sextanten eine langsame Pendelbewegung von etwa 20° zu jeder Seite der Visierlinie ausführen, um sicherzustellen, dass die Berührungsstelle genau senkrecht unter dem Gestirn liegt. Dann wird die genaue Zeit zur nächsten Sekunde notiert, meist als Weltzeit eins (UT 1). Den Winkel zwischen Horizont, Visierlinie und Gestirn ablesen – die Grade auf dem Gradbogen, die Minuten auf die nächste halbe Minute genau an der Trommel.

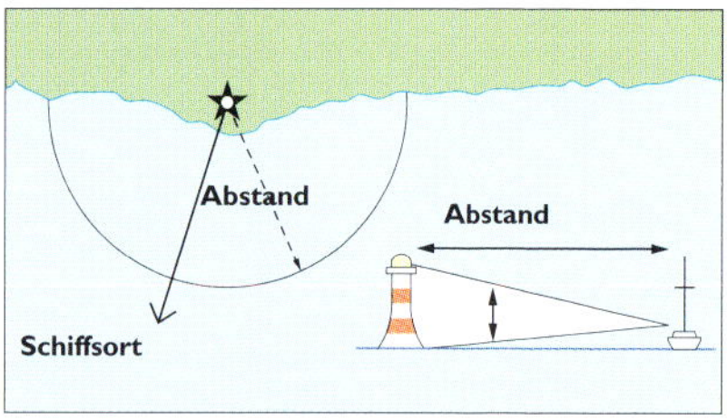

Man kann mit dem Sextanten auch den Höhenwinkel eines Objekts bekannter Höhe, etwa eines Leuchtturms, messen, um so den Abstand zu diesem zu bestimmen. Anhand der Augenhöhe und der Höhe des Objekts lässt sich dann mit einem Taschenrechner der Abstand zum Objekt berechnen. Durch eine gleichzeitige Peilung erhält man einen exakten Schiffsort. Die Sextantenmessung muss ggf. um den Indexfehler des Sextanten berichtigt werden.

	15°			16°			17°			18°			19°			2
LHA	Hc	d	Z	Hc	d	Z	Hc	d	Z	Hc	d	Z	Hc	d	Z	Hc
	° ′	′	°	° ′	′	°	° ′	′	°	° ′	′	°	° ′	′	°	° ′
0	61 00	+60	180	62 00	+60	180	63 00	+60	180	64 00	+60	180	65 00	+60	180	66 00
1	60 59	60	178	61 59	60	178	62 59	60	178	63 59	60	178	64 59	60	178	65 59
2	60 57	60	176	61 57	60	176	62 57	60	176	63 57	60	176	64 57	60	176	65 57
3	60 53	60	174	61 53	60	174	62 53	60	174	63 53	59	174	64 52	60	173	65 52
4	60 48	60	172	61 48	59	172	62 47	60	172	63 47	60	171	64 47	59	171	65 46
5	60 41	+60	170	61 41	+59	170	62 40	+60	170	63 40	+59	169	64 39	+59	169	65 38
6	60 33	60	168	61 33	59	168	62 32	59	168	63 31	59	167	64 30	59	167	65 29
7	60 24	59	166	61 23	59	166	62 22	59	165	63 21	58	165	64 19	59	165	65 18
8	60 13	58	164	61 11	59	164	62 10	59	163	63 09	58	163	64 07	58	163	65 05
9	60 00	59	162	60 59	58	162	61 57	58	162	62 55	58	161	63 53	58	160	64 51
10	59 47	+58	161	60 45	+56	160	61 43	+57	160	62 40	+58	159	63 38	+58	158	64 36
11	59 32	57	159	60 29	58	158	61 27	57	158	62 24	57	157	63 21	57	156	64 18
12	59 15	58	157	60 13	57	156	61 10	57	156	62 07	56	155	63 03	57	154	64 00
13	58 58	57	155	59 55	56	155	60 51	57	154	61 48	56	153	62 44	56	152	63 40
14	58 39	56	153	59 35	57	153	60 32	56	152	61 28	55	151	62 23	56	150	63 19
15	58 19	+56	152	59 15	+56	151	60 11	+55	150	61 06	+55	149	62 01	+55	149	62 56
16	57 58	55	150	58 53	56	149	59 49	55	148	60 44	54	148	61 38	55	147	62 33
17	57 36	55	148	58 31	54	147	59 25	55	147	60 20	54	146	61 14	54	145	62 08
18	57 12	55	147	58 07	54	146	59 01	54	145	59 55	54	144	60 49	53	143	61 42
19	56 48	54	145	57 42	54	144	58 36	53	143	59 29	53	142	60 22	53	142	61 15
20	56 23	+53	143	57 16	+54	143	58 10	+53	142	59 03	+52	141	59 55	+52	140	60 47
21	55 57	53	142	56 50	52	141	57 42	53	140	58 35	52	139	59 27	51	138	60 18
22	55 29	53	140	56 22	52	139	57 14	52	139	58 06	51	138	58 57	51	137	59 48
23	55 01	53	139	55 54	51	138	56 45	52	137	57 37	50	136	58 27	51	135	59 18
24	54 33	51	137	55 24	51	137	56 15	51	136	57 06	51	135	57 57	49	134	58 46
25	54 03	+51	136	54 54	+51	135	55 45	+50	134	56 35	+50	133	57 25	+49	132	58 14
26	53 33	50	135	54 23	50	134	55 13	50	133	56 03	50	132	56 53	48	131	57 41
27	53 01	51	133	53 52	49	132	54 41	50	131	55 31	48	130	56 19	49	129	57 08
28	52 30	49	132	53 19	50	131	54 09	48	130	54 57	49	129	55 46	47	128	56 33
29	51 57	49	131	52 46	49	130	53 35	49	129	54 24	47	128	55 11	48	127	55 59

Die amerikanischen Höhen- und Azimuttafeln HO Nr. 249 sind für den Yachtsegler am geeignetsten: Band I für die Navigation nach Sternen, Band II für die Breiten 0°-39°, Band III für 40°-89°. Um eine Standlinie zu ermitteln, einen Rechenort möglichst nahe an unserem Koppelort wählen: Er soll eine ganzgradige Breite haben und eine Länge, die in Kombination mit dem Greenwichstundenwinkel des Gestirns einen ganzgradigen Ortsstundenwinkel (LHA) ergibt. Mit der Breite, der ganzgradig abgerundeten Deklination des Gestirns und dem LHA in die Tafel gehen. Die berechnete Höhe Hc und den Azimut Z entnehmen. Dann Hc mittels d um die Abrundung der Deklination berichtigen und mit der gemessenen Höhe vergleichen.

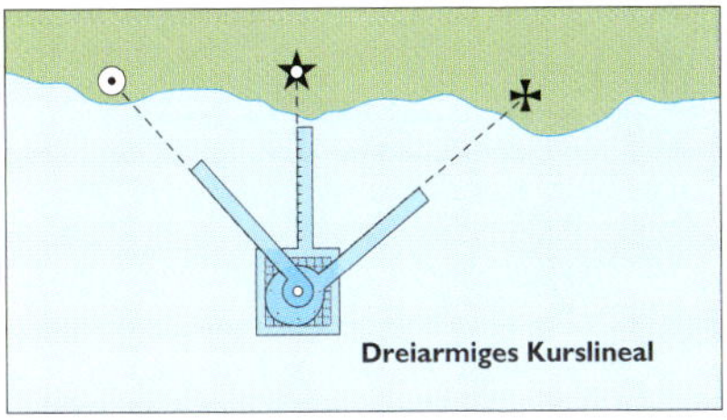

Mit dem Sextanten gemessene Horizontalwinkel zwischen Landmarken ergeben äußerst zuverlässige Positionsbestimmungen. Hierzu misst man die Winkel zwischen drei Peilobjekten mit dem waagerecht gehaltenen Sextanten. Am einfachsten kann man die Peilungen mit einem dreiarmigen Kurslineal in die Karte übertragen, dessen Arme den beiden vom Sextanten abgelesenen Winkeln entsprechend eingestellt werden. Dann wird das Kurslineal auf der Karte verschoben, bis die drei Arme die drei Objekte schneiden; der Schiffsort befindet sich dann im Zentrum des Kurslineals. Man kann hierfür natürlich auch Pauspapier verwenden.

Bestimmung einer Standlinie

Um die Sextantenmessung in eine Standlinie zu verwandeln, werden Deklination und Stundenwinkel mittels der Höhen- und Azimuttafeln H.O Nr. 249 in Höhe des Gestirns und Azimut umgerechnet. Die Differenz zwischen der tabellarischen Höhe und der gemessenen Höhe ergibt eine Distanz in Seemeilen. Diese Distanz auf der Karte vom Rechenort in Azimutrichtung auf das Gestirn zu einzeichnen, falls die gemessene Höhe größer als die tabellarische ist, sonst in Gegenrichtung. An ihrem Ende eine Senkrechte zum Azimut zeichnen: das ist die gesuchte Standlinie.

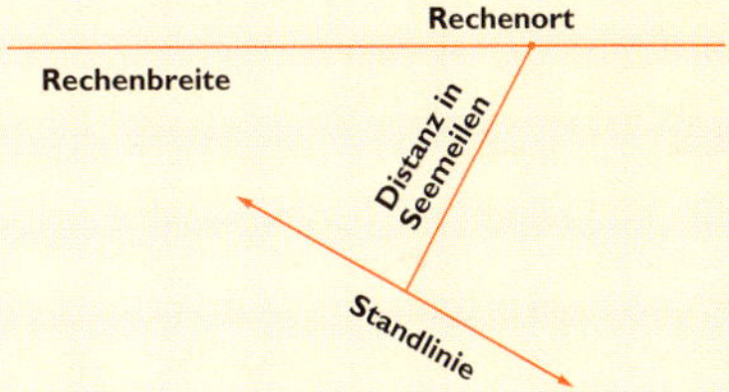

Mittagsbreite

Die einfachste astronomische Standlinie erhält man durch Bestimmung der Mittagshöhe. Dann entspricht die zur Sonnenpeilung senkrechte Standlinie genau einem Breitenparallel. Zur Berechung die Zenitdistanz ermitteln, d.h. die Sonnenhöhe minus 90°, und die Deklination addieren bzw. subtrahieren, um die Breite zu erhalten. Je nach Jahreszeit hat die Sonne eine nördliche oder südliche Deklination (Winkel zum Äquator). Auf der Nordhalbkugel ergibt sich die Breite bei nördlicher Deklination (im Sommer) als Zenitdistanz plus Deklination; eine südliche Deklination wird abgezogen. Um die Zeit des Meridiandurchgangs der Sonne zu ermitteln, diese im Nautischen Jahrbuch für den Nullmeridian nachschlagen. Die eigene Länge von Grad in Zeit umrechnen (1° = 4 min) und hinzuaddieren, wenn man sich westlich bzw. abziehen, wenn man sich östlich von Greenwich befindet.

Kollisionsverhütungsregeln

Jeder Skipper muss die Internationalen Kollisionsverhütungsregeln (KVR) kennen, die für alle Fahrzeuge auf hoher See und den mit dieser verbundenen schiffbaren Gewässern gelten. Die folgenden Fahr- und Ausweichregeln sind für kleinere Fahrzeuge besonders wichtig.

Kollisionsgefahr besteht bei stehender, d.h. unveränderlicher Peilung zu einem sich nähernden Fahrzeug.

Ausweichmanöver müssen frühzeitig und entschlossen genug eingeleitet werden, um für das andere Fahrzeug erkennbar zu sein.

In engen Fahrwassern sollten sich die Fahrzeuge zur Steuerbordseite hin halten. Ein Segelboot darf kein Fahrzeug behindern, das nur innerhalb des Fahrwassers sicher navigieren kann. In engen Fahrwassern darf nicht geankert werden.

Einbahnwege in Verkehrstrennungsgebieten nach Möglichkeit nicht queren; ist dies unumgänglich, möglichst im rechten Winkel queren. Ein Segelfahrzeug darf ein dem Einbahnweg folgendes Maschinenfahrzeug nicht behindern.

Bei Kollisionsgefahr zwischen zwei Segelfahrzeugen: (i) weicht das Fahrzeug aus, das den Wind von Backbord hat, (ii) weicht das Luvfahrzeug dem leewärtigen aus, wenn beide den Wind von derselben Seite haben, (iii) weicht ein Fahrzeug, das den Wind von Backbord hat, aus, wenn nicht klar ist, von welcher Seite das andere Fahrzeug den Wind bekommt.
Der Überholer weicht dem überholten Fahrzeug aus. Begegnen sich zwei Maschinenfahrzeuge auf entgegengesetztem Kurs, so ändern beide ihren Kurs nach Steuerbord, bei sich kreuzendem Kurs weicht das aus, welches das andere an Steuerbord hat. Der Ausweichpflichtige muss sein Ausweichmanöver frühzeitig und entschlossen einleiten. Der Kurshalter behält Kurs und Geschwindigkeit bei, darf aber einen unvermeidlich scheinenden Zusammenstoß durch eigene Manöver verhindern.

Ein Maschinenfahrzeug muss einem Segelfahrzeug ausweichen. Ein Segelfahrzeug muss manövrierunfähigen oder -behinderten Fahrzeugen sowie fischenden Fahrzeugen ausweichen.

Schallsignale

●	Ich ändere meinen Kurs nach Steuerbord.
●●	Ich ändere meinen Kurs nach Backbord.
●●●	Meine Maschine geht rückwärts.
▬ ▬ ●	Ich will an Ihrer Steuerbordseite überholen.
▬ ▬ ●●	Ich will an Ihrer Backbordseite überholen.
▬ ● ▬ ●	Ich bin bereit, mich überholen zu lassen.
●●●●●	Ich weise auf Ihre Ausweichpflicht hin – oder – Nicht einverstanden
▬▬	Achtung! (Warnsignal und Antwort vor Fahrwasserkrümmungen)

Signalkörper

▼▼	Unter Segel und Motor laufendes Fahrzeug
▼▲	Fischendes Fahrzeug
▲	Fischer mit weiter als 150 m waagerecht ausgebrachten Fanggeräten
◆	Schleppzug mit über 200 m Länge
●	Vor Anker liegendes Fahrzeug
●●●	Auf Grund sitzendes Fahrzeug Fahrzeug, das baggert oder Unterwasserarbeiten ausführt.
◆● ◆●	Auf der Seite mit den Rhomben passieren.

Nebelsignale

▬	Maschinenfahrzeug mit Fahrt durchs Wasser
▬ ▬	Maschinenfahrzeug ohne Fahrt durchs Wasser
▬ ●●	Manövrierunfähige, -behinderte und tiefgangbehinderte Fahrzeuge, Segler, Schlepp- oder Schubfahrzeuge, Fischer
▬ ●●●	Geschlepptes Fahrzeug
	Ankerlieger. Bei über 100 m Länge folgt auf die Glocke 5 s Gongschlag.

Nachts und bei schlechter Sicht muss jedes Maschinenfahrzeug in Fahrt Seitenlichter sowie Heck- und Topplichter führen. Die vorgeschriebene Tragweite der Lichter richtet sich nach der Länge des Fahrzeugs. Vor dem Einlaufen in fremde Zollhäfen kontrollieren, ob Ihr Boot mit den zur Zollabfertigung notwendigen Lichtern ausgerüstet ist. So fordert der britische Zoll ein rotes Rundumlicht höchstens 1,8 m über einem weißen Licht.

Segelyachten unter 7 m müssen bei Kollisionsgefahr rechtzeitig ein weißes Rundumlicht zeigen.

Segelyachten unter 20 m dürfen anstelle von Seitenlichtern und Hecklicht eine Dreifarbenlaterne im Topp führen.

Segelyachten über 20 m müssen Hecklicht und Seitenlichter führen, aber kein Topplicht.

Segelyachten über 12 m dürfen zusätzlich ein rotes Rundumlicht über einem grünen Rundumlicht führen.

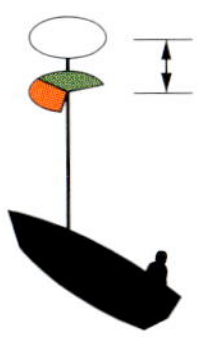

Maschinenfahrzeuge unter 7 m müssen ein weißes Rundumlicht im Topp und möglichst Seitenlichter als Zweifarbenlaterne führen.

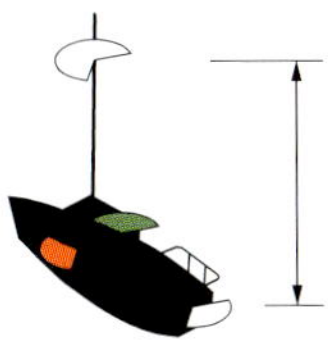

Maschinenfahrzeuge unter 12 m müssen ein weißes Topplicht, weißes Hecklicht und Seitenlichter führen.

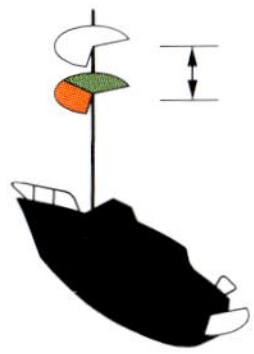

Maschinenfahrzeuge unter 20 m führen ein weißes Topplicht, ein Hecklicht und dürfen Seitenlichter als Zweifarbenlaterne führen.

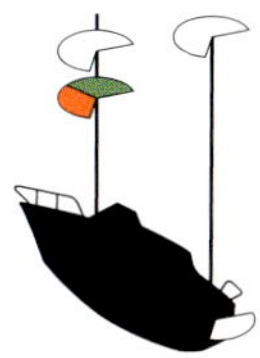

Maschinenfahrzeuge dürfen ein zweites Topplicht höher und weiter achterlich führen (ab 50 m vorgeschrieben).

Ankerlieger führen ein weißes Rundumlicht mit mindestens 3,7 km (2 Seemeilen) Tragweite im vorderen Teil.

Grundsitzer führen zwei rote Rundumlichter unter einem weißen Rundumlicht im vorderen Teil.

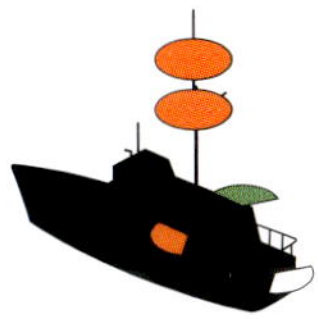

Manövrierunfähige Fahrzeuge führen zwei rote Rundumlichter übereinander; bei Fahrt durchs Wasser auch Seitenlichter und Hecklicht.

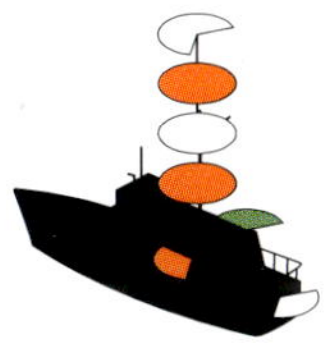

Manövrierbehinderte Fahrzeuge führen ein weißes Topplicht, drei Rundumlichter, Seitenlichter und Hecklicht.

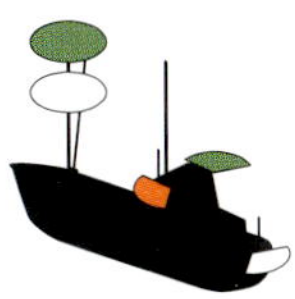

Trawlende Fischer führen ein grünes über einem weißen Rundumlicht; in Fahrt auch Seitenlichter und Hecklicht.

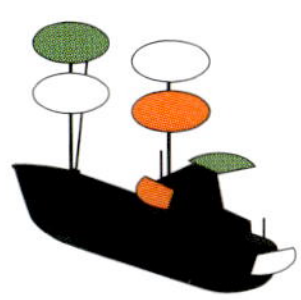

Wenn sie Netze schleppen, führen sie zusätzlich ein weißes über einem roten Rundumlicht.

Ein nicht trawlender, sondern mit Treibnetzen oder Ringwaden fischender Fischer führt ein rotes über einem weißen Rundumlicht.

Ein schleppendes Fahrzeug führt zwei weiße Topplichter, bei Schleppverbänden über 200 m Länge drei.

Satellitennavigation/I

Die Positionsbestimmung per Satellit ist die wohl größte Umwälzung in der Navigationskunst seit der damals so genannten „Entdeckung der geographischen Länge" im 18. Jahrhundert oder sogar der Erfindung des Magnetkompasses im 12. Mit ihr ist der Navigator erstmals in der Lage, seine Position überall auf der Welt exakt zu bestimmen - zu jeder Tages- und Nachtzeit und in jedem Wetter. Fast könnte man meinen, dies mache alle traditionellen Methoden und Instrumente überflüssig. Doch der vorsichtige Seemann wird stets bedenken, dass jede elektronische Navigationshilfe auf eine funktionierende Stromversorgung angewiesen ist. Ein Stromausfall mag unwahrscheinlich sein, sollte er aber doch eintreten, so muss der Navigator in der Lage sein, auf die bewährten Methoden zurückzugreifen, d.h. auf Magnetkompass und Log, papierene Seekarte, Kurslineale und Zirkel und – auf hoher See – auf Sextant, Nautisches Jahrbuch sowie Höhen- und Azimut-Tafeln.

Die Navigation gehörte zu den ersten praktischen Anwendungen für künstliche Erdsatelliten. Das seit 1964 bestehende Transit-System der US-Marine wurde 1967 für den zivilen Einsatz freigegeben. Mit fünf Satelliten in 1100 km Höhe war es weltweit verfügbar, doch war die Positionsbestimmung nicht kontinuierlich möglich und mitunter langwierig.

Das heute meistgenutzte Satellitennavigationssystem ist sein Nachfolger, das Navstar Global Positioning System (GPS) des amerikanischen Militärs. Es liefert überall auf der Welt fortlaufend die Position nach Länge und Breite - Tag und Nacht und in jedem Wetter. Dabei stützt es sich auf 24 Satelliten, die die Erde in jeweils 12 Stunden in einer Höhe von etwa 20000 km und im 55°-Winkel zur Äquatorebene umkreisen. Mindestens 4 Satelliten sind von jedem Ort der Erde jederzeit „sichtbar", sodass der Navigator überall auf der Welt einen wahren Schiffsort erhält, der entweder laufend oder mindestens etwa jede Minute aktualisiert wird. Dadurch hat das GPS praktisch alle anderen Navigationshilfssysteme, ob landgestützt wie Decca, Omega und Loran oder satellitengestützt wie Transit (Navsat), abgelöst.

Das GPS-System wird vom amerikanischen Verteidigungsministerium unterhalten, ist aber mit leicht verminderter Genauigkeit, nominell auf 100 m, auch für den Zivileinsatz verfügbar. Diese absichtlich reduzierte Genauigkeit nennt man Selective Availability (SA – selektive Verfügbarkeit). Mit Hilfe des Differential GPS, das mit einer landgestützten GPS-Station bekannter Position zusammenarbeitet, um den SA-Fehler zu korrigieren, lässt sich eine wesentlich höhere Genauigkeit bis auf wenige Meter erreichen. Dieser Dienst ist jedoch nicht überall verfügbar und in vielen Weltgegenden auch nicht kostenlos.

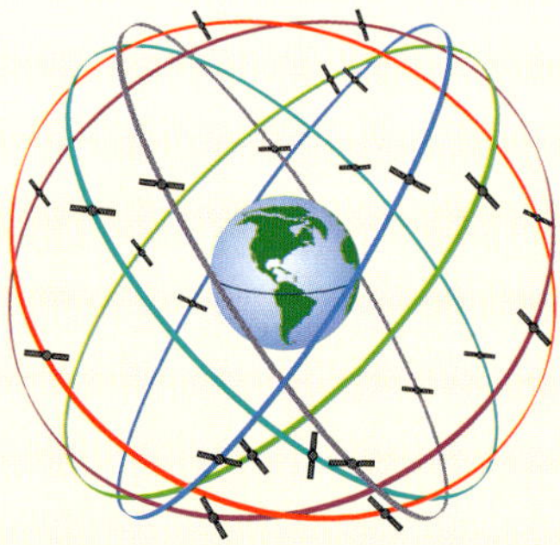

Global Positioning System
Das GPS dient als globaler Standard zur Raum- und Zeitmessung. Durch seine große Genauigkeit erlaubt es Flugzeugen, in geringerem Abstand voneinander sicher zu fliegen und direktere Routen zu nehmen. Fischereiflotten nutzen GPS, um die besten Fischgründe zu lokalisieren. Auto-Navigationssysteme kombinieren GPS-Technologie mit beweglichen Karten und machen so ein „Verfahren" unmöglich. Wanderer und Forschungsreisende tragen Armbanduhren mit eingebauten GPS-Empfängern. GPS-Trackingsysteme lotsen Kranken- und Feuerwehrwagen, Taxis und Lieferwagen schnurstracks zum Ziel. Zugleich synchronisiert das GPS eine Vielzahl kommerzieller Aktivitäten von Finanztransaktionen bis zur Elektrizitätsversorgung.

Tragbare GPS-Empfänger sind auf Yachten beliebt und können auch fest montiert werden.

Natürlich scheint es vielen politisch bedenklich, dass der zivile Luft- und Schiffsverkehr der Welt von dem militärischen Navigationssystem eines einzigen Landes abhängig ist. Daher gibt es Pläne zur Entwicklung eines weltweiten zivilen Satellitensystems. Dieses von der Europäischen Kommission zu finanzierende System soll Galileo heißen. Seine Stationierung ist ab 2005 vorgesehen; bis 2008 soll es vollständig einsatzbereit sein. Man geht davon aus, dass das russische GLONASS, das nach einem ähnlichen Prinzip wie das GPS arbeitet, dann stillgelegt wird.

Die simpelste Ausführung eines GPS-Empfängers ist ein leichtes Handgerät mit eingebauter Antenne und Trockenbatteriebetrieb. Um den Strombedarf zu reduzieren, sind dies meist Einkanalgeräte, die entsprechend langsam arbeiten. Sie sind ideal etwa für Ozeanüberquerungen, auf denen man den GPS-Empfänger nur ab und zu einsetzt, nicht so sehr für Küstenfahrten, auf denen er praktisch ständig im Einsatz ist. Fest montierte GPS-Empfänger werden meist durch das Bordnetz versorgt und so platziert, dass die Antenne einen ungestörten Empfang hat. Sie haben oft integrierte Zusatzfunktionen und können mittels einer gemeinsamen Computersprache mit anderen Systemen vernetzt werden.

Wie bei anderen Formen der elektronischen Navigation arbeitet man bei längeren Seetörns mit Wegpunkten, d.h. Bezugspunkten auf der Kurslinie zwischen Ausgangs- und Zielpunkt. Ihre Koordinaten und Bezeichnungen können beim GPS in eine „Wegpunkt-Bibliothek" eingetragen werden. Dann kann man für jeden Törn Wegpunkte aus der Bibliothek auswählen und in der richtigen Reihenfolge zusammenstellen. Das GPS-Gerät zeigt Kurs und Distanz von einem Wegpunkt zum nächsten an, ferner den Kursabweichungsfehler, d.h. die seitliche Abweichung des Fahrzeugs von der direkten Kurslinie zwischen zwei Wegpunkten, und wie dieser zu korrigieren ist. Ist das GPS mit einem Autopiloten vernetzt, erfolgt die Kurskorrektur automatisch. Man sollte aber bedenken, dass man eine kürzere Distanz durchs Wasser segelt (und somit Zeit spart), wenn man die Tidenströmungen einander so weit wie möglich aufheben lässt, anstatt den Kurs für jede einzeln zu berichtigen.

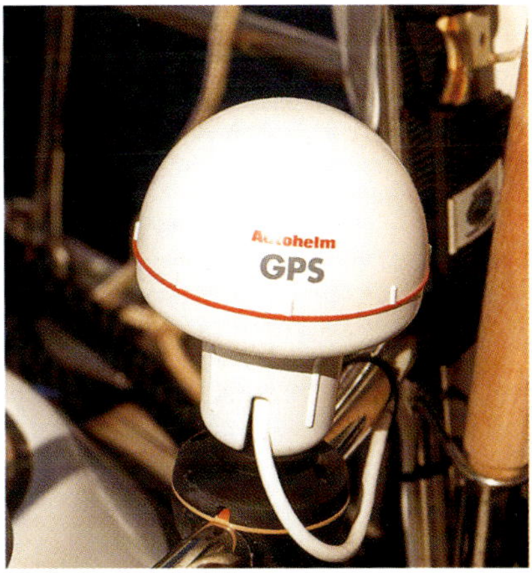

Unter Deck installierte GPS-Systeme benötigen eine externe Antenne, die meist am Heckkorb montiert wird.

Satellitennavigation/2

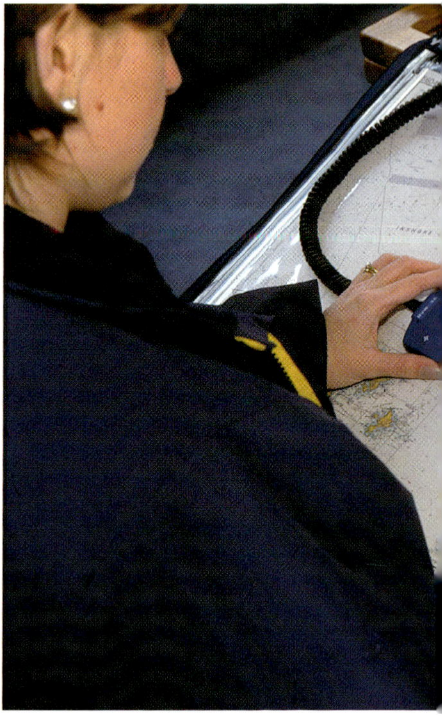

Die grundlegende navigatorische Information, die das GPS liefert, ist die Position nach Länge und Breite mit bekannter Genauigkeit. Zusätzlich sind die Geräte verschiedener Hersteller mit Computerfunktionen ausgestattet, die aus dieser Grundinformation viele weitere Daten errechnen, so etwa Kurs und Distanz über Grund, Kursabweichungsfehler, Luvgeschwindigkeit, Geschwindigkeit, Kurs und Distanz zum Ziel, voraussichtliche Ankunftszeit etc. Außerdem können andere elektronische Geber wie Log, Fluxgate-Kompass, Windmesser, elektronischer Kartenplotter, Echolot, Radar etc. mit dem GPS vernetzt werden, um den Navigator mit einer Vielzahl zusätzlicher Navigationsinformationen zu versorgen, wie etwa der gemessenen Tiden- oder Stromgeschwindigkeit.

Die Genauigkeit der mit GPS gemessenen Position ergibt sich aus der Geometrie der Satellitenbahnen in Bezug zur Erdoberfläche. Ihre Auswirkung auf die Positionsbestimmung wird als so genannte „horizontal dilution of precision“ (HDOP) auf der Anzeige als eine Zahl dargestellt, aus der die Genauigkeit der Messung hervorgeht. Angaben unter 5 sind meist akzeptabel; Zahlen von 5 bis 10 deuten auf verminderte Genau-igkeit hin.

Viele moderne Seekartenplotter für Yachten lassen sich mit dem Radargerät sowie den Anzeigen anderer Instrumente vernetzen.

Die Breiten- und Längenkoordinaten einer Seekarte basieren auf einem bestimmten Bezugssystem, d.h. einer angenommenen Form der Erde. Dieses wird auf Seekarten meist als „Map Datum“ in der Nähe des Kartentitels angegeben – zusammen mit etwaigen Korrekturen, mit denen per Satellit gemessene Positionen, die beim GPS auf dem so genannten WGS84-System basieren, vor Übertragung in die Karte beschickt werden müssen. Bei den meisten GPS-Geräten kann man eine Reihe von „Map Datums“ eingeben, sodass

Der beliebte Yeoman-Plotter erleichtert die Arbeit mit elektronisch bestimmten Positionen in herkömmlichen Papierkarten.

die Umrechnung automatisch erfolgt. Wird in der Seekarte mit GPS-Positionen gearbeitet, muss man stets darauf achten, dass die beiden „Map Datums“ übereinstimmen. Die Vernachlässigung dieses Punkts ist die häufigste Fehlerquelle beim Umgang mit GPS.

In der traditionellen Seekarte arbeitet man heute wie seit Jahrhunderten mit Zirkel und Kursdreiecken bzw. -linealen. Eines der praktischsten Hilfsmittel zur Arbeit mit ektronischen Navigationssystemen wie GPS und Radar in Verbindung mit Papierkarten ist der Yeoman-Navigationskarten-Plotter. Er arbeitet mit einer Art Computermaus, die Länge und Breite auf einem Leuchtfeld mit integrierter Lupe anzeigt und benutzt werden kann, um Positionen auf der Karte einzuzeichnen. Das Instrument wird auf die benutzte Karte eingestellt; beleuchtete Pfeile auf der Kartenmaus weisen den Weg zur gesuchten Position bzw. dem benötigten Wegpunkt. Das System kann für viele Zwecke eingesetzt werden – vom Koppeln bis zum Mitzeichnen des Radarbilds.Mit zunehmender Verbreitung elektronischer Navigationsverfahren hat auch die auf dem Bildschirm angezeigte und mit anderen Navigationssystemen vernetzte elektronische Seekarte ihren Einzug gehalten. Inzwischen sind zahlreiche elektronische Seekarten-systeme auch auf kleineren Schiffen im Einsatz. Die Hauptvorteile eines solchen Systems sind die ständige Anzeige des Schiffsorts in Echtzeit und die Möglichkeit der augenblicklichen Kartenberichtigung durch einfaches Einschieben einer CD-ROM. Darüber hinaus ist die elektronische Seekarte, vor allem bei PC-gestützten Systemen, jedoch in der Regel Teil eines ganzen Navigationspakets.

Die Satellitenkommunikation hat natürlich auch in der Seenotrettung ganz neue Möglichkeiten eröffnet. So kann ein in Seenot geratenes Fahrzeug heute anstelle eines anderen Schiffs direkt eine Seenotrettungsstation an Land kontaktieren, von der aus dann die Such- und Rettungsmaßnahmen zu Wasser und zu Luft koordiniert werden. Dieses Digitale Selektivrufverfahren (DSC) genannte System ist grundlegender Bestandteil des weltweiten Satelliten-Seenot- und Sicherheitssystems GMDSS (Global Maritime Distress and Safety System). Dieses stützt sich auf verschiedene Satelliten, die Notsignale von EPIRB-Seenot-Funkbojen ebenso wie von UKW-Geräten aufnehmen. Es ist inzwischen vorgeschrieben, UKW-Geräte auf Kleinfahrzeugen mit DSC auszurüsten. Zwar werden größere Schiffe und die Küstenwachen noch bis Anfang 2005 den UKW-Kanal 16 überwachen, doch geht man davon aus, dass bis dahin alle Kleinfahrzeuge mit DSC ausgestattet sind.

Das Wettergeschehen

Größter Freund und schlimmster Feind des Seglers ist der Luftdruck. Er verursacht nicht nur die täglichen Wind- und Wetterschwankungen, sondern ist zugleich wertvollste Grundlage aller Wettervorhersagen. Der mittlere Luftdruck beträgt auf Meereshöhe 1013,3 Hektopascal bzw. Millibar und nimmt in größerer Höhe kontinuierlich ab; so beläuft er sich in 5000 m Höhe nur noch auf rund die Hälfte dieses Werts.

Schwankungen des Luftdrucks auf Meereshöhe ergeben sich vorwiegend aus Vorgängen in höheren Luftschichten: Wird Luft aus der „Luftsäule" abgezogen, fällt der Druck, wird Luft zugeführt, steigt er. Auch Temperaturänderungen der Luft über einem Ort haben ihre Auswirkungen. Kalte Luft aus höheren, polaren Breiten und warme, subtropische Luft, die in den gemäßigten Breiten aufeinander treffen, werden durch die Erdrotation zu Hoch- und Tiefdrucksystemen - Antizyklonen und Zyklonen – mit ihren jeweiligen Schön- und Schlechtwetterbedingungen verzerrt.

Warme Luft enthält mehr unsichtbaren Wasserdampf als kalte; bei Abkühlung kondensiert diese Feuchtigkeit zu Wolken, Regen oder Nebel oder, bei sehr kalter Luft, zu Schnee oder Hagel.

Bei Luftdruckabfall dehnt sich die Luft aus und kühlt ab, wodurch die Wolken zunehmen. Fällt der Druck weiter, können sich die Wolken so weit senken und verdichten, dass Regen entsteht. Bei Druckanstieg wird die Luft verdichtet und erwärmt; die Wolkendecke reißt auf. Bei weiterem Anstieg bis zum Hochdruck kann durch Inversion Dunst entstehen.

Wind ist Luft, die vom Hochdruck zum Tiefdruck oder von kühl nach warm strömt. Er weht jedoch nicht direkt von dem einen zum anderen, da er durch die Erdrotation abgelenkt wird – auf der Nordhalbkugel nach rechts.

Auf der Nordhalbkugel umströmen die Winde ein Tiefdruckgebiet gegen den Uhrzeigersinn, d.h. wenn man den Wind im Rücken hat, ist der Luftdruck zur Linken niedriger. Umgekehrt hat man auf der Südhalbkugel ostwärts ziehende Fronten und im Uhrzeigersinn kreisende Winde.

Messung der Windgeschwindigkeit
Die Windgeschwindigkeit misst man mit einem Anemometer – meist mit der Windfahne am Masttopp montiert. Ein im Wind rotierendes Schalenkreuz erzeugt einen elektrischen Strom, der auf der Anzeige in eine Windgeschwindigkeit umgewandelt wird. Integrierte Systeme zeigen außer Windgeschwindigkeit und -richtung auch Fahrt durchs Wasser, zurückgelegte Distanz (Log) und Reisezeit an. Dämpfungskreise unterdrücken durch das Rollen des Boots entstehende Schwankungen. Gemessen wird immer der scheinbare Wind, der sich aus wahrem Wind und Fahrt des Boots ergibt. Unentbehrlich ist auch ein Barometer.

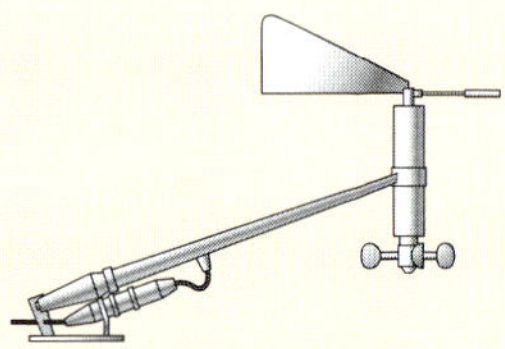

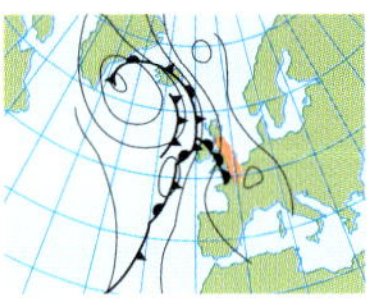

Diese Cirrus- oder Federwolken kündigen ein ostwärts über den Atlantik ziehendes Tief an, *oben.*

Die Cirrus- oder Federwolken, Vorboten instabiler Wetterlagen, bilden sich in großen Höhen aus Eiskristallen. Wenn sie sich nicht ausbreiten und verdichten, zieht das Schlechtwetter an einer Seite vorbei. Kleine oder formlose Cirruswolken können ein Hochdruckgebiet begleiten und bedeuten keine Gefahr.

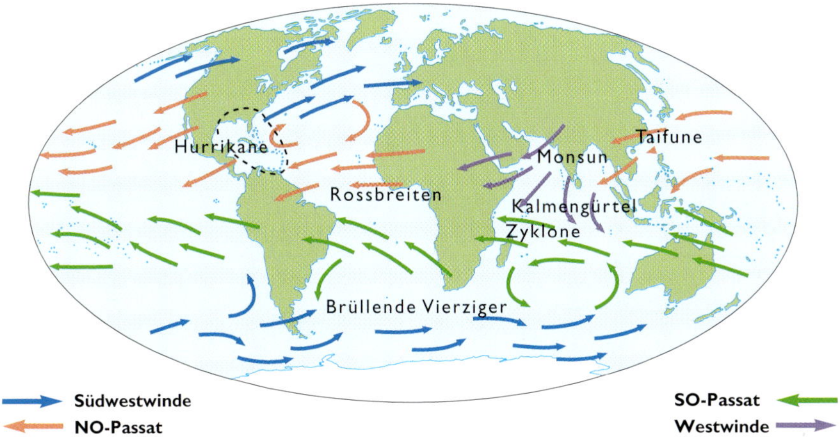

Wind ist eine Luftbewegung vom Hoch- zum Tiefdruckgebiet. Er weht nicht direkt vom einen zum anderen, sondern wird durch die Ostdrehung der Erde abgelenkt. NO- und SO-Passat strömen in Richtung der Tiefdruckgebiete des Kalmengürtels am Äquator. Die Hochdruckgürtel zu beiden Seiten zeichnen sich durch schwache, veränderliche Winde aus. Früher entluden bekalmte Schiffe häufig ihre Viehfracht in diesen „Rossbreiten". Die durch die Erdrotation abgelenkten polwärtigen Winde werden zu Westwinden, die in den südlichen „Brüllenden Vierzigern" stärker ausgeprägt sind als in den Tiefdruckzonen der nördlichen Fünfziger. Landmassen komplizieren die Windsysteme, und jährliche Temperaturschwankungen bringen jahreszeitliche Winde. Der Monsunwind weht im Sommer von See auf das wärmere Land, im Winter vom Land auf die wärmere See hinaus. Tropische Wirbelstürme, die man Zyklon, Hurrikan oder Taifun nennt, treten vor allem im Spätsommer auf.

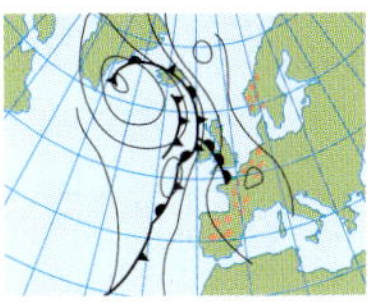

Regen und dichte Stratus- oder Schichtwolken begleiten die Warmfront. Die darauf folgende Kaltfront bringt starken Regen und Haufenwolken.

Cumulus- oder Haufenwolken in „Wattebausch"-Form lassen schönes Wetter erwarten. In feuchter Luft breiten sie sich aus und flachen ab; bei besonders instabiler Luft können daraus Gewitterwolken entstehen. Wenn sie sich morgens über Land bilden, ist mit Seewind zu rechnen.

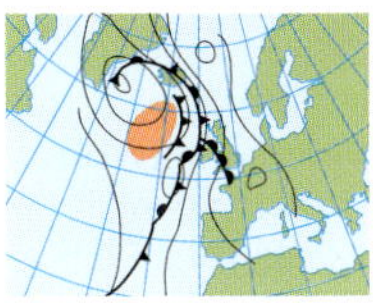

Auf eine Kaltfront können nach kurzzeitig klarem Himmel Böen und unerwartet starke Winde folgen. Seien Sie auf Regen gefasst.

Bilden sich im Anschluss an eine Kaltfront in der instabilen Luft Cumuluswolken, ist mit Böen zu rechnen, oft von örtlichen Regen- und Hagelschauern begleitet. Die Wolke wächst schnell und es entstehen entsprechende Abwärtsströmungen, die böigen Starkwind auslösen können.

Wettervorhersagen

Nutzen Sie die Wetterberichte lokaler und überregionaler Radiosender sowie in Fernsehen und Zeitung. Führen Sie ein digitales Barometer mit, das alle Vorteile, aber keine der Schwächen des Barografen hat. Stellen Sie einen Wecker, um den Seewetterbericht nicht zu verpassen. Zeiten und Frequenzen der Seewetterberichte sind überall verschieden und vor Ort zu erfragen oder dem Nautischen Funkdienst, Band III, zu entnehmen. Detailliertere und aktuellere Wetterinformationen für einzelne Gebiete bei den Küstenwachten erfragen.

Der Seewetterbericht beginnt mit Wind- und Sturmwarnungen. Sturmwarnung wird gegeben, wenn mittlere Windgeschwindigkeiten ab Windstärke 8 (34 kn) oder Böen ab Stärke 9 (43 kn) erwartet werden. Mit unmittelbar bevorstehenden Stürmen ist innerhalb von sechs Stunden zu rechnen, bald bedeutet in 6-12 Stunden, später nach mehr als 12 Stunden. Bis 1983 wurden in Deutschland an Häfen und Küstenwachtstationen Sturmkegel oder -flaggen gesetzt.

Es folgt eine Zusammenfassung der Wetterlage mit Lage und Zugrichtung von Hoch- und Tiefdruckgebieten. Bei beständigem Druck über 1020 Hektopascal (Millibar) sollte das Wetter, von Seenebel abgesehen, die nächsten 24 Stunden stabil bleiben. Ein rascher Druckabfall von 10 hPa/mbar in drei Stunden kündigt eine Wetterverschlechterung mit krimpenden (gegen den Uhrzeigersinn drehenden) und zunehmenden Winden oder baldigem Sturm an. Ein rascher Anstieg bringt aufklarenden Himmel und ausschießenden (im Uhrzeigersinn drehenden) Wind, oft aber auch kurzzeitigen Starkwind. Ein stetiger Druckanstieg ist Vorbote einer Wetterbesserung. Die Bewegung einzelner Wettergebiete wird als langsam (0-15 kn), stetig (15-25 kn), rasch (25-30 kn), schnell (35-45 kn) oder sehr schnell (über 45 kn) beschrieben.

Die Sicht wird als gut (über 8 km), mäßig (3-8 km), schlecht/diesig (1-3 km), Nebel (unter 1 km) bezeichnet.

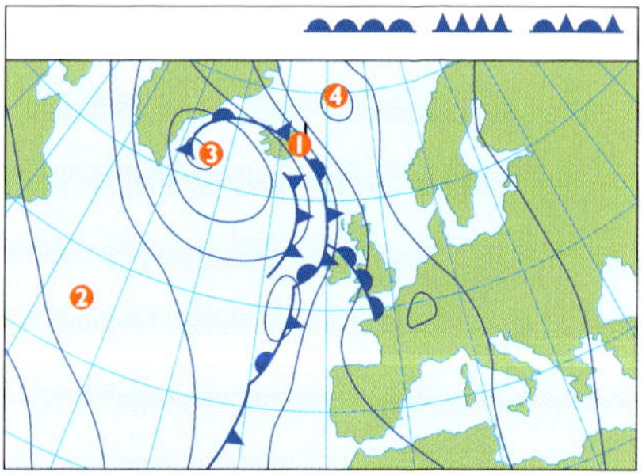

Dicht zusammenliegende Isobaren weisen auf starke Winde hin, **1**, über ein großes Gebiet weit auseinander gezogen, lassen sie auf wenig Wetteränderung schließen, **2**. Nach Schlechtwetter kann auf der Rückseite eines größeren Tiefdruckgebiets ein kleines, aber bedrohliches Tief entstehen, **3**. Ein Hochdruckrücken, **4**, beschert oft einen einzelnen Schönwettertag zwischen zwei Tiefs. Bei seinem Herannahen dreht der Wind im Uhrzeigersinn und flaut ab; oft lockert die Bewölkung auf. Nach seinem Durchzug dreht der Wind gegen den Uhrzeigersinn und frischt auf; es bilden sich hohe Wolken.

Eine Wetterkarte zeichnen

Bei Wetterdiensten und Schiffszubehörläden bekommt man Bordwetterkartenvordrucke für verschiedene Seegebiete. Seewetterbericht auf Band aufnehmen, alle Details in Kurzform auf dem Vordruck notieren, dann mit Hilfe der Wettersymbole, *rechts*, in die Karte übertragen. Hoch- und Tiefdruckzentren einzeichnen, Linien gleichen Drucks (Isobaren) einzeichnen. Gemeldeten Wind, Regen und Fronten eintragen. Wind- und Wettervorhersagen in anderer Farbe eintragen. So könnten die Symbole für ein Gebiet folgendermaßen aussehen:

d.h. Wind Südwest 4, westdrehend, auf 5 oder 6 zunehmend, anfangs Regen, später Schauer, Sicht gut, Druck 1024, anfangs fallend, später steigend. Datum und Uhrzeit des Wetterberichts notieren.

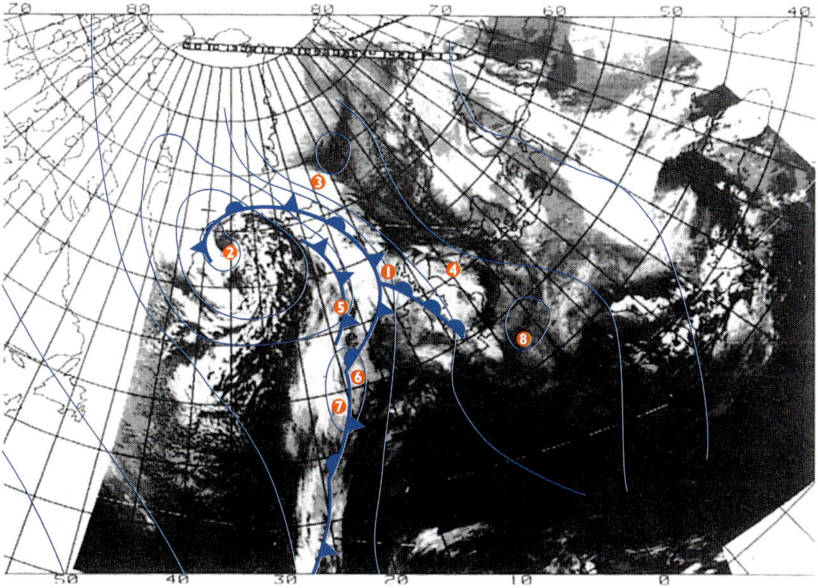

Dies ist ein gealtertes, sich abschwächendes Tief, **1**. Die Kaltfront hat die Warmfront eingeholt und ist mit ihr zur Okklusionsfront verschmolzen, **2**. Im Norden immer noch dichte Bewölkung, **3**, Sprühregen vermischt mit stärkerem Regen. Bei Heranziehen einer Warmfront verdichtet sich die Bewölkung. Regen setzt ein bzw. im Winter Schnee. Hier schwächt sich die Front ab; die Wolkendecke reißt auf, **4**. Kaltfronten ziehen schneller als Warmfronten; eine neue, aktive Kaltfront kann heftigen Wind und starken Regen bringen. Hier hat sich eine neue, aktivere Kaltfront, **5**, hinter der ersten gebildet, deren Bewölkung aufreißt, während sie sich abschwächt. Beachten Sie die jähe Aufklarung hinter der nachfolgenden Kaltfront, dann ein Streifen klaren Himmels, bevor sich Schauer oder Böen bilden (über Land meist am Vormittag, auf See zu jeder Tageszeit). Aus einer nachfolgenden Kaltfront kann ein kleines, bedrohliches Randtief entstehen, **6**. Dieses bewegt sich u.U. rasch, mit starken, böigen Winden, die schnell zyklonartig drehen, und kann, wenn man nicht mit ihm rechnet, gefährlich werden. Beachten Sie die Wolkenbildung. Weiter südlich ist ein weiteres Randtief in der Entstehungsphase, **7**, das sich um das ursprüngliche Tief bewegen wird. Das Hochdruckgebiet, **8**, ist fast wolkenlos und mitverantwortlich für die Abschwächung der Warmfront, die sich jetzt in seinem Einflussbereich befindet. An großräumigen, stabilen Hochs schwächen sich heranziehende Fronten oft ab und das Wetter bleibt schön, auch wenn der Wind u.U. auffrischt.

Zum Mitschreiben der Wettervorhersage Wettersymbole verwenden. Pfeile zur Darstellung von Windrichtung und -stärke in Windrichtung; jede ganze Feder am hinteren Teil steht für zwei Windstärken, eine halbe Feder für eine.

		∞	Dunst	•	Regen
		✳	Schnee	⁖	starker Regen
✓	gute Sicht	△	Hagel	▽	Bö
—	mäßig	✳	Schneeregen	▽	Schauer
=	diesig	○	wolkenlos		Gewitter
≡	Nebel	⦶	4/8 bedeckt		Blitzschlag
⊕	bedeckt	,	Sprühregen		Gewitterschauer

Eigene Beobachtungen

Um von Wettervorhersagen profitieren und ihre Richtigkeit kontrollieren zu können, muss man den Himmel beobachten und das Gesehene richtig deuten können. Er kann alles verraten, was Sie für die nächsten 4-5 Stunden und im Umkreis von 50-80 km wissen müssen. Küstenwinde können von der allgemeinen Vorhersage abweichen.

Bei ausreichender Temperaturdifferenz zwischen Land und Meer entsteht ein Seewind, der ab dem frühen Vormittag kühlere Luft vom Meer bringt.

Entlang der Küste wird der Seewind eher die Richtung des vorherrschenden Winds ändern, als diesen verstärken. Wenn sich nachmittags über dem Land große Haufenwolken bilden, kann der Seewind in Mündungen bis auf Windstärke 6 oder 7 auffrischen.

Ist der vorherrschende Wind bereits auflandig, wird er durch den Seewind verstärkt, ohne dass eine nennenswerte Richtungsänderung eintritt. Bei ablandigem Wind wandern bestehende Haufenwolken auf See hinaus. Mit Einsetzen des Seewinds beginnen sie sich von See her aufzulösen. Wo ablandiger Wind und Seewind aufeinander treffen, kann sich eine Wolkenlinie mit ausgefranster Unterkante bilden. Oft flaut der Wind vor Einsetzen des Seewinds zunächst ab. Im Spätsommer, wenn sich das Meer stärker aufgeheizt hat, werden Seewinde seltener.

Wärmegewitter entwickeln sich vor allem nachmittags über dem Land, können aber auf die Küstengewässer hinauswandern.

Bei Dunst sind die sich über dem Land auftürmenden Cumulonimbuswolken nicht immer zu beobachten. Der auf die Flaute folgende Wind ist oft böig und kalt und kann Regen- oder Hagelschauer bringen.

Ein angesagtes Gewittertief kann ausgedehnte Bewölkung unterschiedlicher Dichte, von böigem, umlaufendem Wind begleiteten Donner und schlechte Sicht mitbringen.

Bei Herannahen einer Warmfront mit dichter Bewölkung und Sprühregen kühlt die an Steilküsten aufsteigende Luft ab und es kommt zu orografischer Wolkenbildung, die die Küste verhüllen kann.

Nebel

Seenebel entsteht, wenn feuchtwarme Luft über kaltes Wasser strömt oder kältere Luft die wärmere Wasseroberfläche abkühlt. Da der Sättigungs- oder Taupunkt in kühler Luft niedriger liegt als in warmer, kondensiert die Feuchtigkeit zu Nebel.

Verhalten bei Nebel: Fahrt verlangsamen, Nebelhornsignale geben, Radarreflektor aufheißen, Positionslichter einschalten. Rundum Ausguck halten und aufmerksam horchen. Position sorgfältig mitkoppeln, von Schiff-Fahrtstraßen fernhalten. Wenn möglich an einem sicheren Ort ankern und warten, bis sich der Nebel aufgelöst hat.

Um ausgeprägte Landzungen herum beschleunigt sich der Wind; auf der Leeseite können Verwirbelungen entstehen. In einigen Meilen Abstand passieren.

In einer scheinbar geschützten kleinen Bucht können heftige Fallböen vom Steilufer her auftreten. Nachts können Fallwinde aus höheren Lagen herabströmen und meist leichtere Küstenwinde hervorbringen.

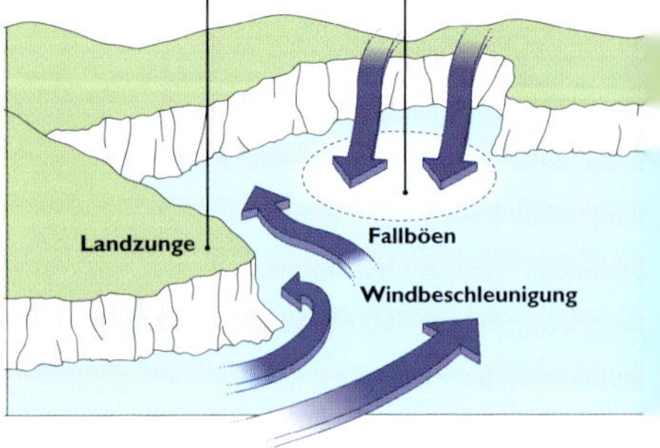

Wenn Flugzeug-Kondensstreifen dünn sind und sich rasch auflösen, sind die oberen Luftschichten. Wenn sie sich ausbreiten und nur langsam auflösen, auf Anzeichen einer Wetteränderung achten.

Ein innen rötlicher Ring (Halo) mit 22°-Radius um Sonne oder Mond zeugt von hohen Eiskristall-Cirruswolken und einem fernen Tief. Ein roter Hof (Korona) entsteht durch Wasserwolken.

Seegang

Wellen entstehen vorwiegend durch Windeinwirkung. Die Energie überträgt sich von Welle zu Welle. Treffen eine durch weit entfernte Wellen hervorgerufene lange Dünung, lokale Windwellen und Oberflächen-Kabbelungen aufeinander, können Kreuzseen entstehen. Wenn die Kämme mehrerer Wellensysteme zusammenfallen, kann sich eine „Monstersee“ bilden. An der Küste wird der Seegang durch Tidenströme, Küstenformationen und Wassertiefe beeinflusst. In tiefem Wasser, **1**, kann die Wellenenergie ablaufen; in flachem Wasser, **2**, sind die Wellen gezwungen, sich steiler aufzubauen und zu brechen. So kommt es zu Turbulenzen über Untiefen und Sandbänken, **3**.

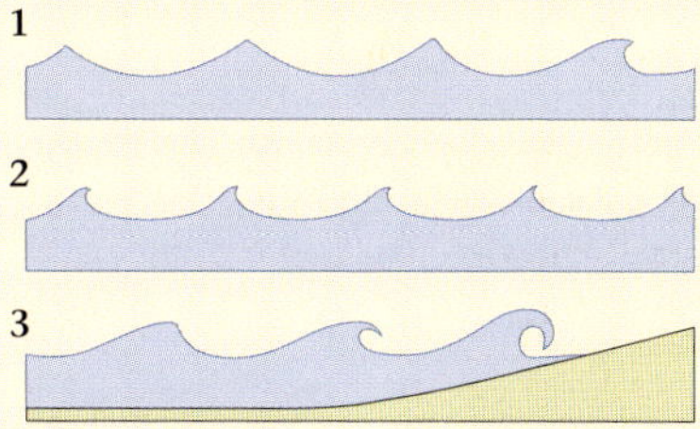

Eine Steilküste kann den vormittags einsetzenden Seewind abblocken, sodass er unbeständig und unberechenbar wird.

Es mag ungefährlicher sein, an einer steil abfallenden Leeküste entlangzusegeln, als eine Sandbank oder Untiefe auf ihrer Luvseite zu passieren, an der sich die auflaufenden Wellen steil aufbauen.

Wo sich Wind und Strom kreuzen, entsteht kabbelige See. An seichten Hafeneinfahrten, vor allem solchen mit Barre, können Brecher gefährlich werden. Vergewissern Sie sich, dass im Wellental genug Wassertiefe bleibt.

Luft sucht sich immer den einfachsten Weg; so entsteht in Flusstälern eine Düsenwirkung. Ein gutes Beispiel für die starken Winde, die hierdurch entstehen können, ist der durch das Rhônetal fegende Mistral.

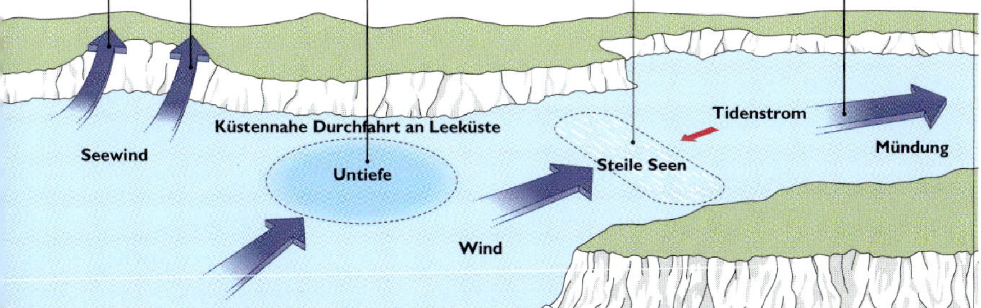

Sicherheitsausrüstung

Die erforderliche Sicherheitsausrüstung einer Yacht ist von Segelrevier, Größe des Boots, Zahl der möglichen Besatzungsmitglieder und der Wahrscheinlichkeit des Segelns bei Schlechtwetter abhängig. Neue Boote werden meist mit spärlicher Sicherheitsausrüstung geliefert, und auch bei Gebrauchtbooten, die eigentlich voll ausgerüstet sein sollten, ist die Sicherheitsausrüstung oft überaltert oder nicht mehr auf dem neusten Stand der Technik.

Der Bootseigner muss zunächst überlegen, wo Gefahren drohen, und sich klar machen, dass er als Skipper für die Sicherheit der Besatzung verantwortlich ist. Am besten einen Tag lang das Bootsinnere intensiv erforschen, um Treibstoff-, Wasser- und Gasanlage sowie die Elektrik zu überprüfen und sich mit ihnen vertraut zu machen.

Man sollte eine in die drei Kategorien „Persönlich“, „Besatzung“ und „Boot“ unterteilte Liste der Grundausrüstung aufstellen. Auf See sollten Sie völlig autark sein und über Wissen und Übung verfügen, um mit möglichen Notfällen allein zurechtzukommen. Hilfe von außen sollte nur bei schwereren Unfällen, medizinischen Notfällen, Ausfall wichtiger Ausrüstungsteile, Strandung, Rumpfbeschädigung oder unlöschbaren Bränden erforderlich sein.

Jedes Crewmitglied sollte sich über mögliche Gefahren im Klaren sein und wissen, wo die gesamte Sicherheitsrüstung verstaut ist und wie sie funktioniert. Zur persönlichen Ausrüstung gehören geeignete Kleidung bei Wärme und Kälte, der Sicherheitsgurt als Schutz gegen Überbordfallen und eine Rettungsweste. Sicherheit an Bord erfordert verantwortungsvolles Verhalten seitens der ganzen Crew und die Erkenntnis, dass leichtfertiges Handeln auch andere gefährden kann.

Wie bei allen Sicherheitsmaßnahmen ist Vorbeugen besser als Heilen: Ordnungsgemäße Installation sowie regelmäßige Prüfung und Wartung aller Systeme helfen, Probleme und Notfälle zu vermeiden.

Mindestsicherheitsausrüstung für Küsten- (A) und Seekreuzer (B).

		A	B
PERSÖNLICH (für jedes Crewmitglied)			
1	warme Kleidung, Ölzeug, Segelstiefel, Rettungsweste, Sicherheitsgurt	*	*
GRUPPE/CREW			
1	Rettungsinsel für die ganze Crew		*
2	Hufeisen-Rettungsring mit Treibanker und automatischer Rettungsleuchte	1	2
3	schwimmfähige Wurfleine	*	*
4	Markierungsboje		*
5	UKW-Radio	*	*
6	Seenotfunkboje		*
BOOT			
Antrieb:			
1	Trysegel oder gerefftes Großsegel oder Sturmfock	*	*
2	unabhängige Batterie oder Handstarter für Motor	*	*
Anker			
1	mit ausreichender Kette	1	2
2	stabiler Festmachepunkt auf Vordeck	*	*
Lenzen			
1	Eimer mit Leine	2	2
2	Lenzpumpe (1 elektrisch, B)	2	2
Ortung			
1	Radarreflektor, fest installierte Positionslichter, Nebelhorn, starke Stablampe/Signallampe	*	*
Notsignale			
1	Handfackeln: 4 rote, 4 weiße	*	*
2	Hand-Rauchpatrone: 2 orangefarbene	*	
3	Rauchboje: 2 orangefarbene		*
4	rote Fallschirmraketen	2	4
Löschausrüstung			
1	Löschdecke	*	*
2	1,5 kg Pulverlöscher	2	2
Radioempfänger			
1	für Seewetterberichte	*	*
Navigationsausrüstung			
1	geeignete Seekarten, Gezeitentafeln, Nautisches Jahrbuch, Revierführer etc.	*	*
2	Steuerkompass, Handpeilkompass	*	*
3	Zeichengeräte, Barometer, Echolot (oder Handlot), Uhr	*	*
4	GPS		*

Zwei Hufeisen-Rettungsringe, 1, sollten in Reichweite des Rudergängers in schnell auslösenden Halterungen an der Reling befestigt sein. Markierungsboje mit ihrem oberen und unteren Ende in zwei kurzen, am Achterstag fest gelaschten Schlauchstücken, **2**, am Heckkorb oder in einem ins Heck einlaminierten Rohr verstauen. Eine Bordleiter am Heck, **3**, erleichtert die Bergung eines Überbordgefallenen (Vorsicht: Verletzungsgefahr durch den Propeller).

Die Rettungsinsel im offenen Cockpit, achterlich vom Mast, **4**, oder in einer Cockpit-Backskiste verstauen, wo sie im Notfall gut zugänglich ist. Sie ist entweder in einem starren Kunststoffbehälter mit schnell lösbaren Gurten oder in einer weichen Tragetasche verpackt. Nach Ziehen der Reißleine bläst sie sich automatisch auf.

Frischwassertanks, 5, aus Stabilitätsgründen möglichst tief einbauen. Häufig säubern und auf Verunreinigungen kontrollieren. Darauf achten, dass die Seehähne der Pantry, Toilette und Maschine, **6**, nach Gebrauch und bei Verlassen des Boots stets geschlossen werden.

Ein nasses, glitschiges Deck ist bei Decksarbeiten gefährlich. Alle betretbaren Flächen sollten irgendeine Art von rutschfestem Belag, **7**, haben. Ein Relingsnetz, **8**, kann ein Vorsegel oder u.U. sogar ein Kind vor dem Überbordgehen bewahren.

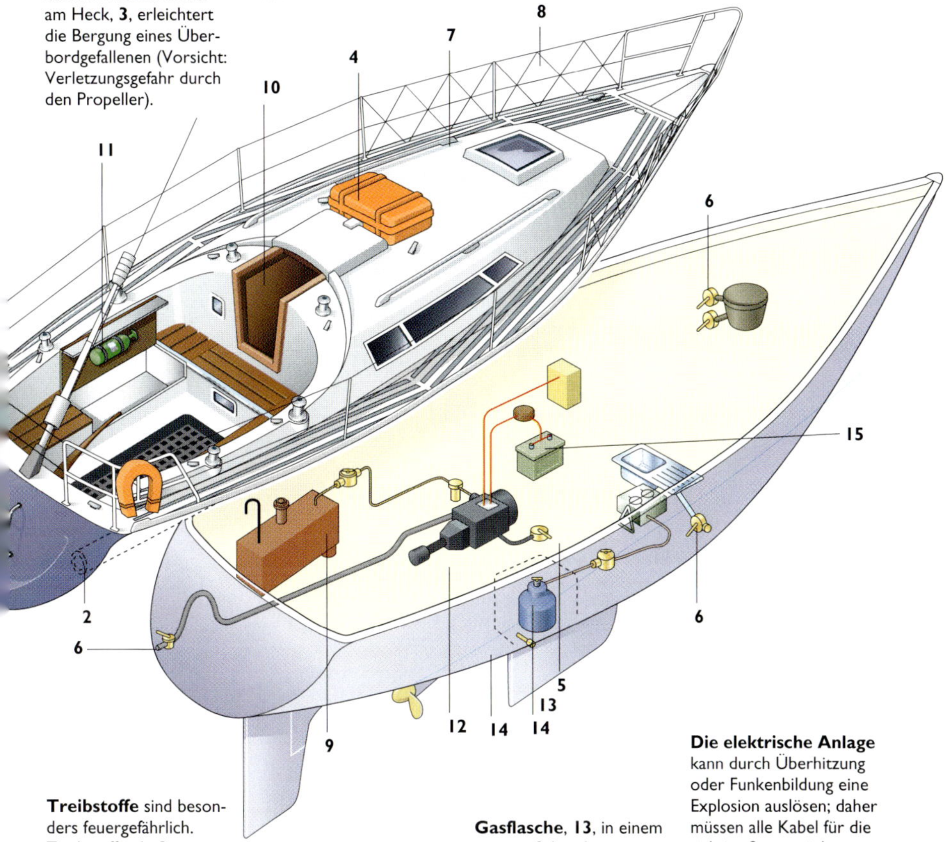

Treibstoffe sind besonders feuergefährlich. Treibstofftank, **9**, so weit wie möglich von Motor und heißen Auspuffrohren entfernt einbauen. Feuerlöscher griffbereit halten – einen unter dem Vorluk, einen am Niedergang, **10**, oder in einer Backskiste, **11**.

Der Motorraum, 12, muss sauber und gut belüftet sein. Alle Treibstoffrohrleitungen sollten aus Kupfer bestehen und mit ausreichend großen und tiefen Leckwannen ausgestattet sein.

Gasflasche, 13, in einem eigenen Schrank im Cockpit mit einem direkt außenbords führenden Abzug unterbringen. Bei Nichtgebrauch Gaszufuhr an der Flasche und am Kocher absperren. Ein Gasschnüffler in der Bilge, **14**, gibt Sicherheit.

Die elektrische Anlage kann durch Überhitzung oder Funkenbildung eine Explosion auslösen; daher müssen alle Kabel für die richtige Stromstärke ausgelegt und alle Sicherungen funktionstüchtig sein. Batterien sollten in der Nähe des Anlassers in einem gut zugänglichen, belüfteten Kasten mit säurefester Auffangwanne untergebracht sein, **15**.

Notsignale

Alle Seemannschaft und Sicherheitsausrüstung kann Ihr Boot nicht 100%ig sicher machen. Solange die See unberechenbar und zuweilen aufbrausend bleibt, werden Schiffe in Seenot geraten und Hilfe brauchen. Ebenso können medizinische Notfälle fern von jedem Hafen ein Abbergen erforderlich machen.

Das UKW-Funkgerät ist nach wie vor ein wichtiges Ausrüstungsteil, aber keineswegs die einzige Möglichkeit, Hilfe herbeizurufen. Seit 1992 das GMDSS (Global Maritime Distress and Safety System) eingeführt wurde, kann jedes Boot, das über ein spezielles UKW-Gerät mit DSC (Digitales Selektivrufverfahren) und Anschluss an ein GPS-Gerät verfügt, seine Identität, Position und die Art der Notlage auf einen Knopfdruck übermitteln. Die weitere Kommunikation erfolgt dann über Kanal 16.

Die Reichweite des UKW-Verkehrs beträgt allerdings nur 24-48 km; wer weiter hinaussegeln will, benötigt daher ein Mittelwellengerät mit DSC und einer Reichweite von 240-400 km oder eine Seenotfunkboje (EPIRB). Die Standardausrüstung der meisten Segelyachten besteht heute aus einem UKW-Gerät und einer 406-MHz-Seenotfunkboje. Diese sendet ein automatisches Seenotsignal mit Position und Identität des Fahrzeugs, das über Satelliten zu einer Bodenstation übermittelt wird.

Die Seenotfunkboje kann manuell ausgelöst werden, sollte aber so angebracht sein, dass sie bei Untergang des Boots frei schwimmt, falls keine Zeit bleibt, den Schalter zu betätigen. Diese EPIRBs haben schon viele Leben gerettet und funktionieren weltweit.

Eine weitere Neuentwicklung sind SART-Geräte (Search and Rescue Transponders), die im Notfall ein von Radargeräten zu empfangendes Signal senden. Das ermöglicht in der Nähe befindlichen Schiffen, vor allem aber Seenotrettungsbooten und -hubschraubern die zielgenaue Ansteuerung Ihrer Position.

EPIRB und SART kann man als mobile Geräte notfalls mit in die Rettungsinsel nehmen.

Trotz aller elektronischen Hilfsmittel müssen Skipper und Crew wissen, wie man einen Notruf per Funk oder Satelliten-Kommunikation absetzt.

Funkgerät einschalten, auf Kanal 16 und maximale Leistung schalten.

Sendetaste drücken und folgende Meldung senden (außerhalb der deutschen Küstengewässer auf Englisch):

MAYDAY x 3
BOOTSNAME x 3
MAYDAY - BOOTSNAME

MY POSITION IS (Meine Position) - Breite und Länge vom GPS oder Decca bzw. als Peilung eines in der Seekarte verzeichneten Objekts (z.B. Leuchtturm oder Landzunge) ablesen.

NATURE OF DISTRESS (Art der Notlage): Schiff sinkt, Feuer, in Gefahrensituation auf Grund gelaufen etc.

IMMEDIATE ASSISTANCE REQUIRED (brauche sofortige Hilfe)

Weitere Informationen wie Anzahl der Personen an Bord, beabsichtigtes Umsteigen in die Rettungsinsel etc.

OVER

Eine Minute abwarten - falls keine Antwort kommt, kontrollieren, ob das Funkgerät richtig eingeschaltet und auf Kanal 16 mit maximaler Leistung und Wiederholung eingestellt ist.

Bei weiterem Ausbleiben einer Antwort einen anderen Kanal ausprobieren – evtl. den Arbeitskanal des nächsten Hafens.

Einen Zettel mit Anweisungen für Notruf ausdrucken und neben dem UKW-Funkgerät an die Wand hängen, damit ggf. selbst das unerfahrenste Crewmitglied einen Notruf senden kann.

Wenn Gefahr für das Boot oder ein Crewmitglied besteht, aber keine sofortige Seenotrettung nötig ist, die Dringlichkeitsmeldung PAN PAN (statt MAYDAY) senden. In medizinischen Notfällen PAN PAN MEDICO rufen und Umschaltung auf einen anderen Arbeitskanal statt Kanal 16 verlangen.

Es ist damit zu rechnen, dass mit zunehmender Verbreitung des GMDSS die gesetzliche Verpflichtung der Seenotrettungsdienste zur Überwachung des Kanals 16 nach und nach abgeschafft wird.

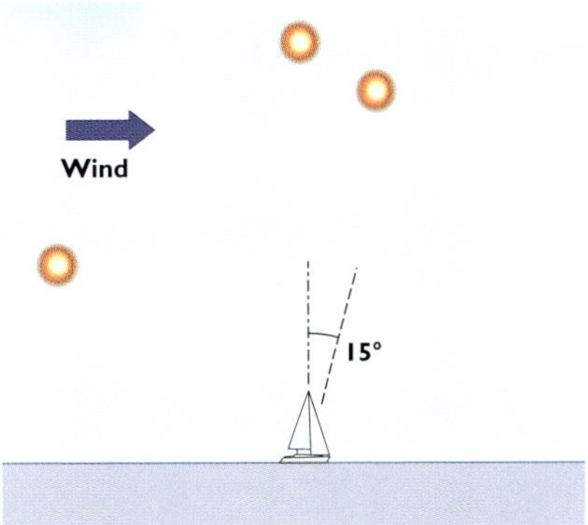

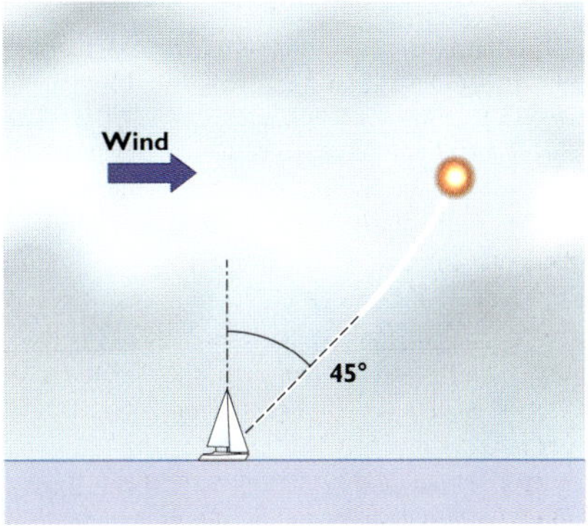

Signalraketen drehen sich in den Wind und sollten daher senkrecht bzw. bei starkem Wind im 15°-Winkel nach Lee abgefeuert werden. Handfackeln nach Lee halten, damit keine brennenden Partikel auf Kleidungsstücke oder die Rettungsinsel fallen.

Bei nächtlicher Verwendung einer weißen Kollisionswarnfackel die Augen abschirmen, um eine Blendung zu vermeiden. Bei Verwendung kurz brennender Fackeln zwei in einminütigem Abstand abbrennen.

Bei tief hängenden Wolken Raketen im 45°-Winkel nach Lee abfeuern, damit sie unter den Wolken sichtbar bleiben. Bei schlechter Sicht nicht alles Notfeuerwerk auf einmal abbrennen, sondern einen Teil aufbewahren, bis sich die Sicht bessert.

Seenotfeuerwerk hat bei ordnungsgemäßer Lagerung eine Haltbarkeitsdauer von 3 Jahren. Zweimal jährlich auf Anzeichen von Verfall kontrollieren und ggf. ersetzen. Nach Ablauf des Verfallsdatums nicht mehr verwenden, sondern sofort ersetzen.

Seenotfeuerwerk hat zwei Aufgaben: Aufmerksamkeit auf das Boot zu lenken und seine Position anzuzeigen. Mindestausrüstung: Unter Land: 2 rote Handfackeln, 2 orangefarbene Hand-Rauchpatronen - bei Tageslicht und leichtem Wind zu verwenden. Küstengewässer: 2 rote Fallschirmraketen, 2 rote Handfackeln, 2 orangefarbene Hand-Rauchpatronen. Hochsee: 4 rote Fallschirmraketen, 4 rote Handfackeln, 2 orangefarbene Rauchbojen. Alle nachts auf See befindlichen Boote sollten 4 weiße Handfackeln als Kollisionswarnsignale mitführen.

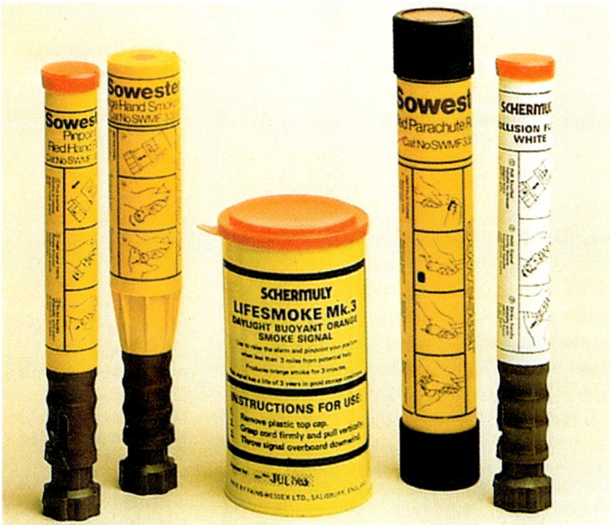

Rote Handfackeln brennen ca. 1 Minute. Orangefarbene Hand-Rauchpatronen brennen etwa 40 Sekunden.

Rauchbojen entwickeln ca. 3 Minuten lang eine orangefarbene Rauchwolke, etwa zur Alarmierung von Luftfahrzeugen. Weiße Handfackeln brennen ca. 50 Sekunden.

Die Fallschirmrakete löst in ca. 300 m Höhe einen roten Stern aus, der über 40 Sekunden lang brennt und nachts ca. 25 km weit sichtbar ist.

Mann über Bord

„Mann über Bord“ ist ein Ruf, den jeder Segler fürchtet. Selbst erfahrene Segler reagieren in diesem Fall mitunter kopflos, anstatt rasche, lebenswichtige Maßnahmen zu ergreifen.

Das Mann-über-Bord-Manöver wird so oft beschrieben, dass man leicht denkt: „Das kenn ich schon, da kann ich gleich weiterblättern.“ Aber bevor Sie das tun: Sind Sie ganz sicher, dass Sie als Skipper Ihr Boot so ausgerüstet und Ihre Mannschaft so trainiert haben, dass diese Sie etwa nachts bei Windstärke 4 mit Böen bis 5 auffischen könnte?

Wenn jemand ins Wasser fällt, reduziert sich seine Sichtbarkeit sofort auf die Größe eines Fußballs, und keiner von uns, nicht mal der erfahrenste Skipper, kann sicher sein, eine Person, die bei ungünstigen Wetterverhältnissen über Bord geht, orten, geschweige denn bergen zu können. Selbst wenn Sie nur bei mäßiger Brise über Bord fallen, können Sie keineswegs sicher sein, gerettet zu werden.

Feste, sicherheitsorientierte Arbeitsroutinen tragen viel dazu bei, dass die Crew dort bleibt, wo sie hingehört – an Bord. Sicherheitsgurte und auf dem Deck gespannte Strecktaue sind die beste Sicherheitsgarantie. Rettungswesten sind immer zu tragen, wenn erhöhte Gefahr des Überbordgehens besteht, und garantieren zumindest, dass man an der Wasseroberfläche bleibt. Sie müssen mindestens 150 Newton Auftrieb, für Nichtschwimmer 275 N haben. Da Feststoffwesten oft hinderlich sind, bevorzugen die meisten solche, die durch eine integrierte CO_2-Patrone aufgeblasen werden.

Im Wasser kann eine isolierte Rettungsweste den Verlust der Körperwärme aufhalten, besonders wenn man eine wärmeverlustmindernde Kauerhaltung (HELP) einnimmt. Wenn man die Arme dicht am Körper hält, die Beine zusammendrückt und anzieht, um den Schrittbereich abzuschirmen, lässt sich der Wärmeverlust deutlich reduzieren.

Wenn jemand über Bord fällt, muss SOFORT gehandelt werden. Hier der Ablauf eines Mann-über-Bord-Manövers:

1 Wer den Vorfall beobachtet, ruft sofort „Mann über Bord“ und zeigt in dessen Richtung. Ein Crewmitglied wird als Beobachter abgestellt, der den Überbordgefallenen ständig im Auge behält.

2 Wer am nächsten bei Rettungsboje und Schwimmflagge steht, wirft diese dem Überbordgefallenen nach und ruft „Rettungsboje klar“. Bei GPS mit MÜB-Knopf diesen drücken, um die Position zu speichern.

3 Boot sofort in den Wind drehen, um die Vorausfahrt zu bremsen.

4 Motor starten, aber ausgekuppelt lassen, sofern man ihn nicht für die endgültige Ansteuerung braucht.

5 Segel back halten und die Fahrt weiter abbremsen.

6 Mit back gehaltenem Vorsegel drehen, bis der Wind achterlicher als raum-seitlich einfällt.

Eine solche Bergungsschlinge erleichtert die Bergung eines Überbordgefallenen. Man kann eine Talje am Großfall befestigen und das Auge durch die D-Ringe der Schlinge führen, um den Überbordgefallenen mit der Cockpit-Winsch an Bord zu hieven. Es gibt verschiedene andere Bergungshilfen auf dem Markt, die alle ihre individuellen Vorzüge haben.

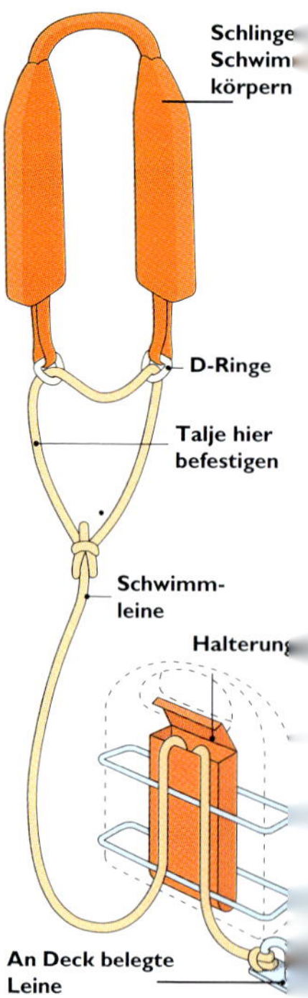

7 Zwei bis drei Längen zwischen raumseitlichem und raum-achterlichem Kurs segeln, bevor man vor den Wind dreht.
8 Vorsegel bergen, während das Groß mittig gehalten wird.
9 Vor dem Wind bleiben, bis man den Überbordgefallenen mit der größten Breite passiert hat.
10 Halsen.
11 Den Überbordgefallenen im 45°-60°-Winkel zum Wind ansteuern.
12 Dem Mann eine Leine zuwerfen bzw. umlegen und ihn auf der Leeseite bergen. Am besten holt man ihn mittels einer Leiter an Bord. Wenn er Rettungsweste oder Sicherheitsgurt trägt, kann man u.U. eine Winsch einsetzen.
13 Dieses Manöver immer wieder üben, bis es einem in Fleisch und Blut übergeht.

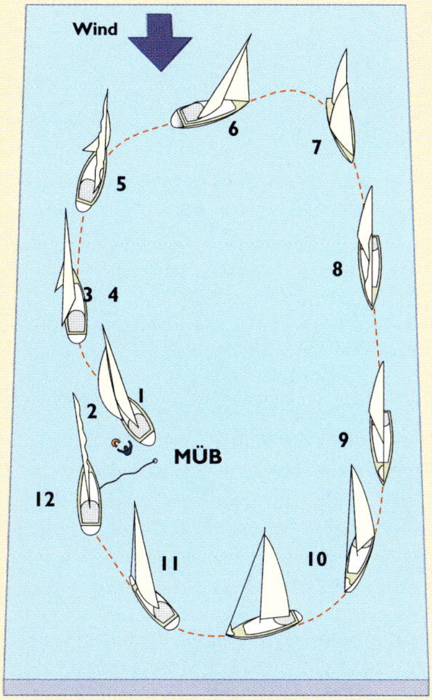

Wenn jemand über Bord fällt, ist Zeit der entscheidende Faktor. Diese Technik, eine Abwandlung der Aufstoppmethode, sieht eine sofortige Fahrtverminderung und langsame Manöver in unmittelbarer Nähe zum Überbordgegangenen vor.

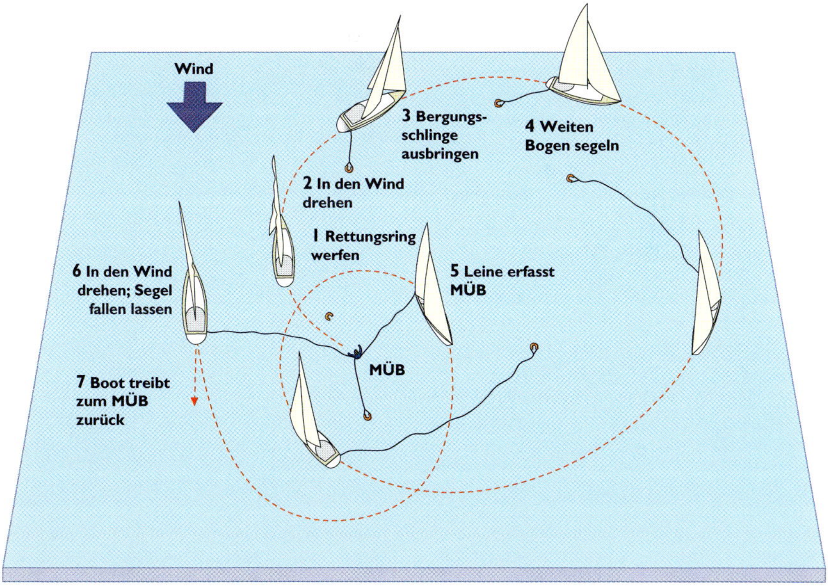

Bei der Aufstoppmethode wird das Boot sofort in den Wind gedreht und die Bergungsschlinge ausgebracht. Durch Umkreisen des MÜB wird diesem die Leine nahe gebracht, bis er die Schlinge ergreifen und über Kopf und Oberkörper ziehen kann.

Ruderschäden

Ein Ruderschaden kann das Boot und die Sicherheit aller an Bord befindlichen Personen ernsthaft gefährden. Deshalb sollte man auf Verlust oder Beschädigung des Ruders vorbereitet sein und Mittel für eine etwa nötige Hilfskonstruktion bereithalten.

Moderne Flossenkieler mit Spatenruder haben zwar eine bessere Am-Wind-Leistung, doch ist das Boot bei Ausfall des Ruders sehr schwer zu stabilisieren. Es ist praktisch unmöglich, ein Spatenruder auf See zu reparieren oder zu ersetzen. Auf den meisten Booten dürfte es jedoch durchaus möglich sein, ein Notruder außen am Spiegel anzubringen, weshalb es sinnvoll sein kann, ein solches mitzuführen. Das am Spiegel aufgehängte Ruder des traditionellen Langkielers ist hier wesentlich unproblematischer.

Wenn sich das Ruder verklemmt, sollte man das Boot umgehend abstoppen, indem man die Segel birgt bzw. den Motor abstellt und beidreht. Wenn das Ruder lose hängt, kann man ein kleineres Boot meist vorübergehend mit Hilfe eines Riemens oder Paddels steuern. Wenn unter Segel keine Vorausfahrt gelingt, sollte man es mit der Maschine allein versuchen und die Ruderhilfskonstruktion einsetzen, um dem Propellerdreheffekt entgegenzuwirken.

Die Pinne bricht nur selten, aber wenn das vorkommt, kann es schwierig sein, einen Ersatz zu finden. Außerdem ist sie meist mit einer speziellen Metallhalterung am Ruderschaft befestigt. Wenn noch etwa 30 cm übrig sind, kann man u.U. das abgebrochene Stück daran festlaschen und mit zu den Winschen geführten Leinen steuern, aber es kann sich auch lohnen, eine Ersatzpinne mit Ruderkopfbeschlägen mitzuführen.

Umsichtige Vorausplanung ist durch nichts zu ersetzen, also ersinnen Sie am besten rechtzeitig eine Lösung für eine Notsteuerung und probieren Sie sie vorab aus.

Kielkonstruktionen
Wenn der Ruderschaft unter Deckshöhe bricht, das Ruder aber noch lose beweglich an Ort und Stelle hängt, kann ein mit dem Kiel verbundenes Ruder, **1**, betätigt werden, indem man Leinen von seiner Achterkante zum Cockpit führt. Beim Spatenruder, **2**, ist dies sehr viel schwieriger, weil die Leinen durch Blöcke auf dem Schandeck ziemlich weit nach vorn und dann zurück zum Cockpit geführt werden müssen.

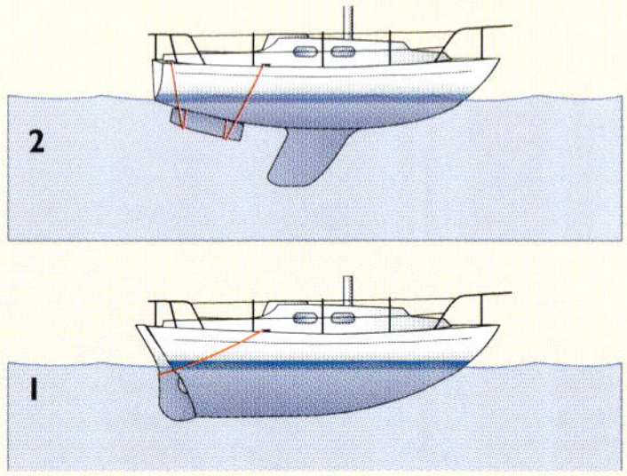

Radsteuerung
Bei Ausfall der Radsteuerung rasch eine Notpinne montieren. Das Steuerrad betätigt ein Kettenrad, dieses wiederum eine Kette, **1** , **2**. Die an der Kette befestigten Steuerseile laufen über mehrere Umlenkrollen, **4**, zum Ruderquadranten, **3**. Wenn das Drahtseil zu viel Lose hat und von der Umlenkrolle rutscht, kann es sich verklemmen.

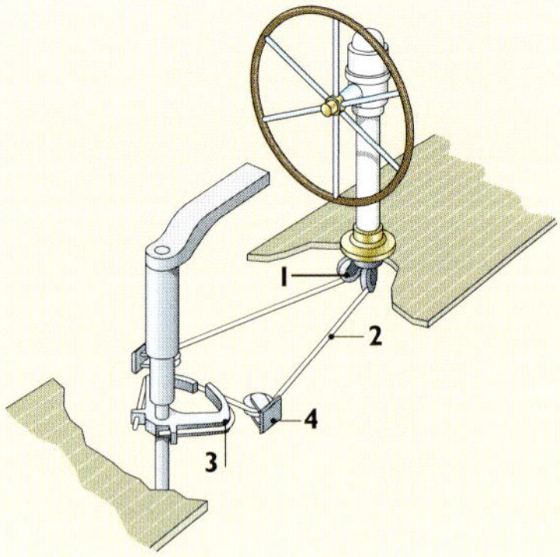

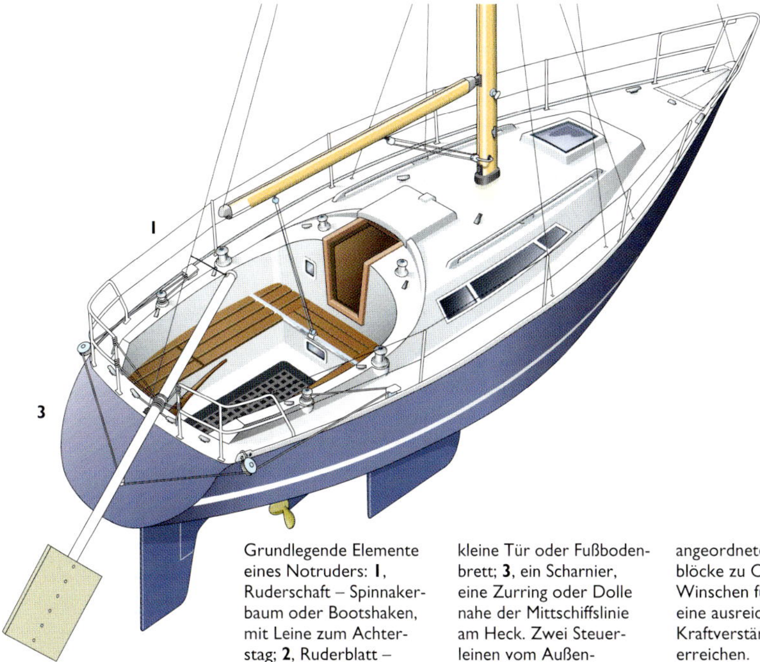

Grundlegende Elemente eines Notruders: **1**, Ruderschaft – Spinnakerbaum oder Bootshaken, mit Leine zum Achterstag; **2**, Ruderblatt – kleine Tür oder Fußbodenbrett; **3**, ein Scharnier, eine Zurring oder Dolle nahe der Mittschiffslinie am Heck. Zwei Steuerleinen vom Außenbordende des Schafts über außerhalb der Reling angeordnete Klappblöcke zu Cockpit-Winschen führen, um eine ausreichende Kraftverstärkung zu erreichen.

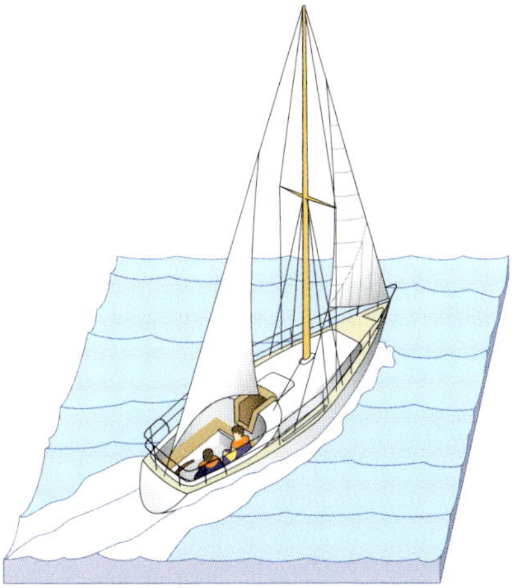

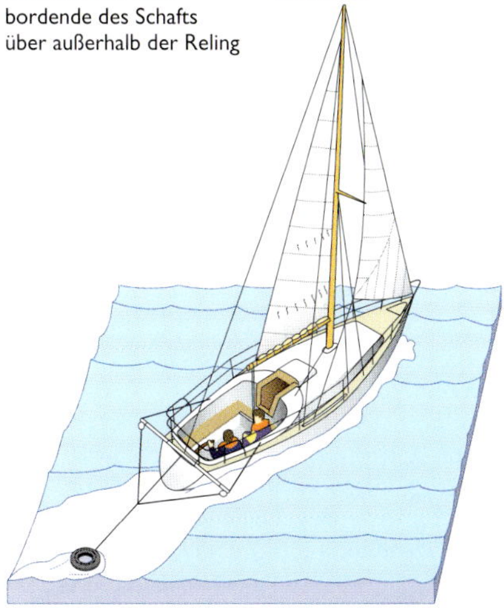

Langkieler lassen sich notfalls auch nur mit den Segeln steuern, indem man die Schoten entsprechend fiert und dichtholt. Die beste Besegelung für eine Slup besteht aus einer großen Fock und einem am Achterstag gesetzten Treiber als Steuersegel. Zum Anluven wird die Schot des Steuersegels angeholt, zum Abfallen wird sie gefiert.

Eine geringe Steuerfähigkeit, wenn auch auf erhebliche Kosten der Fahrt, erreicht man durch Nachschleppen eines Gegenstands mit großem Widerstand. Dieser lässt sich durch einen „Steuerzügel" hin und her bewegen. Je weiter sich dieser Schleppkörper seitlich verlagern lässt, desto größer die Ruderwirkung.

Notrigg

Das stehende Gut ist sorgfältig konzipiert, um den Mast mit einem Minimum an Drahttauwerk optimal abzustützen; schon bei Ausfall eines einzigen Teils kann der Mast brechen oder umstürzen.

Rigg regelmäßig kontrollieren; auf abgenutzte Gewinde bei Verschraubungen, fehlende oder abgenutzte Schäkelbolzen, durchgescheuerte Drähte etc. achten. Das betroffene Teil ggf. sofort austauschen oder reparieren. Entdeckt man während des Segelns eine Schwachstelle, auf einen Kurs gehen, der die Stelle möglichst wenig belastet, bis man die Reparatur ausführen kann.

Gebrochene Wanten und Stagen kann man u.U. durch Reservefallen ersetzen, solange der Mast intakt ist. Am besten ein flexibles 7x19- oder 7x7-Drahttau (siehe S. 92) in Länge des längsten Stags mitführen, das man auf die benötigte Länge schneiden kann.

Beim Mastbruch gibt es so verschiedene Konstellationen, dass der allgemeine Rat nur lauten kann, so viel vom Rigg zu retten wie möglich: Fallen, Wanten, Segel und Mastteile. Bricht der Mast oberhalb der Unterwanten, hat man eine gute Grundlage für ein funktionierendes Notrigg.

Den gebrochenen oder umgeknickten Mast rasch an Deck sichern. Die Bergung des Großsegels ist oft problematisch, weil es sich an der Bruch- oder Knickstelle nicht aus der Mastnut ziehen lässt. Versuchen Sie, die Mastschiene mit Hammer und Schraubenzieher so weit aufzubiegen, dass sich das Segel herausziehen lässt. Wenn es mit Rutschern eingezogen ist, muss man diese u.U. vom Segel abschneiden.

Fällt der Mast nach außenbords, tut er dies meist auf der Leeseite. Als Erstes für eine Polsterung zwischen Rumpf und Mast sorgen, um weitere Schäden zu vermeiden. Dann muss man überlegen, wie man mit dem Gewirr aus Draht- und Fasertauen und im Wasser hängenden Segeln umgehen, den Mast aus dem Wasser hieven und an der Fußreling sichern kann, um ein Notrigg zu ersinnen, mit dem der nächste Hafen zu erreichen ist.

Notriggkonstruktionen

Mit geeignetem Spierenmaterial lässt sich ein Behelfsrigg konstruieren, um das Boot wieder segelbar zu machen. Einen intakten Untermast kann man nach oben verlängern. Hierzu den Spinnakerbaum, das Oberende des Masts o.ä. als Steilgaffel anbringen und das obere Ende des Großsegels daran festlaschen. Auch eine Spriettakelung (unten) vergrößert die Segelfläche. Ein Auge ans Achterliek des Segels nähen, um das obere Ende der Spriet aufzunehmen; u.U. kann man auch die Kausch der oberen Reffreihe verwenden. Das untere Ende der Spriet sollte verstellbar aufgehängt sein, damit man das Segel spannen kann.

Mastverlängerung

Spriettakelung

Tampen anbringen
Den Draht zum Auge biegen und dieses durch Drahtseilklemmen sichern oder mit einem Hohlfitt einen Behelfsspleiß, **1**, ausführen und den Tampen verknoten. An ein Fall kann man den Tampen mit einem Knoten anstecken, der sonst zur Befestigung von Angelhaken dient, **2**. Tampen verknoten, den ganzen Knoten mit der Zange steifholen.

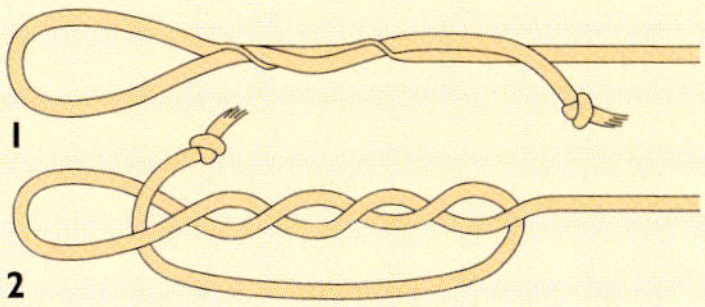

Checkliste bei Mastverlust
1 NICHT den Motor starten. Außenbords hängende Leinen können in den Propeller kommen.
2 NICHT hektisch an Deck umherlaufen – Gefahr des Stolperns und Überbordfallens.
3 Polster zwischen Mast und Rumpf stecken – z.B. Fender oder Cockpit-Sitzkissen.
4 Mast längsseits bringen.
5 Segel vom Mast abschlagen, damit sie nicht reißen; sie werden noch gebraucht.
6 Nur die Drähte und Fallen kappen, die das Bergen des Masts behindern.
7 Mast aus dem Wasser hieven.
8 Mast an Deck festzurren.

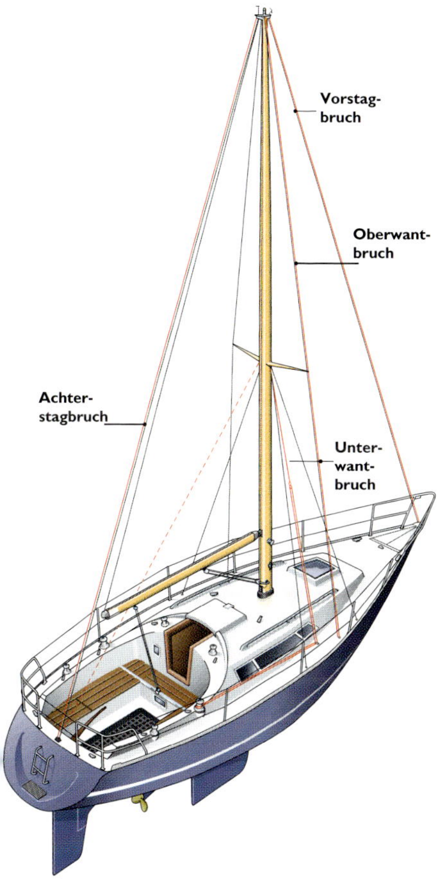

Wenn das Vorstag bricht, sackt das ganze Rigg nach achtern und das Boot wird stark abgebremst. Großschot fieren, während man auf Raumschots- oder Vorwindkurs abfällt. Reserve-Fock- und Spinnakerfallen können an Vorstagpütting, Bugklampen oder -poller befestigt werden, um den Mast behelfsmäßig abzustagen.

Bei Bruch des Achterstags kann das ganze Rigg nach vorne über Bord gehen. Auf Am-Wind-Kurs gehen und die Großschot dichtholen. Dadurch legt sich das Boot zwischen die Wellen, ohne dass das Rigg hin und her schwankt. Die Dirk oder ein Reservefall an Heckklampe oder Achterstag-Pütting sichern.

Die Wanten dienen zur seitlichen Verspannung des Masts. Wenn eines davon unter Belastung bricht, kommt es häufig auch zum Mastbruch. Wenn das nicht der Fall ist, sofort wenden, damit der Wind von der anderen Seite kommt. Bei Bruch eines Oberwants bricht der Mast oft direkt über der Befestigung der Unterwanten. Sollte eines von diesen brechen, sofort Niederholer und Fallen fieren – sobald das Boot auf den anderen Bug gegangen ist. Eine Schot anstelle des Drahttaus riggen, die über einen Fußblock an der Deckskante auf eine Winsch geführt wird.

Feuer

Brände und Explosionen sind eine häufige Schadens- und Verletzungsursache auf Freizeitbooten. Die meisten Segler sind sich der Gefahren, die von der See ausgehen, bewusst und berücksichtigen sie durch Schutz vor Regen und Gischt, leistungsfähige Lenzpumpen, zuverlässige Dieselmotoren etc. Doch um die Brandverhütung und -bekämpfung machen sich viele Bootseigner viel zu wenig Gedanken, vor allem um die Bekämpfung verschiedener Brandarten.

Hauptgefahrenquellen sind der Kocher und seine Brennstoffversorgung, Motor und Treibstoffanlage, Batterien, aber auch Pfeifen- oder Zigarettenraucher.

Als Kocherbrennstoff dienen u.a. Alkohol, Petroleum und Flaschengas. Bis auf Flaschengas sind sie in lecksicheren Behältern zu lagern, deren Inhalt durch einen Trichter in den kleinen Tank am Kocher umgefüllt wird. Gasflaschen müssen außerhalb der Kajüte verstaut und durch nahtlose Kupferleitungen und Schläuche an den Kocher angeschlossen werden. Die Installation und Reparatur von Gasanlagen ist von qualifizierten Fachleuten auszuführen. Da Gas schwerer als Luft ist, sammelt sich nach binnenbords entweichendes Gas in der Bilge und verbreitet sich so durchs Boot. Bei Kontakt mit einer offenen Flamme kommt es dann zur Explosion. Immer für gute Belüftung des Boots sorgen, die Bilgen beim Anbordgehen sofort auspumpen oder ausschöpfen.

Häufiger und nicht ganz so verheerend sind Brände in der Pantry, die man mit Asbest-Löschdecke (griffbereit beim Kocher) oder einer nassen Schlafdecke bzw. einem Pulverlöscher löschen sollte. Entflammten Brennstoff und brennendes Öl nie mit Wasser bekämpfen: Die Flammen breiten sich nur noch weiter aus.

Manche Skipper sehen das Rauchen unter Deck als zu riskant an. Raucher müssen auf jeden Fall äußerste Vorsicht walten lassen. Aschenbecher häufig nach Lee über Bord leeren. Nur Sicherheitszündhölzer verwenden, die sich nicht durch Reibung selbst entzünden können.

Motor und Treibstoffanlage

Moderne Dieselmotoren sind sehr sicher. Doch einmal entflammter Dieseltreibstoff brennt rasant.

Benzinmotoren erfordern wesentlich mehr Vorsicht: Sie sollten mit Flammenrückschlagsicherung an Vergaser, Leckwannen und Entlüftungsleitung sowie mindestens zwei Absperrhähnen an Treibstoffleitungen ausgestattet sein. Zwischen Einfüllstutzen und Tank sowie Tank und Motor ist ein Ausgleichskabel zur Erdung anzuschließen; der Motorraum ist mit einem flammensicheren Ventilator zu belüften.

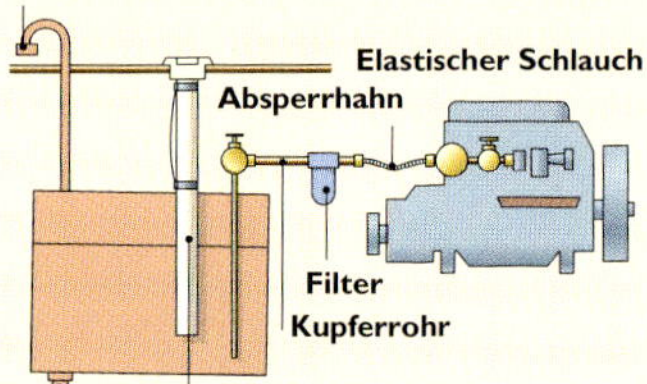

Feuerlöscher

Pulverlöscher stoßen ein chemisches Pulver unter Druck aus. Sie ersticken die Flammen rasch. Bei Löschern mit regulierbarer Abgabe kann man etwas Löschmittel zurückbehalten – für den Fall, dass das Feuer wieder aufflammt. BCF, *rechts*, ist ein Flüssiglöschmittel nur zur Bekämpfung von Treibstoff- oder Motorbränden im Freien, da seine Dämpfe giftig sind.

Universal-Pulverlöscher

Bromochlorodifluoromethan (BCF)

Empfohlene Mindestanzahl an Feuerlöschern:
Segelyacht mit Hilfsmotor bis 9 m LÜA
Drei möglichst große Feuerlöscher, keinesfalls unter 1,4 kg Füllung, Trockenpulver oder BCF. Alternativen zu BCF sind in Entwicklung.
Segelyacht mit Hilfsmotor über 9 m LÜA
Drei Pulverfeuerlöscher, einer davon mit mindestens 3 kg Füllung, die anderen beiden mit mindestens 1,4 kg Füllung.
Motorkreuzer mit leistungsstarker *Maschine und großem Treibstofftank*
Zwei Pulverlöscher mit 3 kg Füllung, bei mehr als 9 m LÜA drei.

Entdeckt man ein Treibstoff- oder Gasleck:
1 Motor abstellen, nicht rauchen, alle offenen Flammen löschen, elektrische Geräte abschalten.
2 Treibstoff/Gas an der Quelle absperren.
3 Alle Luken und Fenster öffnen und das Boot gründlich lüften, bevor man sich an die Reparatur macht.

Im Fall eines Feuers:
1 Mit dem Ruf „FEUER" Alarm geben.
2 Löschdecke einsetzen, um Flammen zu ersticken oder sich selbst zu schützen.
3 Feuer mit einem auf den Brandherd gerichteten Feuerlöscher bekämpfen.

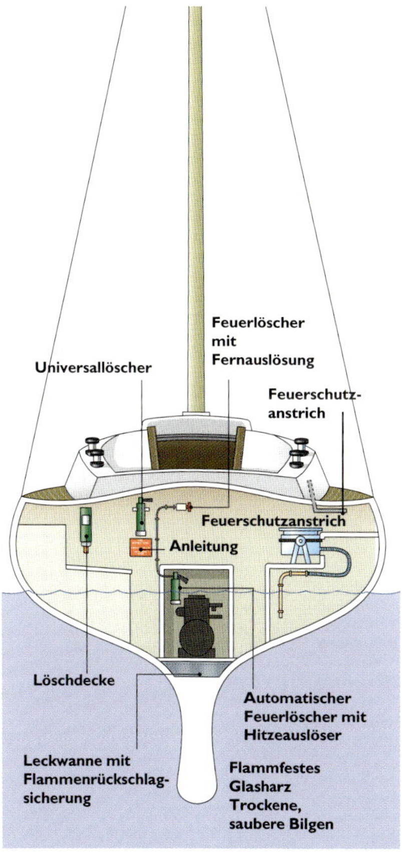

Den besten Brandschutz garantiert ein fest installiertes Fernauslösesystem mit zusätzlichen Handfeuerlöschern, Löschdecke und Hitzeschild in der Pantry, feuerfestem Bilgen-Anstrich und einem Feuermelder.

Flaschengas- und Benzinanlagen sollten mit Gasdetektoren oder Warngeräten des Typs ausgestattet werden, der einen Alarm auslöst, wenn er eine Änderung des Luftdrucks durch Vorhandensein eines Gases, das schwerer als Luft ist, auf einer Seite einer Membran registriert. Eine andere Art von Detektor gibt Alarm, wenn ein Gas, das leichter als Luft ist (etwa Knallgas im Batteriekasten) den elektrischen Widerstand eines Platin- oder Palladiumdrahts verändert.

Kohlendioxidlöscher setzen ein Sauerstoff verdrängendes Gas frei, das weder Löschschäden verursacht noch Rückstände hinterlässt. CO_2 ist zum Löschen brennender Flüssigkeiten oder elektrischer Brände bestens geeignet, sollte aber nicht eingeatmet werden.

Eine fernauslösbare CO_2-Löschanlage ist besonders für Motorräume und Treibstofftanks sinnvoll. Sie besteht aus einer CO_2-Gasflasche, deren Auslösehebel vom Cockpit aus über Seilzüge betätigt werden kann, um das Gas freizusetzen.

Aufgabe des Schiffes

Die Erfahrung beweist nachdrücklich, dass man eine Yacht niemals aufgeben sollte, wenn sie nicht tatsächlich unter einem sinkt. Muss man doch in die Rettungsinsel umsteigen, ist es tröstlich zu wissen, dass diese Inseln bereits vielen Crews das Leben gerettet haben.

Die meisten Rettungsinseln sind aus naturkautschukbeschichtetem Nylon gefertigt; inzwischen werden aber auch neue synthetische Beschichtungen verwendet. Sie bestehen meist aus zwei übereinander angeordneten, unabhängigen Auftriebsschläuchen, die bei Betätigung einer Reißleine automatisch durch CO_2 und/oder Stickstoff aufgeblasen werden. Ein doppelter Fußboden gewährleistet bessere Kälteisolierung.

Die Stabilität wird durch nach unten hängende Ballasttaschen erhöht, kann bei leicht beladenen Rettungsinseln aber dennoch zum Problem werden. Neuere Untersuchungen zeigen, dass ein wirksamer Treibanker an langer Trosse helfen kann, ein Kentern zu verhindern. Meist schützt ein selbsttragendes Dach gegen Kälte, Wind und Sonne – manchmal mit Fenster, um das Ausguckhalten zu erleichtern.

Jede Rettungsinsel wird mit Überlebensausrüstung geliefert, deren Qualität jedoch variiert. Kontrollieren Sie, was mitgeliefert wird, und packen Sie alles, was fehlt, in Ihre eigene, stets griffbereite Nottasche. Sorgen Sie dafür, dass möglichst viele Crewmitglieder an einem Rettungsinsel-Training teilnehmen.

Gehen Sie stets pfleglich mit Ihrer Rettungsinsel um und lassen Sie sie im vorgeschriebenen Service-Intervall beim Hersteller überprüfen.

Einstieg aus dem Wasser

Idealerweise sollte man die Rettungsinsel direkt vom Boot besteigen, doch ist dies nicht immer möglich. Manchmal kentert die Rettungsinsel beim Aufblasen. Um sie aufzurichten, steigt man am besten ins Wasser, stellt sich auf die Gaszylinder und zieht an den Aufrichtleinen oder -gurten. Dies ist selbst unter Trainingsbedingungen recht schwierig. Möglichst brauchbare Vorrichtungen zum Einstieg aus dem Wasser sind ein wichtiges Ausrüstungsmerkmal jeder Rettungsinsel.

Eine äußere Greifleine aus stabilem Gurtmaterial ist genauso wichtig wie gute Greifleinen im Inneren. Auch die Konzeption der Einstiegsleiter kann entscheidend sein. Ist sie zu kurz, kann man die unterste Sprosse schlecht mit dem Fuß erreichen, ist sie zu lang, werden die Füße unter die Rettungsinsel gezogen. Die richtige Länge bringt Ihre Taille ungefähr auf eine Höhe mit der Oberkante der Auftriebsschläuche, sodass Sie sich einfach hineinrollen lassen können.

1 Einen letzten MAYDAY-Notruf senden. Teilen Sie Bootsnamen, geschätzte Position, Zahl der Crewmitglieder und Ihre Absicht, das Schiff aufzugeben, mit.
2 Die Crew muss Rettungswesten anlegen, bevor sie ins Cockpit kommt.
3 Sicherungs-/Reißleine der Insel an einem stabilen Befestigungspunkt an Bord festmachen.
4 Rettungsinsel über Bord werfen, kontrollieren, ob sie ganz aufgeblasen ist, und am Cockpit längsseits bringen.
5 Falls die Zeit reicht, übergekommenes Wasser ausschöpfen.
6 Relingsdrähte kappen, damit die Crew leichter aus dem Boot aussteigen kann.
7 Notsignalpaket, Notkleidung, Proviant und Wasser, Navigationsausrüstung, Funkgerät (ideal ist ein wasserdichtes UKW-Handgerät), wasserdichtes GPS, ggf. Handys in Plastiktüten, eine 406-EPIRB, Folienschlafsäcke gegen Unterkühlung – das meiste davon sollte in einer Nottasche bereitgehalten werden – sowie zwei lange Trossen in die Insel packen und sichern.
8 Das kräftigste Crewmitglied steigt als Erster ein, um die Insel zu stabilisieren und den anderen zu helfen.
9 Leine zum Boot erst kappen, wenn es gefährlich wird, mit ihm verbunden zu bleiben.

Bevor man die an Deck gehalterte Rettungsinsel, **1**, über Bord wirft, kontrollieren, ob die Sicherungs-/Reißleine sicher an Bord festgemacht ist, **2**. Dann die Verzurrung lösen oder kappen und die Rettungsinsel in Lee ins Wasser werfen, **3**. Reißleine ganz herausziehen, durch einen festen Ruck die CO_2-Zylinder auslösen, **4**. Warten, bis die Insel ganz aufgeblasen ist, längsseits bringen, **5.** Falls die Zeit reicht, evtl. übergekommenes Wasser ausschöpfen. Überlebensausrüstung einladen, vom Cockpit aus in die Rettungsinsel einsteigen. Leine zum Boot erst kappen, wenn die Verbindung gefährlich wird.

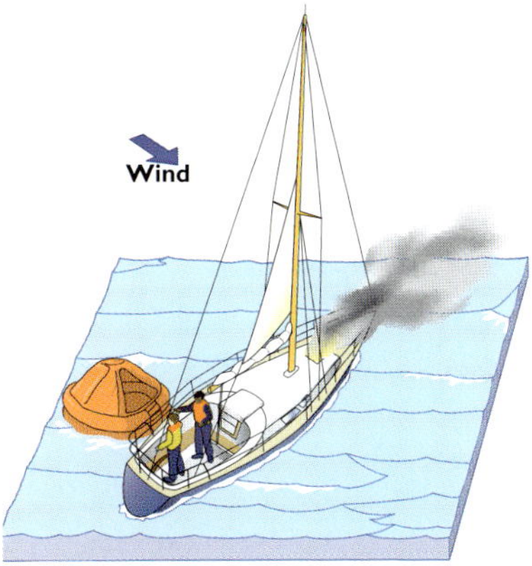

Falls das Boot brennt, die Rettungsinsel an der Luvseite zu Wasser lassen, um sie von Rauch und Flammen fernzuhalten. Evtl. muss man die Verbindung kappen, bevor alle in der Insel sind. Wenn Sie springen müssen und brennendes Öl auf dem Wasser treibt, schwere Kleidung ablegen, möglichst lange unter Wasser schwimmen, dann versuchen, bis über die Flammen aus dem Wasser zu schnellen, Luft holen, wieder untertauchen und weiter schwimmen.

Im Einzelfall wird man auch einmal eine gestrandete Yacht aufgeben. Die Rettungsinsel sollte die Fahrt durch die Brandung auf einen Sandstrand überstehen; doch müssen alle Crewmitglieder ihre Rettungswesten aufblasen, bevor man die Brandung erreicht. Bei felsiger Küste die Mannschaft zusammen anseilen und die Insel mit dem Boot verbunden lassen, das wie ein Treibanker wirken kann. Die Rettungsinsel sollte die Gezeitenlinie erreichen.

Überleben im Wasser

Von dem Moment an, in dem man die Verbindung zwischen Boot und Rettungsinsel kappt, muss sich jeder aufs Überleben konzentrieren. Einer muss es übernehmen, die fast hypnotische Lethargie zu durchbrechen, die durch den allgemeinen Schockzustand entsteht.

Im frühen Stadium des Driftens darf man niemandem erlauben einzuschlafen. Schläfrigkeit ist das erste Anzeichen von Kapitulation; die Crew muss sich notfalls durch Singen und gymnastische Bewegung wach halten. Jeder sollte reihum als Ausguck eingeteilt werden, da dies eine konstruktive, hoffnungsvolle Betätigung und auch eine Gelegenheit ist, frische Luft zu schnappen, was zusammen mit Tabletten gegen die Seekrankheit helfen kann. Am lebensbedrohlichsten ist im Allgemeinen die Unterkühlung.

In der Regel wird man nicht sehr lange in der Rettungsinsel ausharren müssen. Wenn man nicht mitten auf dem Ozean, weitab aller Schiff-Fahrtswege treibt, kann man innerhalb von ein, zwei Tagen mit Rettung rechnen. Versuchen Sie nie, von Ihrer letzten Position wegzusegeln. Auch wenn die Rettungsinsel durch Wind und Strom abdriftet, können die Suchmannschaften dies einkalkulieren und so Ihre ungefähre Position ermitteln.

Wenn Rettung naht, möglichst Kontakt über UKW-Kanal 16 herstellen. Lassen Sie die Retter entscheiden, wie die Übernahme auf das Rettungsfahrzeug vor sich gehen soll. Ein Großschiff wird vermutlich ein Rettungsboot aussetzen, das Sie zum Schiff bringt, wo man Ihnen über eine Leiter oder ein Kletternetz an Bord hilft. Seenot-Rettungsboote sind speziell zur Bergung und Versorgung in Seenot Geratener ausgerüstet. Auch Luftfahrzeuge werden bei Suche und Rettung immer häufiger eingesetzt; es kann gut sein, dass Sie von einem Hubschrauber geborgen werden.

Wie immer die Rettung erfolgt, sollten alle Geborgenen, gleich wie gut ihre Verfassung erscheint, so bald wie möglich ärztlich untersucht und betreut werden, um eine vollständige, überwachte Wiederherstellung zu gewährleisten.

Abbergen durch Hubschrauber
Wenn Ihr Mast noch steht, kann es sein, dass Sie aufgefordert werden, ins Wasser zu springen, damit der Hubschrauber tief genug gehen kann. Oft wird jemand heruntergelassen, der dem zu Bergenden die Rettungsschlinge umlegt. Kommt nur die Schlinge herunter, Knebel hochschieben, Arme nach oben durch die Schlinge führen, sodass diese in der Rückenmitte anliegt, Knebel auf die Brust herunterziehen. Arme ausbreiten und Signal zum Hochziehen geben.

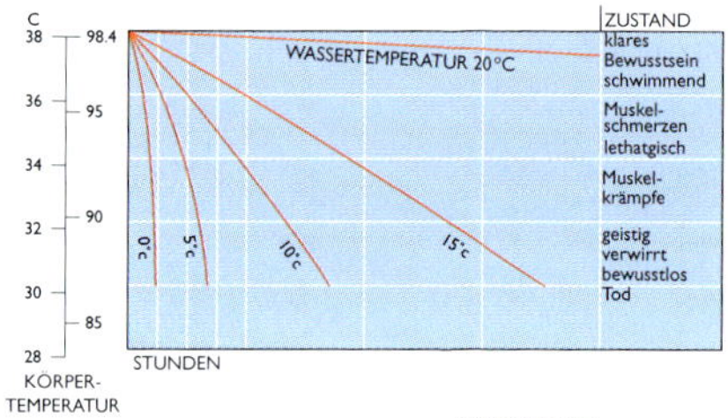

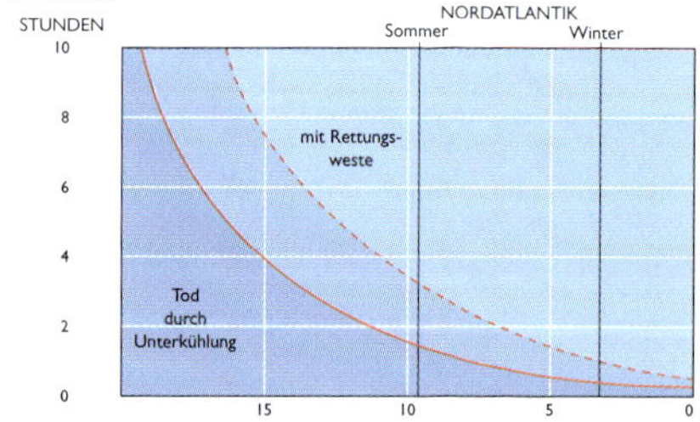

Bewusstlosigkeit tritt ein, wenn die Körpertemperatur unter 32°C fällt. Bei 30°C kommt es zum Tod durch Herzversagen – in 5-10°C kaltem Wasser dauert das in der Regel 2-4 Stunden. In Ausnahmefällen kann die Überlebensdauer 4 Stunden weit übersteigen, weshalb man etwa die Suche nach einem Überbordgegangenen viel länger fortsetzen sollte.

Nach Besteigen der Rettungsinsel:

1 Insel auf Lecks kontrollieren, ggf. Auftriebsschläuche ganz aufblasen. Treibanker ausbringen.

2 Überlebenspaket, Nottasche und sämtliche Ausrüstung festzurren, damit sie bei einer Kenterung nicht verloren gehen.

3 Wenn notwendig, Tabletten gegen Seekrankheit verteilen. Etwaige, auch kleinere Verletzungen behandeln.

4 Ausguck einteilen und alle Wrackteile einsammeln, die nützlich sein könnten.

5 Vergewissern Sie sich, dass die Insel nicht durch scharfe Gegenstände – Messer, Schäkelbolzen etc. – beschädigt werden kann.

6 Insel mit Ösfass, Schwamm etc. vom Wasser befreien. Nasse Kleidung auswringen. In Folienschlafsäcke schlüpfen, um der Unterkühlung vorzubeugen.

7 Einen Routineablauf von Wasser schöpfen, Ausguck, Gymnastik etc. festlegen.

Besonderes Verhalten in kaltem Klima

1 Eingang der Insel dicht verschließen.

2 Möglichst warm und trocken halten. Bedecken Sie sich, einschließlich des Kopfs, mit der gesamten Reservekleidung.

3 Drängen Sie sich dicht zusammen, ohne jedoch die Stabilität der Insel zu gefährden.

4 Zehen, Finger, Hände und Füße laufend bewegen. Fäuste ballen, Gliedmaßen strecken, um die Durchblutung anzukurbeln.

5 Gesicht, Ohren und Hände vor Erfrierungen schützen. Vor allem der Ausguck muss sich gut einpacken.

6 Zucker oder Traubenzucker und regelmäßige Zwischenimbisse austeilen, wenn man mit baldiger Rettung rechnet. Sonst Proviant und Wasser sinnvoll rationieren.

Ohne Rettungsweste entweder Toter-Mann-Schwimmlage, **1**, oder entspannt mit luftgefüllten Lungen und Gesicht nach unten im Wasser treiben lassen, **2**. Dabei alle 10-15 Sekunden den Kopf heben, um zu atmen. Bei beiden Techniken kühlt man wesentlich schneller aus, als wenn man mit Rettungsweste bewegungslos im Wasser treibt.

Die Entscheidung, in Richtung Küste zu schwimmen, wird von Kälteisolierung und Seeverhältnissen abhängen. Untersuchungen haben ergeben, dass man bei 10°C Wassertemperatur mit Standard-Rettungsweste etwa 1200 m weit schwimmen kann, bevor man durch Unterkühlung bewegungsunfähig wird.

Der Körper kühlt im Wasser schneller aus als in Luft der gleichen Temperatur, weshalb man sich, wo immer möglich, aus dem Wasser auf ein gekentertes Boot, treibende Wrackteile oder dergleichen ziehen sollte. Dies gilt vor allem für Kinder, die besonders rasch auskühlen.

Bei Unterkühlung sinkt die Temperatur des äußeren Körpergewebes sehr rasch ab; Herz und Gehirn beginnen nach 10-15 Minuten auszukühlen. Bei Crewmitgliedern, die seekrank, müde, unbeholfen wirken, heftig zittern oder deren Haut sich gräulich verfärbt, sofort Gegenmaßnahmen einleiten.

1

2

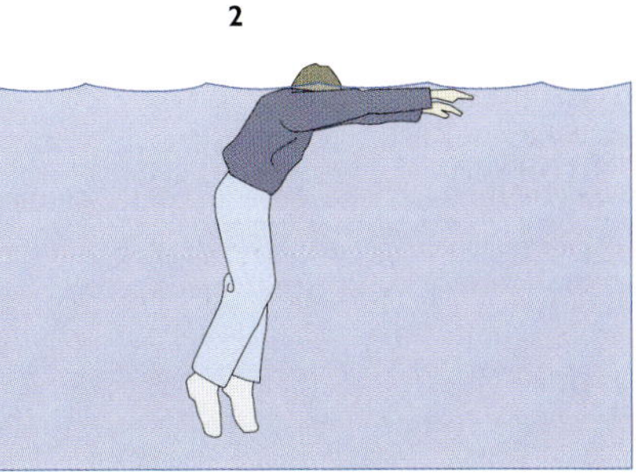

Medizinische Notfälle/1

Erste Hilfe an Bord fällt in zwei Kategorien: Lebensrettende Sofortmaßnahmen und Versorgung eines Patienten, bis fachmännische Hilfe zur Stelle ist. Es ist in Ihrem Interesse als Skipper, jemanden an Bord zu haben, der in Erster Hilfe geschult ist – vor allem auch in der Herz-Lungen-Wiederbelebung, d.h. Beatmung und Herzdruckmassage.

Der Inhalt des Erste-Hilfe-Kastens sollte zur Behandlung der meisten medizinischen Probleme ausreichen. Einen aktuellen Erste-Hilfe-Ratgeber (z.B. „Medizin auf See“, DSV Verlag) mitführen. Diese Seiten können nur als grober Leitfaden dienen, doch sollte die ganze Crew über die wichtigsten Notfall-Maßnahmen informiert sein.

Falls ein Crewmitglied bewusstlos wird, nachdem es z.B. schwer gestürzt oder vom Großbaum getroffen worden ist: Kopf nach hinten legen (Hals überstrecken), um die Atemwege freizuhalten, Brustkorb auf Atembewegungen beobachten, Puls an der Halsschlagader kontrollieren.

Wenn der Patient nicht atmet, sofort mit der Beatmung beginnen und diese bis zum Wiedereinsetzen der eigenen Atmung fortführen. Falls nach zweimaliger Atemspende am Hals kein Puls tastbar ist, mit der Herz-Lungen-Wiederbelebung (s. S. 158) beginnen. Sobald die Atmung wieder einsetzt, den Patienten in stabile Seitenlage bringen (s. S. 159).

Bei Verbrennungen oder Verbrühungen betroffenen Bereich mindestens 15 Minuten in kaltes Wasser tauchen. Kleinere Verbrennungen können unbedeckt bleiben, größere mit sterilem Verbandtuch oder notfalls sogar einer Zeitung abdecken. Bereich hochlagern, um das Anschwellen zu minimieren; den Patienten reichlich Wasser trinken lassen. Bei großflächigen Verbrennungen sofort ärztliche Hilfe aufsuchen.

Blutungen durch Druck auf Blutungsstelle bzw. einen arteriellen Druckpunkt stoppen – siehe gegenüber. Gebrochene Gliedmaßen mit Schiene und Verband oder aufblasbarer Schiene ruhig stellen, ohne die Durchblutung zu behindern. Bei Wirbelsäulenverletzungen Patienten nicht bewegen – warm halten und ärztliche Hilfe rufen.

Erste-Hilfe-Kasten

Größe und Inhalt des Erste-Hilfe-Kastens (wasserdicht, mit Schnappdeckel) richten sich nach Größe der Crew sowie Reisedauer und -ziel. Der Kasten sollte eine Inhaltsliste und ein Anweisungsblatt enthalten.

Rezeptfreie Medikamente

1 Tube Antiseptische Salbe
1 Tube Antihistaminsalbe
1 Tube Calaminsalbe
1 Kühlungsspray gegen Sonnenbrand
2 Schachteln Halspastillen
Schachteln Aspirin und Paracetamol
1 Schachtel Abführtabletten
1 Flasche UVA- & UVB-Schutzmittel
1 Tube UVA- & UVB-Lippenschutz
1 Schachtel Seekrankheits-Tabletten
1 Schachtel Gelusil-Lac-Tabletten
1 Fläschchen Augentropfen
1 Fläschchen Nelkenöl
Tütchen mit Elektrolytpulver

Auf Privatrezept (für Langfahrten)

Tramaltropfen (gg. starke Schmerzen)
30 Imodium-Kapseln (gg. Durchfall)
30 Penicillin-Tabletten (gg. Entzündungen)
30 Paspertin-Zäpfchen (gg. starkes Erbrechen)

Verbandsmaterial

Packungen sterile Klammerpflaster
3 Dreieckstücher
Verbandtücher
div. Verbandpäckchen, groß u. mittel
3 elastische Binden
1 Mullbinde 7,5 cm
1 Fixierbinde
1 Rolle wasserfestes Heftpflaster
1 gr. Packung wasserfeste Wundpflaster, versch. Größen
1 Packung Augenklappe mit Kopfband
1 Packung sterile Augenklappen
Packungen sterile Wundkompressen (mittel, groß, extra große)
2 Lederfingerlinge - Größen 3 und 8

Sonstiges

1 Packung Einmalhandschuhe
1 Packung Beatmungsmasken
Tütchen mit antiseptischen Tüchern
1 Schere und Pinzette
1 Schachtel Sicherheitsnadeln u. Klammern
1 Rolle Verbandwatte
1 Thermometer
Folien-Rettungsdecken/Schlafsäcke
Wärmflaschen

Wundversorgung

Jede blutende Verletzung sofort behandeln. Auch kleinere Schnittverletzungen umgehend mit Verband/Pflaster abdecken, um Infektionen vorzubeugen.

Starke Blutungen abdrücken. Durch Druck auf einen der arteriellen Druckpunkte des Körpers können auch größere Blutungen, bei denen direkter Druck auf die Wunde nicht wirkt, oft gestoppt werden. Hierzu fest auf den Punkt drücken, der der Wunde in Richtung Herz am nächsten liegt. Wenn die Blutung nachlässt, sterilen Druckverband anlegen.

Blutstillung
Tuch auf die blutende Wunde drücken, Druck 10 Minuten erhalten. Verletzte Stelle über Herzniveau lagern. Blutung am Unterarm stoppen: gerollten Verband fest in Armbeuge klemmen. Verletzung der Hand: Verbandsrolle fest mit der Hand umklammern.

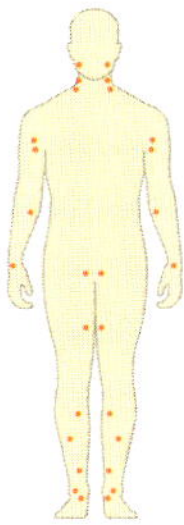

Druckpunkte

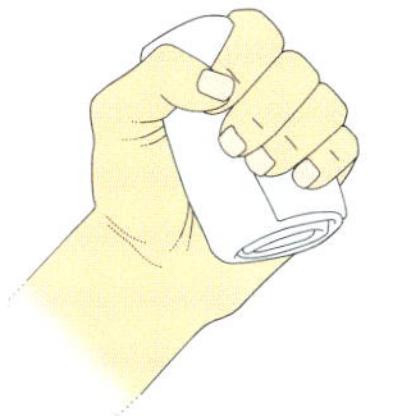

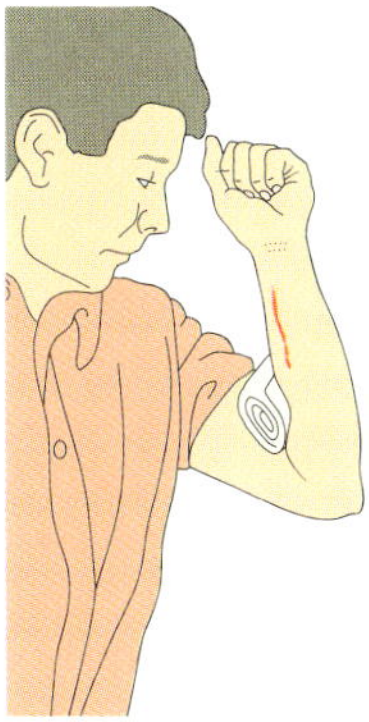

Schnittverletzung versorgen.
Bereich mit antiseptischem Tuch säubern, antiseptische Salbe auftragen. Wundränder zusammenziehen, **1**, mit sterilen Klammerpflastern fixieren, **2**, keine Innenflächen berühren. Festen Verband anlegen. Verletzte Gliedmaßen hochlagern. Falls die Wunde anschwillt, Antibiotikum verabreichen.

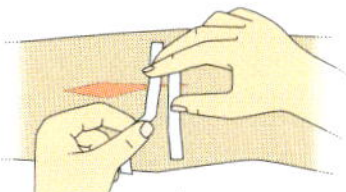

1

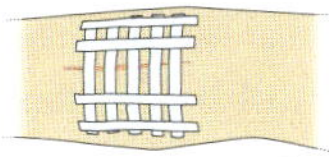

2

Atemspende

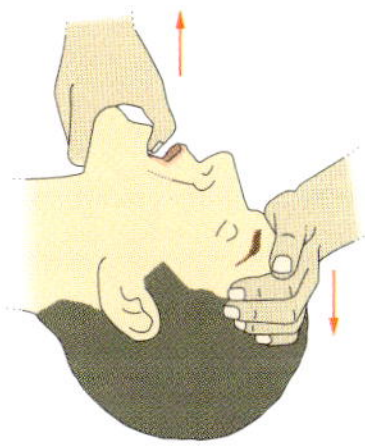

Kopf zurück beugen

Sofortmaßnahmen:
Kopf des Patienten nach hinten legen, um die Atemwege freizumachen. Brustkorb auf Atembewegungen beobachten. Mit Ohr am Mund des Patienten auf Atemzüge kontrollieren. Puls an der Halsschlagader kontrollieren.

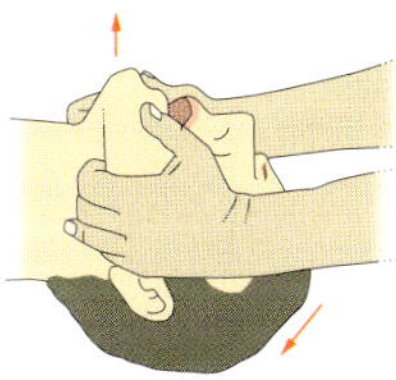

Atemwege freimachen
Kopf des Patienten zur Seite drehen, Unterkiefer herunterdrücken. Mit gekrümmtem Zeigefinger etwaige Fremdkörper aus dem Mund entfernen. Ggf. Zahnprothesen herausnehmen.

Mund-zu-Mund-Beatmung: Nase des Patienten zudrücken. Tief einatmen, eigenen Mund dicht auf den des Patienten setzen und Atemluft einblasen.

Mund-zu-Nase-Beatmung: Mund des Patienten schließen. Stetig Atemluft einblasen, bis sich sein Brustkorb hebt (ca. 2 s). 4 s warten, wiederholen. Falls die Atmung nach zweimaliger Atemspende nicht wieder einsetzt und zudem kein Puls tastbar ist, liegt u.U. ein Herzstillstand vor, der eine sofortige Herz-Lungen-Wiederbelebung erfordert.

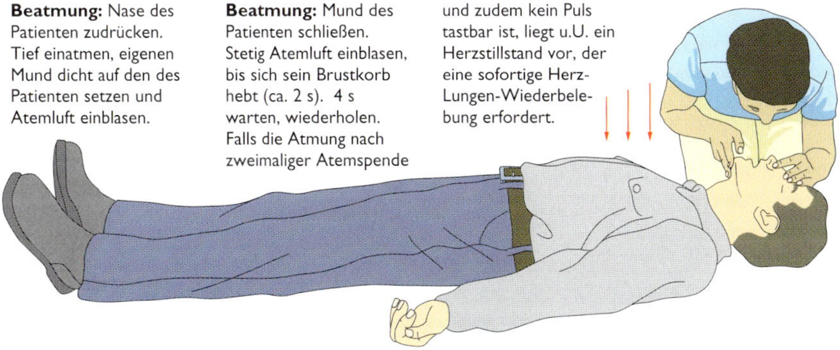

Medizinische Notfälle/2

Bei sichtbaren Verletzungen kann man oft selbst erste Hilfe leisten, doch wenn ein Crewmitglied kollabiert, über innere Schmerzen klagt oder innere Blutungen auftreten, ist ärztliche Hilfe unerlässlich.

Kurs auf den nächsten Hafen nehmen, PAN-MEDICO-Notruf abgeben oder, falls Ihr Funkgerät nicht funktioniert, durch Morsezeichen oder das Internationale Flaggensignal W (Whiskey) signalisieren, dass Sie ärztliche Hilfe brauchen. Als letzten Ausweg Ihren Erste-Hilfe-Ratgeber zu Rate ziehen.

Symptome, die ärztliche Hilfe erfordern: Brustschmerzen – bei starken, in Hals oder Arme ausstrahlenden Schmerzen Verdacht auf Herzinfarkt; Bewusstlosigkeit, Bauchschmerzen – vor allem mit Erbrechen, kaltem Schweiß, schnellem Puls, sehr druckempfindlichem Unterbauch (Verdacht auf innere Blutungen, vor allem nach schwerem Sturz, oder Blinddarmentzündung); Verbrennungen – großflächige Verbrennungen erfordern ärztliche Behandlung; starke Schmerzen – mit Schmerzmitteln bekämpfen und den Patienten zu beruhigen versuchen; Insulinmangel bei einem Crewmitglied zeugt von Nachlässigkeit Ihrerseits. Sie müssen vor Fahrtantritt jeden befragen, ob er ausreichende Mengen laufend benötigter Medikamente dabei hat.

Falls sich an Bord ein schwerer Unfall ereignet, wenn Sie zwei oder drei Tage von Land entfernt sind, möglichst Kontakt mit einem nahen Schiff aufnehmen. Es kann u.U. Nachrichten an Küstenstationen weiterleiten bzw. Funkkontakt zu einem Facharzt oder zum Hausarzt des Patienten herstellen.

Jeder aus dem Wasser Geborgene ist gefährdet, zu unterkühlen. Dem Geborgenen die nasse Kleidung ausziehen, ihn in Decke oder Schlafsack wickeln und unter Deck in eine möglichst vorgewärmte Koje bringen. In einer Rettungsinsel nasse gegen trockene Kleidung auswechseln, Geborgenen in einen Plastiksack oder Folienschlafsack hüllen, durch die Körperwärme der anderen wärmen. Auf Pulsabfall oder verminderte Atemfrequenz achten.

Bei der Wundversorgung Einmalhandschuhe tragen. Bei der Atemspende kann man sich mit einer Beatmungsmaske schützen, falls der Patient im Gesicht blutet.

Herz-Lungen-Wiederbelebung
Eine solche sollte nur durchgeführt werden, falls die Beatmung (siehe S. 157) erfolglos bleibt und kein Puls tastbar ist, was auf Herzstillstand hindeutet. Am besten arbeiten hier zwei Personen zusammen: Eine führt die Herzdruckmassage durch, die andere die Beatmung. Sofern keine Nasenverletzung oder Blockierung der Atemwege vorliegt, ist eine Mund-zu-Nase-Beatmung vorzuziehen. Bei Verdacht auf Verletzungen an Wirbelsäule, Hals oder Kopf diese sorgfältig abstützen, während man den Patienten auf den Rücken dreht. Patienten auf harte Unterlage (Boden) legen, Kopf/Hals überstrecken, um die Atemwege freizumachen.

Herzdruckmassage:

1 Mit dem Mittelfinger das Brustbeinende tasten, zwei Finger der anderen Hand daneben (in Richtung Hals) auf das Brustbein legen.

2 Handballen der ersten Hand direkt neben die beiden Finger (Richtung Hals) aufs Brustbein setzen. Handballen der zweiten Hand fest auf die erste setzen; Finger beider Hände abspreizen.

3 Über den Patienten gebeugt mit gestreckten Armen das Brustbein etwa 4-5 cm tief eindrücken. Dann wieder entlasten, ohne die Hände wegzunehmen. Immer im Wechsel: Erst 9 Sekunden lang 15mal Herzmassage, danach zweimal Atemspende. Zyklus wiederholen. Die Herzmassagefrequenz sollte 80-100 pro Minute betragen. Wenn die Atmung wieder einsetzt, Patienten in stabile Seitenlage bringen. Sonst Wiederbelebung fortsetzen, bis Hilfe eintrifft.

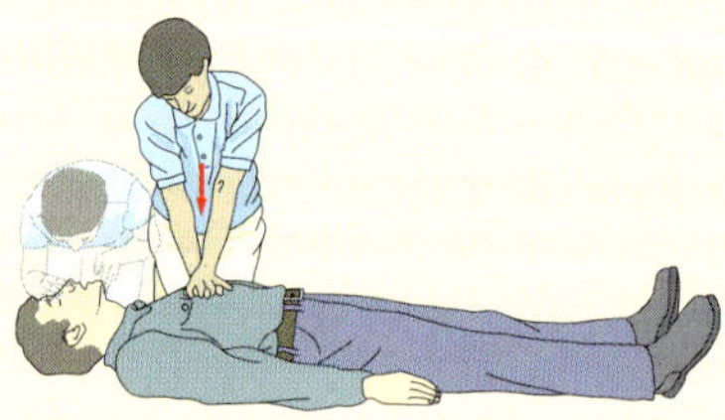

Stabile Seitenlage

Personen, die bewusstlos sind, aber noch atmen, in stabile Seitenlage bringen, um einem Ersticken vorzubeugen. Falls der Patient auf dem Rücken liegt, zunächst mit einer Hand an der Stirn und der anderen unterm Kinn seinen Kopf vorsichtig nach hinten beugen (überstrecken). Arme und Beine des Patienten ausstrecken. Den Ihnen zugewandten Arm unter seinen Körper schieben, das Ihnen zugewandte Bein so beugen, dass der Fuss am Gesäß steht. An gegenüberliegender Schulter und Hüfte fassen, behutsam auf die Seite drehen. Unter dem Körper liegenden Arm vorsichtig nach hinten herausziehen. Kopf des Patienten nach hinten beugen, Gesicht leicht zum Boden drehen; der Mund sollte geöffnet sein. Pulskontrolle mit drei Fingern am Hals neben dem Kehlkopf.

Seekrankheit

Um Seekrankheit zu vermeiden, auf übermäßigen Alkoholgenuss, ungewohnte oder zu fette Speisen verzichten. Bei Bedarf vor dem Auslaufen Tabletten gegen Seekrankheit im vorgeschriebenen Zeitabstand einnehmen. Am besten verschiedene Tabletten ausprobieren, bis man die findet, die am besten wirken und am wenigsten Nebenwirkungen wie Schläfrigkeit und Mundtrockenheit hervorrufen.

Langeweile und Müdigkeit fördern die Seekrankheit; oft hilft es dem Betroffenen, das Ruder zu führen und die Augen auf den Horizont zu heften. Seekranke immer mit Sicherheitsgurt am Boot sichern. Nach Erbrechen unter Deck warm halten und möglichst etwas Wasser trinken. In der Erholungsphase leichte, trockene Nahrung und Wasser zu sich nehmen.

Fremdkörper im Auge mit lauwarmem Wasser ausspülen. Falls das nicht wirkt, das Oberüber das Unterlid ziehen. Wenn alles nichts hilft, Auge mit Tropfen beruhigen, Augenklappe anlegen, ärztliche Hilfe aufsuchen. Durch Wind oder Blendung gereizte Augen mit einfachen Augentropfen behandeln, Sonnenbrille tragen.

Zwei Techniken bei Erstickungsgefahr durch Fremdkörper: Patienten mit dem Gesicht nach unten über einen Tisch legen, sodass der Kopf nach unten hängt, und die Atemwege durch mehrere schnelle, harte Schläge zwischen die Schulterblätter zu befreien versuchen. Alternativ den Patienten von hinten umfassen, die zusammengelegten Fäuste ruckartig unterhalb der Rippen in die Magengrube stoßen, dann freigeben. Das sollte den Fremdkörper aus der Luftröhre nach oben befördern.

Einen Schädelbruch nie mit Medikamenten zu behandeln versuchen. Patienten mit hoch gelegtem Kopf lagern, warm halten und beruhigen. Blutung aus den Ohren nicht zu stoppen versuchen, sofern sie nicht übermäßig ist. Blutung aus äußerer Verletzung möglichst stillen, ohne größeren Druck auf das Gehirn auszuüben. Kalte Tücher auf den Kopf legen. Bewusstlosen Patienten in stabile Seitenlage bringen; Puls und Reaktionen überwachen.

Um einen Angelhaken aus dem Finger zu entfernen, den herausragenden Teil des Hakens mit Jod einpinseln, ganz durchs Fleisch stoßen, die Öse abkneifen und den Haken herausziehen. Wunde zum Bluten bringen, antiseptische Salbe auftragen und verbinden.

Eine Lebensmittelvergiftung äußert sich in Magenkrämpfen, Übelkeit, Erbrechen und Durchfall. Reichlich Wasser zuführen, Erbrechen provozieren und Patienten warm halten.

Bei Verdacht auf Blinddarmentzündung Patienten ins Bett legen, medizinische Hilfe rufen, weder Nahrung noch Abführmittel verabreichen.

Bei Muskelzerrungen, Bänderrissen oder Gelenkschmerzen betroffenen Körperteil ruhig halten. Eisbeutel oder kalte, feuchte Tücher auflegen, ggf. Schmerzmittel geben. Bei Verdacht auf Knochenbruch das Glied ruhig stellen. Zahnschmerzen mit Schmerzmitteln und, bei Kieferschwellung, mit Antibiotika behandeln. Offene Löcher mit feuchter Watte füllen, damit keine Luft an den Nerv kommt.

Erfrierungen nie durch direkte Wärmeeinwirkung oder Reibung behandeln. Betroffenen Körperteil sanft in der Achselhöhle oder in kühlem Wasser aufwärmen, dann in eine Decke wickeln.

Wettsegelbestimmungen

Alle Teilnehmer einer Regatta verpflichten sich, anstelle der „Internationalen Kollisionsverhütungsregeln“ (siehe S. 128-129) die Wettsegelbestimmungen der International Sailing Federation (ISAF) zu beachten, in der jedes Land durch eine eigene Institution vertreten ist. Für Deutschland ist dies der DSV. Die Bestimmungen wurden zuletzt 1997 neu herausgegeben und werden in der Regel alle vier Jahre überarbeitet. Sie basieren auf den Kollisionsverhütungsregeln, weichen aber in einigen wichtigen Punkten von diesen ab, insbesondere beim Runden von Bahnmarken oder Annäherung an ein Hindernis. Begegnet ein Regattateilnehmer einem unbeteiligten Boot, gelten für beide die normalen Kollisionsverhütungsregeln.

Regattateilnehmer sind vom Augenblick der Vorbereitung auf das Rennen bis zum Verlassen der näheren Umgebung des Wettfahrtkurses an die Wettsegelbestimmungen gebunden. Strafen für Regelverstöße können aber nur verhängt werden, wenn sich der Verstoß nach dem Vorbereitungssignal (meist fünf Minuten vor dem Start) und vor Überfahren der Ziellinie ereignet oder aber ein Konkurrent Protest einlegt.

Eine Yacht, die während der Regatta eine Bahnmarke berührt, kann einer Strafe entgehen, indem sie sich von den anderen Teilnehmern freisegelt und eine komplette 360°-Drehung ausführt. Eine in einen Vorfall mit einem anderen Boot verwickelte Yacht kann eine freiwillige Strafe annehmen, indem sie sich freisegelt und zwei vollständige Strafdrehungen, eine so genannte „720°-Strafe“ ausführt. Wenn keine der beiden Yachten die Schuld für den Vorfall anerkennen will, können eine oder beide „protestieren“, indem sie „Protest“ rufen und eine rote Flagge setzen, die bis zum Ende des Rennens gesetzt bleibt. Dann muss die protestierende Yacht einen schriftlichen Protest mit Erläuterung der Protestgründe bei der Wettfahrtleitung einreichen.

Bei den meisten Match-Wettfahrten, wie dem America's Cup, bei denen nur zwei Yachten gleicher Klasse gegeneinander segeln, werden die Teilnehmer von Schiedsrichtern auf einem Schiedsrichterboot begleitet, die auf Proteste gegen Regelverstöße sofort reagieren. Nach dem Protest zeigen die Schiedsrichter eine grün-weiße Flagge, wenn keine Strafe verhängt wird,

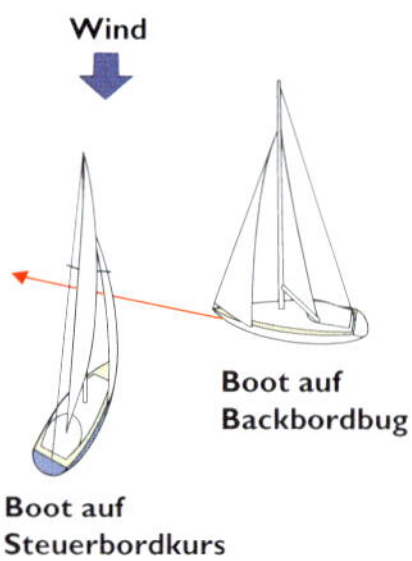

Das Boot auf Steuerbordbug muss dem Boot auf Backbordbug ausweichen.

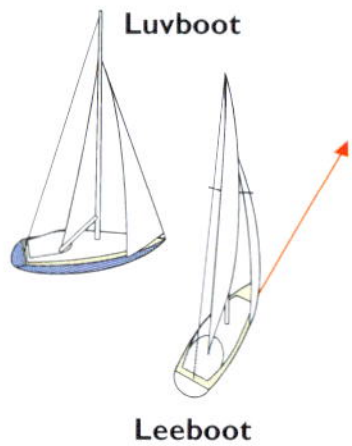

Wenn zwei Boote auf dem gleichen Bug überlappen, hat das Leeboot Wegerecht gegenüber dem Luvboot.

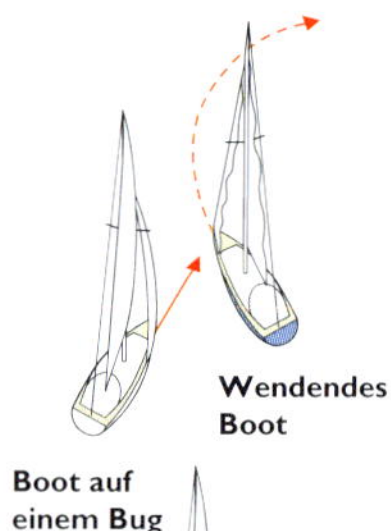

Ein wendendes Boot muss von einem nicht wendenden klar bleiben. Wenn zwei Boote gleichzeitig wenden, muss sich das auf der Backbordseite klar halten. Ein Boot darf nicht in eine Position wenden, die ihm das Wegerecht gibt, wenn es dadurch ein ausweichpflichtiges Boot zur Kursänderung zwingt, bevor die Wende komplett ausgeführt ist.

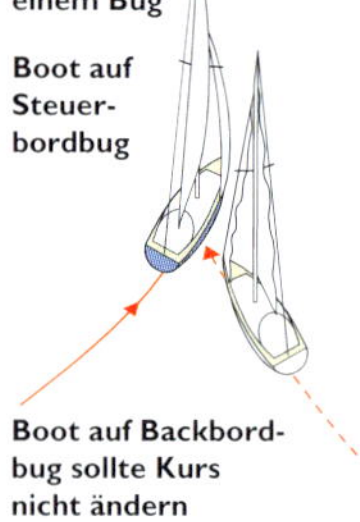

Der Kurshalter darf seinen Kurs nicht ändern, um ein anderes Boot zu behindern, das von ihm klar bleibt.

oder eine blaue bzw. gelbe Flagge, um anzuzeigen, welche Yacht eine Strafdrehung ausführen muss. Die Strafe muss nach dem Start ausgeführt werden, selbst wenn sich der Vorfall vor dem Start ereignet hat, kann aber meist zu einem beliebigen Zeitpunkt vor dem Zieldurchgang ausgeführt werden. Auch bei einigen kürzeren Hochseerennen werden heute Schiedsrichter auf dem Wasser eingesetzt.

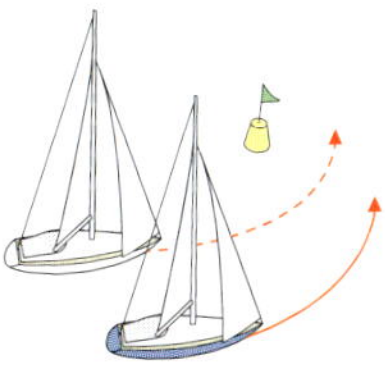

Außenliegendes Boot muss klar bleiben

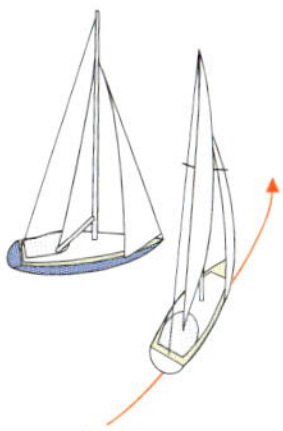

Leeboot

Beim Runden einer Bahnmarke oder Passieren eines Hindernisses muss das außenliegende dem innenliegenden Boot Raum geben. Wenn die beiden Boote jedoch an einer Luvmarke auf verschiedenem Bug liegen, muss das Boot auf Steuerbordbug von dem auf Backbordbug klar bleiben.

Ein Leeboot ist berechtigt, seinen Wind zu verteidigen, indem es anluvt. Dabei muss es dem Luvboot allerdings genug Raum geben, um klar zu bleiben.

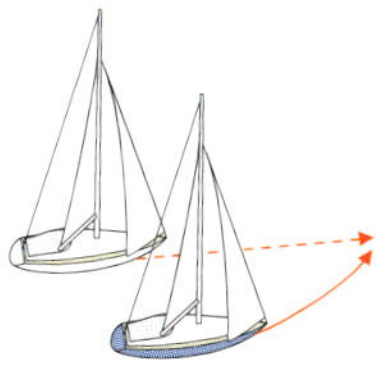

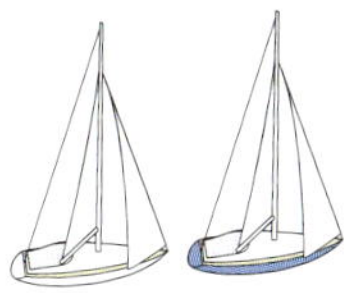

Wenn das ausweichpflichtige Boot nicht klar bleibt und es zu einem Zusammenstoß mit Schadensfolge kommt, kann der Kurshalter ebenso disqualifiziert werden wie der Ausweichpflichtige, wenn er den Zusammenstoß durch Ausweichmanöver hätte vermeiden können, dies aber unterlassen hat.

Ein Boot, das sich klar achteraus von einem anderen befindet, muss von dem vorausliegenden Boot klar bleiben.

Team New Zealand und der italienische Herausforderer Prada liefern sich beim 5. Rennen des America's Cup in der Auckland Bay, März 2000, ein Kopf-an-Kopf-Rennen.

Der America's Cup

Als die Schoneryacht *America* im August 1851 beim Wettsegeln um die Isle of Wight den so genannten 100-Guinea-Pokal gewann, ahnte noch niemand, wie berühmt – und wie umstritten – dieser werden sollte. 1857 wurde der Pokal dem New York Yacht Club gestiftet. Die Schenkungsurkunde legte fest, dass jeder ausländische Yachtclub zum Wettsegeln um den Pokal herausfordern könne. Der erste Herausforderer, James Ashbury vom Royal Thames Yacht Club, musste 1870 gegen 14 Yachten antreten – wie einst die *America*. Nach seiner Niederlage vereinbarte man, dass zukünftige Wettkämpfe jeweils zwischen zwei Yachten, Herausforderer und Verteidiger, ausgetragen würden.

Nach einer weiteren Niederlage Ashburys segelten die Kanadier zweimal um den Pokal, doch auch sie kehrten mit leeren Händen nach Hause zurück. Lord Dunraven, dem Herausforderer von 1893 und 1895, erging es nicht besser; er verursachte zudem einen Skandal, indem er den amerikanischen Verteidiger des Betrugs bezichtigte. Dieser Streit trübte die Stimmung, bis sich der Teemillionär Sir Thomas Lipton ins Gefecht stürzte. Ihm ging es mehr um die Publicity als ums Gewinnen, und bald war der Friede wiederhergestellt. Er trat zwischen 1899 und 1930 fünfmal an und kam dem Sieg 1920 am nächsten, als seine *Shamrock IV* die ersten zwei von fünf Rennen gewann. In den 1930ern wurden die Rennen von den schlanken, eleganten Yachten der J-Klasse ausgetragen. Sir Thomas Sopwiths *Endeavour* gewann 1934 die ersten beiden Rennen von sieben, verlor dann aber die nächsten vier. 1937 gewann seine *Endeavour II* kein einziges Rennen gegen die revolutionäre *Ranger*.

Als die Rennen 1958 wieder aufgenommen wurden, war die J-Klasse überholt und wurde durch die wesentlich kleinere so genannte 12-m-Klasse ersetzt. 1962 traten die Australier erstmals als Herausforderer an. Sie traten ehrgeiziger auf als die Briten und wurden ab 1964 zu den Hauptkonkurrenten um den Pokal. Ab 1970 wurde der Herausforderer durch Vorläufe zwischen den Yachtclubs verschiedener Länder bestimmt; der Verteidiger wurde von jeher durch solche Vorläufe ausgewählt. Heute nehmen die

Ausscheidungen und die Rennen selbst mehrere Monate in Anspruch.

Die Australier errangen den Pokal 1983, als Alan Bonds Flügelkieler *Australia II* die *Liberty* unter Skipper Dennis Conner 4:3 schlug. 1987 unterlag Bond vor Perth, woraufhin Neuseeland ohne vorherige Abstimmung sofort die Rolle des Herausforderers übernahm – mit einer Yacht, die die ursprünglichen Größenvorgaben voll ausschöpfte. Die Amerikaner traten mit einem Katamaran als Verteidiger an und gewannen mühelos - das Rennen und den anschließenden Rechtsstreit. Danach einigte man sich auf die seit 1992 gültige, neu entwickelte America's Cup Class bis 22,8 m Länge (siehe Abbildung S. 161). Die Wettfahrt gewann dann Neuseeland und verteidigte im Jahr 2000 den Cup erfolgreich.

New York Yacht Club

Royal Yacht Squadron

Royal Thames Yacht Club

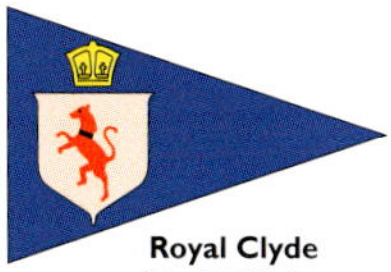

Royal Clyde Yacht Club

Royal Canadian Yacht Club

Royal Ulster Yacht Club

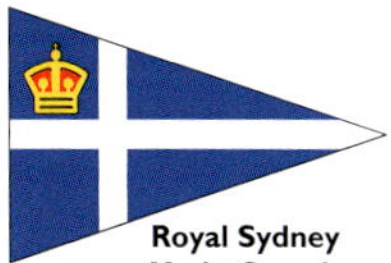

Royal Sydney Yacht Squadron

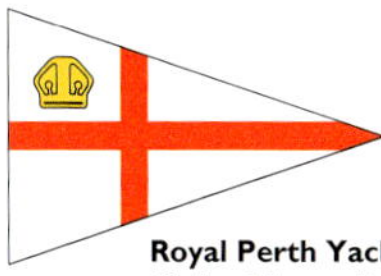

Royal Perth Yacht Club of Australia

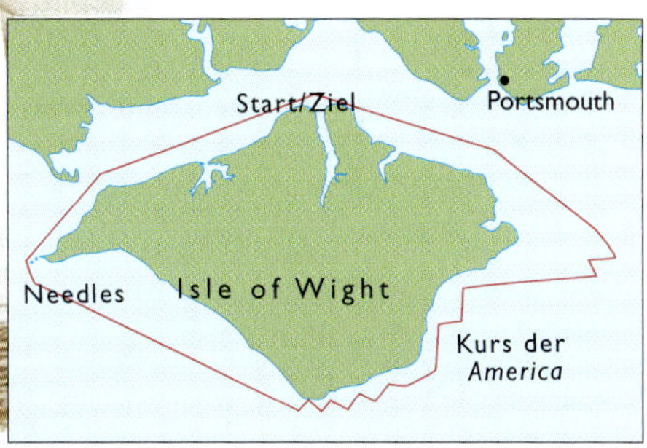

Die überlegene Segel- und Spierenkonstruktion der *Courageous* (*ganz oben*) und das Zusammenspiel ihrer Crew sicherten Amerika 1974 und 1977 den Sieg.

Die *Reliance* (*oben*) verteidigte den Pokal 1903. Sie wurde von Amerikas führendem Yachtkonstrukteur Nat Herreshoff mit 44 m LÜA entworfen und trug 1500 m² Segelfläche.

Herreshoff ließ sie aus seewasserfestem Messing bauen; sie war die größte Yacht, die je um den America's Cup segelte. Die Herausfordereryacht jenes Jahres, *Shamrock III*, gewann kein einziges Rennen.

Der **Regattakurs rund** um die Isle of Wight, den die *America* in zehneinhalb Stunden absegelte. Indem sie alle Wettbewerber aus dem Rennen schlug, nahm sie entscheidenden Einfluss auf die Zukunft des Yachtbaus.

Bermuda-Rennen und Onion Patch Trophy

Die eigentlichen Hochseerennen begannen 1904, als Thomas Fleming Day, Herausgeber des amerikanischen Yachtmagazins *Rudder*, ein Rennen für kleine Seekreuzer von New York nach Marblehead über eine Distanz von 528 km ins Leben rief. Es folgten weitere Rennen die Ostküste entlang; 1906 schließlich organisierte Day ein Rennen von New York zu den Bermudas über 1016 km. Sieger wurde Day selbst auf seiner 11,6-m-Yawl *Tamerlane*. Das Rennen wurde bis 1910 jährlich ausgetragen, schlief dann ein und wurde 1923 von Mitgliedern des neu gegründeten Cruising Club of America wieder belebt. Seitdem hat sich das von Newport, Rhode Island, startende Rennen, das in jedem geraden Jahr stattfindet, zu einem der großen Segelsportereignisse Amerikas entwickelt.

Nach dem Vorbild des erfolgreichen britischen Admiral's Cup (siehe S. 168-169) stiftete der Royal Bermuda Yacht Club 1962 die Onion Patch Trophy („Onion Patch" ist ein Spitzname der Bermudas) für eine zwischen den Teams verschiedener Ländern auszutragende Regatta. Die Regatta fand erstmals 1964 statt. Sie bestand aus dem Astor Trophy Race über 280 km von Oyster Bay nach Newport, zwei 40-km-Rennen auf einem olympischen Kurs vor Newport und dem Bermuda-Rennen.

Im ersten Jahr segelten drei Teams – die Bermudas, die USA und Argentinien – um die Wette, an späteren Regatten nahmen auch Teams aus Australien, Brasilien, Großbritannien, Kanada, Frankreich, Griechenland, Irland und Italien teil. Doch hat die Onion Patch Trophy nie die Popularität einiger anderer internationaler Teamsegel-Wettbewerbe erlangt. In den USA haben ihr in den letzten Jahren der Kenwood Cup, eine vom Royal Hawaiian Ocean Racing Club organisierte Hochseeregatta, und die Key West Regatta, bei der das Teamsegeln 1997 eingeführt wurde, den Rang abgelaufen.

Heute können alle Boote, die die IMS-Kriterien des Bermuda-Rennens für Rennyachten bzw. Rennkreuzer erfüllen (IMS, das International Measurement System, ist eines der Wertungssysteme, die weltweit die International Offshore Rule abgelöst haben), um die Onion-Patch-Einzelpreise segeln.

Sportlicher Wettbewerb ist von jeher ein wichtiger Katalysator für technische Neuerungen. Ein Beispiel hierfür ist die *Imp*, die in den 1970ern mit ihren geschweißten Hohlprofilrahmen zur Stützung der Takelage und Verstärkung des Rumpfs eine Sensation war. Das ergab eine erhebliche Gewichtsreduzierung ohne Schwächung der Gesamtkonstruktion und erwies sich als deutlich leistungssteigernd, wenn auch strapaziös für die Crew.

Um die eigentliche Onion Patch Trophy kämpfen Teams aus drei Booten, die einzelne Länder, Regionen, Yachtclubs oder Segelverbände vertreten. Derzeit sind die ersten beiden Rennen der Regatta Bestandteil der alljährlichen Regatta des New York Yacht Club vor Newport, dann folgt das Bermuda-Rennen, während die letzten beiden im Rahmen der Regatta des Royal Bermuda Yacht Club stattfinden.

Tamerlane, die Siegerin des ersten Bermuda-Rennens von 1906. Sie gewann in 5 Tagen, 6 Std., 9 Min. vor zwei Mitbewerberinnen.

Was das Bermuda-Rennen zu einer besonderen Herausforderung macht, ist der unberechenbar dahinfließende Golfstrom. In Verbindung mit schlechtem Frühlingswetter kann er den Kurs recht gefährlich machen. Der vorherrschende Wind kommt meist von Südwest. Unter diesen Bedingungen halten sich die meisten Teilnehmer des Rennens sicherheitshalber etwas südlicher der Loxodrome, bis sie in Richtung Ziel die Schoten fieren können. 1998 ging jedoch eine Yacht als Erste durchs Ziel, die auf einem direkten Zickzack-Kreuzkurs segelte.

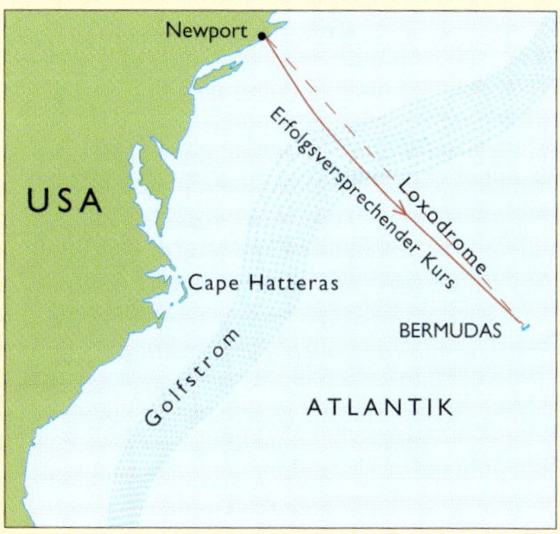

Sydney–Hobart und Southern Cross Cup

Das 1008 km lange Sydney-Hobart-Rennen, eine der klassischen Hochseeregatten der Welt, wurde von dem englischen Segler John Illingworth ins Leben gerufen, der 1945 in Sydney stationiert war. Als er von Mitgliedern des Cruising Club of Australia eingeladen wurde, sie über die Weihnachtsfeiertage auf einen Törn nach Hobart zu begleiten, antwortete er: „Ich komme mit, wenn wir ein Rennen daraus machen". Illingworth gewann dieses erste Rennen, blieb jedoch der einzige englische Sieger, bis es ihm der Politiker Edward Heath 1969 nachtat. Es ist immer ein hartes Rennen. 1984 mussten von 152 Startern 105 aufgeben; 1988 forderten extrem widrige Bedingungen während des Rennens sechs Todesopfer.

1965 nahm das erste australische Team am Admiral's Cup (siehe S. 168-169) teil, was bei den Australiern solche Segelbegeisterung auslöste, dass sie ab 1967 einen eigenen Teamsegel-Wettbewerb veranstalteten: Den Southern Cross Cup, eine im Dezember jedes ungeraden Jahres ausgetragene Wettfahrtreihe. Den Abschluss bildet das Sydney-Hobart-Rennen. Hierbei treten Teams der australischen Bundesstaaten gegen solche aus anderen Ländern, insbesondere Neuseeland, an, und es herrscht scharfe Konkurrenz.

Sydney-Hobart ist ein geradliniger Kurs, doch muss man mit drastisch wechselnden Wetterbedingungen rechnen. Meist segelt man mit leichteren Nordostwinden die Küste von New South Wales hinunter, doch sobald man ins exponierte Ostende der Bass-Straße kommt, können mit den „Brüllenden Vierzigern" ostwärts fegende Tiefs bis zu Windstärke 10 (siehe Beaufortskala S. 212) und abrupte Veränderungen der Windrichtung und -geschwindigkeit mit sich bringen. Wetterbeobachtung ist hier lebenswichtig. Vor Eintreffen eines Tiefs herrscht meist leichter Nordwind, doch sobald die Front durchzieht, dreht der Wind auf Südwest und frischt gewaltig auf. Befindet sich ein Boot dann zu weit östlich der Loxodrome, steht ihm ein harter Am-Wind-Kurs bis zum Ziel bevor.

Der Sydney-Hobart-Kurs (siehe unten) beansprucht Crew und Boot aufs äußerste: Gezeiten und Strömungen komplizieren die Navigation, und man muss hier von Sturm bis Flaute auf alles gefasst sein. Vor Tasmanien herrschen oft drehende Winde, besonders in Zielnähe an der Mündung des Derwent River.

Zum Start des Sydney-Hobart-Rennens am 2. Weihnachtstag strömen Hunderte von Zuschauerbooten in den Sydney Harbour (oben). Grant Daltons Maxi-Yacht *New Zealand Endeavour* (*rechts*) nutzte das Rennen von 1992, das sie gewann, als Probelauf für das 1993 beginnende Whitbread (jetzt Volvo) Round-the-World Race.

Southern Cross
Der Southern Cross Cup erfordert wie der Admiral's Cup eine flexible Crew und ein wendiges Boot. Gutes Verständnis für Taktik und Regeln und professionelles Zusammenspiel der Crew sind siegentscheidende Faktoren auf den drei kürzeren Küstenbahnen, während es auf den längeren Kursen mehr auf Segeltrimm, optimale Abstimmung des Riggs und sorgfältige Wetterbeobachtung ankommt. Diese Wettfahrten haben Einfluss auf Yachtbau und Segeltechnik der Region genommen: Australische Yachten fahren heute schwere Sturmspinnaker von 85-140 g mit kurzem, straff an Deck festgezurrtem Unterliek.

Fastnet-Rennen und Admiral's Cup

Das über 984 km gehende Fastnet-Rennen ist eine der ältesten und schwersten Hochseeregatten, deren Kurs (siehe Karte S. 169) die Teilnehmer durch einige der heikelsten Hochsee-Segelreviere der Welt führt. Die Gewässer vor der englischen Südküste sind berüchtigt für ihre schwierigen Strömungen; in der Irischen See ist mit häufigen Stürmen zu rechnen.

Das erste Fastnet-Rennen fand 1925 statt – angeregt durch den Engländer Weston Martyr, der nach seiner Teilnahme am Bermuda-Rennen von 1924 (siehe S. 164-165) begeistert von dieser Art Hochseerennen für kleinere Yachten schwärmte. In Europa waren Rennen dieser Art noch unbekannt. Das Rennen von 1925 gewann E.G. Martins *Jolie Brise*. Nach der Regatta gründeten die Teilnehmer in Plymouth den heutigen Royal Ocean Racing Club und wählten Martin zum ersten Präsidenten.

Das Rennen wurde bis 1931 jährlich, danach zweijährlich veranstaltet. Die Teilnehmerzahl stieg von sieben beim ersten Rennen bis auf 303 im Jahr 1979. Doch nachdem in jenem Jahr bei schwerem Wetter 15 Segler ums Leben kamen, wurden die Teilnehmerzahlen begrenzt und die Meldevoraussetzungen verschärft.

Um mehr Amerikaner für das Fastnet-Rennen zu gewinnen, stifteten RORC-Admiral Sir Myles Wyatt und drei weitere Mitglieder einen Pokal für einen Teamsegel-Wettbewerb zwischen drei britischen und drei amerikanischen Yachten. Die erste Admiral's-Cup-Regatta fand 1957 statt. Das britische Team gewann mit zwei Punkten Vorsprung, und das bis dahin ungebräuchliche Konzept des Teamsegelns setzte sich durch. Bei der nächsten Regatta, 1959, waren alle segelnden Nationen eingeladen; auf dem Popularitätshöhepunkt des Admiral's Cup, in den 1970ern, beteiligten sich bis zu 19 Ländern, doch ist diese Zahl inzwischen stark zurückgegangen.

Viele Jahre bestand die Wettfahrtreihe aus dem Fastnet-Rennen, dem 368 km langen Channel Race und zwei kürzeren Rennen, dem New York Yacht Club Cup und dem Royal Yacht Squadron Cup, beide Teil der Cowes-Regattawoche. Doch mit zunehmender Popularität des Admiral's Cup – und Professionalität der Teilnehmer – wurde es immer schwieriger, ihn mit der Cowes-Regatta unter einen Hut zu bringen.

Der Admiral's Cup (*ganz oben*) gehört zu den begehrtesten Hochsee-Regattapreisen. Die Teams bestehen meist aus drei Yachten, die jede einer anderen Klasse angehören. 1999 waren dies die 50-Fuß-Ausgleichsklasse nach IMS und zwei Einheitsklassen, die Sydney 40 und die Mumm 36.

Zunächst erhöhte man die Zahl der kürzeren Rennen und verlegte diese auf neue Bahnen. 1999 wurde die ganze Wettfahrtreihe verkürzt und auf einen früheren Termin verlegt. Das Fastnet-Rennen wurde für die größte Klasse durch das kürzere Wolf-Rock-Rennen ersetzt; die beiden anderen Klassen wenden am Lizard. Dies hat die Popularität des Fastnet-Rennens nicht beeinträchtigt, das wie gewohnt am letzten Samstag der Cowes-Woche startete. Es zog 213 Starter an und wurde erstmals von einer Frau, der Französin Catherine Chabaud, gewonnen.

Siegerin des ersten Fastnet-Rennens wurde die *Jolie Brise*, ein umgebauter Lotsenkutter aus Le Havre. Nachdem sie in andere Hände übergegangen war, gewann sie 1929 und 1930 noch zweimal – und wurde damit zur einzigen Yacht, die dieses Rennen insgesamt dreimal gewonnen hat. Sie segelt heute noch.

Nachdem Segelsportautor Weston Martyr 1924 am Bermuda-Rennen teilgenommen hatte, bewegte er mit seiner Begeisterung für das Hochsee-Wettsegeln sieben englische Kreuzeryachteigner zur Austragung des ersten Fastnet-Rennens im August 1925.

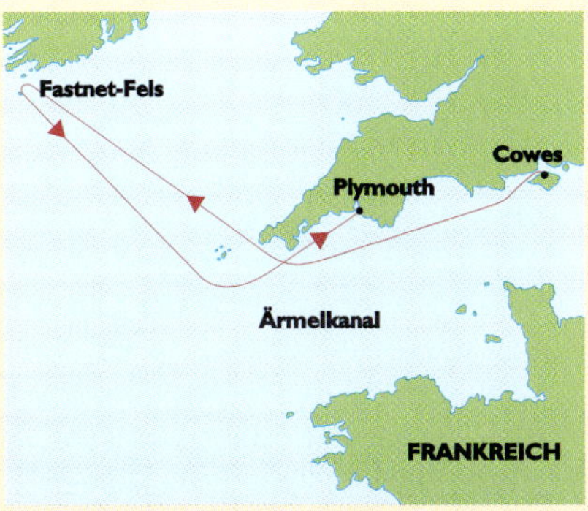

Gewinner des Admiral's Cup

Großbritannien 1957, '59, '63, '65, '71, '75, '77, '81, '89

USA 1961, '69, '97.

Australien 1967, '79

Deutschland 1973, '83, '85, '93

Neuseeland 1987

Frankreich 1991

Italien 1995

Niederlande 1999

Einhand-Atlantikrennen

Beim ersten Einhandrennen über den Atlantik segelten 1891 die beiden Amerikaner William Andrews und Si Lawlor auf winzigen 4,5-m-Yachten von Boston nach England um die Wette. Beide blieben später bei ähnlichen Rennen verschollen, Lawlor 1892, Andrews 1901. Das nächste Einhand-Atlantikrennen, diesmal in Ost-Westrichtung (Plymouth-New York), wurde 1960 von der Zeitung *Observer* gesponsert. Dieses OSTAR-Rennen war die Idee des pensionierten britischen Marineoffiziers „Blondie" Hasler, der auch zu den fünf Startern gehörte. Sieger blieb Francis Chichester, der mit seiner *Gipsy Moth III* den Großkreiskurs in 40 Tagen, 12 Stunden und 30 Minuten absegelte.

Beim nächsten OSTAR, 1964, befanden sich unter den 15 Startern drei Mehrrumpfboote, heute der dominierende Bootstyp bei diesem Rennen (siehe Abb. S. 172). Der Franzose Eric Tabarly gewann auf der *Pen Duick II*, einer eigens für dieses publicity-trächtige Rennen gebauten Ketsch. Seit seinem erneuten Sieg 1976 haben die Franzosen eine Vorreiterrolle bei Organisation und Sponsorschaft von Langstrecken-Einhandrennen übernommen.

1976 hatten einige der Teilnehmeryachten solche Ausmaße – unter ihnen der 70 m lange französische Viermaster-Schoner *Club Méditerranée* –, dass Beschränkungen für Bootslänge und Teilnehmerzahl festgelegt wurden. Das veranlasste die Franzosen, 1978 ein eigenes Rennen ins Leben zu rufen, die *Route du Rhum* von St. Malo bis zum 5920 km entfernten Guadeloupe.

1977 begründete der Engländer Bob Salmon das Mini Transat für jene, die sich das OSTAR nicht leisten konnten. Es wird in zwei Abschnitten gesegelt und steht nur Booten bis 6,5 m LÜA offen. Der englische Journalist Jimmy Cornell rief 1986 die jetzt jährlich stattfindende Fahrtenseglerregatta ‚Atlantic-Rally for Cruisers (ARC) von Gran Canaria nach St.Lucia (Karibik) ins Leben. Hier segeln immer mehr deutsche Crews mit.

Das vom Royal Western Yacht Club in Plymouth organisierte Einhand-Atlantikrennen findet seit 1960 vierjährlich statt. Im Laufe der Jahre hat es sich zur Teststrecke für innovative Rumpfkonstruktionen und fortschrittliche Ausrüstung wie Solar- und Windgeneratoren, Rollreff- und Selbststeueranlagen entwickelt.

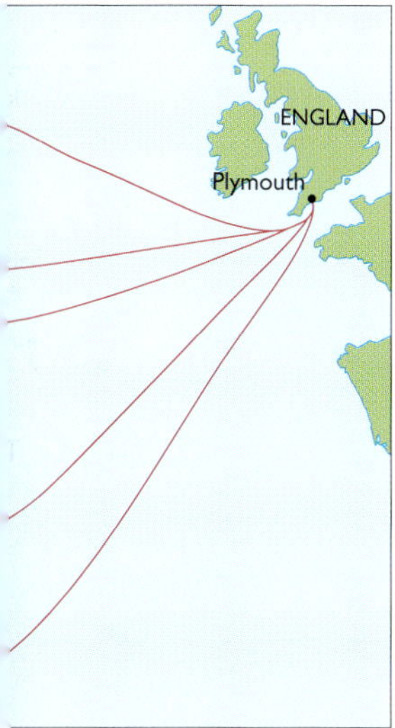

Vier der fünf Teilnehmer des ersten OSTAR-Rennens. Der fünfte war der Franzose Jean Lacombe.

Der Franzose Philippe Poupon, *unten*, am Steuer seines Trimarans *Fleury Michon IX*. 1988 absolvierte er das Einhand-Atlantikrennen von Plymouth nach Newport in der neuen Rekordzeit von 10 Tagen, 9 Stunden, 15 Minuten.

Das Round-Britain-Rennen

Dieses Rennen um die britischen Inseln für Yachten mit Zweiercrew war, wie das OSTAR (siehe S. 170-171), eine Idee von „Blondie" Hasler. Das seit 1966 ausgetragene, vom Royal Western Yacht Club organisierte Rennen steht Ein- und Mehrrumpfbooten offen; Start und Ziel ist Plymouth. Durch die wechselhaften Wetterverhältnisse, von Nebel und Flaute bis hin zu Stürmen, werden Boot und Crew auf Herz und Nieren geprüft.

Der küstennahe Kurs erfordert dauernde Wachsamkeit. Um das ermüdungsbedingte Risiko zu vermindern, sind vier Stopps von je 48 Stunden vorgeschrieben, während derer sich die Crews ausruhen und notwendige Reparaturen vornehmen können: Crosshaven in Südirland, Castlebay auf den Hebriden, Lerwick auf den Shetlands und Lowestoft, England.

Siegerin des ersten Rennens war der Trimaran *Toria* mit Derek Kelsall und Martin Minter-Kemp. 1970 wurde das Rennen zum ersten und bislang einzigen Mal von einer Einrumpfyacht gewonnen, der 21,6-m-Ketsch *Ocean Spirit* mit Robin Knox-Johnston und Leslie Williams. 1974 stellte Knox-Johnston zusammen mit Gerry Boxall auf dem 21-m-Katamaran *British Oxygen* einen neuen Rekord auf. 1978 gewann der Trimaran *Great Britain IV* mit Chay Blyth und Robert James – wieder in Rekordzeit –, und 1982 segelte James mit seiner Frau Naomi einen weiteren Trimaran, *Colt Cars GB*, zum Sieg. Der von ihnen aufgestellte Rekord wurde 1989 von dem Franzosen Francois Bouchier gebrochen, dessen 22,8-m-Katamaran *Saab Turbo* in 7 Tagen, 7 Stunden und 30 Minuten siegte. Dieser Rekord steht bis heute.

Das 3312 km lange Rennen hat in den letzten Jahren etwas an Status verloren, zieht aber nach wie vor Spitzensegler an. Wie beim Einhand-Atlantikrennen musste auch hier die Teilnehmerzahl begrenzt werden; 1998 beschränkten die Organisatoren die zulässige Länge von Mehrrumpfyachten auf 13,7 m über alles.

Das unberechenbare Wetter rund um die britische und irische Küste verleiht dem ohnehin schwierigen Rennen zusätzliche Würze. Die gefährliche Küstenlinie mit ihren Felsen, Bohrinseln und starken Gezeitenströmen erfordert äußerst exakte Navigation, die stellenweise auftretenden Flauten und Stürme starke Nerven.

Die Frage, die alle Teilnehmer vor dem Rennen beschäftigt, lautet: Ein- oder Mehrrumpfyacht? In leichten Winden sind Katamarane, Trimarane, Praue und leichte Einrumpfboote schneller. In rauem Wetter sind Einrumpfboote stabiler und können höher am Wind segeln, was beim Kreuzen gegen die wechselnden Windrichtungen rund um die britischen Inseln von Vorteil sein kann.

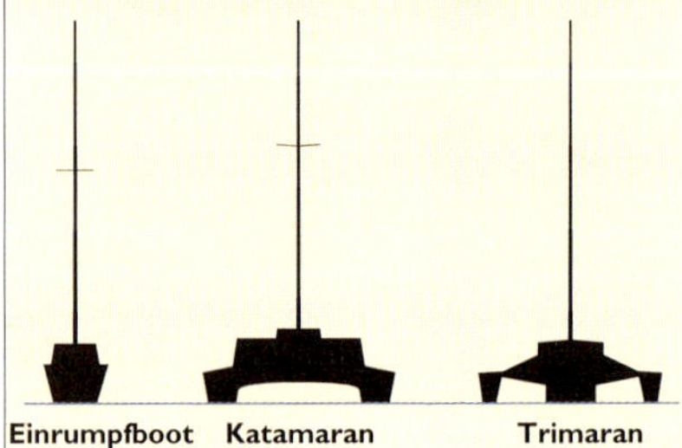

Robin Knox-Johnstons 21-m-Katamaran *British Oxygen* demonstrierte 1974 die überlegene Geschwindigkeit leichterer und größerer Konstruktionen, indem er den bisherigen Rekord um eineinhalb Tage unterbot. Seither haben sich vor allem die Trimarane hervorgetan.

Siegerin des Jahres 1993 war die *Lakota, unten*, ein 18-m-Katamaran. Trotz hoher Geschwindigkeiten gelang es ihr aber nicht, den von *Saab Turbo* 1989 aufgestellten Rekord von 7 Tagen, 7 Std., 30 Min. zu unterbieten.

Round-the-World-Rennen

Ein Rennen rund um die Welt ist das seglerische Äquivalent zu einer Mount-Everest-Besteigung. Der Anstoß zur ersten Weltregatta ging von Francis Chichesters Versuch aus, die Reisedauer der einstigen Klipper nach Australien zu unterbieten. Er brach 1966 auf seiner *Gipsy Moth IV* von Plymouth auf, segelte in 107 Tagen nonstop nach Sydney und nach 48-tägigem Aufenthalt nonstop nach Plymouth zurück. Seine Reise dauerte einschließlich des Zwischenstopps in Sydney 274 Tage. Zu den Weltregatten gehören heute Non-Stop-Rennen gegen die Uhr ebenso wie das Wettsegeln gegen andere Boote; begehrtester Preis ist die Jules-Verne-Trophäe.

Nach Chichesters bemerkenswerter Leistung schrieb die Sunday Times einen Golden-Globe-Preis für den Sieger eines Non-Stop-Einhandrennens um die Welt mit Umrundung des Kaps der Guten Hoffnung, Neuseelands und des Kap Hoorn aus, zu dem 1968 neun Yachten von Falmouth aus starteten. Nur eine, die von Robin Knox-Johnston gesegelte 9,8-m-Ketsch *Suhaili*, brachte das Rennen zu Ende, nachdem sie in 313 Tagen 48197 km zurückgelegt hatte. Zwei Jahre später vollbrachte Chay Blyth auf seiner Kutteryacht *British Steel* eine noch schwierigere Einhand-Weltumsegelung gegen die vorherrschenden Winde in 292 Tagen. 1988 schließlich segelte die Australierin Kay Cottee als erste Frau nonstop einhand um die Welt – in 189 Tagen.

Das erste Round-the-World-Rennen für mehrköpfige Crews startete 1973. Einst von Whitbread gesponsert, heißt es heute Volvo Ocean Race. Beim ersten wurden vier Häfen angelaufen (heute sind es zehn); schnellste Yacht war Chay Blyths *Great Britain II* mit 144 Tagen, 10 Stunden, 31 Minuten, die jedoch nach Ausgleich der mexikanischen Yacht *Sayula II* unterlag. Das seither vierjährlich ausgetragene Rennen ist längst zu einem der großen Klassiker unter den Hochseeregatten geworden.

Aus dem Golden-Globe-Preis von 1968 entstanden zwei regelmäßig ausgetragene Einhand-Weltregatten. Zur ersten davon starteten 1982 14 Yachten aus acht Ländern von Newport, Rhode Island, aus. Dieses ursprünglich von BOC gesponserte Rennen heißt heute schlicht „Around Alone" und findet alle vier Jahre statt. Die größte Herausforderung für Einhandsegler ist eine ebenfalls vierjährlich als Vendée Globe Challenge ausgetragene Non-Stop-Weltumrundung. 1988 gewann der Franzose Titouan Lamazou die erste in 109 Tagen.

Die *Volvo Open 60* wird beim im September 2001 startenden Volvo Ocean Race zum Einsatz kommen.

Beim Whitbread Round-the-World-Rennen 1981-82 stellte die *Flyer II* des Niederländers Cornelis van Rietschoten mit 120 Tagen, 6 Stunden, 34 Minuten, 14 Sekunden einen neuen Rekord auf.

Das erste Non-Stop-Einhand-Rennen um die Welt, das Robin Knox Johnston (kleines Bild) gewann, war Vorläufer vieler kleinerer Rennveranstaltungen, deren Teilnehmer als Werbeträger von Firmen und Organisationen gesponsert wurden und werden. Robin (inzwischen Sir Robin) Knox Johnston wirkte selbst beim Bau seiner Siegerketsch *Suhaili* (großes Bild) mit, die 1964 in Bombay entstand.

Rümpfe/I

Einführung

Wartungsfreie Boote gibt es nicht, und zur Pflege und Wartung eines Boots gehört mehr, als man denken möchte. Die ganze Konstruktion ist einer nassen und meist salzhaltigen Umgebung ausgesetzt. Kabel und Rohre verlaufen größtenteils hinter Verkleidungen versteckt. An Stegen festgemachte Boote scheuern an Trossen, Ketten oder dem Steg selbst und können durch vorbeifahrende Boote beschädigt werden.

UV-Licht greift Gewebe, Tauwerk und Gelcoats an, Wind lässt lose Fallen oder Persennings an Spieren oder Deckbeschlägen schamfilen, derweil sich der Unterwasserbewuchs in den Rumpf zu fressen versucht. Unter Deck bildet sich bei mangelnder Belüftung Schimmel und lässt Gewebe vermodern. Kriechströme können dazu führen, dass die Batterie leer ist, wenn Sie an Bord kommen. Und im Fall einer defekten Gasanlage können Sie in die Luft fliegen, wenn Sie den Kocher anzünden.

All diese Probleme sind vermeidbar, aber wer sich mal in einer Marina umsieht oder auf das Schlagen der Fallen an einem windigen Tag horcht, erkennt, dass die meisten Boote weniger Pflege und Aufmerksamkeit bekommen, als sie brauchen.

Bedenken Sie, dass regelmäßige Wartung nicht nur billiger als Reparaturen ist, sondern auch enorme Auswirkung auf den Wiederverkaufswert hat. Hier werden die am meisten gefährdeten Bereiche aufgezeigt und Tipps für Wartung und Reparatur gegeben. Grundsätzlich erhöht rechtzeitige Wartung die Zuverlässigkeit des Boots. Dies gilt vor allem langfristig gesehen, da manche Teile irgendwann nicht mehr hergestellt werden, sodass man vor dem Problem steht, eine Alternativlösung finden zu müssen.

Beschädigung

Unabhängig vom Rumpftyp muss nach einer Beschädigung als Erstes ein Wassereinbruch verhindert werden, der schlimmstenfalls zum Untergang führen kann. Dann geht es darum, eine weitere Schädigung des Rumpfwerkstoffs durch Wasser zu vermeiden, und erst dann um die Wiederherstellung der optischen Erscheinung.

Plötzliche Lecks unter der Wasserlinie

Die Gegenmaßnahmen sind praktisch bei jedem Rumpftyp die gleichen und müssen rasch erfolgen. Schadstelle möglichst von außen abdecken. Ideal wäre hierzu ein Lecksegel, doch kann es schwierig sein, dies unter Wasser in die richtige Position zu bringen. Ein Kojenpolster ist solider; es passt sich zwar dem Rumpf nicht so genau an, lässt sich dafür aber besser an die richtige Stelle bringen. Noch besser ist ein Subrella®-Lecksegelschirm, der sich von innen durch das Leck schieben und dann außen aufspannen lässt - natürlich nur, wenn man von innen an die Leckstelle herankommt. Jedes Boot sollte Weichholzstopfen an Bord haben, die vielleicht nicht sehr hilfreich erscheinen, doch im schlimmsten Falle nebeneinander in ein Leck gehämmert werden können, um die Menge des eindringenden Wassers zu verringern. Sie sind auch sehr nützlich bei Versagen eines Borddurchlasses wie etwa eines Seeventils.

Um den Wassereinbruch zumindest auf einen Abschnitt des Boots zu beschränken, kann man solide Notschotten mit Weichgummidichtmaterial auf einer Seite bereithalten, um sie über Türen oder Öffnungen in den Schotten zu schrauben.

Unbedingt mitzuführen ist ein schnell härtender Zweikomponenten-Epoxidkitt, um kleinere Leckstellen bzw. die Lücken zwischen Weichholzstopfen in einem Riss abzudichten. Er hat bessere mechanische Eigenschaften und geringere Schrumpfung als Polyesterharz und ist leicht aufzutragen; manche Sorten härten auch unter Wasser.

Wenn das Boot gerettet ist bzw. das Loch sich über der Wasserlinie befindet, kann man sich der eigentlichen Reparatur zuwenden.

GFK-Rümpfe – Löcher

Zur Nachbildung der exakten Krümmung des beschädigten Teils am besten ein Stück Plastikfolie verwenden oder eine Form von einem unbeschädigten Rumpf des gleichen Modells abnehmen. Diese wie die ursprüngliche Form verwenden, d.h. von innen Trennmittel, Gelcoat, Matten- und Roving-Laminat über eine größere Innenfläche auflegen.

Muss die Reparatur von außen erfolgen, verwendet man als Untergrund für das neue Laminat meist ein Stück Streckmetall im Rumpf, das mit Draht an Stangen auf der Rumpfaußenseite gesichert wird. Nach Aushärten der ersten Schicht kann man den Draht entfernen und den Auflegevorgang von außen fortsetzen. Bei dieser Methode ist es schwieriger, doch mit Geduld und Geschick keineswegs unmöglich, eine glatte Oberfläche zu erzielen.

Laminatablösung

Diese kann infolge einer Kollision auftreten und macht sich durch Blasenbildung oder das Herausstehen einzelner Fasern oder Faserbündel aus dem Laminat bemerkbar. Alles lose Material wegmeißeln, Umgebung anschleifen, damit der Laminatflicken sowohl am Grundmaterial als auch an den oberflächennäheren Schichten haftet. Mit mehreren Schichten Glasgewebe bis zur erforderlichen Stärke aufbauen, glatt schleifen. Wenn die Oberfläche mit der Umgebung plan ist, Gelcoat auftragen, mit einer Schicht Plastik- oder Polyesterfolie wie Melinex® oder Alufolie abdecken, an der der Gelcoat aushärten kann und mit deren Hilfe man die richtige Krümmungsform herstellen kann. Dann nachspachteln, schleifen und polieren, bis man mit dem Resultat zufrieden ist.

Unter der Wasserlinie, wo es auf die Farbe nicht ankommt, ist es einfacher, den Gelcoat durch einen Epoxidanstrich zu ersetzen, der auch das Laminat wirksamer schützt.

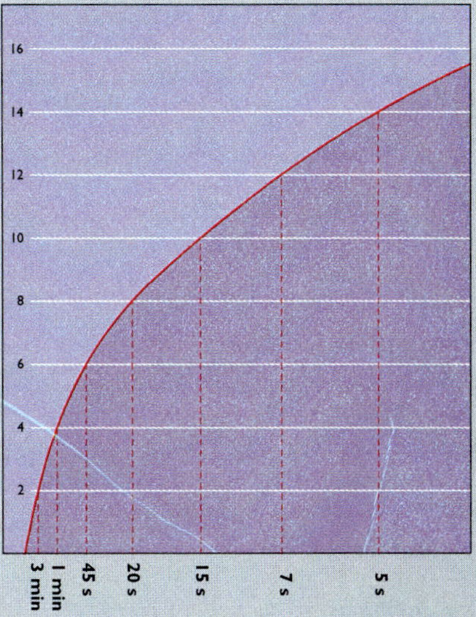

Die Kurve, *oben*, zeigt die Zeitdauer bis zum Untergang eines 9 m langen Boots bei nicht eingedämmtem Wassereinbruch. Die einströmende Wassermenge ergibt sich aus der Größe des Lecks (in der senkrechten Spalte in Quadratzoll; cm² in Klammern). So lässt ein nicht abgedichtetes Leck von 52 cm² Größe das Boot innerhalb von 20 Sekunden sinken. Selbst bei einem nur 13 cm² großen Leck bleiben bis zum Untergang nur 3 Minuten, wenn keine raschen Gegenmaßnahmen ergriffen werden.

GFK-Reparaturausrüstung

Vorbeschleunigtes Polyesterharz – 2 Liter
Katalysatorpaste (sicherer als organisches Peroxid in flüssiger Form) – 6 Tuben
Glasseidenmatte –ca. 1,5 m²
Harzkitt mit Härter – 1 kg
Messbehälter für Harz – kleiner Polyethylen-Eimer
Papierbecher (kein Polystyrol) –10 und Rührstäbchen (alte Lutscherstiele)
Harzpinsel (Glasseide) – 10 oder billige Lackierpinsel – 2,5 cm
Abklebeband, Plastiktüten, saubere Lappen (nass und trocken), Handcreme, Gummihandschuhe
Aceton im Metallbehälter – 1/2 Liter
Vorbeschleunigtes Gelcoat-Harz, Überwasserschiffslack oder Bootsspachtel
1 Tube unter Wasser härtender Polysulfid-Kalfatkitt
Nass-/Trockenschleifpapier oder Glaspapier

Aushärtezeiten
Man kann das Boot nicht unmittelbar nach der Reparatur wieder zu Wasser lassen. Das Laminat muss erst aushärten; die Zeitdauer hängt einerseits von den Witterungsverhältnissen und der Verarbeitungstemperatur, andererseits vom zugesetzten Beschleuniger ab. Je länger man das Laminat aushärten lässt, umso besser; es kommt vor allem auch auf die Größe der Schadstelle an. Bei einem etwa handgroßen Leck dürfte man das Boot bei normalem Wetter nach zwei bis drei Tagen wieder zu Wasser lassen können.

Risse, Sprünge oder Schrammen
Diese muss man so aufweiten, dass man sie mit Spachtelkitt füllen kann, auch wenn es schwer fällt, eine kleine Schadstelle zu vergrößern. Am besten nimmt man hierzu einen Fräser oder Meißel und als Spachtelkitt ein Gemisch aus Gelcoat und Spachtelmasse, das mit einem Spachtelmesser fest eingedrückt wird. Oberflächenbeschichtung aufbringen; nach Aushärten des Gelcoats polieren.

Kratzer
Diese lassen sich teils mit GFK-Reiniger, tiefere mit Zellstoff-Poliermittel aus der Autopflege wegpolieren. Gelingt dies nicht, ist der Schaden ausgeprägt genug, um neuen Gelcoat aufzubringen.

Die Behandlung solcher scheinbaren Bagatellen keinesfalls aufschieben: Jede Stelle, an der Wasser unter den Gelcoat dringen und ins Laminat einsickern kann, kann zu ernsteren Problemen und hohen Reparaturrechnungen führen.

Osmose
Zur gefürchteten Osmose kommt es, wenn Wasser durch den Gelcoat einer GFK-Yacht dringt und sich mit wasserlöslichen Kristallen im Laminat verbindet. Dann entstehen Blasen im Gelcoat, aus denen beim Aufplatzen oder Anstechen Flüssigkeit austritt. Osmose kommt häufiger in Süß- als in Salzwasser vor und wird durch warmes Wasser begünstigt. Die frühen GFK-Boote waren besonders osmoseanfällig. Da auch der Antifoulinganstrich durch eine Reaktion zwischen Grundierung und Gelcoat Blasen werfen kann, sollte man erst sicherstellen, dass es sich nicht um diese unproblematischere Erscheinung handelt, bevor man das Schlimmste annimmt. Selbst wenn bei Anstechen der Blasen die unheilvoll nach Styrol riechende Flüssigkeit austritt, ist Ihr Boot deshalb nicht verloren: Viele Yachteigner leben in seliger Unkenntnis dieses Problems.

Man kann die Osmose von einem Sachverständigen begutachten lassen. Ist erst eine kleine Fläche betroffen, muss man oft mit weiterer Blasenbildung rechnen, deshalb ist eine sofortige Reparatur des gesamten Unterwasserschiffes zu empfehlen. Osmosereparaturen sind von geschickten Bootseignern notfalls selbst auszuführen; besser überlässt man sie aber den Profis, ggf. unter Aufsicht eines Sachverständigen. Doch lässt sich dieses kostspielige Problem heute ganz vermeiden, da bei vielen Neubooten von vornherein ein Zweikomponenten-Epoxidanstrich, die bislang wasserdichteste Oberflächenbehandlung für Boote, auf Gelcoat aufgebracht wird. Auch ein Gebrauchtboot sollte sich so wirksam schützen lassen. Wahlweise kann man das Boot auch jedes Jahr einige Monate durchtrocknen lassen, doch kann man es in dieser Zeit natürlich nicht nutzen.

Holzrümpfe
Löcher und Risse durch Austausch der beschädigten Planken reparieren, wobei das Holz anhand einer Schablone in die richtige Form gebracht wird. Provisorische Reparaturen - wichtig, damit kein Wasser ins Holz einzieht – können mit Epoxidkitt oder einem Gemisch aus Epoxidkleber und Spachtel ausgeführt werden. Als Dauerreparatur ist diese Methode kaum geeignet, da das umgebende Holz arbeitet und sich verzieht; langfristig ist eine ordentliche Reparatur unumgänglich.

Fäulnis
Diese entsteht meist, wenn das Holz durch Pflegemängel oder schlechte Belüftung feucht wird. Mangelnde Pflege heißt hier, dass Beschädigungen des Schutzanstrichs, der Decksversiegelung oder der Abdichtung nicht rechtzeitig ausgebessert werden, sodass Wasser eindringen kann. Zum Glück

sind sich die Eigner von ganz oder teilweise aus Holz gebauten Yachten meist der Tatsache bewusst, dass eine makellos gepflegte Erscheinung viel zur Attraktivität ihres Boots beiträgt.

Metallrümpfe
Bei diesen kommt es zu erheblichen Einbeulungen, bevor sie brechen. Auch hier kann man Risse provisorisch mit Epoxidkitt flicken, wobei überschüssiges Material an einem von innen aufgebrachten Flicken haftet. An Land kann der Riss dann u.U. einfach geschweißt werden, vielleicht mit einem von innen gegengesetzten Flicken. Sonst muss man ein Stück herausschneiden und ein neues Blech zurechtwalzen und einschweißen. Vor Reparaturarbeiten an einem Riss sollte man an jedem Ende ein Loch bohren, um die Spannung im Metall zu vermindern und eine Ausdehnung des Risses zu vermeiden.

Stahlbeton
Entscheidend ist, dass kein Wasser an die Maschendrahteinlagen gelangt und diese rosten lässt, was zur Schwächung des Rumpfs führen würde. Auch hier sind Schadstellen daher sofort provisorisch mit Epoxidkitt abzudichten.

Falls bei schweren Feuchtigkeitsschäden der Maschendraht freigelegt wird, geknickte oder gebrochene Partien herausschneiden, Beton abschlagen und Ersatzmaschendraht einfügen. Auf diesen neuen Beton aufbringen, am besten von innen gegen ein außen festgeklammertes Stück Plastikfolie. Nach dem Durchhärten (während dieser Zeit muss die Oberfläche feucht gehalten werden) kann die Außenseite mit einem Bandschleifer geglättet werden.

Alle am Rumpf verwendeten Klebstoffe müssen wasserfest sein und unter Beachtung der zu verklebenden Materialien, der Aushärtezeit des Klebers und seiner Beständigkeit gegen Feuchtigkeit, Wärme, Beanspruchung und Schimmel ausgewählt werden. Vor Öffnen der Tube immer die Herstelleranweisungen durchlesen.

Klebstoffe
EPOXIDHARZ (z.B. Araldite®)
Dieser starke, vielseitige und dauerhafte Klebstoff ist ideal für allgemeine Reparaturen. Es handelt sich um einen Zweikomponenten-Kleber, der vor Gebrauch angemischt wird. Er ist beständig gegen Feuchtigkeit, Schimmel und Hitze; die Aushärtezeit beträgt je nach Sorte und Temperatur 20 Minuten bis 24 Stunden.
BOOTSSPACHTEL
Geeignet zur Reparatur von Rostlöchern und Fehlstellen in jedem Material.
KNETALUMINIUM
Zur Reparatur von Leckwannen, Rohren, Tanks, Gehäusen. Wird sehr hart und lässt sich bohren.
RESORCINOL- und FORMALDEHYD-KLEBER
Ideal für Holz-Holz-Verklebungen. Resorcinol-Kleber sind äußerst wasserfest, haltbar und im Bootsbau sehr beliebt. Beide Sorten müssen angemischt und während des Aushärtens 3-10 Stunden angepresst werden.
PVA-LEIM (Weißleim)
Gebräuchlicher Holzleim, besonders für Holzreparaturen unter Deck gut geeignet. Vor der Neuverklebung alle alten Leimreste sorgfältig entfernen. Ein starker, aber nicht sehr belastungs- oder witterungsbeständiger Klebstoff.
MASTIXHARZKLEBER
Ideal als Kalfatkitt und zur Einbettung von Türrahmen und Deckenleuchten.
KONTAKTKLEBER
Universalkleber zum Einsatz oberhalb der Wasserlinie an Inneneinrichtung und Kunststofflaminaten. Muss nicht angemischt werden. Billiger und leichter zu verarbeiten als Epoxidkleber.
POLYSTYROL-SCHAUMKLEBER
Gut zur Anbringung von Platten als Decken- und Schottverkleidung.

Seehähne und Bordwanddurchlässe

Obwohl meist versteckt und schwer zugänglich, sind Seeventile und Bordwanddurchlässe mindestens alle drei Monate sorgfältig zu kontrollieren. Bei vielen, wie Motorkühlwassereinlass, Spülbeckenablauf, Cockpitlenzrohren, die u.U. über längere Zeit offen bleiben, kann sich die Spindel in Offenstellung verklemmen. Andere, wie die der Toilette, die bei Nichtgebrauch häufig geschlossen werden, um Wasserrückfluss zu vermeiden, neigen zum Festsetzen und Undichtwerden. Einmal jährlich an jedem Hahn eine Schraube entfernen, um ihren Zustand zu kontrollieren. Die Hersteller liefern Spezialfett zur Schmierung der Ventilspindeln: Das ist eine wesentlich wirksamere Methode, die Hähne wasserdicht zu machen, als das übermäßige Festziehen der Spindelmutter. Die Spindel verjüngt sich meist konisch, sodass zu hohe Spannung auf der Mutter die ganze Armatur blockieren kann.

Rohrschellen

An die Seehähne sind meist elastische Kunststoffleitungen angeschlossen – in der Regel mit Schraubschellen. Diese sollten aus nicht rostendem Stahl (V4A) bestehen, dessen Korrosionsfestigkeit unübertroffen ist. Es sollten immer zwei Schellen angebracht werden, damit nicht gleich ein Leck entsteht, falls sich eine lockert. Regelmäßig kontrollieren, ob die Schellen festsitzen; gelockerte Schellen sind eine häufige Ursache schwerer Pannen.

Pumpen

Immer Ersatzteile für alle Pumpen mitführen. Rennyachten haben prinzipiell zwei manuelle Lenzpumpen, von denen eine unter Deck und eine an Deck betätigt werden kann, wenn alle Luken geschlossen sind – auch die Deckel der Cockpit-Backskisten. Diese Praxis empfiehlt sich auch für Kreuzeryachten.

Moderne Lenzpumpen sind sehr verstopfungssicher, doch wird der kluge Eigner dennoch einen zugänglichen Saugkorbfilter vor dem Pumpeneinlass vorschalten.

Nützlich ist auch eine automatische elektrische Bilgenpumpe – zum normalen Einsatz und wenn man das Boot am Liegeplatz allein lässt. Allerdings kann sich der Schwimmerschalter festsetzen, sodass man bei der Rückkehr u.U. eine mangels Wasser durchgebrannte Pumpe und eine leere Batterie vorfindet.

Vom Bootsmotor angetriebene Lenzpumpen sind im Krisenfall ideal, erfordern aber zusätzliche Leitungen, um eine Umgehung herzustellen, wenn kein Wasser in der Bilge ist, oder eine Schnellkupplung, um die Pumpe bei Bedarf einsatzbereit zu machen. Sie ist auch praktisch als Deck- oder Ankerwaschanlage.

Kiel

Einen von außen angebolzten Kiel auf sichere Befestigung kontrollieren. Als erstes Anzeichen eines Problems kann die Füllmasse zwischen Flanschkante und Rumpf wegbröckeln. Man kann die Bolzen auch röntgen lassen. Dies ist vor allem bei traditionellen Kieltypen sinnvoll, bei denen der Ballast unten an einer Holz- oder GFK-Flosse angebracht ist und die Bolzen lang und schwer zu entfernen sind.

Ruder

Wie der Kiel wird das Ruder oft vernachlässigt, bis ein Schaden auftritt. Als häufigstes Problem können sich bei am Spiegel aufgehängten Rudern die Zapfen oder Bolzen herausarbeiten oder brechen. Bei durch den Rumpf geführtem Ruderschaft können sich Pinne oder Ruderquadrant lockern, Schaftbefestigungen vom Ruder lösen, die Lager verschleißen oder blockieren. Der schlimmste Schaden – ein Abbruch des Ruderblatts – kommt fast nur bei Spatenrudern oder am Spiegel aufgehängten Rudern vor.

Ruderzapfen und -bolzen mit ihren Schrauben, Muttern und Beschlägen regelmäßig kontrollieren. Übermäßiges Spiel zwischen Ruderschaft und Pinne kann man bei Überprüfung spüren. Der Schaft hat u.U. Laschen, die in das Ruderblatt hineinragen, welches nötigenfalls zur Sicherung mit Bolzen oder Epoxidkitt geöffnet werden kann.

Die Pinne sollte mindestens eine Keilnut haben, besser einen abgeschrägten Vierkant, auf dem der Pinnenkopf mit einer Mutter festgezogen wird. Haben die Schaftlager zu viel Spiel, ggf. die Stopfbuchsenpackung austauschen und die Befestigungsmuttern nachziehen. Wenn das Ruder zu schwergängig ist, Packung und Lager schmieren. Der Schaft wird am besten in einem Koker bis über die Wasserlinie geführt, mit einer Stopfbuchsendichtung am unteren Lager. Wassergefüllte Koker sind anfällig für Bewuchs, weshalb das Ruder jährlich zur Reinigung demontiert werden sollte. Ist das Ruder an einer Leitflosse aufgehängt, muss dabei das untere Lager mit demontiert werden - am besten im Winter, wenn das Boot aus dem Wasser ist.

Elektrolyse und Kathodenschutz

In Salzwasser fließt ein elektrischer Strom von anodischen zu kathodischen Materialien. Bei zwei unterschiedlichen Metallen bestimmt ihre Stellung in der galvanischen Spannungsreihe, welches zersetzt wird (das anodische) und welches weitgehend unbeschädigt bleibt (das kathodische). Der Zerstörungsgrad ist vom Abstand zwischen den beiden in der Spannungsreihe abhängig. Deshalb bringt man oft Opferanoden aus Zink am Unterwasserschiff an, um den zerstörerischen Stromfluss z.B. von Bronze- oder Stahlpropellerwellen abzulenken.
Es reicht nicht, dass Ihr eigenes Boot nicht an Elektrolyse leidet; selbst mit den Metallteilen eines Boots in der benachbarten Marina-Box kann ein fataler Austausch entstehen. Eine gute Stelle zur Anbringung von Opferanoden ist der Propellerschaft oder die Propellermutter. Anode nicht anstreichen, da dies ihre Wirkung vereiteln würde.

Um Elektrolyse in Salzwasser zu unterbinden, sollte der Potentialunterschied zwischen zwei benachbarten Metallen nicht mehr als 0,20 V betragen. So besteht bei gemeinsamem Einsatz von Zink und unlegiertem Stahl Korrosionsgefahr, während Blei und aktiver Edelstahl 304 kompatibel sind. Metalle mit hohem Potential korrodieren schneller und brauchen eine größere Fläche, um die elektrochemische Reaktion zu zerstreuen.

Starke Korrosion

Metall	**el. Potential in Volt**
Magnesiumlegierung	– 1,6
verzinktes Eisen	– 1,05
Zink	– 1,03
Aluminium 3003	– 0,94
Kadmium	– 0,80
Aluminium	– 0,75
unlegierter Stahl	– 0,61
Graueisen	– 0,61
Blei	– 0,55
Edelstahl 304 (aktiv)	– 0,53
Kupfer	– 0,36
seewasserfestes Sondermessing	– 0,29
Manganbronze	– 0,27
Kupfernickel 70/30	– 0,25
Kupfer	– 0,24
Nickel 200	– 0,20
Siliziumbronze	– 0,18
Edelstahl 316 (aktiv)	– 0,18
Inconel-Legierung 600	– 0,17
Titan	– 0,15
Silber	– 0,13
Edelstahl 304 (passiv)	– 0,08
Monel	– 0,08
Edelstahl 316 (passiv)	– 0,05

Geringe Korrosion

Lenzanlage

1 Empfehlung für Boote von 5,5-13,7 m Länge: 1, 2 oder 3 Lenzpumpen mit Saugkorb zur Vermeidung von Verstopfungen. Eine Pumpe ist beim Rudergänger bereitzuhalten, ggf. eine weitere unter Deck. Pumpen und Saugkörbe vor jedem Törn überprüfen.
2 Empfehlung für Boote unter 5,5 m Länge: 1 Lenzpumpe mit verstopfungssicherer Membran und einer Pumpleistung von 45 Litern/ Minute. Ein zusätzlicher Saugkorb zum Schutz der Pumpe ist ratsam. Pumpe am besten in Reichweite des Rudergängers festmontieren. Eine tragbare Pumpe zum Hochpumpen von Seewasser kann zur Brandbekämpfung sehr nützlich sein.

Decks/1

Decksausrüstung, -luken und -beschläge finden meist mehr Beachtung, weil sie ständig in Sicht und Gebrauch sind. Viele von ihnen sind für die Sicherheit des Boots ausschlaggebend.

Luken und Lukendeckel

Wenn diese auch nur leicht undicht sind, können sie ungeheuren Verdruss bereiten; größere Undichtigkeiten sind gefährlich. Undichte Gummidichtungen an Luken können ausgetauscht werden, was jedoch in den ersten Jahren nicht notwendig sein wird. Manche Lukendeckel haben verstellbare Scharniere, um eine parallele Ausrichtung von Deckel und Rahmen zu ermöglichen. Schiebeluken laufen in einer „Garage", d.h. einer Schutzkappe, die die ganze Einheit abdeckt und gegen Spritzwasser schützt. Schiebeluken ohne diese äußere Abdeckung müssen innen besonders breite Dichtungen sowie Abläufe haben, damit kein Wasser hineingelangt. Bei Schlauchberieselung zeigt sich rasch, ob eine Verstärkung der Dichtung nötig ist.

Auch die Lukenschienen benötigen Wasserabläufe. Die senkrechte Öffnung des Niedergangs wird meist mit zwei oder drei Steckschotten gesichert, die durch Holz- oder Metall-Leisten gehalten werden. Bei den meisten europäischen Booten verbreitert sich die Niedergangsöffnung nach oben etwas, was das Herausnehmen der Steckschotten erleichtert.

Steckschotten

Man braucht mindestens zwei Steckschotten, von denen das untere ggf. eingesteckt bleiben kann, um den Niedergang gegen Spritzwasser oder Regen zu schützen. Klare oder getönte Kunststoffschotten lassen mehr Licht ins Bootsinnere. Man kann ein Steckschott mit einer tropfsicheren Belüftungsöffnung versehen, indem man ein Loch hineinsägt, von außen etwas mehr als die obere Hälfte mit einer Kunststoffplatte abdeckt und von innen eine Kunststoffplatte dagegensetzt, die etwas mehr als die untere Hälfte abdeckt.

Sicherung des Niedergangs

Man muss jedes Steckschott verriegeln und ggf. von innen wie außen öffnen können. Hierzu dienen meist Schieberiegel, außer am obersten Schott, durch das eine Leine von innen nach draußen zu einer Schotklemme geführt wird. Führt man auch das innere Ende der Leine zu einer Klemme unter dem Niedergang, kann man sie von beiden Seiten freigeben.

Man kann auch einen Riegel montieren, dessen Betätigungshebel durch das Schott verläuft, sodass er von innen wie außen zu bedienen ist. Das Gleiche gilt für das Schiebeluk. Dies ist sogar noch wichtiger, da das geschlossene Luk das oberste Steckschott fixieren soll und somit als Erstes geöffnet werden muss.

Jedes Steckschott ist mit einem langen Bändsel an einem stabilen Befestigungspunkt zu sichern – für den Fall, dass sie sich bei schwerem Wetter aus der Führung lösen.

Lüfter

Die Luftzirkulation durchs Bootsinnere erfolgt durch den Niedergang und das Vorderluk bzw. zusätzliche Lüfter. Jeder Raum des Boots muss einen festen Lüfter haben, der laufend wirksam ist, sofern er nicht absichtlich geschlossen wird. Auf dem Vorschiff bringt man meist niedrige Venturi-Ablüfter an, weiter achtern Dorade-Zu- und Ablüfter (nach der Yacht benannt, auf der das Prinzip 1933 erstmals erprobt wurde). Die seitlich versetzte Hutze verhindert bei gegen den Fahrtwind nach vorne weisender Lüfteröffnung das Eindringen von Spritzwasser oder Regen, sodass nur Frischluft, aber keine Feuchtigkeit unter Deck gedrückt wird.

Einzig erforderliche Wartungsmaßnahme ist die gelegentliche Demontage der Lüfter und Erneuerung der Silikonabdichtung. Ggf. ist das durch die Salzluft korrodierte Lüftergitter zu ersetzen.

Schotleitschienen

Oft ist das Deck an den Leitschienen undicht – infolge von Konstruktionsmängeln oder fehlerhafter Montage. Jedes Schraubloch ist eine potentielle Leckstelle, an die man zudem nach Anbringen der Deckenverkleidung des Innenraums schlecht herankommt. Bei Verdacht auf ein solches Leck die Verkleidung abnehmen und das Boot eine längere Strecke hart am Wind segeln, sodass reichlich Wasser übers Deck läuft. Dabei treten Schäden meist deutlicher zutage als bei ausgiebiger Schlauchberieselung im Hafen.

Um das Leck zu beheben, die alte Schraube entfernen und das Loch mit Epoxidspachtel füllen. Das Loch exakt in Größe der Schraube neu bohren, sodass diese durchs Deck geklopft oder geschraubt werden kann. Eine Holzscheibe als Unterzug verteilt die Belastung und gleicht (in Füllmasse eingebettet) Unregelmäßigkeiten der Rumpfinnenseite aus. Eine große Unterlegscheibe verteilt wiederum die Spannung der Haltemutter auf das Holz. Abschließend Silikondichtmittel auf die Schraube geben, bevor man sie durch das Loch führt und von unten mit der Mutter sichert.

Bug- und Heckkorb, Relingsstützen

Hier treten ähnliche Probleme auf, da auch ihre Füße durchs Deck verbolzt werden müssen. Das Deck sollte hier, in Nähe der Deckskante, nicht in Sandwich-Bauweise ausgeführt sein und muss ausreichend verstärkt sein, da bei unvorhergesehen starker Belastung von Bug- bzw. Heckkorb oder Relingsstütze starke Verwindungskräfte auf die Decksverschraubungen wirken. Ein vollflächiger Metallunterzug unter dem Deck bietet zusätzlichen Halt; wo dies nicht möglich ist, sind extradicke Unterlegscheiben zu verwenden. Relingsstützen werden oft durch Splinte in ihren Füßen gehalten; diese sind gegen Schäden an Tauwerk und Segeln bzw. Verletzungen abzusichern.

Belüftung

1 Zum Wohlbefinden braucht jede Person pro Minute 0,4 m^2 Luft, was bei mäßigen Temperaturen einem Luftstrom von etwa 90 m^2/s entspricht.
2 In heißem Klima ist ein Luftstrom von etwa 150 cm/s erfrischender.
3 Der Motor braucht je PS Leistung etwa 0,7 m^2 Verbrennungsluft pro Minute.
4 Zusätzliche Motorraumbelüftung: Falls diese ohne Ventilator erfolgt, ist eine zusätzliche Belüftungsfläche von 6,5 cm^2 je PS erforderlich, um einen ausreichenden Luftstrom zu liefern.

Lüfterdurchmesser	**Querschnittsfläche**
5 cm	**19 cm^2**
Kommentar Zu klein, um ausreichenden Luftstrom zu gewährleisten, vor allem bei Flaute.	
7,6 cm	**45 cm^2**
Kommentar Geeignet für Boote unter 9 m Länge.	
10 cm	**80 cm^2**
Kommentar Kleinste Standard-Lüftergröße für Rundumbelüftung.	
15 cm	**180 cm^2**
Kommentar Empfohlene Größe für Boote über 12 m Länge.	

Empfohlener Luftaustausch pro Stunde

Gemäßigtes Klima	**Warmes** Klima	**Heißes** Klima
8 hm/Std. (Hektometerkubus)	16 hm/Std.	24 hm/Std.
1 Lüfter für 2 Personen	2 Lüfter für 2 Personen	3 Lüfter für 2 Personen
Salon		
Windhutzen, in heißem Klima zusätzlich Luken und größere Lüfter. WC (0,18 m^3)		
Gemäßigtes Klima	**Warmes** Klima	**Heißes** Klima
15 hm/Std.	25 hm/Std.	30 hm/Std.
Sauggebläse mit 4,6 hm/s Leistung oder ein zu öffnendes Fenster oder Luk.		
Pantry		
Gemäßigtes Klima	**Warmes** Klima	**Heißes** Klima
30 hm/Std.	36 hm/Std.	40 hm/Std.
Sauggebläse über dem Kocher, falls dieser nicht gleich am Niedergang liegt.		
Motorraum		
Die Einlassöffnung sollte dem 1,5fachen der Auspufföffnung zuzüglich 9,7 m^2 je PS Motorleistung entsprechen.		

Decksbeschläge
Bei Verdacht auf Leckstellen an anderen Decksbeschlägen ist ebenso vorzugehen wie auf S. 183 beschrieben. Bei Beschlägen auf angeformten Aufbauten liegt das Schraubloch etwas höher, wodurch die Leckgefahr stark herabgesetzt wird. Mitunter kann es sinnvoll sein, einen Beschlag auf einen Klotz zu montieren, der jedoch sorgfältig lackiert oder anderweitig geschützt sein muss, damit er sich nicht mit Wasser vollsaugt.

Zusätzliche Beschläge montieren
Bei einem Deck in GFK-Sandwichbauweise kann die starke Druckbelastung durch fest angezogene Bolzen u.U. Schäden hervorrufen. Um einen hochbelastbaren Beschlag zu montieren, zunächst etwas von Innenschicht und Kernmaterial des Decks wegmeißeln und das Kernmaterial durch ein Stück Sperrholz ersetzen, das größer als die Grundplatte des Beschlags ist. Dieses mit Epoxidkleber an der Unterseite des Decks befestigen, dann die Innenschicht wieder auflaminieren. Die Verschraubung kann jetzt durch das Sperrholz erfolgen.

Klampen
Diese werden meist auf Süllen verbolzt. Das ist im Prinzip unproblematisch; man muss jedoch bedenken, dass erhebliche Verwindungskräfte auf die Bolzen wirken, sofern die Klampe nicht optimal positioniert wird. Das kann bei Mehrzweckklampen schwierig sein, doch sollten sie möglichst in einer Linie mit der größten Zugbelastung montiert werden. Diese ermittelt man, indem man eine Leine um die bevorzugte Winde in Richtung der beabsichtigten Montagestelle legt.

Relingsdrähte
Sie sind an den Durchführungen durch die Relingsstützen zu schützen. Bei kunststoffbeschichteten Drähten, die auch griffiger sind, braucht man sich kaum um unbemerkte Schäden zu sorgen, sofern die Augen der Relingsstützen so geschützt sind, dass keine scharfen Kanten in den Kunststoff schneiden. Doch können sich Schoten selbst an beschichtetem Draht rasch durchscheuern, weshalb man an allen Stellen, wo dies der Fall sein könnte, zusätzlich lose Schlauchstücke über den Draht ziehen sollte. Polyethylenschlauch o. Ä. ist gut geeignet; Schlauchstücke jedoch jährlich austauschen, da manche Kunststoffe unter UV-Einwirkung unangenehm klebrig werden und Schmutzstreifen auf Segeln hinterlassen können.

Die Enden der Relingsdrähte werden oft mit Spannschrauben befestigt. Das ist in Ordnung, solange die metallene Seereling irgendwo durch einen Isolator unterbrochen ist. Anderenfalls können Funkpeilungen durch in diesem geschlossenen Kreis induzierte Signale gestört werden. Häufig begegnet man dem, indem man Plastikhülsen über die Spannschrauben und auch über Schäkelbolzen zieht, die den Relingsdraht mit Bug- oder Heckkorb verbinden.

Oft wird der Relingsdraht mit einem dünnen Taljereep gespannt. Dies erspart die Notwendigkeit, die Schäkel und Spannschrauben erst zu bemusen – zur Sicherheit unerlässlich - und dann mit Klebeband zu umwickeln, um Hände und Segel vor dem Musingdraht zu schützen.

Außerdem kann man in diesem Fall die Leine rasch kappen, um die Relingsdrähte zum Bergen eines Überbordgefallenen wegzunehmen. Das sollte man allerdings der gesamten Crew vorab deutlich mitteilen, damit nicht noch mehr Leute über Bord gehen.

Leinenklemmen und -stopper
Seit immer mehr Yachten unterbemannt segeln, werden zunehmend mehr Fallen und Trimmleinen zum Cockpit geführt und somit zahlreiche Klemmen und Stopper auf dem Kajütdach montiert. Die Vorgehensweise ist die gleiche wie bei Montage anderer Decksbeschläge, doch können auf eine Mehrfachklemme größere Kräfte wirken als auf einen einzelnen Umlenkblock, weshalb Verstärkungen und Bolzen entsprechend dimensioniert sein müssen. Oft muss man auch eine Unterlage auf das Deck montieren, um die Leine ohne Knicke zu einer Winsch zu führen. Klemmen sind sehr wartungsarm; sie sollten nur gelegentlich von Salzansammlungen gereinigt werden. Hierzu Süßwasser und Teflon-Spray bzw. bei Kunststoffklemmen dünnflüssiges Öl verwenden.

Winschen

Eine zusätzliche Winsch ist genauso zu montieren wie zusätzliche Decksbeschläge. Rationeller ist es meist, zusätzliche Leitblöcke zu montieren, um vorhandene Winschen vielseitiger einsetzen zu können. Vielleicht möchte man auch eine vorhandene Winsch gegen eine Zweigang- oder eine selbstholende Winsch austauschen. Hierbei kann lediglich passieren, dass die Bohrlöcher für die alte Winsch nicht auf die neue passen.

Bei Montage einer Winsch darauf achten, dass das Lenzloch im Winschfuß unter Berücksichtigung der Decks- oder Süllwölbung in die richtige Richtung weist. Bei selbstholenden Winschen auf richtige Orientierung des Haltemechanismus achten.

Möglichst keine aus unterschiedlichen Metallen konstruierten Winschen verwenden, die bei Kontakt mit Salzwasser rasch korrodieren, sodass man sich bald mit verschlissenen, schlecht passenden Teilen und schädlichen Ablagerungen in Lagern und Getrieben konfrontiert sieht. Die besten Winschen lassen das Salzwasser einfach durchlaufen. Die nächstbeste Möglichkeit ist der Einsatz von O-Ringen, um das Wasser aus der Winsch zu halten. Je mehr Lager eine Winsch hat, desto leichtgängiger bleibt sie unter Zugbelastung, weil die Trommel besser abgestützt ist. Das kommt zwar teurer, macht sich aber durch längere Lebensdauer der Winsch bezahlt.

WINSCHBEMESSUNG
Bootslänge

	(6/7 m) 20/23 ft	(7/8 m) 24/26 ft	(8/9 m) 27/29 ft	(9/10 m) 30/33 ft	(10/11 m) 34/36 ft
SCHOTEN					
Genua	8:1	8:1/16:1	16:1/28:1	28:1/40:1	40:1
Spinnaker	8:1	8:1	8:1/16:1	16:1/28:1	28:1/40:1
Groß	8:1	8:1	8:1	8:1	8:1/16:1
FALLEN					
Genua	8:1	8:1	8:1	8:1/16:1	8:1/16:1
Spinnaker	8:1	8:1	8:1	8:1/16:1	16:1
Groß	8:1	8:1	8:1	8:1	16:1
Reserve	8:1	8:1	8:1	8:1	16:1

Tabelle oben: Empfohlenes Leistungsverhältnis für verschiedene Winschen auf Booten unterschiedlicher Größe. Zu seiner Berechnung dividiert man den Radius der Winschkurbel durch den Radius von Trommel und Leine und multipliziert das Resultat mit dem Untersetzungsverhältnis. Die erforderliche Größe und Leistung der Winsch richtet sich allerdings auch nach den Umständen. Bei geringerer Körperkraft der Crew oder zum Regattasegeln in schwerem Wetter braucht man größere, leistungsfähigere Winschen. Die größeren Zugbelastungen auf Mehrrumpfbooten machen ein um 20 % höheres Leistungsverhältnis erforderlich.

Checkliste

1 Kontrollieren, ob alle Klampen, Winschen und Blöcke solide im Deck verankert sind.
2 Auf ausgetrocknetes Dichtmittel um Bolzen und Schrauben achten, das zu Leckagen führen kann.
3 Jede Winsch einmal jährlich öffnen, Salz auswaschen, Zahnräder, Sperrklinken und Lager mit speziellem Winschenfett schmieren, damit sie leichtgängig bleibt.
4 Immer Reservefedern und -Sperrklinken mitführen.
5 Bug- und Heckkorb, Relingsdrähte und -stützen kontrollieren, lose Befestigungen nachziehen; Relingsdrähte beim ersten Anzeichen von Durchscheuern ersetzen.

Spieren und stehendes Gut

Spieren und stehendes Gut

Moderne Masten und Bäume bestehen meist aus Alulegierung, die sorgfältiger Pflege bedarf. Die Eloxierung, die das Material vor Salz und galvanischer Korrosion schützt, ist kratz- und splitterempfindlich. Schadstellen mit geeignetem Metallspray überziehen, um das Material in gutem Zustand zu erhalten.

Manche Kratzer, etwa solche, die beim Segelwechsel in schwerem Wetter durch die Drahtfallen verursacht werden, sind unvermeidlich, andere, etwa durch schlagende Fallen im Hafen verursacht, unentschuldbar. Mast und Bäume am Ende der Saison auf Scheuerschäden durch die aus Scheibgatten austretenden Fallen kontrollieren. Hier kann man zum Schutz kleine Plättchen aus kompatiblem Metall aufschrauben oder mit Epoxidkleber aufkleben.

Bei Verschraubungen in Alu stets bedenken, dass es bei Verwendung von Messing oder sogar minderen Edelstahlqualitäten zu galvanischer Korrosion kommt und die Schrauben durch Zersetzung des Metalls herausfallen können. Immer die beiden Metalle durch Zinkchromatpaste voneinander isolieren.

Endbeschläge

Praktisch alle Masten werden durch Verstagungen aufrecht gehalten. Die Mastterminals von Wanten und Stagen werden oft vernachlässigt, weil sie sich außer Sicht und Reichweite befinden. Der Bolzen muss passgenau in seiner Halterung sitzen, sonst ist die Belastbarkeit stark vermindert. Hat man den Eindruck, dass sich die Öffnung verlängert, sollte man den Masthersteller zu Rate ziehen. Bolzen verlässlich sichern – meist mit einem Splint oder Spaltring. Den Splint nicht zu weit spreizen und dafür sorgen, dass sich Fallen oder Segel nicht daran verfangen können.

Stehendes Gut

Moderne Stagen und Wanten haben unlösbar aufgebrachte Walzterminals, die sehr belastbar und verlässlich sind. Es kann aber durch Vibrationen des stehenden Guts zur Materialermüdung an der Austrittsstelle aus dem Terminal kommen; diesen Bereich regelmäßig auf gebrochene Drähte kontrollieren.

Zur Befestigung am Mast dienen häufig T-Terminals, die in den Mast eingehängt und im Inneren durch Gegenplatten gehalten werden. Dabei muss das Terminal zuerst parallel zum Mast liegen und dann soweit abgewinkelt werden, dass das Drahttau in direkter Linie zum Pütting führt. Auch hier ist die Austrittstelle des Drahts aus dem Terminal besonders gefährdet.

Spannschrauben/Wantenspanner

Auch die Spannschrauben, mit denen das stehende Gut an den Püttings befestigt ist, sind sorgsam zu beobachten und müssen passgenau auf den Befestigungsbolzen sitzen. Ein Toggle-Gelenkstück zwischen Spannschraube und Pütting gleicht den Zugwinkel aus.

Spannschrauben sollten anderthalbmal so stark sein wie das befestigte Drahttauwerk. Immer die passende Schraube zum jeweiligen Endbeschlag, Pütting, Toggle etc. kaufen, an dem sie befestigt werden soll. Spannschrauben drehen sich sehr leicht auf und müssen daher unbedingt mit Splinten, Draht, Kontermuttern oder dergleichen gesichert werden.

Geschlossene Spannschrauben haben Sicherungsmuttern an den Enden, doch kann man bei ihnen nicht sehen, wie viel Schraubengewinde sich noch innerhalb der geschlossenen Hülse befindet. Es ist sicherer, sie durch offene Spannschrauben zu ersetzen.

Werden beim Spannen der Stagen und Wanten große Hebelkräfte aufgewandt, kann es zur Überdehnung der Schraube kommen. Eine solche Deformierung des Gewindes schwächt die Schraube, die dann vor allem bei starker Beanspruchung durch schwere Segellast brechen kann.

Riggtrimm

Auch wenn man davon ausgeht, dass das Rigg zu Beginn der Saison bzw. beim letzten Aufstellen des Masts richtig getrimmt wurde, sollte man den Trimm regelmäßig überprüfen. Dies geschieht in ähnlicher Weise wie beim Aufriggen.

Zunächst im Hafen kontrollieren, ob der Mast gerade steht. Dazu eine Winschkurbel ans Ende des Großfalls hängen. Wenn es nicht zu windig ist, sollte die Kurbel senkrecht, in einer Linie mit dem Mast und etwa 30 cm achterlich von ihm hängen.

Zur Überprüfung das Großfall so einstellen, dass sein Tampen auf einer Seite gerade das Oberwantpütting berührt, dann zum Pütting auf der anderen Bootsseite führen. Eine etwaige Längendifferenz durch entsprechende Justierung der Oberwanten ausgleichen. Dann ggf. die Unterwanten nachjustieren, damit der ganze Mast gerade steht. Überprüfen, ob jedes Wantenpaar zu beiden Seiten des Masts die gleiche Spannung hat. Hierzu gleichzeitig auf Schulterhöhe gegen beide Wanten drücken, dann an ihnen ziehen, um ein ungefähres Gefühl für die Spannung zu bekommen. Jetzt kann man den Riggtrimm auf einer Fahrt unter Segeln überprüfen.

Das Boot draußen auf See auf vorraumlichem Kurs segeln und die Mastneigung in Längsschiffrichtung, den so genannten Mastfall, begutachten. Dann an der Mastschiene hinaufsehen, um eine etwaige seitliche Abweichung festzustellen.

Die Einstellung des Mastfalls ist auf einer Kreuzeryacht unproblematisch, doch falls unter Segellast übertriebene Achterstagspannung erforderlich ist, um eine größere Mastbiegung nach achtern zu erreichen (7/8-Ring), sollte man sich einen speziellen Achterstagspanner zulegen, mit dem man die Spannung nach jeder Segelfahrt wieder mindern kann.

Seitliche Abweichungen sind schwerer zu korrigieren. Vor dem Nachstellen die Leewanten auf jedem Bug auf Lose kontrollieren, dann entsprechend nachtrimmen und noch einmal überprüfen. Wenn man mit der Einstellung zufrieden ist, die Spannschrauben mit Draht sichern. Draht und Schraubgewinde zum Schutz gegen Schamfilen mit Klebeband umwickeln oder eine Kunststoffhülse über die Spannschraube ziehen. Das Drahttauwerk hat mehr Reck, als man glauben möchte, weshalb man den Masttrimm alle paar Wochen bei ausreichendem Wind kontrollieren sollte.

BRUCHLAST von DRAHTTAUWERK (in lbs)

7 × 7 Drahttauwerk

Durchm. (Zoll)	1,59 (1⁄16)	2,38 (3⁄32)	3,17 (1⁄8)	3,96 (5⁄32)	4,76 (3⁄16)	5,55 (7⁄32)	6,35 (1⁄4)	7,14 (9⁄32)	7,93 (5⁄16)	9,52 (3⁄8)	11,11 (7⁄16)
Verzinkter Stahl	–	–	–	–	–	–	4.200	5.300	6.570	9.270	12.400
Nirosta	135	780	1.150	2.000	2.750	4.000	4.800	6.100	7.500	10.600	14.200

7 × 19 Drahttauwerk

Durchm. (Zoll)	3,17 (1⁄8)	3,97 (5⁄32)	4,76 (3⁄16)	5,55 (7⁄32)	6,35 (1⁄4)	7,14 (9⁄32)	11,11 (7⁄16)
Verzinkter Stahl	–	–	–	–	4.390	5.400	12.800
Nirosta	–1.280	2.000	2.900	3.950	5.090	6.700	14.700

1 × 19 oder 19-Drahttauwerk

Durchm. (Zoll)	1,59 (1⁄16)	2,38 (3⁄32)	3,17 (1⁄8)	4,76 (3⁄32)	5,55 (7⁄32)	6,35 (1⁄4)	7,14 (9⁄32)
Nirosta	500	1.100	2.100	3.200	6.100	8.000	10.000

Laufendes Gut

Für eine Kreuzeryacht sind Fallen aus Fasertauwerk praktischer, da angenehmer zu handhaben. Wenn sich durch die dauernde Belastung am Austritt aus den Scheibgatten und Blöcken tiefe Scheuerstellen bilden, kann man die letzten 60-90 cm abschneiden, sofern das Fall ausreichende Überlänge hat. Ist die Mindestlänge erreicht, kann man es noch in Gegenrichtung legen.

Vorgerecktes dreikardeeliges Terylen/ Dacron®-Tau ist ein häufig verwendetes Fallenmaterial, das jedoch bei Nässe zum Kinken neigt. Passiert das an der Stelle, an der das Fall in den Mastfuß läuft, blockiert das Fall u.U., während man gerade auf dem Vordeck die Genua zu bergen versucht. Auch hohlgeflochtenes Tauwerk ist sehr reckarm und, da es weniger kinkt, für Fallen besser geeignet. Wenn die Fallen nach achtern geführt werden, ist der Reck ohnehin kein so großes Problem, da sie sich von dort leicht nachsetzen lassen, was infolge veränderlicher Windstärke und -richtung während des Segelns sowieso oft nötig sein wird. Hochverdichtetes Polyethylen (z.B. Dyneema®) hat noch weniger Reck, ist aber auch teurer (siehe auch S. 90-91).

Bei Verwendung von Drahtfallen ist der Spleiß zwischen Drahttauwerk und Fasertautampen die bruchgefährdetste Stelle. Verzinktes Drahttauwerk ist für Fallen besser geeignet als Nirosta, da letzteres an den Fallscheiben rasch verschleißt. Um verzinktem Drahttauwerk eine lange Lebensdauer zu sichern, sollte man es jeden Winter einmal in Leinölfirnis einlegen.

Schoten sollten am besten aus hohlgeflochtenem Terylene® bestehen und sobald sich die ersten Scheuerstellen zeigen – oft durch schlecht eingestellte Schotholepunkte –, in Gegenrichtung gelegt werden. Es ist am einfachsten und sichersten, die Schoten am Schothorn des Vorsegels mit einem Palstek anzustecken, der aber sorgfältig steifgeholt werden muss, damit er sich bei killendem Segel nicht lockert.

Schoten an Vorsegeln nicht mit Schäkeln anstecken, da diese bei etwaigem Loswerfen der Schot eine erhebliche Verletzungsgefahr darstellen und auch den Mast und andere Decksbeschläge beschädigen können. Am Spinnakergeschirr werden hingegen Schnappschäkel verwendet, weil hier ein rasches Aushängen nötig werden kann.

Die Dirk ist ein Spezialfall. Bleibt sie beim Segeln an der Baumnock angeschäkelt, wird sie sich durch das Killen der losen Leine bald lösen. Auch wegen des störenden Schnattergeräuschs und um ein Schamfilen am Achterliek des Großsegels zu vermeiden, wird die Dirk daher oft nach achtern geführt und am Heckkorb festgemacht. Hierzu benötigt man einen Schnappschäkel sowie etwas Glück, um sie vor Bergen des Großsegels wieder am vibrierenden Baum einzuhängen.

Besser ist es, die Lose der Dirk knapp oberhalb des Baums aufzunehmen, indem man sie mit einem Gummistropp verkürzt. Wenn das Segel geheißt ist, die Dirk fieren, bis der Gummistropp gerade Lose bekommt. Durch Dichtholen der Schot wird der Gummistropp gestrafft; die Dirk liegt jetzt ruhig am Achterliek des Großsegels an, sodass ein Schamfilen weitgehend vermieden wird. Im akuten Notfall kann die Dirk auch als Ersatz-Großfall dienen.

Zum Achterstag geführte kurze Dirkstropps sind nur ein zusätzliches Hilfsmittel, um den Baum am Schwingen zu hindern und ihn nach Bergen des Segels auf einer Seite zu fixieren. Sie können den Baum jedoch bei stark gerefftem Segel nicht halten.

Mastscheiben

Das sind einmal die hochbelasteten Scheiben im Masttopp, über die die Fallen um 180° umgelenkt werden, und die weiter unten, bei denen die Umlenkung weniger als 90° betragen kann. Sie sollten auf Tufnol®- oder Kunststoff-Buchsen laufen. Diese auf Verschleiß überprüfen, indem man an der Scheibe rüttelt, die dabei die Gattwand nicht berühren sollte. Anderenfalls schleift die Scheibe auf dem Bolzen, wodurch der erforderliche Kraftaufwand zum Heißen oder Trimmen des Segels stark erhöht wird.

Es kann schwierig sein, die Bolzen aus Masttopp-Scheibgatten zu entfernen, ohne dass die Scheibe dabei in den Mast fällt. Manchmal ist es bei stehendem Mast gar nicht möglich, weil das Vorstag den Zugang versperrt. Selbst bei gelegtem Mast sollte man eine Leine um die Scheibe legen, um sie zu sichern.

Blöcke

Die Blöcke des laufenden Guts können bei richtiger Behandlung lange halten. Dazu gehört u.a., dass man mittels eines Wirbels oder eines zusätzlichen Schäkels dafür sorgt, dass sich der Block in Zugrichtung ausrichten kann. Schnappschäkel müssen geschmiert und die Leine zur Betätigung des Federbolzens muss ausgetauscht werden, sobald sie verschleißt, da sich der Schnapper sonst nur noch schlecht bedienen lässt.

Arbeiten in der Takelage

Zum sicheren Aufheißen einer Person in einem Bootsmannsstuhl benötigt man drei Personen. Die einfachere Alternative ist eine straff gespannte Mastleiter. Da sich der Kletterer selbst nach oben bewegt, wird keine Winscharbeit erforderlich und man braucht nur eine zweite Person, die ein als Sicherheitsleine fungierendes Fall bedient, an dem sich der Kletterer einhängt. Gerade auf Familienkreuzern wäre das stärkste Crewmitglied zur Betätigung einer Winsch oft zugleich die geeignetste Person, um die Arbeit in der Takelage auszuführen. Der ernsthafte Blauwasser-Fahrtensegler sollte seinen Mast gleich mit festen Trittstufen bestellen.

Dimensionierung von Tauwerk

Empfohlene Tauwerkstärken für verschiedene Zwecke. So müssen etwa Ankertrossen eine wesentlich höhere Bruchlast aufweisen als Fallen.

Ungefähre Segelfläche in m²

Bootslänge in Meter	6–8	9	10	11
Großsegel	12	16	19	22
Genua/Fock	20	30	40	50
Spinnaker	45	56	65	90

Schotstärke in mm Durchmesser

Bootslänge in Meter	6–8	9	10	11
Großschot	10	10	10	12
Fockschot	10	10	12	12
Spinnakerschot	8	10	10	10
Spinnaker-Achterholer	10	10	12	12

Fallenstärke in mm Durchmesser

Bootslänge in Meter	6–8	9	10	11
Großfall	8	10	10	10
Fockfall	8	10	10	12
Spinnakerfall	8	10	10	10

Festmacherleinen in mm Durchmesser

Bootslänge in Meter	6–8	9	10	11
Ungefähre Verdrängung in kg	2.000	5.000	5.000	6.500
Polyester/ Nylon	8–10	12	12	14
Polypropylen	10–12	14	16	18

Baumniederhalter in mm Durchmesser

Bootslänge in Meter	6–8	9	10	11
Baumniederhalter	8	10	10	10

Ankertrossen in mm Durchmesser

Bootslänge in Meter	6–8	9	10	11
Nylon	12	14	16	16
Polyester	14	16	18	18
Nylon (Zweitanker)	8	8	10	10
Bruceanker	5	8	10	10
Danforth- u. Pflugscharanker	8	14	14	14
Kette	8	8	10	10

Segel

Obwohl sie der Hauptantrieb einer Segelyacht sind, versuchen Yachteigner bei ihrer Anschaffung oft zu sparen und scheuen auch die Kosten für richtige Segelpflege. Doch um zügig voranzukommen, benötigt man nun einmal solide, gut geschnittene Segel. Wenn sie in kritischer Lage reißen oder versagen, können die Folgen verheerend sein. Auch sind Yacht und Crew bei Schlechtwetter unter geeigneter Besegelung oft sicherer als stampfend und rollend unter Motor.

Segel an Deck sollten stets pfleglich behandelt werden; beim Segelsetzen darauf achten, dass sie nirgends hängen bleiben können. Die oberen Teile von gesetzten Segeln – notfalls mit Hilfe eines Fernglases – regelmäßig auf Scheuerstellen oder aufgehende Nähte kontrollieren.

Reservieren Sie in Ihrem Wartungsbuch einen Abschnitt für Segelreparaturen und notieren Sie, wo Schäden aufgetreten sind, z.B.: „Genua II, vier Nähte vom Segelkopf, aufgehende Naht am Liekband." Segel beim Heißen und Bergen stets auf Schadstellen kontrollieren.

Segel zum Verstauen sorgsam falten, um Schäden zu vermeiden. Breite von Ziehharmonikafalten variieren, damit keine bleibenden Kniffe entstehen (siehe S. 29). Zur Entfernung von Kniffen Segel in kühlem Süßwasser einweichen und zum Trocknen an die Luft hängen.

Segelreparaturen sind einfach, wenn man sie rechtzeitig angeht - kleinere Schäden im nächsten Hafen, größere oder dringlichere schon unterwegs. Wenn man zu lange wartet, wachsen sie sich nur zu größeren und u.U. kostspieligen Reparaturen aus.

Bei Reparatur von Rissen im Segel kommt es vor allem darauf an, die Segelform zu bewahren, damit es weiterhin gut steht und der Flicken nicht überdehnt wird und sich losreißt. Hierzu z.B. Teppichklebeband oder spezielles Segelreparaturband auf den Riss kleben; dabei die Stoffränder genau zusammenfügen. Dann kann man das Band mit Kreuz- bzw. Zickzackstich festnähen. So lässt sich auf jeden Fall die Entstehung eines größeren Schadens vermeiden und das Segel in funktionstüchtigem Zustand erhalten, bis es fachmännisch repariert werden kann.

Die Segelreparaturtasche sollte enthalten: einen Satz Segelnadeln, eingefettet in einem Röhrchen; Segelgarn aus mehreren Fäden, die man nach Bedarf aufdrehen und einzeln verwenden kann; Bienenwachs zum Einwachsen von Nadel und Faden; einen Segelmacherhandschuh, um die Nadel durch das Segeltuch zu drücken. Außerdem braucht man eine Zange zum Durchziehen der Nadel; auch eine um 90° gebogene Polsternadel kann gute Dienste tun.

Besonders gefährdete Stellen der Segel vorbeugend schützen. Wenn etwa das Genuaachterliek am Salingende schamfilt, eine Kunststoffkappe über das Salingende ziehen und das Segel in diesem Bereich durch Reparaturband oder Flicken verstärken. Auch am Bugkorb können sich die Nähte einer tiefgeschnittenen Genua aufscheuern.

Die Großsegel-Mastrutscher sollten vom Segelmacher mit Bändseln, nicht mit Schäkeln am Segel befestigt werden. Man sollte sie zum Schlappreffen nicht aus der Mastschiene entfernen müssen. Wenn sie falsch platziert sind, kann es unmöglich sein, die Vorliek-Reffkauschen auf die Haken am Lümmelbeschlag zu ziehen. Es empfiehlt sich, dieses Problem zu beheben, da es schwierig sein kann, die Rutscher nach dem Ausreffen wieder in die Schiene zu bekommen. Während man langfristig die Ösen, an denen die Rutscher sitzen, neu platzieren sollte, kann es für den Rest der Saison reichen, wenn man alle Rutscher unterhalb einer Reffreihe mit einem Bändsel sichert und spannt, die nächste Rutschergruppe mit einem andersfarbigen Bändsel etc.

Beim Zusammenbinden der durchs Reffen entstandenen Segelfalten dürfen durch den Zug der Reffbändsel keine Spannungsfalten an den Ösen entstehen, sonst können sie ausreißen. Idealerweise sollten die Reffbändsel aus dünner Gummileine bestehen, die durch ihre Dehnung eine übermäßige Zugbelastung verhindert.

Segelflickzeug
Nadeln - Nr. 16-19 u. einige normale Nähnadeln. Handnähgarn - Nr. 3 bzw. 2-3 kg Maschinennähgarn – Universal-Terylene®/ Dacron®.
Segelmacherhandschuh.
Diverse zugeschnittene Flicken aus geeignetem Segeltuch mit hitzeverschweißten Kanten. Ein paar farbige Quadratflicken für den Spinnaker.
Spinnakerreparaturband.
(Weiß ist geeignet für Schnellreparaturen an Groß- und Stagsegeln.)
Ein Stück Bienenwachs oder Kerze.
Nahttrenner oder ähnliches Werkzeug.
Isolierband - aus Kunststoff, nicht Leinen.
Wasserfestes Segelreparaturband.
2 m Terylene®-/Dacron®-Gurtgewebe, 13-40 mm breit.
Textilkleber.
Scharfes Messer, Schere, Marlspieker.
Doppelseitiges Klebeband.
Leder (Rohhaut oder chromgegerbt, vom Segelmacher).
Vorgewachstes Takelgarn.
Eine Auswahl Segellatten (lang - nach Bedarf zuschneiden), Kolbenfeder-Stagreiter, Mastrutscher mit erforderlichen Bändseln oder Garn.
Bootsmannstasche, Bandmaß.
Segelschäkel.

Fleckentfernung
1 Zur Entfernung von Öl- und Fettflecken Flüssigseife direkt ins Gewebe einreiben, dann ganz normal waschen. Hartnäckige Ölflecken muss man u.U. vor dem Waschen mit Terpentinersatz behandeln.
2 Teerflecken ebenso behandeln; u.U. muss man auch zu Trichlorethylen greifen. Dabei keinesfalls rauchen, für gute Belüftung sorgen.
3 Falls Farb- oder Lackspritzer auf ein Segel gelangen, diese sofort mit Terpentinersatz, dann mit Flüssigseife behandeln, dann in purem Flüssigwaschmittel auswaschen. Wenn das nicht hilft, mit Trichlorethylen, dann mit einer Mischung aus gleichen Teilen Amylacetat und Aceton behandeln, auswaschen.
4 Zur Behandlung von Rost 28 g Oxalsäurekristalle in 1/2 Liter heißem Wasser auflösen. Gummihandschuhe tragen.

Empfohlene Segeltuchgewichte für eine 9-m-Kreuzeryacht

oz/sq yd (US)	oz/sq yd (UK)	g/m²
Großsegel		
6,5	8,2	278
Leichte Genua I (bis zu 12 kn scheinbarer Wind):		
3,7	4,7	159
Schwere Genua I (bis zu 20 kn scheinbarer Wind):		
5,5	7	230
Genua II:		
6	7,6	257
Fock:		
6,5	8,2	278
Sturmfock:		
8	10,1	342
Spinnaker/Blister:		
1	1,3	43

Mylar®-Segel
Diese brauchen besondere Pflege, damit die Mylar®-Folie keinen Schaden nimmt. Nicht scharf knicken; in Fragen der Reinigung im Zweifelsfalle den Segelmacher zu Rate ziehen.

Segel waschen
1 Segel mindestens einmal jährlich waschen, da Salz, Schmutz und Flecken das Gewebe schwächen.
2 Am einfachsten lassen sich Segel in der Badewanne in handwarmem Wasser mit milder Seife waschen.
3 Hartnäckige Flecken mit Seife und Nagelbürste schrubben, die sich aber nicht an den Nähten verfangen darf.
4 Mehrmals in klarem Wasser ausspülen.
5 Nach dem Trocknen etwaige Schäden sofort reparieren. Sorgfältig falten, ohne das Achterliek zu knittern; kühl und trocken verstauen.
6 Segel nicht im Trockner trocknen oder bügeln.

Motor

Die Pflege des Bootsmotors hat große Ähnlichkeit mit der eines Automotors. Vor Starten des Motors kontrollieren, ob genug Treibstoff vorhanden ist; Ölstand mit dem Ölstab prüfen. Sicherstellen, dass die Treibstoff-Filter sauber sind und der Kühlwasserfilter frei ist. Wenn die Maschine läuft, kontrollieren, ob Wasser aus dem Kühlwasseraustritt fließt und das Motorgeräusch für die jeweilige Drehzahl richtig klingt.

Startprobleme bei Benzinmotoren hängen meist mit elektrischen Problemen infolge von Feuchtigkeit und Salzluft zusammen. Dieselmotoren hingegen brauchen zum Anspringen nur Treibstoff, Kompression und Hitze. Wenn ein Diesel nicht anspringt, kontrollieren, ob der Treibstoff tatsächlich durch die Anlage bis zu den Einspritzdüsen gelangt. Wenn der Seewasserfilter frei ist, bei laufender Maschine aber kein Wasser aus dem Auspuff fließt, kann sich durch den Saugdruck des Motors eine treibende Plastiktüte vor den Kühlwassereintritt gelegt haben. Diese dürfte sich vermutlich wieder lösen, wenn man den Motor abstellt. Zur Überprüfung den Siebfilter abnehmen und den Seehahn in der Bordwand etwas aufdrehen, um sich zu vergewissern, dass hier wirklich Wasser einströmt. Im Propeller verfangene Plastikfolie kann sich durch erheblichen Antriebsverlust bemerkbar machen.

Keilriemen von Lichtmaschine und Wasserpumpe regelmäßig auf guten Zustand überprüfen; immer einen Ersatz-Impeller für die Wasserpumpe mitführen. Darauf achten, dass keine Feuchtigkeit oder Salzwasser aus der Bilge durch laufende Riemen auf die Lichtmaschine gespritzt wird. Diese ggf. mit einem Spritzschutz ausrüsten.

Propellerwelle

Die Stopfbuchse, durch die die Welle aus dem Boot geführt wird, muss immer gut geschmiert sein, damit sich weder Welle noch Buchse übermäßig erwärmen und kein Wasser eindringen kann. Hierzu wird eine Fettpresse an eine Schmierleitung aus Kupferrohr angeschlossen, um Schmierfett in die Stopfbuchse zu pressen. Zu viel Schmierung ist jedoch fast so schädlich wie zu wenig, deshalb die Presse nur so weit drehen, wie sie leicht gängig ist, und aufhören, sobald man einen Gegendruck spürt. Dies sollte bei laufendem Motor nur etwa einmal pro Stunde erforderlich sein.

Bei Ankunft im Hafen immer prüfen, ob Wasser durch die Stopfbuchse nach innen sickert, da das Boot dadurch langsam volllaufen kann. Wenn die Stopfbuchsenpackung in gutem Zustand ist und die Fettpresse nicht mit übermäßigem Eifer betätigt wurde, sollte kein Fett aus der Stopfbuchse ins Boot austreten. Falls die Stopfbuchsenpackung Verschleißerscheinungen zeigt, das nächste Mal, wenn das Boot aus dem Wasser ist, die Stopfbuchsenmuttern auf der Rumpfinnenseite lösen, Buchse auf der Propellerwelle zurückschieben und neues Packungsmaterial einlegen.

Das Außenbordende der meisten modernen Propellerwellen verläuft durch ein wassergeschmiertes Gummi- oder Neoprenlager. Unbedingt darauf achten, dass sich der Propeller nicht in Unterwasserbewuchs oder im Wasser treibenden Fremdkörpern verfängt. Nach einer Bodenberührung des Propellers das Boot trockenfallen lassen, um den Propeller auf Dellen oder Verbiegungen zu kontrollieren. Kleinere Schrammen an den Flügelspitzen ggf. wegfeilen. Absplitterungen können die Propellerleistung erheblich beeinträchtigen.

Sail-Drive

Es ist unbedingt darauf zu achten, dass die Neoprenabdichtung des Segler-Antriebs (Sail-Drive) in gutem Zustand erhalten wird, weil sich sonst eine Leckage entwickelt, die Sie Ihr Boot kosten könnte. Außerdem dürfen weder Wasser noch Sand in den Schaft des Segler-Antriebs gelangen, da dadurch die unteren Zahnräder beschädigt werden, was zu kostspieligen Reparaturen führen kann.

MOTORSTÖRUNGEN

Benzinmotor

Falls der Anlasser den Motor nicht durchdreht, zunächst die Elektrik überprüfen.

1 Zuerst die Hochspannungsleitung vom Verteiler abziehen. Einige Zentimeter vom Motorblock weghalten, Starter betätigen. Falls an dem Zwischenraum ein blauer Funke überspringt, sind Batterie, Zündschalter, Kontakte, Kondensator und Zündspule in Ordnung.

2 Zur Kontrolle der Zündkerzen eine Leitung abziehen, die Kerze durch eine neue ersetzen. Neue Kerze auf den Motor legen. Wenn beim Starten des Motors ein blauer Funke herausspringt, sind die Zündkerzen intakt.

3 Ein Ausbleiben des Zündfunkens kann am Verteiler liegen. Eventuell sichtbare Ablagerungen, die die Anlage kurzschließen können, entfernen.

4 Eine weitere mögliche Ursache sind ausgefressene Kontakte. Diese ggf. glatt feilen. Elektrodenabstand nach Herstellerangaben neu einstellen.

5 Einen defekten Zündschalter kann man mit Draht überbrücken. Pluspol der Batterie mit dem Pluspol der Zündspule verbinden. Verbindung trennen, um den Motor abzustellen.

6 Bei leerer Batterie kann man u.U. auf andere Batterien an Bord zurückgreifen. Zweite Batterie an die alten Kabel anschließen, Starter betätigen. Nötigenfalls den Motor von Hand andrehen.

7 Um einen verstopften Vergaser zu befreien, Lufteinlass mit einem Lappen blockieren, Motor starten. Falls er immer noch nicht läuft, Filter auf Verschmutzung kontrollieren.

8 Zuletzt die Treibstoff-Förderpumpe kontrollieren. Nachgeordneten Anschluss abnehmen, Motor von Hand drehen. Wenn kein Treibstoff austritt, Pumpenmembran auf Verschmutzung oder Beschädigung prüfen.

Dieselmotor

Bei Dieselmotoren treten eher Treibstoff- als Zündprobleme auf. Die Zündung erfolgt hier selbsttätig durch Kompression. Falls die Batterien den Motor nicht schnell genug durchdrehen, um ihn anspringen zu lassen:

1 Handstarter mit dem Anlasser einsetzen oder den Motor dekomprimieren, um ihn zum Durchdrehen zu bringen, dann den Kompressionshebel durchdrücken. Es bekommt der Batterie, wenn man dies regelmäßig tut, vor allem bei kalter Witterung.

2 Um eine höhere Anlassdrehzahl zu erreichen, zwei Batterien parallel anschließen. Dabei unbedingt die Lichtmaschine vom Stromkreis trennen, Keilriemen abnehmen.

3 Verschmutzter Treibstoff muss abgepumpt und gefiltert werden.

4 Ist der Treibstoff mit Wasser verunreinigt, können einige Tropfen Brennspiritus das Wasser absorbieren.

5 Die meisten Dieselmotoren laufen auch auf nur einem oder zwei Zylindern, wenn auch etwas unwillig. Falls ein Bruch in einer Hochdruck-Treibstoffleitung auftritt, diese keinesfalls umbiegen, um ihn zu verschließen.

6 Bei Ausfall der Treibstoff-Förderpumpe kann man einen großen Reservekanister als Nottank verwenden; den Treibstoff durch ein feinmaschiges Gewebe filtern, das man über einen Trichter zieht. Tank laufend nachfüllen; falls er leer läuft, müssen Motor und Treibstoffleitungen vor einem Neustart entlüftet werden.

7 Häufige Ursache von Problemen sind die Einspritzdüsen. Bei größeren Leckagen kann die Düsenmutter locker sitzen oder die Sitzfläche der Düse verzogen oder abgenutzt sein. Wenn die Düse tropft, kann die Nadel verschlissen sein, klemmen oder falsch sitzen. Die Spritzlöcher können sich verstopfen, wodurch Einspritzstrahl und -druck beeinflusst werden. Symptome defekter Einspritzdüsen: Klopfen, schwarzer Qualm, ungleichmäßig laufender Motor.

Elektrik

Die elektrische Anlage muss eine immer größere Anzahl von Geräten versorgen und wird durch jede weitere Leuchte oder elektronische Navigationshilfe zusätzlich belastet. Man sollte sich deshalb rechtzeitig Gedanken über Batteriekapazität und Auflademöglichkeiten machen.

Batterieanlage

Man kann die nötige Batteriekapazität ganz einfach vorab berechnen, statt auf die ersten Anzeichen einer Überlastung wie Ausfall des Funkgeräts, falsch anzeigende Instrumente, trübe Leuchten oder Motorstartprobleme zu warten. Solche potentiell gefährlichen Situationen sind vermeidbar. Man sollte mindestens zwei voneinander unabhängige Versorgungsbatterien an Bord haben, eine als reine Starterbatterie - 60 Amperestunden (Ah) Kapazität sollten hier ausreichen –, eine zur Versorgung sonstiger Geräte. Je höher die Kapazität, desto öfter muss der Motor laufen oder die Batterie auf andere Weise aufgeladen werden. 120 Ah sind ein realistisches Minimum; 180 Ah sollten in jedem Falle ausreichen, sofern man nicht z.B. einen elektrischen Kühlschrank hat, dessen Verbrauch berechnet und eingeplant werden sollte. Zur Kontrolle des Ladezustands benötigt man ein Voltmeter oder, noch besser, einen Batterieprüfer, der zugleich den Säurefüllstand anzeigt. Ferner braucht man ein Amperemeter, um den Ladestrom zu überwachen. 25-30 Ampere sind für vielleicht 10 Minuten akzeptabel; bei längeren Ladezeiten muss der Ladestrom geringer sein. Dafür sorgt der Regler der Lichtmaschine, doch kann man mit Hilfe des Amperemeters die Motordrehzahl so einstellen, dass die Batterie möglichst effektiv geladen wird.

Aufladen

Die getrennten Versorgungsbatterien für Motor und sonstige Geräte müssen über ein gemeinsames System aufgeladen werden. Dies kann durch eine automatische Laderegelung geschehen oder durch manuelles Umschalten des Lichtmaschinenausgangs. Bei richtiger Verdrahtung kann man mittels des normalen Ein-/Aus-Schalters der Hauptbatterieversorgung bestimmen, welche Batterie benutzt wird. Heute werden als Lichtmaschinen praktisch nur noch Drehstrom- statt Gleichstromgeneratoren eingesetzt, weil diese bei niedrigerer Drehzahl mehr Leistung erzeugen; sie nehmen jedoch Schaden, wenn sie ohne angeschlossene Batterie laufen. Obwohl die meisten Drehstromlichtmaschinen heute hiergegen geschützt sind, sollte man den Batterieschalter nie bei laufendem Motor auf „Aus" stellen.

Unabhängige Ladegeräte

Um die Batterien am Dauerliegeplatz aufgeladen zu halten, können, je nach klimatischen Verhältnissen, Solarzellen oder Windgeneratoren nützlich sein. Manche Windgeneratoren lassen sich wahlweise in Fahrt auch mit einem nachgeschleppten Propeller betreiben, der meist wesentlich mehr Strom erzeugt als das Windrad. Allerdings vibrieren laufende Windräder stark und solche, die schon bei geringer Windgeschwindigkeit laden, sind relativ leistungsschwach.

Kabelanschlüsse, Stecker und Steckdosen

Solide Kunststoff-Klemmenplatten sind neben Lötverbindungen die einzig akzeptable Lösung; sie sind trocken und korrosionsfrei zu halten. Dazu überzieht man sie am besten mit Silikondichtmittel.

Wenn Sie eine Verbindung löten wollen, aber keinen Lötkolben haben, die beiden blanken Kabelenden umeinander drehen, ein Stück Lötmittel neben den blanken Draht legen. Alles zusammen in Metallfolie wickeln; deren Enden gut zudrehen, damit das flüssige Lötmittel nicht herausläuft. Zwei Streichhölzer gleichzeitig anzünden, unter die Folie halten. Nach dem Abkühlen Folie entfernen; Lötverbindung mit Isolierband umwickeln.

Bordelektrik – allgemeine Regeln

1 Batterie an zugänglicher, nicht zu heißer, gut belüfteter Stelle in der Nähe des Motorraums unterbringen. Im Falle eines Treibstofflecks kontrollieren, ob die Batterie mit Treibstoff in Berührung gekommen ist, was zu Korrosion, Undichtigkeit und Entwicklung giftiger Chlorgase führen kann.

2 Das Äußere der Batterie sauber und trocken halten; Kondensflüssigkeit auf der Oberseite kann zur Entladung führen.

3 Beim An- und Abklemmen immer auf richtige Polung achten.

4 Vor Abklemmen von Batteriekabeln den Motor abstellen und alle Schalter auf „Aus" stellen.

5 Bei Anschluss einer Batterie immer auf richtige Spannung und Polung achten.

6 Drehstromlichtmaschine nie ohne angeschlossene Batterie laufen lassen.

7 Alle Kabel in gleichmäßigen Abständen solide befestigen oder in Kabelrinnen bzw. -kanälen führen.

8 Stromkreis an der Quelle durch Sicherungen oder Schutzschalter schützen.

Leistungsbedarf elektrischer Geräte

Anzahl	Verbraucher	Watt
1	Dreifarbentopplaterne	25
1	Zweifarbenbuglaterne	25
1	Hecklicht	10
1	Topplicht	25
1	Decksleuchte an der Saling	20
4	20-W-Kajütenleuchten	80
4	10-W-Kajütenleuchten	40
1	Kompassleuchte	2
1	Ventilator	24
1	Funkgerät	7.2
1	Log	0.2
1	Echolot (Digital-LED-Anzeige)	1.2

Kabelbemessung

Um die Leiterquerschnitte für einen Stromkreis festzulegen, die Gesamtwattzahl durch die Spannung dividieren, um die Gesamtstromstärke zu erhalten. Aus der Tabelle, *unten*, die Gesamtstromstärke des Stromkreises bzw. den nächsthöheren Wert heraussuchen. Dann aus der Spalte die Länge des Stromkreises in Metern bzw. den nächsthöheren Wert wählen und aus der linken Spalte den Leiterquerschnitt ablesen.

Maximale Stromkreislängen für PVC-isolierte Kabel bei 0,25 V Spannungsabfall (in m)

	Stromstärke (Amp)			
Leiterquerschnitt	1	3	5	10
14/.25	9,2	3,0	1,8	*
14/.3	13,3	4,4	2,6	*
21/.3	20,0	6,6	4,0	2,0
28/.3	26,0	8,8	5,4	2,7
35/.3	33,0	11,0	6,6	3,3
44/.3	41,0	13,9	8,3	4,2
65/.3	62,0	21,0	12,5	6,3
84/.3	80,0	26,0	16,0	8,0
97/.3	92,0	31,0	18,4	9,2
120/.3	110,0	38,0	23,0	11,4
80/.4	135,0	45,0	27,0	13,7
37/.75	225,0	75,0	45,0	22,7
266/.3	250,0	85,0	50,0	25,0

* Leiterquerschnitt nicht für diese oder höhere Stromstärke verwenden

Stromverbrauch über 24 Stunden

Verbraucher	Watt	Std.	Gesamt (Wattstunden)
Ventilator	24	½	12
Funkgerät	7,2	3	21,6
Navigationsgeräte, Kompass, Instrumentenbeleuchtung	3	7	21
Positionslichter (Dreifarbentopplaterne)	25	7	175
Kajütbeleuchtung	2 x 20	4	160
Kajütbeleuchtung	3 x 10	1	30

Gesamtstromverbrauch eines Tages: 419,6 Wattstunden oder 35 Amperestunden bei 12-V-Anlage

Werkzeug

Ein guter Werkzeugvorrat erhöht den Anreiz, grundlegende Reparatur- und Wartungsarbeiten selbst auszuführen und hohe Werftreparaturrechnungen zu vermeiden. Natürlich ist die Menge an Werkzeug, die Sie mitführen können, durch Größe, Stauraum und erwartete Beanspruchung Ihrer Yacht sowie auch durch Ihren Geldbeutel begrenzt.

Zur Aufbewahrung des Werkzeugs empfiehlt sich ein leichter, gut tragbarer Kunststoff-Werkzeugkasten mit Einsätzen. Er schützt die Werkzeuge weitgehend vor Rost und verursacht seinerseits keine Rostflecken und Schrammen am Boot. Es ist ratsam, Werkzeuge mit Naturvaseline einzureiben, um sie vor Feuchtigkeit zu schützen, und sie von Zeit zu Zeit mit WD40®-Universalspray einzusprühen, auch wenn man sie dann vor Benutzung u.U. erst säubern muss.

Neben allgemein gebräuchlichem Werkzeug wie Schraubenschlüsseln, -ziehern etc. sind einige Dinge an Bord besonders nützlich, z.B. Zweikomponenten-Epoxidkleber, Bohrer, Kreuzschlüssel, Gripzange, Inbus- und Schraubenschlüssel für alle Muttern und Schrauben des Motors. Ein Steckschlüsselsatz ist von unschätzbarem Wert, weil man so auch um Ecken herum an sonst unzugängliche Schrauben herankommt. Sehr nützlich ist auch ein Spezialschraubenzieher mit gekröpftem Griff, an dessen einem Ende eine Klinge für Längsschlitz-, am anderen eine für Kreuzschlitzschrauben sitzt. Für schwer erreichbare Stellen ebenfalls sinnvoll ist ein Festhalte-Schraubenzieher mit einer kleinen Federklammer am Ende, die die Schraube während des Festdrehens fixiert. Ein Akkuschraubenzieher ist eine Erleichterung im Umgang mit langen Motorschrauben, vor allem da, wo wenig Platz zum Drehen per Hand ist.

Wo möglich, ein kleines Loch in den Griff jedes Werkzeugs bohren und ein Bändsel daran befestigen, damit Sie es bei Arbeiten in der Takelage oder in Relingnähe nicht verlieren.

Ein Spiegel mit langem, winkelverstellbarem Stiel ist praktisch zur Arbeit an nicht einsehbaren Stellen, meist am Motor. Hat man einen solchen nicht, kann man auch jeden anderen Spiegel verwenden, wenn es gelingt, ihn in der gewünschten Position abzustützen.

Bei schwierigeren Arbeiten sind Elektrowerkzeuge hilfreich und zeitsparend. Man kann sie zwar in der Marina mit Landstrom betreiben; besser ist es aber, sich einen kleinen Motorgenerator zuzulegen, der 12 bzw. 24 Volt zum Nachladen von Batterien sowie 240 Volt zum Betrieb Ihrer Elektrowerkzeuge erzeugt. Akkubetriebene Werkzeuge sind eine Alternative, müssen aber häufig nachgeladen werden.

Beim Einwintern die Elektrowerkzeuge nicht auf dem potentiell feuchten Boot lassen, sondern mit nach Hause nehmen. Am Ende jeder Segelsaison den Werkzeugkasten und alle Fächer mit Ersatzteilen aufräumen, Werkzeuge bei Bedarf entrosten, defekte Teile sowie korrodierte Schrauben, Drähte etc. aussortieren.

Je älter ein Ausrüstungsteil ist, desto größer der Ersatzteilbedarf. Teile für ältere Motoren sind u.U. schwer zu bekommen, deshalb kann es ratsam sein, eine ausreichende Menge an Teilen für die Zündanlage, Anlasser, Lichtmaschinen etc. auf Lager zu legen, um Ihren Motor dauerhaft funktionstüchtig zu erhalten.

Es ist besser, sich ausreichend mit wichtigen Ersatzteilen zu versorgen, als auf einem Törn kostbare Segeltage mit der Suche nach einem bestimmten Teil zu vergeuden. Motorhersteller geben meist Listen empfohlener Ersatzteile mit Bezugsquellen heraus. Denken Sie daran, die Betriebsanleitungen aller Ausrüstungsteile mitzuführen, da sich viele Reparaturen mit etwas gesundem Menschenverstand und ausreichender Anleitung durchaus selbst ausführen lassen.

Allgemeines Werkzeug
Bohrmaschine, die man am Bordnetz oder einem 240-Volt-Generator betreiben kann
Bügelsäge mit 4 Ersatzblättern
Messer mit Universalklingen
Kleine Holzsäge
Kleiner Schraubenziehersatz (Griff aus Hartplastik) mit verschiedenen Einsätzen
Senker und Bohrer für Stahl (12 mm) und Schaft für Handbohrer zur Verwendung in Holz und Weichmetall
Steckschlüsselsatz 6-19 mm
Meißel (13 mm)
Flachzange (mit Seitenschneider)
Schreinerhammer
Bandmaß (ausziehbar mit Millimeter- und Zollteilung)
Bis 4 cm verstellbarer Maulschlüssel

Reparaturwerkzeug für Segel und Rigg
Seglermesser
Marlspieker
Hohlspieker zum Spleißen
Spleißzwinge
Kleeddraht
Kleedkeule
Bolzenschneider für das stärkste Drahttau
Segelgarn, einfach und gewachst
Segelmacherhandschuh
Nadeln verschiedener Größe
Lochzange

Werkzeug für Elektro- und Klempnerarbeiten
Rohrschneider
Rohrzange
Drahtschneider
Lötkolben
Crimpzange
Spannungsprüfer

Motorwerkzeug
Ölkanne
Handpumpe für Motoröl
Ein Satz Motorwerkzeug
Schraubenzieher u. -schlüssel für Ventile, Zündkerzen, Treibstoffleitung, Vergaser
Fühlerlehre
Drahtbürste
Gripzange
Blitzrohrzange
Durchschlag
Verstellbarer Maulschlüssel
Feilen (rund und flach)

Ersatzteile
Rumpf
Für GFK: Glasseidenmatte, -gewebe, Polyesterharz, Beschleuniger, Streckmetall, Epoxidharz, Epoxidkitt.
Für Holz: Bootsbausperrholz, Bleiblech, Befestigungsmittel, Einbettungsmasse, Kalfatkitt.
Für Metall: schnell trocknender Kitt, Epoxid, Unterwasser-Epoxid, Grundierung.

Takelage
Fasertauwerk für Fallen und Schoten
Drahttauwerk in Länge des längsten Stags
Blöcke, Schäkel
Splinte und Schäkelbolzen
Spannschrauben und Toggle-Gelenke
Monel-Kleeddraht, Kunststoffklebeband
Winschen-Reparatursatz und -fett, Sperrklinken und Federn

Segelreparatur
Verschieden schweres Segeltuch
Schamfilschutz
Segelgarn, Kleeddraht, Segelreparaturband
Stagreiter und Mastrutscher
Latten

Elektrik
Kabel und Sicherungen
Isolierband
Anlasser und Kohlebürsten
Lichtmaschine
Destilliertes Wasser
Batterieprüfer
Batteriekabel und -kabelschuhe
Dichtmittel
Glühbirnen

Mechanik
Für Benziner:
Ein Satz Dichtungen
Kontakte
Kondensator
Zündspule
Verteilerkappe
Zündleitungen
Zündkerzen
Wasserpumpe und Keilriemen
Filter
Motoröl
Hydrauliköl
Schmierfett
Für Diesel:
Filter
Keilriemen
Einspritzdüsen und -leitungen
Wasserpumpen-Impeller
Motoröl
Hydrauliköl

Sonstiges
Reparatursatz für WC
Pumpen
Schlauch
Rohrzubehör

Anstriche

Bootsanstriche

Schrammen möglichst bald nach ihrem Auftreten ausbessern. Sonst blättert der Anstrich an den Fehlstellen weiter ab, wodurch Wasser unter die Farbschicht gelangt und sie abhebt. Vor dem Deck muss zunächst ein Voranstrich erfolgen. Danach den Deckanstrich in dem vom Hersteller empfohlenen Zeitabstand auftragen, damit keine Feuchtigkeit in den Voranstrich gelangt. Das mag kompliziert klingen, ist aber immer noch einfacher, als selbst kleinere Partien eines GFK-Rumpfs instand zu setzen. Moderne Farbentferner erleichtern das Abziehen alter Anstriche und sind recht unproblematisch zu verarbeiten; es gibt also keinen Grund, ein Boot nicht in optisch einwandfreiem Zustand zu erhalten.

Bootslack

An glanzlackierten Bootsteilen fällt schlechte Pflege mehr auf als irgendwo sonst. Um die Klarlackschicht zu erhalten, sollte sie möglichst oft mit Frischwasser abgewaschen werden. Vor allem Salz schädigt den Lack; während der Saison auftretende Blasen oder andere Lackschäden umgehend ausbessern. Immer eine Dose mit 3 Teilen Lack auf 1 Teil Verdünnung für sofortige Lackreparaturen bereithalten. Wo schwarze Verwitterungsschäden auftreten, muss der Lack bis aufs blanke Holz abgeschmirgelt werden, bevor man die verdünnte Lackmischung aufträgt. Jede Lackschicht nach dem Trocknen leicht anschmirgeln, um eine gleichmäßige, matte Oberfläche zu erhalten, auf der die nächste Schicht gut haftet. Wer vor dem Winter noch einmal zwei Schichten Lack aufträgt, kann sich im nächsten Jahr eine Menge Arbeit ersparen. Im Frühjahr sollte es dann ausreichen, die Lackoberfläche leicht anzuschmirgeln und zwei weitere Lackschichten aufzubringen. Zwei-Komponenten-Lacke ergeben eine härtere Oberfläche und versiegeln das Holz sehr effektiv. Sie sind allerdings etwas aufwändiger zu verarbeiten; dabei die Herstelleranweisungen genau befolgen.

Antifouling-Anstrich

Bei einem Gebrauchtboot zunächst ermitteln, mit was für einem Antifouling-Anstrich es behandelt ist, da ein darüber aufgebrachter Neuanstrich mit diesem verträglich sein muss. Wenn man nicht sicher ist, kann man einen speziellen Voranstrich als Sperrschicht aufbringen. Verschiedene Arten von Antifouling sind je nach Segelrevier unterschiedlich wirksam. Möglichst allen Unterwasserbewuchs und Schleim sofort entfernen, wenn das Boot aus dem Wasser kommt. Das geht relativ leicht, solange das Boot noch nass ist; der gesäuberte Rumpf kann so über den Winter gründlich austrocknen. Zu Saisonbeginn muss man etwas Mühe investieren, um das Unterwasserschiff möglichst glatt zu bekommen – für Kreuzer- und Rennyachten gleichermaßen wichtig. In der Regel trägt man dann zwei Schichten Sportboot-Antifouling auf.

Politur

Es ist ratsam, einen GFK-Rumpf und die glatten Teile eines GFK-Decks mindestens einmal jährlich zu polieren, am besten im Herbst bzw. beim Einwintern. Durch das Polieren macht man es dem Bewuchs schwerer, sich am Rumpf festzusetzen, vor allem in Nähe der Wasserlinie. Außerdem kann man den Rumpf beim Polieren besonders gut auf kleinere Schrammen untersuchen, die ausgebessert werden müssen. Und schließlich lässt sich durch das Polieren der Zeitpunkt hinausschieben, zu dem der Rumpf letztlich überstrichen werden muss.

Anstriche auf GFK-Rümpfen

GFK-Rümpfe muss man streichen, wenn der Gelcoat so stumpf geworden ist, dass man ihn durch Polieren nicht wiederherstellen kann, oder wenn es bei weißen Rümpfen durch Schmutz zu dauerhafter Verfärbung gekommen ist. Diese Probleme lassen sich durch sorgsame Reinigung mit speziellem GFK-Reiniger und Wachsen mit GFK-Politur hinausschieben. Irgendwann werden jedoch weiter gehende Maßnahmen erforderlich. Das bedeutet meist, dass der Rumpf einen zur bisherigen Farbe des Boots passenden Zweikomponenten-Polyurethananstrich erhält. Dies kann in einer Fachwerkstatt geschehen, lässt sich mit etwas Sorgfalt aber auch selbst ausführen.

Eine zufrieden stellende Oberfläche wird man in der Regel nur durch Spritzlackierung erzielen, obwohl einige Profimaler immer noch mit Pinsel oder Schaumstoffroller arbeiten. Bei Verwendung eines Pinsels kann sich angetrocknete Farbe am Borstenansatz sammeln und an den Borsten entlang bis auf die zu lackierende Fläche gelangen. Sobald dies passiert, den Pinsel reinigen oder austauschen. Um einen gleichmäßigen Anstrich zu erzielen, den Pinselstiel im rechten Winkel zur Fläche halten, die Pinselborsten im 45°-Winkel. Vor Arbeitsbeginn die Farbe gut aufrühren, bis jeglicher Bodensatz gründlich untergemischt ist.

Wenn man den Anstrich vom Fachmann ausführen lässt, sollte die Lackierung einwandfrei werden, doch muss man damit rechnen, dass etwaige Rumpfunebenheiten durch die Hochglanzwirkung stärker ins Auge fallen. Schwimmt das Boot erst wieder, wird dieser Effekt jedoch durch Spiegelungen des bewegten Wassers abgemildert. Ein solcher Anstrich kann auch die Wasserdichtigkeit eines GFK-Rumpfs sehr verbessern.

Benötigte Farbmengen
Die folgenden Formeln können zur ungefähren Ermittlung der anzustreichenden Fläche dienen. Auf den Lackdosen ist angegeben, für welche Fläche der Inhalt ausreichen sollte.

Unterwasserschiff
Segelkreuzer mit mittlerem Tiefgang und abgerundetem Bug: 0,75 x Wasserlinienlänge x (Breite + Tiefgang) = Anstrichfläche in m^2; Bauchigere Boote wie Langkieler, Yachten mit geringem Tiefgang und Motorsegler: Wasserlinienlänge x (Breite + Tiefgang) = Anstrichfläche in m^2

Überwasserschiff
(Länge über alles + Breite) x mittlerer Freibord x 2 = Anstrichfläche in m^2

Deck
(Länge über alles + Breite) x 0,75 = Anstrichfläche in m^2

Farbtöne mischen
1 Nur Farbtöne der gleichen Lacksorte mischen.
2 Nicht mehr als zwei Farben mischen; sonst entsteht leicht ein schmutziges Graubraun.
3 Erst eine kleine Probemenge anmischen; Mischungsverhältnis notieren.
4 Viele Farben sind bereits Mischtöne, was bei weiterer Mischung zu ungewollten Resultaten führen kann!
5 Nach Ermittlung des Mischungsverhältnisses benötigte Menge in einem anmischen.
6 Beim Abtönen von Weiß nur kleine Mengen verwenden, da stärkere Farben das Weiß völlig übertönen können.
7 Mischtöne sind u.U. weniger farbecht als Grundfarben; blasse Farben neigen zum Ausbleichen.
8 Farbreste für Ausbesserungen aufbewahren.

Deckvermögen von Anstrichmitteln

	m^2/l	sq yds/gal
Grundierung		
Metallgrundierung	11	60
GFK-Grundierung	18.5	100
Voranstriche und Lacke		
Voranstrichfarbe	10	55
Lackfarbe	10	55
Zwei-Komponenten-Polyurethanlack	11	60
Unterwasseranstrich		
Antifouling–normal	10	55
Antifouling–hart	7	35
Sonstige		
Rutschsichere Decksfarbe	7.2	38
Einfache Decksfarbe	8.2	44
Bootslack	13	70

Unter Deck

Die Pantry
Das erste Gebot lautet, die Pantry sauber zu halten! Sobald es hier schmutzig wird, fängt es an zu riechen, was unhygienisch und für zu Seekrankheit neigende Mitsegler besonders unangenehm ist.

Der Kocher muss herausnehmbar sein, damit man um ihn herum putzen kann, da auf See leicht etwas verschüttet wird. Auch in den Ecken rund ums Spülbecken setzt sich leicht Schmutz fest; am besten eine Tube Silikon bereithalten, um Ritzen auszufüllen, sobald sie sich auftun. Geschirr besser in einer Schüssel spülen, weil sonst das warme Spülwasser verloren geht, falls der Wellendruck den Stöpsel aus dem Becken drückt. Im Becken lässt sich das Geschirr bis zum Abtrocknen sicher aufbewahren.

Frischwasser
Welche Art von Wassertank man auch installiert, das Frischwasser wird nach einiger Zeit muffig schmecken. Ein häufiges Problem ist der Einfüllstutzen; alle Kunststoffrohre der Anlage müssen von guter Qualität sein. Es gibt verschiedene Mittel zur Wasserreinhaltung in Flüssig- und Tablettenform, die man bei Bedarf verwenden kann; außerdem den Tank nach Möglichkeit immer wieder den Anweisungen entsprechend durchspülen. Am Ende der Saison nicht vergessen, den Tank mit einem Reinigungsmittel zu reinigen, auszuspülen und dann den Winter über leer zu lassen. Bei Temperaturen unter dem Gefrierpunkt kann es durch in den Rohrleitungen verbliebenes Wasser zu erheblichen Schäden kommen, die man erst im folgenden Frühjahr bemerkt. Da man zudem an die Rohre meist schlecht herankommt, wäre es ratsam, das Leitungssystem im Herbst gründlich durchzublasen, um es von Wasserresten zu befreien.

Gasanlage
Bei Verdacht auf ein Leck in der Gasleitung zur raschen Überprüfung die Stelle mit Spülmittel einpinseln, um zu sehen, ob sich Blasen bilden.

Toilette
Auch dieser Bereich des Boots ist unbedingt sauber zu halten, um keinen zusätzlichen Anlass für Seekrankheit und Verdruss zu bieten. Alle Mitsegler sind eingehend über die Funktionsweise der Einrichtung aufzuklären. Auch der umgebende Bereich ist regelmäßig mit Desinfektionsmittel zu reinigen. Möglichst die vom WC-Hersteller empfohlenen Reiniger verwenden. Viele Haushaltsmittel sind zu scharf für die Werkstoffe einer Bordtoilette und können die Ventile der Anlage beschädigen.

Immer Ersatzteile für Pumpen und Ventile mitführen, sonst kann man auf See plötzlich dumm dastehen. Bevor man das Boot nach einem Törn verlässt, das WC gut durchspülen und die Ventile schließen. Ventile am Ende der Saison, wenn das Boot aus dem Wasser ist, auf einwandfreien Zustand kontrollieren; außerdem Zustand und festen Sitz der Rohrschellen an den Leitungsenden überprüfen. Während des Segelns die Seehähne am besten schließen, wenn das WC gerade nicht benutzt wird, da bei Krängung sonst Wasser durch die Leitungen zurückfließen kann.

Bilge
Die Bilge sollte ebenfalls möglichst sauber gehalten werden. Schmutz und Krümel nicht in die Bilge fegen, sondern mit einer Kehrschaufel aufkehren. Nüstergatten in Schotten freihalten und darauf achten, dass Wasser vom höchsten Punkt der Bilge nach unten ablaufen kann, wo sich die Saugöffnung der Pumpe befindet. In der Bilge sammelt sich leicht Schmutz und Abfall an, der zu Geruchsbildung führt. Zur Reinigung Spülmittel in die oberen Bereiche geben, mit Wasser nach unten spülen, dann auspumpen. Einen geeigneten Filter vor der Saugleitung der Lenzpumpe anbringen, damit kein Abfall in die Pumpe gelangt. Die Bilge kann nur an Land gründlich ausgespült werden, da das ölige Wasser nicht ins Meer abgepumpt werden darf.

Belüftung
Gute Belüftung ist unerlässlich, um das Bootsinnere trocken und schimmelfrei zu halten und ein angenehmes Bordleben zu ermöglichen. Auch wenn das Boot für den Winter abgedeckt wird, muss man dafür sorgen, dass genügend Luft unter die Abdeckung gelangt. Vor Verlassen des Boots die Türen aller Staufächer in geöffneter Stellung blockieren, sodass sie nicht schlagen und Schaden nehmen können. Alle Sitzpolster hochnehmen, um die Luft frei zirkulieren zu lassen. Ein Luftentfeuchter kann eine sinnvolle Anschaffung sein.

Kissen und Polster
Die Kissen sollten möglichst abnehmbare Bezüge haben, die sich leicht waschen lassen. Moderne Polypropylengewebe sind schmutz- und wasserabweisend, sollten aber trotzdem zur Reinigung abnehmbar sein. Um die Polster im Winter moderfrei zu halten, kann man sie entweder mit nach Hause nehmen oder das Boot mit einer Elektroheizung ausrüsten.

Beleuchtung
Zur Instandhaltung der Beleuchtungsanlage Schalter und Kontakte sorgfältig warten. Bei Ausfall einer Leuchte denkt man oft an eine durchgebrannte Glühbirne, bis man feststellt, dass Salz und Korrosion den Schalter durchgefressen haben. Manche Schalter sind kaum zu reparieren und müssen komplett ausgetauscht werden, andere kann man auseinander nehmen - in jedem Falle ist WD40®-Spray sehr hilfreich.

Versehentlich angelassene Leuchten entladen die Batterie. Bevor man an Land geht, immer kontrollieren, ob das Gas abgesperrt und der Hauptbatterieschalter ausgeschaltet ist und ob alle Seehähne abgesperrt sind.

Hausarbeit auf See
1 Heruntergefallene oder verschüttete Nahrungsmittel gleich aufsammeln bzw. wegwischen, damit keine Gerüche entstehen.

2 Nasse Sachen besser im Cockpit als unter Deck trocknen, wo die Feuchte bis in die Kojen ziehen kann. Feuchte Handtücher und Lappen an die Luft hängen.

3 Glasfenster mit Essig-Wasserlösung putzen. Kunststoff-Fenster sanft mit Frischwasser und einem weichen Lappen oder Schwamm reinigen. Nicht zu fest reiben!

4 Eiskasten oder Kühlschrank regelmäßig mit Soda, Ammoniak oder Bleichmittel auswaschen und bei Nichtgebrauch weit geöffnet lassen, um Geruchsbildung zu vermeiden. Nahrungsmittel nie lose, sondern eingewickelt oder in Dosen aufbewahren.

5 Ölflecken mit Trichlorethylen behandeln.

6 Stark schäumende Reiniger meiden; sie fördern die Wasserverschwendung. In Salzwasser sind Reinigungsmittel wirksamer als Seife. Zwei große Schwämme griffbereit halten: einen für Arbeitsplatten, den anderen für gröberen Schmutz.

7 Bilge mit Bilgenreiniger schrubben; einige Tropfen Fichtennadelöl zur Geruchsverbesserung zusetzen.

8 Emaillierte Spül- oder Toilettenbecken werden wieder weiß, wenn man sie mit Wasser füllt, etwas Bleichpulver zugibt und einige Stunden einwirken lässt.

9 Kajüte im Hafen mit einem Industriestaubsauger reinigen. Bei trockener Bilge auch hier losen Schmutz aufsaugen. Eine ausgestopfte Socke auf einen Besenstiel stecken, um in Ecken, hinter dem Kocher etc. zu putzen.

10 Polster, Vorhänge, Teppich einmal jährlich auf Flecken kontrollieren. Die meisten Textilien auf modernen Kreuzern lassen sich gut mit Seife und Wasser auswaschen.

11 Nur speziell für den Bootsgebrauch hergestellte Metallpolituren verwenden.

12 Schubladen, Staufächer und Luken möglichst oft offen lassen, um Schimmel und Moder zu vermeiden.

Rechtskunde

So manches rechtliche Problem, das auf einen Bootseigner zukommen kann, ist durch vorausschauendes Handeln zu vermeiden. Dieser Abschnitt kann natürlich nicht das gesamte Schiff-Fahrtsrecht abdecken, sondern will lediglich ein paar praktische Hinweise für Yachtsegler geben.

Kauf und Verkauf

Beim Kauf eines Boots ist darauf zu achten, dass es nicht mit Schulden belastet ist. Finanzielle Forderungen im Zusammenhang mit Bergungsaktionen, Kollisionsschäden u.a. können den Verkauf überdauern und auch gegen den neuen Eigner durchsetzbar sein. Wenn das Boot ins Schiffsregister eingetragen ist, können dort auch Belastungen wie etwa eine Schiffshypothek eingetragen sein, die bis zur Löschung rechtsverbindlich bleiben.

Bei Kauf oder Verkauf eines Gebrauchtboots ist ein schriftlicher Kaufvertrag unbedingt ratsam. Am besten lässt man sich hierzu rechtlich beraten; es gibt auch Musterverträge für diesen Zweck. Ein Schiffsmakler wird zwar auch den Käufer beraten, vertritt aber normalerweise in erster Linie den Verkäufer.

Da Gebrauchtboote meist nach dem Prinzip „gekauft wie gesehen" erworben werden, das den Verkäufer von jeder Haftung für etwaige Mängel befreit, ist eine fachmännische Begutachtung äußerst wichtig. Am besten beauftragt man hiermit einen ordnungsgemäß zugelassenen Sachverständigen, der gegen berufliche Nachlässigkeit versichert ist.

Beim Kauf eines Neuboots – aus Einzel- oder Serienbau – wird einem oft ein Kaufvertrag vorgelegt, der auf den allgemeinen Geschäftsbedingungen der Werft basiert. Diesen in jedem Falle vor Unterzeichnung sorgfältig durchlesen, dabei besonders auf die Bestimmungen bezüglich Bezahlung, Lieferverzögerungen und Haftung für nach Lieferung festgestellte Mängel achten. Nie vergessen, dass eine Garantie nur von begrenztem Wert ist, falls die Werft nach der Lieferung den Betrieb einstellt. Bei Auftragsfertigung sollte man keinerlei Vorabzahlungen erbringen, sofern sie nicht völlig abgesichert sind. Seriöse Werften stellen in der Regel eine Bankbürgschaft zur Absicherung aller vor Lieferung geleisteten An- oder Teilzahlungen.

Liegeplätze

Die meisten Bootseigner mieten bei einer Werft oder Marina einen dauerhaften Liegeplatz. Das geschieht meist mittels eines Standardvertrags, doch sollte man sorgfältig prüfen, inwieweit eine Haftung des Vermieters im Schadensfalle eingeschränkt oder ausgeschlossen ist. Achten Sie außerdem auf Einschränkungen bezüglich etwaiger Arbeiten am Boot, ob durch den Eigner oder durch Auftragnehmer, und darauf, ob auf Boote, die aus der Marina verkauft werden, eine Provision erhoben wird.

Chartern

Dies sollte nur mit schriftlichem Chartervertrag geschehen, in dem die Rechte und Pflichten beider Parteien klar festgelegt sind. Informieren Sie sich vorab, in welchem Ausmaß Sie für Schäden am Boot oder sonstige Sach- und Personenschäden persönlich haften und welche Strafen für verspätete Rückgabe fällig werden. Sie haften in der Regel für eigene Nachlässigkeit und etwaige Nachlässigkeit Ihrer Crew, daher ist eine Versicherung unabdingbar.

Falls Sie Ihre eigene Yacht verchartern wollen, sollten Sie vorher Ihre Versicherung und einen Rechtsberater konsultieren. Die bestehende Versicherung sollte erweitert werden, um das Boot auch auf Charterfahrt abzusichern und etwaige Haftpflichten der Charterer abzudecken. Denken Sie auch an Versicherungsschutz gegen Unterschlagung durch den Charterer und Verluste durch Verletzung des Chartervertrags seitens der anderen Partei.

Versicherung

Ausreichender Versicherungsschutz ist unerlässlich, um sich gegen Schäden am eigenen Boot und Schadenersatzansprüche Dritter abzusichern. Die meisten Eigner schließen ihre Yachtversicherung durch einen Makler ab, der sie hinsichtlich der verschiedenen Versicherungsmöglichkeiten informieren und beraten kann.

Beim Ausfüllen des Yachtversicherungsantrags ist man verpflichtet, alle Fragen wahrheitsgemäß zu beantworten und alle Faktoren offen zu legen, die die Festlegung der Versicherungsprämie bzw. die Entscheidung zur Übernahme des Versicherungsrisikos beeinflussen könnten. Jede Verletzung der Offenbarungspflicht oder unrichtige Angabe kann die Gültigkeit des Versicherungsvertrags gefährden.

Man sollte sich zunächst gründlich umhören und informieren. Die Versicherungsbedingungen variieren stark und sind vor Unterzeichnung eines Vertrags sorgfältig zu studieren. Achten Sie auf Details wie etwa den Deckungsumfang bei Brandschäden, Beschädigung von Motor und elektrischen Geräten durch Überflutung, Diebstahl von Außenbordmotor oder Beiboot etc.

Verschleißbedingte Verluste sind in aller Regel nicht abgedeckt; es obliegt dem Eigner selbst, seine Yacht in seetüchtigem Zustand zu erhalten. Auch Schäden auf Fahrten außerhalb des vereinbarten Einsatzbereichs oder während der vereinbarten Auflegezeiten sind nicht versichert. Alle Zusicherungen sind strikt einzuhalten. Im Schadensfall sind dem Versicherer sobald wie möglich vollständige Angaben zu übermitteln. Wenn eine sofortige Entscheidung erforderlich und die Versicherung nicht zu erreichen ist, ist der Eigner verpflichtet, ebenso umsichtig wie bei Wahrung seiner eigenen Interessen zu handeln. Ein Versicherungsanspruch ist in der Regel durch einen Makler geltend zu machen.

Bergungen und Kollisionen

Falls Sie das Pech haben, in eine Kollision verwickelt zu werden, möglichst umgehend nach dem Vorfall alle Umstände des Unfalls notieren. Alle Details, wie Zeiten, Kursrichtungen, Kursänderungen, Geschwindigkeit, zwischen den Fahrzeugen ausgetauschte Signale, Positionen, Wetter- und Seeverhältnisse im Logbuch des Schiffs festhalten. Nach Möglichkeit die Fahrzeug-, Eigner- und Versicherungsdaten austauschen. Kein Schuldanerkenntnis abgeben.

In manchen Fällen kann der Eigner oder Führer eines Fahrzeugs, das einen Schaden verursacht, seine Haftung auf einen gesetzlich vorgeschriebenen Betrag begrenzen, der oft weit unter den Reparaturkosten des verursachten Schadens liegt. Die Höhe dieses Betrags und die genauen Umstände, unter denen eine solche Haftungsbeschränkung möglich ist, variieren von Land zu Land. Das entsprechende Risiko des Yachteigners, Schäden, die durch Nachlässigkeit eines anderen entstehen, nicht vollständig ersetzt zu bekommen, unterstreicht die Notwendigkeit eines ausreichenden eigenen Versicherungsschutzes.

Eine Bergung oder sonstige freiwillige Hilfeleistung zur Rettung einer Yacht oder ihrer Ausrüstungsteile aus einer Gefahrenlage begründet bei Erfolg einen Anspruch auf Bergelohn oder vergleichbare Vergütung, der nach vielerlei Faktoren wie etwa dem Wert der geretteten Sachgüter und der Gefahr für die beteiligten Fahrzeuge berechnet wird. Eine Bergung kann viele Formen annehmen, und durch jede freiwillige Hilfeleistung einem gefährdeten Fahrzeug gegenüber kann ein Vergütungsanspruch entstehen. Auch Schlepphilfe wird oft als Bergung behandelt; wer Schlepphilfe von einem anderen annimmt, sollte vorher abklären, auf welcher Basis diese Hilfe geleistet wird.

Signale

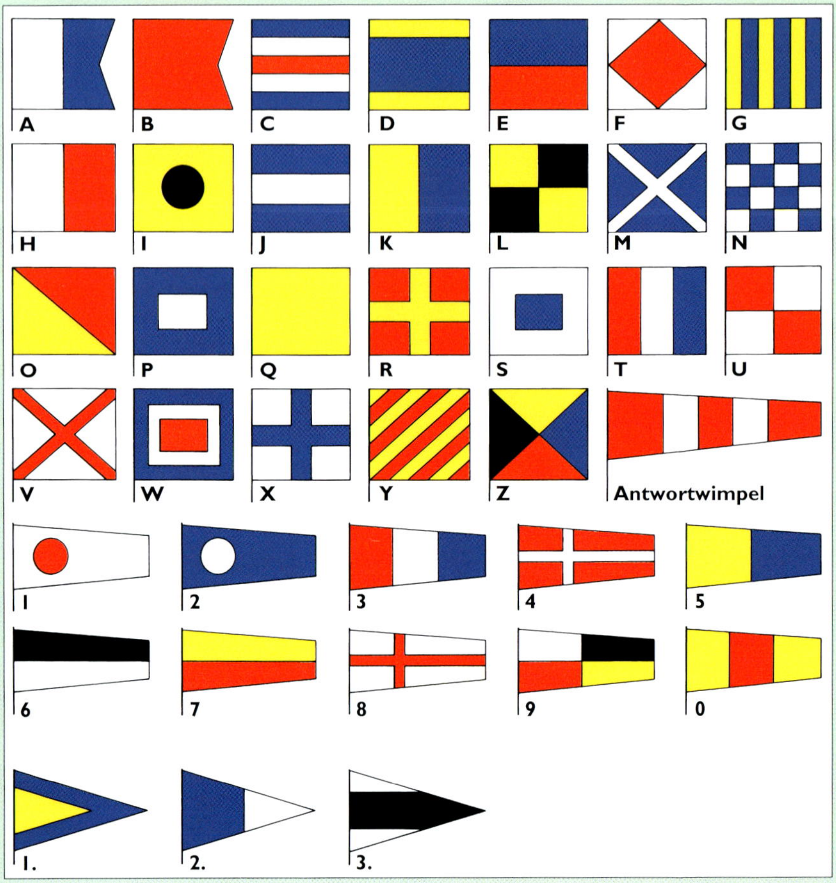

Die internationalen Signalflaggen werden in der Regel in Vierergruppen eine unter der anderen geheißt und von oben nach unten gelesen. Heißt man mehrere Gruppen an einer Flaggleine, so lässt man zwischen ihnen 2 m Freiraum. Flaggensignale werden meist als Codesignale gegeben. Der Antwortwimpel wird bis auf halbe Höhe der Flaggleine geheißt, um ein Signal zu bestätigen bzw. zu erwidern. Er signalisiert auch einen Punkt bzw. ein Dezimalkomma. Es gibt drei Hilfsstander, die zur Wiederholung eines Buchstabens bzw. einer Ziffer in der gleichen Gruppe dienen; der erste Hilfsstander steht für die erste Flagge etc.

Für Funksprüche in Klartext oder Code ist die Buchstabiertafel zu verwenden.

A Alpha	H Hotel	O Oscar	V Victor
B Bravo	I India	P Papa	W Whisky
C Charlie	J Juliet	Q Quebec	X X-ray
D Delta	K Kilo	R Romeo	Y Yankee
E Echo	L Lima	S Sierra	Z Zulu
F Foxtrot	M Mike	T Tango	
G Golf	N November	U Uniform	

Muss man ein Wort buchstabieren, so spricht man das Wort zuerst aus, sagt dann „ich buchstabiere“ (bzw. englisch: „I spell“) und buchstabiert es nach der Buchstabiertafel.

Ziffern auf Englisch so aussprechen:

1 uan 2 tuu 3 tri 4 fo er 5 faif 6 six
7 seven 8 eyt 9 nain er 0 sero

Mehrstellige Zahlen Ziffer für Ziffer über mitteln.

Morsezeichen werden meist mit einer hellen Lampe gegeben, können aber auch mit Flaggen oder Armsignalen übermittelt werden. Akustische Signale nur für Einzelbuchstabensignale oder im Notfall, insbesondere bei Nebel oder starkem Verkehr, einsetzen. Man kann Morsesignale in Klartext oder Code senden.

A • —
B — • • •
C — • — •
D — • •
E •
F • • — •
G — — •
H • • • •
I • •
J • — — —
K — • —
L • — • •
M — —
N — •
O — — —
P • — — •
Q — — • —
R • — •
S • • •
T —
U • • —
V • • • —
W • — —
X — • • —
Y — • — —
Z — — • •

1 • — — — —
2 • • — — —
3 • • • — —
4 • • • • —
5 • • • • •
6 — • • • •
7 — — • • •
8 — — — • •
9 — — — — •
0 — — — — —

End of message AR
• — • — •

Waiting signals AS
• — • • •

Full stop or decimal point AAA
• — • — • —

General call AA
• — • —

Answering signal TTT TTT
— — — — —

Word received signal T
—

Erase signal EEE EEE
• • • • • •

Die folgenden **Codesignale**, die auf verschiedene Weise gesendet werden können, sind international verständlich. Jeder Buchstabe außer **R** steht – einzeln gesendet – für ein komplettes Signal.

A Ich habe Taucher unten; halten Sie bei langsamer Fahrt gut klar von mir.
B Ich lade, lösche oder befördere gefährliche Güter.
C Ja.
D Halten Sie frei von mir; ich manövriere unter Schwierigkeiten.
E Ich ändere meinen Kurs nach Steuerbord.
F Ich bin manövrierunfähig; treten Sie mit mir in Verbindung.
G Ich benötige einen Lotsen.
H Ich habe einen Lotsen an Bord.
I Ich ändere meinen Kurs nach Backbord.
J Ich habe Feuer im Schiff und gefährliche Ladung an Bord; halten Sie gut klar von mir.
K Ich möchte mit Ihnen in Verbindung treten.
L Bringen Sie Ihr Fahrzeug sofort zum Stehen.
M Meine Maschine ist gestoppt; ich mache keine Fahrt durchs Wasser.
N Nein.
O Mann über Bord.
P Im Hafen: Alle Mann an Bord, da Fahrzeug auslaufen will.
Auf See: Meine Netze sind an einem Hindernis festgekommen.
Q An Bord ist alles gesund; ich bitte um freie Verkehrserlaubnis.
R Keine Bedeutung nach dem Internationalen Signalbuch, wird aber von Ankerliegern verwendet, um bei Nebel vor Kollisionsgefahr zu warnen.
S Meine Maschine geht rückwärts.
T Halten Sie klar von mir; ich bin beim Gespannfischen.
U Sie begeben sich in Gefahr.
V Ich benötige Hilfe.
W Ich benötige ärztliche Hilfe.
X Unterbrechen Sie Ihr gegenwärtiges Vorhaben und achten Sie auf meine Signale.
Y Ich treibe vor Anker.
Z Ich benötige einen Schlepper.

Einige nützliche Zweibuchstabensignale:
AC Ich gebe mein Fahrzeug auf.
AN Ich benötige einen Arzt.
BR Ich benötige dringend einen Hubschrauber.
CB Ich benötige sofortige Hilfe.
DV Ich treibe.
EF SOS/MAYDAY annulliert.
FA Können Sie mir meine Position geben?
GW Mann über Bord. Bitte ergreifen Sie Maßnahmen, um ihn zu bergen.
JL Sie begeben sich in Gefahr, auf Grund zu laufen.
LO Ich bin nicht an meinem regulären Standort: von einem Feuerschiff zu verwenden.
NC Ich befinde mich in einer Notlage und benötige sofortige Hilfe.
PD Ihre Positionslichter sind nicht sichtbar.
PP Halten Sie gut klar von mir.
QD Meine Maschine geht vorwärts.
QT Meine Maschine geht rückwärts.
QQ Mein Fahrzeug ist seuchenverdächtig.
QU Ankern verboten.
QX Ich bitte um Ankererlaubnis.
RU Halten Sie frei von mir. Ich manövriere unter Schwierigkeiten.
SO Bringen Sie Ihr Fahrzeug sofort zum Stehen.
UM Der Hafen ist für den Verkehr geschlossen.
UP Einlauferlaubnis in den Hafen dringend erbeten. Ich habe einen Notfall.
YU Ich möchte mit Ihnen mittels des Internationalen Signalbuchcodes in Verbindung treten.
ZD1 Bitte melden Sie mich der Küstenwacht, New York.
ZD2 Bitte melden Sie mich Lloyds, London.
ZL Ihr Signal wurde empfangen, aber nicht verstanden.

Fuß in Meter

Fuß	Meter	Fuß	Meter
1	0,30	26	7,92
2	0,61	27	8,23
3	0,91	28	8,84
4	1,22	29	8,84
5	1,52	30	9,14
6	1,83	31	9,45
7	2,13	32	9,75
8	2,44	33	10,06
9	2,74	34	10,36
10	3,05	35	10,67
11	3,35	36	10,97
12	3,66	37	11,28
13	3,96	38	11,58
14	4,27	39	11,89
15	4,57	40	12,19
16	4,88	41	12,50
17	5,18	42	12,80
18	5,49	43	13,11
19	5,79	44	13,41
20	6,10	45	13,72
21	6,40	46	14,02
22	6,71	47	14,33
23	7,01	48	14,63
24	7,31	49	14,94
25	7,62	50	15,24

Meter in Fuß

Meter	Fuß	Meter	Fuß
1	3,28	26	85,30
2	6,56	27	88,58
3	9,84	28	91,86
4	13,12	29	95,14
5	16,40	30	98,43
6	19,69	31	101,71
7	22,97	32	104,99
8	26,25	33	108,27
9	29,53	34	111,55
10	32,81	35	114,83
11	36,09	36	118,11
12	39,37	37	121,39
13	42,65	38	124,67
14	45,93	39	127,95
15	49,21	40	131,23
16	52,49	41	134,51
17	55,77	42	137,80
18	59,06	43	141,08
19	62,34	44	144,36
20	65,62	45	147,64
21	68,90	46	150,92
22	72,18	47	154,20
23	75,46	48	157,48
24	78,74	49	160,76
25	82,02	50	164,04

Faden in Meter

Faden	Meter	Faden	Meter
1	1,83	26	47,55
2	3,66	27	49,38
3	5,49	28	51,21
4	7,32	29	53,04
5	9,14	30	54,86
6	10,97	31	56,69
7	12,80	32	58,52
8	14,63	33	60,35
9	16,48	34	62,18
10	18,29	35	64,00
11	20,12	36	65,84
12	21,95	37	67,67
13	23,77	38	69,49
14	25,60	39	71,32
15	27,43	40	73,15
16	29,26	41	74,98
17	31,09	42	76,81
18	32,92	43	78,64
19	34,75	44	80,47
20	36,58	45	82,30
21	38,40	46	84,12
22	40,23	47	85,95
23	42,06	48	87,78
24	43,89	49	89,61
25	45,72	50	91,44

Meter in Faden

Meter	Faden	Meter	Faden
1	0,547	26	14,217
2	1,094	27	14,764
3	1,640	28	15,311
4	2,187	29	15,857
5	2,734	30	16,404
6	3,281	31	16,951
7	3,828	32	17,498
8	4,374	33	18,045
9	4,921	34	18,591
10	5,468	35	19,138
11	6,015	36	19,685
12	6,562	37	20,232
13	7,108	38	20,779
14	7,655	39	21,325
15	8,202	40	21,872
16	9,749	41	22,419
17	9,296	42	22,966
18	9,842	43	23,513
19	10,389	44	24,059
20	10,936	45	24,606
21	11,483	46	25,153
22	12,030	47	25,700
23	12,577	48	26,247
24	13,123	49	26,793
25	13,670	50	27,340

Internationale Seemeilen, Kilometer und englische Meilen

Seemeilen	km	engl.Meilen	km	Seemeilen	engl.Meilen	engl.Meilen	km	Seemeilen
1	1,852	1,15078	1	0,53996	0,62137	1	1,60934	0,86898
2	3,70	2,30	2	1,08	1,24	2	3,22	1,74
3	5,56	3,45	3	1,62	1,86	3	4,83	2,61
4	7,41	4,60	4	2,16	2,49	4	6,44	3,48
5	9,26	5,75	5	2,70	3,11	5	8,05	4,34
6	11,11	6,90	6	3,24	3,73	6	9,66	5,21
7	12,96	8.06	7	3,78	4,35	7	11,27	6,08
8	14,82	9,21	8	4,32	4,97	8	12,87	6,95
9	16,67	10,36	9	4,86	5,59	9	14,48	7,82
10	18,52	11,51	10	5,40	6,21	10	16,09	8,69
11	20,37	12,66	11	5,94	6,84	11	17,70	9,56
12	22,22	13,81	12	6,48	7,46	12	19,31	10,43
13	24,08	14,96	13	7,02	8,08	13	20,92	11,30
14	25,93	16,11	14	7,56	8,70	14	22,53	12,17
15	27,78	17,26	15	8,10	9,32	15	23,14	13,03
16	29,63	18,41	16	8,64	9,94	16	25,75	13,90
17	31,48	19,56	17	9,18	10,56	17	27,36	14,77
18	33,34	20,71	18	9,72	11,18	18	28,97	15,64
19	35,19	21,86	19	10,26	11,81	19	30,58	16,51
20	37,04	23,02	20	10,80	12,43	20	32,19	17,38
21	38,99	24,17	21	11,34	13,05	21	33,80	18,25
22	40,74	25,32	22	11,88	13,67	22	35,41	19,12
23	42,60	26,47	23	12,42	14,29	23	37,01	19,99
24	44,45	27,62	24	12,96	14,91	24	38,62	20,86
25	46,30	28,77	25	13,50	15,53	25	40,23	21,72
26	48,15	29,92	26	14,04	16,16	26	41,84	22,59
27	50,00	31,07	27	14,58	16,78	27	43,45	23,46
28	51,86	32,22	28	15,12	17,40	28	45,06	24,33
29	53,71	33,37	29	15,66	18,02	29	46,67	25,20
30	55,56	34,52	30	16,20	18,64	30	48,28	26,07
31	57,41	35,67	31	16,74	19,26	31	49,89	26,94
32	59,26	36,82	32	17,28	19,88	32	51,50	27,81
33	61,12	37,98	33	17,82	20,51	33	53,11	28,68
34	62,97	39,13	34	18,36	21,13	34	54,72	29,55
35	64,82	40,28	35	18,90	21,75	35	56,33	30,41
36	66,67	41,43	36	19,44	22,37	36	57,94	31,28
37	68,52	42,58	37	19,98	22,99	37	59,55	32,15
38	70,38	43,73	38	20,52	23,61	38	61,15	33,02
39	72,23	44,88	39	21,06	24,23	39	62,76	33,89
40	74,08	46,03	40	21,60	24,85	40	64,37	34,76
45	83,34	51,79	45	24,30	27,96	45	72,42	39,10
50	92,60	57,54	50	27,00	31,07	50	80,47	43,45
55	101,86	63,29	55	29,70	34,18	55	88,51	47,79
60	111,12	69,05	60	32,40	37,28	60	96,56	52,14
65	120,38	74,80	65	35,10	40,39	65	104,61	56,48
70	129,64	80,55	70	37,80	43,50	70	112,65	60,83
75	138,90	86,31	75	40,50	46,60	75	120,70	65,17
80	148,16	92,06	80	43,20	49,71	80	128,75	69,52
85	157,42	97,82	85	45,90	52,82	85	136,79	73,86
90	166,68	103,57	90	48,60	55,92	90	144,84	78,21
95	715,94	109,32	95	51,30	59,03	95	152,89	82,55
100	185,20	115,08	100	54,00	62,14	100	160,93	86,90

Seemännische Einheiten

Anstelle der britischen Imperial Nautical Mile (1853,18 m) gilt heute die Internationale Seemeile (1852 m). Die Differenz ist allerdings so gering, dass sie für den Yachtsegler nicht ins Gewicht fällt.

1 Faden = 6 Fuß
1 Faden = 1,8288m
1 Kabellänge = ca. 100 Faden
1 Seemeile = 10 Kabellängen
1 Seemeile = 1,852 m (6,076, 12Fuß)
1 Seemeile = 1,852 km
1 Seemeile = 1,15 englische Meilen 1 Knoten = 1 Seemeile pro Stunde 1 Kilometer = 0,539957 Seemeilen
1 engl. Meile = 0,868976 Seemeilen

Electricität

Watt = Volt Ø Ampere Ampere = $\frac{\text{Volt/Ohm}}{\text{Ohm}}$

Geschwindigkeitsschätzung

Als groben Anhaltspunkt für die Fahrt eines Boots kann man die Zeit, die es benötigt, um seine eigene Länge zurückzulegen, an einem Gegenstand im Wasser messen.

Fahrt in Knoten = $\frac{\text{Länge in m}}{\text{Zeit in s}}$ Ø 1,94

Fahrt in Knoten = $\frac{\text{Länge in Fuß}}{\text{Zeit in s}}$ Ø 0,59

Frequenz/Wellenlänge

Die Frequenz ist der Kehrwert der Wellenlänge, d.h. 300 kHz = 1000 m und 1000 kHz = 300 m. Umrechnungsformel:

Meter = $\frac{300\,000}{\text{kHz}}$ kHzs = $\frac{300\,000}{\text{m}}$

1 MHz = 1000 kHz

Luftdruck

Die folgenden Umrechnungsfaktoren gelten bei 0 °C und Normalschwere von 980,665 cm/s2.

1 Millibar = 0,02953 Zoll 1 Zoll = 33,86387 mb

Geschwindigkeitsschätzung

Knoten	m/s	engl. Meilen/h
1,944	1	2,237
3,9	2	4,5
5,8	3	6,7
7,8	4	8,9
9,7	5	11,2
11,7	6	13,4
13,6	7	15,7
15,6	8	17,9
17,5	9	20,1
19,4	10	22,4
21,4	11	24,6
23,3	12	26,8
25,3	13	29,1
27,2	14	31,3
29,2	15	33,6
31,1	16	35,8
33,0	17	38,0
35,0	18	40,3
36,9	19	42,5
38,9	20	44,7
48,6	25	55,9
58,3	30	67,1
68,0	35	78,3

Umrechnungstabelle (Fahrenheit in Celsius)

°F	°C	°F	°C	°F	°C	°F	°C	°F	°C	°F	°C
00	–18	24	–4	48	9	72	22	96	36	121	49
01	–17	25	–4	49	9	73	23	97	36	122	50
02	–17	26	–3	50	10	74	23	98	37	123	51
03	–16	27	–3	51	11	75	24	100	38	124	51
04	–16	28	–2	52	11	76	24	101	38	125	52
05	–15	29	–2	53	12	77	25	102	39	126	52
06	–14	30	–1	54	12	78	26	103	39	127	53
07	–14	31	–1	55	13	79	26	104	40	128	53
08	–13	32	0	56	13	80	27	105	41	129	54
09	–13	33	1	57	14	81	27	106	41	130	54
10	–12	34	1	58	14	82	28	107	42	131	55
11	–12	35	2	59	15	83	28	108	42	132	56
12	–11	36	2	60	16	84	29	109	43	133	56
13	–11	37	3	61	16	85	29	110	43	134	57
14	–10	38	3	62	17	86	30	111	44	135	57
15	–10	39	4	63	17	87	31	112	44	136	58
16	–9	40	4	64	18	88	31	113	45	137	58
17	–8	41	5	65	18	89	32	114	46	138	59
18	–8	42	6	66	19	90	32	115	46	139	59
19	–7	43	6	67	19	91	33	116	47	140	60
20	–7	44	7	68	20	92	33	117	47	141	61
21	–6	45	7	69	21	93	34	118	48	142	61
22	–6	46	8	70	21	94	34	119	48	143	62
23	–5	47	8	71	22	95	35	120	49	144	62

Süßwasser-Einheiten

1 Liter wiegt 1 kg
1 Gallone wiegt 10 engl. Pfund
1 Kubikmeter wiegt 1000 kg
1 Kubikfuß wiegt 62,32 engl. Pfund
1 Kubikmeter entspricht 1000 Liter
1 Kubikfuß entspricht 6,25 Gallonen
1 Tonne entspricht 35,96 Kubikfuß
1 Tonne entspr. 224 Gallonen (brit.)

Umrechnungstabellen

Multipliziert	mit	ergibt
Pints (brit.)	1,201	Pints (US)
Gallonen (brit.)	4,546	Liter
Liter	0,22	Gallonen (brit.)
Gallonen (brit.)	1,201	Gallonen (US)
Gallonen (US)	0,8327	Gallonen (brit.)
Liter/s	13,20	Gallonen/min
Liter/min	$3{,}666 \times 10^{3}$	Gallionen/s
Unze (brit.)*	28,41	Kubikzentimeter
Unze (US)*	1,041	Unze (brit.)*
Minuten (Winkel)	0,01667	Grad (Winkel)
Quadratyard	0,8361	Quadratmeter
Quadratmeter	1,196	Quadratyard
Pferdestärken (brit.)	1,014	Pferdestärken (metrisch)
engl. Meilen	1,609	Kilometer
engl. Meilen	0,8684	Seemeilen
engl. Meilen/h	1,609	km/h
Kubikzentimeter	$3{,}531 \times 10^{5}$	Kubikfuß
Kubikmeter	1,308	Kubikyard
Kubikmeter	220,0	Gallonen (brit.)
Kubikyard	0,7646	Kubikmeter
Kubikyard	764,5	Liter
Faden	1,83	Meter
Fuß	0,3048	Meter
Zoll	25,40	Millimeter
Kilogramm	2,205	engl. Pfund
Kilometer	$3{,}281 \times 10^{3}$	Fuß
Kilometer	0,6214	engl. Meilen
km/h	0,5396	Knoten
km/h	0,6214	engl. Meilen/h
Knoten	1,853	km/h
Knoten	1,152	engl. Meilen/h
engl. Pfund/ Quadratfuß	0,03591	cm Quecksilbersäule

* Flüssigmaß

Horizontdistanz bei verschiedenen Augenhöhen

Augenhöhe		Horizontdistanz	Augenhöhe		Horizontdistanz
Meter	Fuß	Seemeilen	Meter	Fuß	Seemeilen
1	3,3	2,1	16	52,5	8,3
2	6,6	2,9	17	55,8	8,6
3	9,8	3,6	18	59,1	8,8
4	13,1	4,1	19	62,3	9,1
5	16,4	4,7	20	65,6	9,3
6	19,7	5,1	21	68,9	9,5
7	23,0	5.5	22	72,2	9,8
8	26,2	5,9	23	75,5	10,0
9	29,6	6,2	24	78,7	10,2
10	32,8	6,6	25	82,0	10,4
11	36,1	6,9	26	85,3	10,6
12	39,4	7,2	27	88,6	10,8
13	42,7	7,5	28	91,9	11,0
14	45,9	7,8	29	95,1	11,2
15	49,2	8,1	30	98,4	11,4

Lichter - Distanz beim Aus- oder Eintauchen (Seemeilen)

Höhe des Lichts		Augenhöhe								
		Meter	1	2	3	4	5	6	7	8
m	Fuß	Fuß	3	7	10	13	16	20	23	26
10	33		8,7	9,5	10,2	10,8	11,3	11,7	12,1	12,5
14	46		9,9	10,7	11,4	12,0	12,5	12,9	13,3	13,7
18	59		10,9	11,7	12,4	13,0	13,5	13,9	14,3	14,7
20	66		11,4	12,2	12,9	13,5	14,0	14,4	14,8	15,2
24	79		12,3	13,1	13,8	14,4	14,9	15,3	15,7	16,1
28	92		13,1	13,9	14,6	15,2	15,7	16,1	16,5	16,9
30	98		13,5	14,3	15,0	15,6	16,1	16,5	16,9	17,3
34	112		14,2	15,0	15,7	16,3	16,8	17,2	17,6	18,0
38	125		14,9	15,7	16,4	17,0	17,5	17,9	18,3	18,7
40	131		15,3	16,1	16,8	17,4	17,9	18,3	18,7	19,1
44	144		15,9	16,7	17,4	18,0	18,5	18,9	19,3	19,7
48	157		16,5	17,3	18,0	18,6	19,1	19,5	19,9	20,3
50	164		16,8	17,6	18,3	18,9	19,4	19,8	20,2	20,6
55	180		17,5	18,3	19,0	19,6	20,1	20,5	20,9	21,3
60	197		18,2	19,0	19,7	20,3	20,8	21,2	21,6	22,0
65	213		18,9	19,7	20,4	21,0	21,5	21,9	22,3	22,7
70	230		19,5	20,3	21,0	21,6	22,1	22,5	22,9	23,2
75	246		20,1	20,9	21,6	22,2	22,7	23,1	23,5	23,9
80	262		20,7	21,5	22,2	22,8	23,3	23,7	24,1	24,5
85	279		21,3	22,1	22,8	23,4	23,9	24,3	24,7	25,1
90	295		21,8	22,6	23,3	23,9	24,4	24,8	25,2	25,6
95	312		22,4	23,2	23,9	24,5	25,0	25,4	25,8	26,2
100	328		23,0	23,8	24,5	25,1	25,6	26,0	26,4	26,8

Sextanten-Höhenwinkel - zur Distanzmessung

Höhe des Objekts / Meilen	15m (49ft)	20m (66ft)	25m (82ft)	30m (98ft)	35m (115ft)	40m (131ft)	45m (148ft)	50m (164ft)	55m (180ft)	60m (197ft)
0,1	4°38'	6°10'	7°41'	9°13'	10°42'	12°11'	13°39'	15°07'	16°32'	17°57'
0,2	2°19'	3°05'	3°52'	4°38'	5°24'	6°10'	6°56'	7°41'	8°27'	9°12'
0,3	1°33'	2°04'	2°35'	3°05'	3°36'	4°07'	4°38'	5°09'	5°39'	6°10
0,4	1°10'	1°33'	1°56'	2°19'	2°42'	3°05'	3°29'	3°52'	4°15'	4°38
0,5	0°56'	1°14'	1°33'	1°51'	2°10'	2°28'	2°47'	3°05'	3°24'	3°42'
0,6	0°46'	1°02'	1°17'	1°33'	1°48'	2°04'	2°19'	2°35'	2°50'	3°05'
0,7	0°40'	0°53'	1°06'	1°20'	1°33'	1°46'	1°59'	2°13'	2°26'	2°39'
0,8	0°35'	0°46'	0°58'	1°10'	1°21'	1°33'	1°44'	1°56'	2°08'	2°19
0,9	0°31'	0°41'	0°52'	1°02'	1°12'	1°22'	1°33'	1°43'	1°53'	2°04
1,0	0°28'	0°37'	0°46'	0°56'	1°05'	1°14'	1°24'	1°33'	1°42'	1°51'
1,1	0°25'	0°34'	0°42'	0°51'	0°59'	1°07'	1°16'	1°24'	1°33'	1°41'
1,2	0°23'	0°31'	0°39'	0°46'	0°49'	1°02'	1°10'	1°17'	1°25'	1°33'
1,3	0°21'	0°29'	0°36'	0°43'	0°50'	0°57'	1°04'	1°11'	1°19'	1°26
1,4	0°20'	0°27'	0°33'	0°40'	0°46'	0°53'	1°00'	1°06'	1°13'	1°20
1,5	0°19'	0°25'	0°31'	0°37'	0°43'	0°49'	0°56'	1°02'	1°08'	1°14'
1,6	0°17'	0°23'	0°29'	0°35'	0°41'	0°46'	0°52'	0°58'	1°04'	1°10'
1,7	0°16'	0°22'	0°27'	0°33'	0°38'	0°44'	0°49'	0°55'	1°00'	1°06'
1,8	0°15'	0°21'	0°26'	0°31'	0°36'	0°41'	0°46'	0°52'	0°57'	1°02
1,9	0°15'	0°20'	0°24'	0°29'	0°34'	0°39'	0°44'	0°49'	0°54'	0°59
2,0	0°14'	0°19'	0°23'	0°28'	0°32'	0°37'	0°42'	0°46'	0°51'	0°56
2,1	0°13'	0°18'	0°22'	0°27'	0°31'	0°35'	0°40'	0°44'	0°49'	0°53'
2,2	0°13'	0°17'	0°21'	0°25'	0°30'	0°34'	0°38'	0°42'	0°46'	0°51'
2,3	0°12'	0°16'	0°20'	0°24'	0°28'	0°32'	0°36'	0°40'	0°44'	0°48
2,4	0°12'	0°15'	0°19'	0°23'	0°27'	0°31'	0°35'	0°39'	0°43'	0°46
2,5	0°11'	0°15'	0°19'	0°22'	0°26'	0°29'	0°33'	0°37'	0°41'	0°44'
2,6	0°11'	0°14'	0°18'	0°21'	0°25'	0°29'	0°32'	0°36'	0°39'	0°43'
2,7	0°10'	0°14'	0°17'	0°21'	0°24'	0°27'	0°31'	0°34'	0°38'	0°41'
2,8	0°10'	0°13'	0°17'	0°20'	0°23'	0°27'	0°30'	0°33'	0°36'	0°40
2,9	0°10'	0°13'	0°16'	0°19'	0°22'	0°26'	0°29'	0°32'	0°35'	0°38
3,0	0°09'	0°12'	0°15'	0°19'	0°22'	0°25'	0°28'	0°31'	0°34'	0°37
3,1	0°09'	0°12'	0°15'	0°18'	0°21'	0°24'	0°27'	0°30'	0°33'	0°36'
3,2	0°09'	0°12'	0°15'	0°17'	0°20'	0°23'	0°26'	0°29'	0°32'	0°35'
3,3	0°08'	0°11'	0°14'	0°17'	0°20'	0°22'	0°25'	0°28'	0°31'	0°34
3,4	0°08'	0°11'	0°14'	0°16'	0°19'	0°22'	0°25'	0°27'	0°30'	0°33
3,5	0°08'	0°11'	0°13'	0°16'	0°19'	0°21'	0°24'	0°27'	0°29'	0°32

Beaufort-Skala

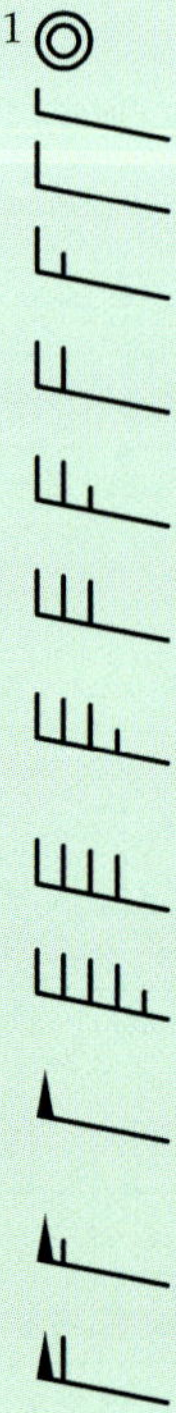

Windstärke	Knoten	Beschreibung	Offene See – wahrscheinliche Wellenhöhe in m
0	unter 1	Spiegelglatte See, Rauch steigt senkrecht auf	
1	1–3	Kleine Kräuselwellen	
2	4–6	Leichte Brise, kleine Wellen	0,15
3	7–10	Schwache Brise, Kämme der kleinen Wellen beginnen sich zu brechen	0,60
4	11–16	Mäßige Brise, kleine Wellen, weiße Schaumköpfe treten verbreitet auf	1
5	17–21	Frische Brise, lange Wellen mit weißen Schaumkämmen, vereinzelt Gischt	1,80
6	22–27	Starker Wind, große Wellen mit größeren weißen Schaumflächen	3
7	28–33	Steifer Wind, See türmt sich, weißer Schaum der brechenden Kämme legt sich in Streifen in Windrichtung	4
8	34–40	Stürmischer Wind, längere, höhere Wellen, von Kämmen abwehende Gischt, Schaumstreifen	5,50
9	41–47	Sturm, hohe Wellenberge, überbrechende Kämme	7
10	48–55	Schwerer Sturm, sehr hohe Wellenberge, lange überbrechende Kämme, See weiß mit Schaumflecken	9
11	56–63	Orkanartiger Sturm, außergew. hohe Wellenberge, schlechte Sicht	11,30
12	64+	Orkan, Luft voller Schaum und Gischt	13,70

Wachsystem

	MN–4	4–8	8–12	12–16	16–18	18–20	20–MN	MN–4	4–8
A	D		D		D		D		D
B		D		D		D		D	

	MN–2	2–4	4–6	6–8	8–10	10–12	12–14	14–16	16–18	18–20	20–22	22–MN	MN–2	2–4	4–6	6–8
Sk	D	D	D	D							D	D	D	D	D	D
Al		D	D			D	D		D			D	D			D
Ac			D	D			D	D		D			D	D		
Bl	D			D	D			D		D	D			D	D	
Bc	D	D			D	D			D		D	D			D	D

	MN–3	3–6	6–9	9–12	12–15	15–18	18–21	21–MN	MN–3	3–6	6–9	9–12	12–15	15–18	18–21	21–MN
Sk		D			D		D			D			D		D	
			D			D		D			D			D		D
	D			D			D		D			D			D	

Zweiwachensystem (A und B) für 2-, 3- und 5-köpfige Crews mit D=Dienst, Sk=Skipper, AL=Wachführer, AC=Wachgänger, BL=Wachführer, BC=Wachgänger

Hafensignale (international)

Hafenfeuer	Kennung	Bedeutung
	Funkelfeuer mit mind. 60 Blitzen/m	Schwerer Notfall – alle Fahrzeuge anhalten bzw. Umleitungsanweisungen folgen
	Festfeuer oder unterbrochenes Blinkfeuer	Durchfahrt verboten
		Durchfahrt erlaubt – Einbahnverkehr
		Durchfahrt erlaubt – Zweibahnverkehr
		Durchfahrt nur auf ausdrückliche Anweisung

Sondersignale

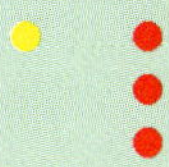	Festfeuer oder unterbrochenes Blinkfeuer	Durchfahrt verboten; gilt nicht für Fahrzeuge außerhalb des Hauptfahrwassers
		Durchfahrt nur auf ausdrückliche Anweisung; gilt nicht für Fahrzeuge außerhalb des Hauptfahrwassers

Engl. Abkürzungen für Hafeneinrichtungen

AB Längsseits-Liegeplatz
Anch. Ankerplatz
Bar Bar mit Alkoholausschank
BY Bootswerft
C (x Ton) Kran mit Tragfähigkeit
CG Küstenwacht
CH Schiffszubehörladen
D Diesel
Dr Arzt
EC Nachmittags geschlossen
El Elektroreparaturen
FW Frischwasser
HMC Britisches Zollamt
HW Hochwasser
Hr Mr Hafenamt
L Anlegestelle
LB Seenotrettungsboot
M Schlamm, Seemeilen
ME Schiffstechnische Reparaturen
MRCC Seenotrettung – Koordinationszentrum
MRSC Seenotrettung – Nebenstelle
P Benzin
PO Postamt
R Restaurant
Rds Reede
SC Segelclub
Sh Schiffszimmermann, Rumpfreparaturen
Subm unter Wasser
V Proviant, Lebensmittelladen
YC Yachtclub

Glossar

In diesem Glossar finden Sie grundlegende Begriffe der Seglersprache erläutert. Einige häufig wiederkehrende Begriffe, die aus dem Zusammenhang deutlich werden, sind hier nicht noch einmal eigens aufgeführt.

A

Abdrift: Durch den Wind verursachte seitliche Bewegung des Boots nach Lee.
Abfallen: Den Kurs nach Lee ändern.
Achterausfahrt: Rückwärtsbewegung eines Boots.
Achterholer: Luvseitige Leine zum Trimmen des Spinnakers.
Achterliek: Hintere Kante eines Segels.
Achtern: hinten.
Achterstag: Stag, das den Mast von achtern hält und gegen Vorwärtsbewegung sichert.
Ankerlicht: Weißes Rundumlicht, meist am Vorstag geheißt, mit mindestens 2 sm Tragweite.
Anluven: Den Kurs nach Luv ändern.
Anschlagen: Segel vor dem Heißen an einem Stag oder an einer Spiere befestigen.
Anstecken: Leinen aneinander oder an einem Beschlag befestigen.
Antifouling: Bewuchshemmender Anstrich des Unterwasserschiffs.
Aufholer: Leine zum senkrechten Hochnehmen eines Ausrüstungsteils, wie etwa des Spinnakerbaums.
Ausbaumen: Vorsegel auf Vorwindkurs mit einem Baum auf der dem Großsegel entgegengesetzten Seite fixieren, damit es nicht durch dieses abgedeckt wird.
Ausholer: Leine, mit der das Unterliek eines Segels gestreckt wird.
Ausrauschen: Schlagartiges Auslaufen einer Leine, z.B. einer Schot, das allen Wind aus dem Segel nimmt.
Ausschießen: Umspringen des Windes im Uhrzeigersinn (auf der Nordhalbkugel) nach Durchzug einer Kaltfront.
Ausstecken: Langsames Auslaufenlassen einer Kette oder Leine.
Azimut: Der Winkel auf dem Horizontalkreis zwischen dem Höhenkreis eines Gestirns und dem Ortsmeridian.

B

Back: Ein Segel steht „back", wenn es den Wind von der falschen Seite bekommt.
Backbord: Von achtern nach vorn gesehen die linke Seite des Boots (Gegenteil: Steuerbord).
Backbordbug: Man segelt auf Backbordbug, wenn der Wind von der Steuerbordseite einfällt und das Großsegel über der Backbordseite steht.
Backsetzen: Ein Segel nach Luv schoten, sodass der Wind von der falschen Seite einfällt.
Balkweger: Parallel zur Oberkante des Bootsrumpfs vom Heck zum Bug verlaufender Balken, auf dem die Decksbalken aufliegen.
Ballast: Gewicht, meist Blei oder Eisen, das zur Erhöhung der Stabilität unten im Boot oder außen am Kiel angebracht wird.
Ballastkiel: Zur Erhöhung der Stabilität und Verhinderung des Kenterns unter den Kiel gebolzter Ballastkörper.
Bändsel: Dünne, kurze Leine, mit der ein Gegenstand wie etwa ein Messer gesichert wird.
Beidrehen/Beiliegen: Fock backsetzen und Pinne nach Lee festzurren; auf diese Weise kann das Boot bei Sturm relativ ruhig liegen – mit geringer Fahrt voraus und wenig Abdrift.
Bekleiden (kleeden): Tauwerk oder Drahtspleiß zum Schutz dicht mit Segeltuchstreifen oder Takelgarn umwickeln.
Belegen: Eine Leine an einer Klampe oder einem Poller befestigen – meist mit Kreuzschlägen.
Benetzte Oberfläche: Unterwasserfläche des Rumpfs.
Besan: **1.** Der hintere, kürzere Mast einer Ketsch oder Yawl. **2.** Das an diesem Mast gesetzte Schratsegel.
Bilge: Tiefste Stelle des Bootsrumpfs, an der sich das Wasser sammelt.
Block: Holz- oder Kunststoffgehäuse mit Rollen oder Scheiben zur Führung und Umlenkung von Tauwerk.
Bucht: Biegung einer zusammengelegten Leine.
Bugkorb: Fest auf dem Bug montierte Kanzel aus Metallrohr, Teil der Reling.

C

Cat-Boot: Boot mit nur einem Segel.

D

Deckpeilung: Zwei vom Beobachter aus in einer Linie liegende Landmarken; sie ergeben eine Standlinie.

Deviation: Ablenkung der Nadel eines Magnetkompasses durch metallische Störeinflüsse, die Differenz zwischen dem Kompasskurs und dem missweisenden Kurs.
Dingi: Kleines Beiboot, das mit Riemen oder Außenbordmotor fortbewegt wird.
Dirk: Dünne Leine vom Großbaum zum Masttopp, die den Baum bei gerefftem oder geborgenem Segel hält.
Durchsetzen: Das Steifholen bzw. Spannen einer Leine.

E

F

Faden (engl. fathom): Alte Maßeinheit für die Wassertiefe. 1 Faden = 6 Fuß = 1,83 m.
Fall: Leine zum Heißen und Bergen eines Segels.
Feste Part: Das Ende eines Taus, das nicht bewegt wird (auch beim Knoten).
Fieren: Das Lockern einer belasteten Leine.
Fitt: Spitz zulaufendes Werkzeug zum Spleißen dicker Taue und zur Segelfertigung, oft hohl.
Fockausbaumer: Leichte Spiere, mit der das Schothorn des Vorsegels auf Vorwindkurs weit herausgehalten wird.
Formverleimtes Sperrholz: Bauweise, bei der der Rumpf aus mehreren Lagen Sperrholzfurnier auf einem Baukern aufgebaut wird.
Freibord: Höhenunterschied zwischen Wasserlinie und Oberdeck.
Fußreling: Winkelleiste aus Metall oder Holz, die entlang der Deckskante montiert wird.

G

Genickstag: Stag, das die Toppen der beiden Masten eines Boots verbindet.
Genua: Vorsegel in verschiedenen Größen für leichtes bis mittleres Wetter, das das Großsegel überlappt und auf allen Kursen gefahren werden kann.
Gezeit: Das durch die Anziehungskraft von Sonne und Mond verursachte periodische Fallen und Steigen des Wassers.
Gischt: Sprühwasser, das bei starkem Wind über die Wasseroberfläche geweht wird.
Grundgeschirr: Auch Ankergeschirr. Gesamtheit der Vorrichtungen zur Verbindung des Boots mit dem Grund.

H

Halber Wind: Annähernd im rechten Winkel zur Kursrich-tung einfallender Wind.
Hals: Die vordere untere Ecke des Segels, wo sich Unter- und Vorliek treffen.
Halsen: Kursänderung, bei der das Boot mit dem Heck durch den Wind dreht.
Hart am Wind: Kurs, auf dem man so direkt wie möglich gegen den Wind segelt.
Heckkorb: Aus Metallrohr bestehender achterer Abschluss der Reling.
Holen: Ziehen.
Horn: Die hintere, untere Ecke eines Segels, an der sich Unter- und Achterliek treffen.
Hubkiel: Kiel, der in den Rumpf aufgeholt werden kann, um den Tiefgang zu vermindern oder das Boot zu trailern.

I

In Fahrt: Ein Boot befindet sich „in Fahrt", wenn es weder an Land festgemacht ist, vor Anker liegt noch auf Grund sitzt.
Isobare: Linie auf der Wetterkarte, die Orte gleichen Luftdrucks verbindet.

K

Kalfatern: Abdichten der Stoßnähte zwischen Holzplanken durch geteertes Werg oder Dichtmasse.
Kardanische Aufhängung: Vorrichtung aus zwei drehbar gelagerten Ringen, um Teile wie Kompass oder Kocher auch bei Krängung waagerecht zu halten.
Kartennull: Bezugsebene einer Karte, auf die die Wassertiefenangaben bezogen sind – meist das niedrigste zu erwartende Niedrigwasser. Das Seekartennull kann von Land zu Land variieren.
Katamaran: Aus Polynesien stammende Bootform aus zwei durch Querträger verbundenen Rümpfen.
Kausch: Öse aus Metall oder Kunststoff als Verstärkung für ein Auge in Tauwerk oder Gewebe – im Segel als Reffkausch.
Kavitation: Hohlsog rund um den Propeller, der zu Schubkraftverlust führt.
Keep: Rille oder Nut im Mast, Baum oder Profilstag, in die man das Liek eines Segels einzieht.
Kenterwinkel: Der Krängungswinkel, ab dem sich das Boot nicht mehr von selbst aufrichten kann, sondern kentert.

Ketsch: Anderthalbmaster, bei dem der hintere Besanmast etwas niedriger ist als der Großmast und vor dem Ruder steht.
Kettendurchlauf: Verschließbare Decksöffnung, durch die die Ankerkette in den Kettenkasten geführt wird.
Kiel: „Rückgrat" des Bootsrumpfs, unter den ein Ballastkiel gebolzt ist bzw. durch den das Kielschwert geführt wird.
Kielwasser: Die Spur verwirbelten Wassers, die ein fahrendes Boot hinter seinem Heck hinterlässt.
Kimm: Übergang des schrägen Bootsbodens in die weitgehend senkrechte Bordwand.
Klampe: Holz-, Metall- oder Kunststoff-Beschlag, an dem Tauwerk belegt bzw. befestigt wird.
Kleedkeule: Spezielles Werkzeug, um das Takelgarn beim Bekleiden eines Taus unter konstanter, hoher Spannung zu halten.
Klinker-Bauweise: Bootsrumpf aus Holzplanken, die sich dachziegelartig überlappen.
Klüse: Runde Öffnung in der Bordwand zur Führung der Ankerkette bzw. -trosse.
Kopf: Die obere Ecke des Segels, an der das Fall angeschlagen wird.
Krängung: Seitliche Neigung.
Kraweel-Bauweise: Mit den Kanten dicht aufeinander gesetzte Planken, die eine glatte Außenhaut ergeben.
Kreuzen: Ansteuerung eines in Luv liegenden Ziels auf einem Zickzackkurs.
Krimpen: Rückdrehung des Windes, d.h. eine Änderung der Windrichtung gegen den Uhrzeigersinn.
Kurs zum Wind: Kursrichtung eines Segelboots in Bezug zum Wind vom Am-Wind-Kurs über raum-vorlich, raum-seitlich (halber Wind) und raum-achterlich bis zum Vorwindkurs.
Kurs: Steuerrichtung eines Boots; wird meist in Grad angegeben – als rechtweisender, missweisender oder Kompasskurs.

L

Länge über alles (L‹A): Größte Länge des Boots vom vordersten Punkt des Bugs bis zum hintersten Punkt des Hecks, jedoch ohne Bugspriet, Selbststeuervorrichtungen etc.
Lateralschwerpunkt: Geometrischer Schwerpunkt des Unterwasserschiffs, um den sich das Boot bei einer Kursänderung dreht.
Laufendes Gut: Alle beweglichen Leinen zum Setzen, Bedienen und Bergen der Segel, wie etwa Schoten und Fallen.
Lee: Die Richtung, in die der Wind weht, d.h. die windabgewandte Seite.
Leegierig: Bestreben eines Boots, mit dem Bug nach Lee zu drehen.
Leeküste: Küste, auf die der Wind zuweht.
Leeweg: siehe Abdrift
Leitöse: Fest auf Deck montiertes oder auf einer Leitschiene gleitendes Auge zum Führen einer Leine, insbesondere einer Schot.
Leitschiene: Schiene, auf der der Großschotschlitten/Traveller oder auch Leitösen zur Führung von Schoten o.ä. laufen.
Log: Gerät zum Messen der Fahrt bzw. Geschwindigkeit eines Boots.
Logbuch: Bootstagebuch, in das u.a. zurückgelegte Distanzen und Wetterbedingungen eingetragen werden.
Loxodrome: Eine Linie, die alle Meridiane im gleichen Winkel schneidet; die Kurslinie eines Boots, das in gleichbleibende Richtung segelt.
Luk: Zugangsöffnung im Deck.
Lümmelbeschlag: Beschlag, mit dem der Großbaum in alle Richtungen beweglich am Mast befestigt ist.
Luv: Die Richtung, aus der der Wind kommt, d.h. die dem Wind zugekehrte Seite.

M

Manntau: siehe Strecktau
Marinisieren: Anpassung eines Automotors an den Bootsbetrieb.
Marlspieker: Dornartiges Werkzeug aus Stahl oder Holz, das beim Spleißen von Tauwerk verwendet wird.
Mastfall: Neigung des Mastes in Längsschiffsrichtung.
Mastschiene: Vom Masttopp bis fast aufs Deck hinunter reichende Schiene, in der die am Vorliek des Segels angebrachten Mastrutscher laufen.
Mastspur: Beschlag auf dem Kiel, in den der Mastfuß greift.
Meridian: Gedachte Linie von einem Pol zum anderen, die den Äquator im rechten Winkel schneidet. Jeder Längengrad ist ein Meridian.
Mittagsbesteck: Messung des Meridiandurchgangs der Sonne am Mittag mit dem Sextanten zwecks Bestimmung der geographischen Breite.

Mittschiffs: Mitte des Bootes in Quer- wie Längsrichtung.
Mittschiffslinie: Mittellinie des Boots in Längsrichtung.
Musen: Ein Bändsel um einen offenen Haken legen, um ihn gegen Aushaken zu sichern.

N

Niederhalter: Leine, die den Baum, vor allem auf raumen und Vorwindkursen, nach unten zieht und waagerecht hält.
Niederholer: Leine zum Niederholen von Spieren oder Stagsegeln.
Nüstergatt: Öffnung in Spant bzw. Bodenwrange, durch die Wasser in die Bilge ablaufen kann.

O

P

Pallklinke: Sperrklinke am Radkranz einer Winde, die den Rücklauf der Ankerkette verhindert.
Peilung: Bestimmung der Richtung eines Objekts vom Beobachter aus.
Platt vor dem Wind: Mit genau achterlichem Wind segeln.
Probefahrtmeile: Auf der Karte vermerkte, abgemessene Distanz von einer Seemeile zwischen Bojen oder Deckpeilungen an Land.
Profilstag: Strömungsgünstiger Beschlag, der übers Vorstag gezogen wird und eine Nut bzw. Keep zum Einziehen des Vorsegel-Vorlieks hat.
Pütting: Mit der Außenhaut des Boots verbolzter Beschlag zur Befestigung von Wanten bzw. Stagen.

Q

Querab: Im rechten Winkel zur Längsschiffsrichtung.
Querschiffs: Im rechten Winkel zur Längsschiffsrichtung, doch im Unterschied zu querab nur binnenbords.
Querschlagen: Durch Fehler des Rudergängers oder schwere nachlaufende See verursachtes starkes Anluven bei achterlichem Wind, das zu gefährlicher Krängung führt.

R

Raum-achterlich: Kurs zwischen halbem Wind und direkt achterlichem Wind.
Raumer Wind: Seitlich einfallender Wind; alle Kurse zwischen Vorwind- und Amwind-Kurs.
Raum-vorlich: Kurs zwischen „hart am Wind" und „halbem Wind".
Reffen: Verkleinerung der Segelfläche, indem man einen Teil des Segels auf Baum oder Vorstag einrollt oder – wegbindet.
Reffstander: Kräftige Leine, mit der die Reffkausch beim Reffen auf den Baum niedergeholt wird.
Reling: In der Regel aus senkrechten Relingsstützen und waagerechten Durchzügen/Handläufen bestehendes Geländer rund ums Deck.
Relingsstütze: Metallene, sicher auf dem Deck verankerte Stütze, durch die Handlauf und Durchzüge der Seereling geführt werden.

S

Saling: Am Mast befestigtes Metallprofil, das die Wanten beidseits abspreizt und ihnen so einen größeren Zugwinkel am Mast gibt.
Saugkorb: Großflächiger Drahtfilter vor der Saugöffnung eines Lenzpumpenschlauchs, der das Blockieren der Pumpe durch Fremdkörper verhindert.
Schäkel: Metallener Verbindungsbügel in unterschiedlicher Form (D, U) mit einem Verschlussbolzen am offenen Ende.
Schäkelbolzen: Stift zur Sicherung eines Schäkels, der mit einem Splint oder Spaltring gegen versehentliches Aufgehen gesichert wird.
Scheibe: Rolle zur Führung von Tauwerk, die in einer Spiere oder einem Block angeordnet sein kann.
Scheinbarer Wind: An Bord wahrgenommene Windrichtung und -stärke; setzt sich aus dem wahren Wind und dem durch die Fahrt entstehenden Wind zusammen.
Schlieren: Ein Anker schliert, wenn er nicht richtig im Ankergrund gefasst hat.
Schlingerleiste: Leiste am Rand des Kajüt- oder Kartentischs, die bei Krängung verhindert, dass etwas vom Tisch fällt.
Schoner: Segelschiff mit Schratsegeln und 2 oder mehr Masten, wobei der größere Mast achtern steht.
Schot: Am Baum oder am Schothorn eines Segels angreifende Leine zur Bedienung bzw. zum Trimmen des Segels.
Schotring: Ringförmiger Beschlag um den Großbaum zur Befestigung des Schotblocks.
Schott: Meist querschiffs eingebaute Trennwand im Bootsrumpf.

Schwert: In einem Schwertkasten abgesenkte Platte, die die Abdrift vermindert.
Seehahn: Verschluss einer durch die Außenhaut führenden Zu- oder Abwasserleitung.
Seeraum: Freie See, Freiraum des Boots zur Leeküste.
Seereling: Rund um das Deck gezogener „Zaun" gegen das Überbordfallen.
Segellatte: Dünne, elastische Leiste, die in eine Tasche am Achterliek eingesteckt wird, um den Segelstand zu verbessern.
Segelmacherhandschuh: Lederriemen mit Daumenöffnung, der bei Segelreparaturen oder Spleißarbeiten um die Hand gelegt wird. Eine eingearbeitete Metallplatte vor dem Daumenpallen dient als „Fingerhut".
Segelschwerpunkt: Theoretischer Angriffspunkt, an dem sich alle auf die Segelfläche wirkenden Kräfte konzentrieren.
Setzen: 1 Ein Segel mit seinem Fall heißen. **2** Ein Tiden- oder sonstiger Strom „setzt" in eine bestimmte Richtung.
Slup: Einmastiges Segelboot mit Großsegel und nur einem Vorsegel.
Sorgleine: Verbindungsleine des Sicherheitsgurts mit einem Befestigungspunkt an Deck.
Spannschraube: Schraubhülse zum Spannen von Wanten bzw. Stagen, die zwischen diesen und dem jeweiligen Pütting befestigt ist.
Speigatt: Öffnung in der Fußreling, durch die Spritz- und Regenwasser vom Deck nach außen abfließen kann.
Spiere: Rundhölzer oder Stangen der Takelage, wie z.B. Groß- und Spinnakerbaum.
Spinnaker: Großes, ballonähnliches Beisegel, das auf raumen Kursen gefahren wird.
Spleiß: Verbindung von Faser- oder Drahttauwerk durch Verflechten einzelner Kardeele.
Splint: Gespaltener Stift, der durch ein Loch am Ende eines Bolzens gesteckt wird, um dessen Herausrutschen zu verhindern.
Stag: Drahttau, mit dem der Mast in Längsrichtung verspannt ist; Teil des stehenden Guts.
Stagreiter: Beschläge zur Verbindung des Vorlieks eines Segels mit einem Stag.
Standlinie: Durch Peilung oder andere Navigationsmethoden ermittelte Linie, auf der das Boot steht und die man in die Karte einträgt. Zwei sich kreuzende Standlinien ergeben einen wahren Schiffsort.
Stehendes Gut: Die fest montierten Wanten und Stagen, die die Masten halten.
Steuerbord: Von achtern nach vorn gesehen die rechte Seite des Boots (Gegenteil: Backbord).
Steuerbordbug: Man segelt auf Steuerbordbug, wenn der Wind von der Backbordseite einfällt und das Großsegel über der Steuerbordseite steht. Nach den Wettsegelbestimmungen muss ein Boot auf Steuerbordbug einem auf Backbordbug segelnden Boot ausweichen.
Steuerfähige Fahrt: Ausreichende Geschwindigkeit, bei der das Boot noch aufs Ruder reagiert.
Strak: Fehlerfreier Kurvenverlauf der gekrümmten Schiffslinien.
Strecktau: Längs Deck gespanntes Tau zum Festhalten bzw. zum Einhängen der Sorgleinen bei schwerem Wetter.
Stringer: Rumpfversteifung in Längsschiffsrichtung.
Stropp: Kurzes Faser- oder Drahttauende mit einem Auge an jedem Ende.
Süll: Erhöhte Umrandung um ein Luk, das Cockpit etc., die überkommendes Wasser abhalten soll.

T

Talje: Eine Kombination aus Tauwerk und Blöcken, um die zur Bedienung einer Leine erforderliche Zugkraft zu vermindern.
Tampen: Ein Stück Tauwerk bzw. das Ende einer Leine.
Tausendbein: Aus Tauwerkresten gefertigte „Bürsten", die als Schamfilschutz um Stagen, Wanten etc. gewickelt werden.
Terminal: Endbeschlag an Drahttauwerk, mit dem Wanten und Stagen am Mast befestigt werden, etwa als Gabel- oder Augterminal.
Tide: siehe Gezeit.
Tidenhub: Der Höhenunterschied zwischen Hochwasser und Niedrigwasser.
Tiefgang: Senkrechter Abstand zwischen Wasserlinie und tiefstem Punkt des Kiels.
Topp und Takel, vor: Einen Sturm abreiten, indem man ohne Segel vor dem Wind läuft.

Tragweite: Die Entfernung, auf die ein Leuchtfeuer bei Nacht zu erkennen ist.
Traveller (Großschotwagen): Auf einer Leitschiene laufender Beschlag, an dem der Fußblock der Großschot befestigt ist und mit dessen Hilfe der Schotwinkel verändert werden kann.
Treibanker: Konstruktion, die das Abtreiben eines Boots oder einer Rettungsinsel verlangsamen soll.
Treiber: Kleines Stützsegel, das einem Boot im Sturm etwas steuerfähige Fahrt verleihen kann.
Trimm: 1 Bedienung der Segel, um ihnen ihre optimale Stellung zu geben. 2 Herstellung der optimalen Schwimmlage des Boots durch richtige Gewichtsverteilung.

U

Überwasserschiff: Die oberhalb der Wasserlinie liegenden Teile des Rumpfs.
Unerreichbarer Sektor: Sektor, in dem das Boot nicht mehr gegen den Wind segeln, sondern das Ziel nur noch indirekt durch Kreuzen ansteuern kann.

V

Verdränger: Ein Boot, das aufgrund seines Gewichts im Gegensatz zum Gleiter das von ihm erzeugte Wellensystem nicht verlassen und seine Rumpfgeschwindigkeit nicht überschreiten kann.
Verdrängung: Die Masse der vom Boot verdrängten Wassermenge.
Vergütung: Ausgleichsmethode zur Bewertung von Yachten unterschiedlicher Größe, die im gleichen Rennen gegeneinander segeln.
Vorliek: Vordere Kante eines Segels.
Vorstag: Stag vom Masttopp zum Steven, das den Mast von vorn hält und an dem das Vorsegel angeschlagen wird.
Vorsteven: Beim Holzboot der vordere, auf den Kiel aufgesetzte Balken, an dem die Planken befestigt sind.

W

Wahrer Ort: Durch zwei oder mehr Standlinien ermittelter Schiffsort.
Wahrer Wind: Bei festliegendem Boot bzw. an Land wahrgenommene Windrichtung und -geschwindigkeit.
Wanten: Drahttaue, die gewöhnlich paarweise vom Mast zu Püttings an Deck geführt sind, um den Mast seitlich zu verspannen; sie gehören zum stehenden Gut.
Wantenspanner: siehe Spannschraube.
Warpanker: Kleinerer, leichterer Anker zum kurzzeitigen Ankern bei gutem Wetter.
Wasserlinie: Die Linie, in der der Wasserspiegel den Rumpf berührt.
Wasserlinienlänge (LWL): Länge eines Boots vom Vorsteven bis zum Heck auf Wasserlinienhöhe. Von ihr hängt die Höchstgeschwindigkeit eines Verdrängerboots ab.
Wasserpass: Farbiger Trennstrich zwischen Über- und Unterwasserschiff.
Wenden: Kursänderung, bei der das Boot mit dem Bug durch den Wind geht.
Winsch/Winde: Seiltrommel, die mit oder ohne Handkurbel gedreht wird und der Kraftersparnis beim Durchsetzen einer Leine, z.B. der Vorschot, dient.
Wurfleine: Dünne Leine zur Übergabe von Festmacheleinen etc. an Land.

Y

Yawl: Zweimaster, bei dem der Besanmast hinter dem Ruder steht.

Register

Fett gedruckte Seitenzahlen verweisen auf den Haupteintrag, kursiv gedruckte auf Abbildungen und Bildlegenden.

Danksagung

Der Verlag dankt den folgenden Personen, Firmen und Institutionen für ihre unschätzbare Hilfe: Mike Howe, Carolyn Au, Mike und Rosie Downey, Clive Garner, Ray Glaister, Terrance und Kaye Hennig, Tony Brett Jones, Keith Livermore, Michael Manton, Patti und James Hunt (Australien), David W. Stookey und Don Street, Mitglieder der Cruising Association, Trevor Lewis (Vice Chairman des RYA Racing Rules Committee), Graham Collins von Perkins Engines, E. Alan Green, the Royal Ocean Racing Club, Talbot Wilson, Newport-Bermuda Race 2000 Organising Committee, New York Yacht Club und US Sailing, Alan Watts und Edmund Whelan von der Royal Yachting Association, Alison Tomlinson, Sonya Larkin, Candy Lee, Jan Storr, Wally Buchanan, Taklermeister, David Johnston von Ingledew, Brown, Bennison und Garret, Roy Flooks, John Hutchinson, Ted Spears, Aerorig, Brookes and Gatehouse Ltd., Conyer Marine Ltd., Force Four Chandlery, Crewsaver, Garmin, International Association of Lighthouse Authorities, International Paint, Keen International Marine Electronics, Kemp Masts Ltd., Lewmar Marine Ltd., Lucas Marine, Marlow Ropes Ltd., Raytheon Marine, Royal Cork Yacht Club, Royal Ocean Racing Club, Royal Thames Yacht Club, Royal Yachting Association, Schermaly Ltd., Simpson Lawrence Ltd., Sowester, Stowe Equipment Ltd., Thomas Foulkes, Westerly Marine Construction Ltd., Yeoman.

Bildquellennachweise

l = links, r = rechts, u = unten, o = oben, m = Mitte

1	Images Colour Library
2/3	Images Colour Library
4/5	Images Colour Library
6/7	Images Colour Library
9	Popperfoto
10r	Roger Ressmeyer/Corbis
10um	Mary Evans Picture Library
11	ZEFA
14or	NASA
15	ZEFA
17, 18, 19 & 20	NASA
21	ZEFA
23	John Watney
24	NASA
25	ZEFA
26, 27, 28, 29 & 30	NASA
32	Christel Clear
34u	Seti Institute/Science Photo Library
34r	NASA
37l	Galen Rowell/Corbis
37r	David Nunuk/Science Photo Library
39ul	Mary Evans
39um	NASA
39r	Dennis di Cicci/Corbis
40	The British Library
42	Kevin R. Morris/Corbis
43	Werner Forman Archive
45	NASA
46	Hansen Planetarium
50	Christel Clear
51	National Optical Astronomy Observatories
52	Crewsaver
53	NASA
54	Joel Finler
55	NASA
58/9	Jim Leggett/Daily Telegraph Colour Library
60/1	Alastair Black
62	Alastair Black
65	Alastair Black
66	Larry Dale Gordon/The Image Bank
69	Alastair Black 7
70/1	J. Bryson/The Image Bank
72	Paolo Koch/Rapho
74/5	James Davis
77	Christel Clear
80/1	Sowester
82	Yachting World
82/3	John Watney
83	Yachting World
84	George Hall/Susan Griggs Agency
86	Tom Muldoon
90	Peter Smith Studios und Marlow Ropes
91	John Watney
100	Yamaha
108	Raytheon Marine
116	Raytheon Marine
117	Seafarer Navigation International Ltd.
120	B & G
122	Raytheon Marine
123	Racal-Decca Ltd.
124/5	Brookes & Gatehouse Ltd.
128	Telesonic Marine Ltd.
131o	Garmin
131u	Christel Clear
132	Christel Clear
132/3	Yeoman
134	Brian Seed/Art Directors Photo Library
135l	Art Directors Photo Library
135r	Ann Welch
137	Meteorological Office
138	Robert Harding Picture Library
139o	Walter Rawlings/Robert Harding Picture Library
139u	R.K. Pilsbury
143	Peter Smith Studios
145	John Watney
154	Yachting World
161	Thierry Martinez/Kos Picture Source
162	Stephen Dunn/Allsport
162/3	Alastair Black
163	Beken von Cowes Ltd.
164/5	Alastair Black
165	Beken von Cowes Ltd.
165	Ian Dear
166/7	Stephen Munday/Allsport
167u	Ian Dear
168/9	Mark Pepper/Pickthall Picture Library
169	John Frost Historical Newspaper Service
169	Ambrose
169o	Ian Dear
169	Greenway/Camera Press
170/1	S. Smith/Observer Camera Press
171o	Western Morning News Co. Ltd.
171u	Philip Plisson/Allsport
173u	Roger Jean-Verloe/Pickthall Picture Library
174	Christel Clear
175	Mike Hewitt/Allsport
175u	Ian Dear